МОСКОВСКИЙ ГОСУДАРСТВЕННЫЙ УНИВЕРСИТЕТ ИМ. М.В. ЛОМОНОСОВА
КАФЕДРА ГРАЖДАНСКОГО ПРАВА ЮРИДИЧЕСКОГО ФАКУЛЬТЕТА

СТАТУТ

Классика российской цивилистики

Серия основана в 1997 году

От издательства

Мы стоим на пороге третьего тысячелетия. Миновали печальные десятилетия замалчивания славного прошлого нашего Отечества, насильственного стирания множества пластов исторической памяти российского народа. Россия выстрадала необходимость и возможность стать поистине демократическим, правовым государством, а это невозможно без развития юридических наук и, в частности, - цивилистики.

Учитывая острейшую необходимость освоить и переосмыслить богатое духовное наследство выдающихся умов отечественной юриспруденции XIX-XX вв., группа российских ученых основала серию "Классика российской цивилистики". Вся научно-редакционная и издательская работа над нею ведется на базе издательства "Статут", уже известного читателям своими книгами, в том числе вышедшими в названной серии трудами М. И. Кулагина, Д. И. Мейера, И. А. Покровского, Н. О. Нерсесова, В. И. Серебровского.

Свою задачу издательство видит в необходимости представить на суд читателя важнейшие труды великих российских цивилистов максимально приближенными к первоисточникам, зачастую являющимся прижизненными изданиями их авторов. Кроме того, мы стремимся бережно сохранять традиции отечественного книгоиздания, его особенности, но при этом сделать книги доступными и понятными сегодняшнему читателю, позволив себе лишь исправить замеченные опечатки и осовременить пунктуацию.

Надеемся, что "Классика российской цивилистики" поможет читателям полнее и глубже освоить сложнейшие проблемы юридических наук, а также существенно обогатить их знания и кругозор.

Л. А. ЛУНЦ

ДЕНЬГИ И ДЕНЕЖНЫЕ ОБЯЗАТЕЛЬСТВА В ГРАЖДАНСКОМ ПРАВЕ

СТАТУТ
МОСКВА 1999

УДК 347.4
ББК 67.404.2
У 84

Лунц Л. А.

Л 84 **Деньги и денежные обязательства в гражданском праве.** – М.: Статут, 1999. – 352 с.

ISBN 5-8354-0012-8

В настоящей книге переизданы две монографии профессора Л.А. Лунца: «Деньги и денежные обязательства. Юридическое исследование» (1927); «Денежные обязательства в гражданском и коллизионном праве капиталистических стран» (1948). Фундаментальные теоретические положения о юридической природе денег, денежных обязательств, обоснованные автором в этих работах, имеют непреходящее значение для науки гражданского права и современной практики правоприменения.

Здесь же публикуются статьи современных отечественных юристов, в которых дается оценка основных трудов Л.А. Лунца и охарактеризована его многогранная деятельность.

Представляемая на суд читателя книга будет интересна студентам, профессорско-преподавательскому составу юридических вузов, а также юристам-практикам.

УДК 347.4
ББК 67.404.2

ISBN 5-8354-0012-8

НАУЧНОЕ НАСЛЕДИЕ, ВОСТРЕБОВАННОЕ ВРЕМЕНЕМ

Лазарь Адольфович Лунц родился 17 января[1] 1892 г. в городе Юрьеве[2], где его отец, писал в автобиографии Л. А. Лунц, «был доцентом медицинского факультета Университета». В 1896 г. семья переезжает в Москву.

Л. Лунц в 1911 г. с золотой медалью оканчивает гимназию и в том же году поступает на юридический факультет Московского университета. В 1916 г. он успешно завершил обучение с дипломом первой степени и был «оставлен для приготовления к профессорскому званию» по кафедре римского права. Продолжая учиться в аспирантуре (до ее окончания в 1920 г.), Л. А. Лунц активно занимается практической работой в Наркомате торговли и промышленности РСФСР, а затем в Наркомате финансов РСФСР.

До 1941 г. Л. А. Лунц являлся консультантом сначала в Отделе международных расчетов, а затем в валютном управлении Наркомфина СССР. Одновременно он занимается преподавательской работой (с 1920 по 1924 г. – на факультете общественных наук МГУ, с 1932 по 1937 г. – на факультете особого назначения Госбанка СССР, Наркомфина СССР и Наркоминдела СССР, с 1939 по 1940 г., а также в 1945 г. – в Академии внешней торговли).

С января 1941 г. Л. А. Лунц переходит на постоянную работу во Всесоюзный институт юридических наук, в котором уже с 1939 г. работал по совместительству. Вся дальнейшая научная работа Л. А. Лунца неразрывно связана с этим институтом. Однако, работая в ВИЮН, а потом во ВНИИСЗ[3], он продолжает педагогическую работу в Институте внешней торговли (1946 – 1948 гг.), Институте международных отношений (1949 – 1953 гг.), Высшей дипломатической школе МИД СССР (1954 – 1966 гг.), а также на юридическом факультете МГУ им. М. В. Ломоносова.

Научная деятельность Л. А. Лунца необычайно многогранна. Уже в начале 20-х гг. он опубликовал свои первые научные работы. Так, в 1922 г. появляются статьи «О влиянии изменений экономической конъюнктуры

---

[1] 29 января 1892 г. по новому стилю.

[2] Так назывался г. Тарту с 1893 по 1919 г.

[3] Всесоюзный институт советского законодательства Министерства юстиции СССР. В настоящее время – Институт законодательства и сравнительного правоведения при Правительстве Российской Федерации.

на обязательства гражданского права»[1] и «Юридическая природа расчетного знака»[2].

В период с 1924 по 1928 г. Л. А. Лунц публикует ряд работ, посвященных юридическим формам государственных предприятий, по советскому праву, денежным обязательствам, а также вопросам финансового права[3]. Но основным научным трудом этого периода бесспорно является его монография «Деньги и денежные обязательства. Юридическое исследование»[4], в которой автор предстает перед читателем как скрупулезный исследователь одного из центральных вопросов гражданского права.

Работы 30 – 40-х гг. обнаруживают стремление Л. А. Лунца к глубокому изучению кардинальных проблем обязательственного права и большой интерес к вопросам международного частного права. В эти годы он продолжает работать над проблемами денежных обязательств, исполнения и прекращения обязательств, договорной ответственности[5]. Одновременно из-под его пера выходят необычайно интересные работы, посвященные иностранному гражданскому и торговому праву. И это неудивительно, ведь Л. А. Лунц свободно владел английским, немецким и французским языками[6].

В 1940 г. Л. А. Лунц защитил кандидатскую диссертацию, а в 1947 г. – докторскую. В том же 1947 г. ему присваивается ученое звание профессор. Конец 40-х – начало 60-х гг. ознаменовались появлением блестящих монографических исследований и учебных трудов. Выходит в свет зна-

---

[1] Материалы НКЮ РСФСР. 1922. Вып.5.

[2] См.: Денежное обращение и кредит. Т. 1. М.: Госфиниздат, 1922.

[3] См. его статьи: «Запасный капитал» и «Валюта» // Финансовая энциклопедия. М.: Финиздат, 1928; Публичная отчетность государственных предприятий // Промышленность и финансы. М.: Изд. Финансовой газеты, 1924; Валютный вопрос в международных расчетах // Вестник финансов. 1926. № 4; Распределение государственного долга бывшей Австро-Венгрии // Вестник финансов. 1926. № 10; Деньги и денежные обязательства // Очерки кредитного права. М.: Финиздат, 1926. С. 4 – 37.

[4] Деньги и денежные обязательства. Юридическое исследование. М.: Госфиниздат, 1927.

[5] Денежные обязательства в международном частном праве // Очерки международного частного права. М.: Изд. Наркоминдела, 1937; Золотая оговорка // Деньги и кредит. 1938. № 5; Влияние валютного регулирования в капиталистических странах на договорную ответственность // Ученые записки ВИЮН. 1946. Вып. 6; Учение о невозможности исполнения договорных обязательств в английском праве // Ученые записки ВИЮН. 1947. Вып. 5; Договорная ответственность // Советское право в период Великой Отечественной войны. М., 1948. Ч. 1. Гл. IV.

[6] См., например: Свод английского гражданского права, составленный под редакцией Э. Дженкса. Т. 1. Общая часть: Обязательственное право / Пер. с англ. Примечания и комментарии. М.: Юриздат, 1940; *Дженкс Э.* Английское право / Пер. с англ. М.: Юриздат, 1947 и др.

менитая монография Л. А. Лунца, ставшая поистине классикой российской цивилистики, – «Денежное обязательство в гражданском и коллизионном праве капиталистических стран»[1]. В 1950 г. появляется совместная с И. Б. Новицким монография «Общее учение об обязательстве»[2], а в 1954 г. – совместная с С. Н. Братусем монография «Вопросы хозяйственного договора»[3]. В 1949 – 1950 гг. Л. А. Лунц пишет ряд глав, посвященных обязательственному праву, в учебниках под редакцией Д. М. Генкина: «Гражданское и торговое право капиталистических стран» (М.: Госюриздат, 1949) и «Советское гражданское право» (т. 1. М.: Госюриздат, 1950). В 1960 г. выходит в свет еще одна монография, написанная совместно с К. А. Граве, – «Страхование» (М.: Госюриздат, 1960).

Начиная с середины 60-х гг. и до конца своих дней Л. А. Лунц все творческие силы отдает глубокой разработке основных проблем международного частного права. Именно эта его работа получила особое признание со стороны государства. И это неудивительно, ведь более половины всех научных трудов Л. А. Лунца посвящены важнейшим вопросам международного частного права, им написаны классические учебники по международному частному праву[4]. В 1967 г. Л. А. Лунцу присваивают звание «Заслуженный деятель науки РСФСР». Но вершиной его творческого таланта, безусловно, стал трехтомный «Курс международного частного права»[5], за написание которого он был удостоен Государственной премии СССР за 1970 г.[6]

Л. А. Лунц до последних дней жизни вел активную научную работу, являясь старшим научным сотрудником Всесоюзного института советского законодательства Министерства юстиции СССР.

Лазарь Адольфович скончался 18 декабря 1979 г.[7], оставив после себя огромное творческое наследие, которое бережно хранят его ученики не только в России, но и далеко за ее пределами.

---

[1] См.: Денежное обязательство в гражданском и коллизионном праве капиталистических стран. М.: Госюриздат, 1948.

[2] См.: Общее учение об обязательстве. М.: Госюриздат, 1950.

[3] См.: Вопросы хозяйственного договора. М.: Госюриздат, 1954.

[4] Международное частное право. Учебник для юридических вузов. М.: Госюриздат, 1949.

[5] Международное частное право. Общая часть. М.: Юриздат, 1959; Международное частное право. Особенная часть. М.: Юриздат, 1963; Международный гражданский процесс. М.: Юрид. лит., 1966.

[6] Присуждение профессору Лунцу Л. А. Государственной премии за 1970 год: Специалист в области права // Правоведение. 1971. № 1. С. 136 – 137.

[7] См.: Советское государство и право. 1980. № 5.

Разработка Л. А. Лунцем принципиальных проблем обязательственного и договорного права

Л. А. Лунц с полным правом может считаться одним из наиболее крупных исследователей обязательственного права. Интерес к данной проблематике возник у него еще в молодости, когда он посвятил целый ряд работ денежному обязательству. В дальнейшем Л. А. Лунц переходит к общим вопросам, касающимся обязательств в гражданском праве. При этом наибольший интерес исследователя вызывают три принципиальных проблемы: исполнение обязательства, последствия неисполнения обязательства, включая ответственность, и прекращение обязательств.

Исследование указанных проблем Л. А. Лунц осуществляет по двум направлениям. Первым является разработка данных вопросов в советском гражданском праве, вторым – анализ и обобщение решения их в зарубежных странах.

В фундаментальной монографии «Общее учение об обязательстве», написанной в соавторстве с профессором И. Б. Новицким и вышедшей в свет в 1950 г., Л. А. Лунц пишет часть вторую, включающую главы, посвященные исполнению обязательств, последствиям их неисполнения, а также прекращению обязательств. В том же году выпускается первый том классического учебника «Советское гражданское право» под редакцией профессора Д. М. Генкина, авторами которого были выдающиеся представители советской цивилистики – профессора С. Н. Братусь, Д. М. Генкин, Л. А. Лунц и И. Б. Новицкий. Л. А. Лунц является автором глав XXIII «Исполнение обязательства. Последствия неисполнения обязательства» и XXV «Прекращение обязательств».

Давая общее представление об исполнении обязательств в гражданском праве, Л. А. Лунц подчеркивает, что получение исполнения – это не только право кредитора, но и его обязанность, если оно предложено должником в соответствии с законом и договором. При этом кредитор обязан также оказать должнику содействие в исполнении.

Рассмотрение вопроса о предмете исполнения приводит к необходимости выделения собственно исполнения (осуществление действия, которое составляет объект обязательства), замены исполнения (в альтернативном обязательстве) и предоставления с целью исполнения (платежа). В случае предоставления с целью исполнения вообще и платежа – в частности обязательство будет считаться исполненным не в момент такого предоставления, а тогда, когда с его помощью осуществляется действие, составляющее объект обязательства, т. е. происходит собственно исполнение.

Выделение категории «предоставление с целью исполнения» имеет необычайно важное значение с точки зрения исполнения денежных обязательств. Не случайно автор подчеркивает, что прежде всего речь идет именно о платежах. Действительно, если рассматривать вопрос о моменте погашения (надлежащего исполнения) денежного обязательства при безналичных расчетах, то становится очевидным, что направление, например, платежного поручения покупателем продавцу по договору купли-продажи не может быть ничем иным, кроме как предоставлением с целью исполнения. Самим же исполнением такого обязательства будет поступление суммы, указанной в платежном поручении, в распоряжение продавца. Следовательно, моментом погашения денежного обязательства его надлежащим исполнением при расчетах платежными поручениями в соответствии с п. 1 ст. 865 ныне действующего Гражданского кодекса (далее – ГК) Российской Федерации является поступление денежных средств на корреспондентский счет банка получателя (в нашем случае – банка, в котором открыт счет продавца).

Не менее интересны и актуальны сегодня также вопросы о сроке исполнения обязательства. Срок в гражданском праве определяется либо путем указания точной календарной даты, либо путем указания периода времени, по истечении которого возникает обязанность совершить определенное действие, либо же путем указания на событие, которое непременно должно наступить. Л. А. Лунц, исходя из этого принципиального положения гражданского закона, приходит к выводу о том, что если исполнение действия поставлено в зависимость от наступления события, которое может и не наступить, то налицо не срок исполнения, а условие.

Еще один важный вопрос, относящийся к сроку исполнения обязательства, связан с досрочным исполнением, которое возможно, если это не противоречит смыслу заключенного между контрагентами договора. Решение о возможности досрочного исполнения ставится в зависимость от того, в чьих интересах установлен срок исполнения обязательства, а определение последнего зависит от смысла конкретного договора. В связи с этим, если срок исполнения обязательства установлен в интересах должника, то кредитор вправе требовать исполнения только по наступлении срока, а должник может погасить обязательство и досрочно, а, если данный срок установлен в интересах кредитора, то кредитор имеет право требовать исполнения и досрочно, но должник не может без согласия кредитора исполнить свое обязательство до наступления установленного срока.

Наконец, говоря об исполнении кредитору или третьему лицу, Л. А. Лунц ставит две важнейшие проблемы. Первая проблема состоит в том, что условие об исполнении третьему лицу не дает данному лицу права требовать исполнения, а лишь дает основание кредитору требовать, чтобы исполнение было произведено указанному третьему лицу. В этом состоит принципиальное отличие исполнения третьему лицу от договора в пользу третьего лица.

Вторая проблема связана с тем, что в течение периода существования обязательства могут быть моменты, когда должник не знает, кто именно является его кредитором по данному обязательству. Такая неопределенность всегда возникает, если предметом исполнения являются обязанности из находящейся в обращении предъявительской или ордерной ценной бумаги. Установление порядка определения того, кто является кредитором по обязательству, имеет в этих случаях существенное значение для обеих сторон в обязательстве. Должник, добросовестно исполнив обязательство лицу, которое надлежащим образом легитимировало себя в качестве кредитора, освобождается от обязательства, а само обязательство прекращается надлежащим исполнением. Должник не будет нести ответственность, если впоследствии обнаружится, что лицо, которому было исполнено обязательство, не являлось кредитором и не имело права получить исполнение по данному обязательству. При этом добросовестным должен быть признан должник, который в момент исполнения не знал и не должен был знать о том, что лицо, которому было исполнено обязательство, не являлось кредитором и не имело права на получение исполнения по этому обязательству.

Проблема неисполнения обязательства рассматривается Л. А. Лунцем с позиции того, что оно со стороны должника есть акт противоправный. В связи с этим неисполнение обязательства должно иметь в качестве последствия требование кредитора об исполнении того действия, которое составляет предмет обязательства. Если же выполнение данного требования невозможно (т. е. невозможно исполнение обязательства в натуре), то кредитор вправе требовать возмещения убытков.

Основной формой удовлетворения требования кредитора при неисполнении обязательства в советском гражданском праве, по мнению Л. А. Лунца, являлось принуждение должника к исполнению своего обязательства в натуре (принцип реального исполнения). Конкретными проявлениями данного принципа выступают: отобрание у должника и передача кредитору индивидуально определенной вещи, которая должна была передаваться ему по обязательству в собственность или в пользование, предоставление кредитору права самому или при содействии третьего лица выполнить работу, составляющую содержание такого обязательства с отнесением возникших расходов на счет должника, восстановление прежнего состояния в обязательствах, возникающих из причинения вреда.

Исключениями из общего правила являются обязательства строго личного характера, в которых принуждение к исполнению в натуре было бы несовместимым с личной свободой гражданина, а также если исполнение в натуре просрочено, вследствие чего утратило интерес для кредитора. В этих случаях кредитору либо не остается ничего иного, кроме требования денежного возмещения убытков, либо предоставляется возможность отказаться от реального исполнения и требовать денежного возмещения.

Для описанных конкретных проявлений принципа реального исполнения понятие невозможности исполнения относится только к исполнению обязательства в натуре. Что же касается денежного эквивалента, то его уплата взамен реального исполнения всегда объективно возможна, так как деньги всегда имеются в обороте.

Общий вывод, который делает Л. А. Лунц об ответственности за неисполнение обязательств, сводится к тому, что сама по себе невозможность реального исполнения обязательства не освобождает должника от ответственности. Автор подчеркивает: «…поскольку на должнике продолжает лежать ответственность за неисполнение, постольку невозможность реального исполнения влечет за собой лишь изменение формы ответственности: взамен натурального исполнения (поставки товаров, выполнения заказа и т.п.) на должника возлагается обязанность уплаты денег в виде штрафов, неустойки, возмещения убытков и т. п.»[1]. Таким образом, Л. А. Лунц относился к той части исследователей вопросов гражданско-правовой ответственности, которые не видели различий между ответственностью и иными мерами государственно-принудительного воздействия.

Рассматривая основные вопросы имущественной ответственности за нарушение обязательств, Л. А. Лунц особо подчеркивает следующие принципиальные проблемы: сущность причинной связи и вины как необходимых предпосылок ответственности, понятие и объем подлежащих возмещению убытков и др.[2]

---

[1] См.: Советское право в период Великой Отечественной войны. М.: Госюриздат, 1948. С. 111 – 113.

[2] К наиболее интересным и актуальным вопросам при рассмотрении Л. А. Лунцем проблемы убытков сегодня относится недопущение конкуренции договорной и деликтной ответственности. Что же касается других проблем, то следует особо отметить подробное изучение принципа взаимной обусловленности исполнения обеих сторон в двустороннем договоре (см.: Советское гражданское право. Т. 1. М., 1950. С. 445 – 448, 454 – 457).

Сущность причинной связи, считает Л. А. Лунц, может быть объяснена только с философской точки зрения и лишь на прочной основе материалистической диалектики. При рассмотрении причинной связи в праве весьма важным является четкое разграничение двух различных предпосылок ответственности, а именно: причинной связи и вины. Это необходимо, поскольку момент вины – в основном субъективный момент, а вопрос о причинной связи рассматривается в плоскости объективной зависимости данного результата от поведения лица. В связи с этим Л. А. Лунц подвергает справедливой критике точку зрения М. М. Агаркова, предлагавшего суду устанавливать «типичные» причинные связи, поскольку критерий «типичности» по существу означает у М. М. Агаркова предвидимость с точки зрения обычного жизненного опыта. Но критерии «типичности», «предвидимости», подчеркивает Л. А. Лунц, являются субъективными и могут служить лишь для решения вопроса о вине.

Не может быть применен и критерий «непосредственного причинения», поскольку воздействие человека на природу вообще происходит через посредство других факторов. Вот почему произвольным является утверждение о том, что из фактов, предшествующих данному результату, те, которые во времени стоят ближе к нему, в большей мере способствуют его наступлению, нежели более отдаленные. Ошибочной считает Л. А. Лунц также концепцию причинной связи, именуемую «теорией условий» (conditio sine qua non), согласно которой причиной должен быть признан всякий факт, предшествовавший данному результату, за исключением того факта, при мысленном исключении которого исключается и сам результат. Таким образом, данная теория понимает причинность как простую механическую последовательность событий во времени, не ставя вопроса о закономерности в чередовании этих событий.

Учитывая это, Л. А. Лунц предлагает для установления закономерности в чередовании соответствующих событий различать «причинно-необходимые» и «причинно-случайные» связи. Говорить о данной закономерности можно на том основании, что в каждом единичном явлении присутствует некоторая часть, являющаяся общей для всех явлений такого рода. Один факт находится в причинно-необходимой связи с другим, если на опыте доказано, что факты первого рода вообще влекут за собой результаты, к которым относится второй факт. Итак, действие или бездействие лица является причиной данного следствия (ущерба для другого лица), если на опыте доказано, что такого рода поступки влекут за собой следствия того же рода, что и данный результат. Только такая связь человеческих поступков и их следствий является «необходимой», и только такая необходимая связь может быть учтена правом.

Исследования Л. А. Лунца о сущности причинной связи основываются на прежде всего с совершенно правильным отказом от поисков специфического содержания причинно-следственных связей в праве, отличного от философского подхода к решению данной проблемы. Одновременно Л. А. Лунц предостерегает от попыток определить причинную связь через выявление субъективного отношения лица к результату своего поведения. Вместе с тем, критикуя позиции ученых, выводящих ее сущность через применение однопорядковых философских категорий (связей, типа непосредственное и опосредованное, условие и обусловленное), и, следовательно, предостерегая против этого, необходимо подчеркнуть, что и сам Л. А. Лунц не избежал такой ошибки. Теория необходимой и случайной причинной связи в этом смысле ничем не отличается от других, поскольку сущность причинно-следственной связи выводится через применение однопорядковых философских категорий «необходимость» и «случайность».

Исследования Л. А. Лунцем еще одного условия ответственности – вины – позволили автору сделать необычайно важный и актуальный для сегодняшнего дня вывод о том, что гражданский оборот требует объективного масштаба для оценки поведения лица, на которое по закону или договору возложены определенные гражданско-правовые обязательства. Критерием оценки поведения должника с точки зрения определения наличия или отсутствия его вины является объективная (т. е. не зависящая от субъективных качеств должника) мера заботливости, которую в данных конкретных условиях он должен применить.

Говоря о мере заботливости, Л. А. Лунц подчеркивает, что она не может быть одинаковой для различных участников гражданского оборота. Так, от граждан в их бытовых взаимоотношениях можно требовать нормальной заботливости, за пределами которой причинение ущерба не может быть вменено им в вину, так как нельзя требовать от них предвидения того, что является в данных конкретных условиях необычным, из ряда вон выходящим. Иное дело, когда речь идет об участии в гражданском обороте юридических лиц. К таким должникам в обязательствах всегда применяются более строгие требования. Вот почему в судебной практике крайне редко встречаются решения, в которых неисполнение обязательства юридическим лицом – должником признается случайным (невиновным)[1].

Особенностям договорной ответственности в экстраординарных условиях посвящает Л. А. Лунц главу в сборнике статей «Советское право в

---

[1] См.: Советское право в период Великой Отечественной войны. С. 113 – 123; Советское гражданское право. С. 440.

период Великой Отечественной войны»[1]. Центральной проблемой для сегодняшнего дня с полным правом можно считать рассмотрение clausula rebus sic stantibus. Л. А. Лунц, критикуя позицию А. Г. Зейца, приходит к выводу о том, что в советском гражданском праве ссылка на изменившиеся обстоятельства как основание прекращения обязательства и соответственно как основание для освобождения должника от ответственности за неисполнение обязательства во взаимоотношениях между социалистическими организациями принципиально недопустима. Вместе с тем Л. А. Лунц полагал, что договорные отношения между гражданами требовали в экстраординарных условиях (в частности, в условиях Великой Отечественной войны) в некоторых случаях другого подхода и иного решения.

Но наибольший интерес, безусловно, представляет для нас сегодня анализ Л. А. Лунца clausula rebus sic stantibus в экономически развитых западных странах (Германии, Англии и США). Данное положение связано с тем, что правила о clausula rebus sic stantibus сегодня специально урегулированы в ст. 451 ныне действующего ГК Российской Федерации. В результате рассмотрения опыта применения оговорки о неизменности условий в указанных странах после первой мировой войны автор приходит к выводу о том, что судебная практика возродила и до сих пор сохранила применение clausula rebus sic stantibus (в различных ее вариантах) в качестве регулярного института гражданского права[2].

Вторым важнейшим направлением изучения обязательственного права, как уже отмечалось ранее, является исследование Л. А. Лунцем кардинальных проблем в этой области в зарубежном гражданском праве. Вопросы понятия, оснований возникновения, исполнения, обеспечения исполнения обязательств, перемены лиц в обязательстве и прекращения обязательств, а также последствий их неисполнения или ненадлежащего исполнения в гражданском и торговом праве капиталистических стран до сих пор являются необычайно актуальными. Вот почему их разработка Л. А. Лунцем стала классическим исследованием указанных проблем в современном западноевропейском и американском гражданском и торговом праве[3].

Рассматривая вопрос об общем понятии обязательства, Л. А. Лунц подчеркивает различную степень обобщения в данной сфере. Если в Гер-

---

[1] *Лунц Л. А.* Гл. IV: Договорная ответственность // Советское право в период Великой Отечественной войны. С. 107 – 129.

[2] См. там же. С. 126 – 129; Гражданское и торговое право капиталистических стран / Под ред. проф. Д. М. Генкина. М.: Госюриздат, 1949. С. 284 – 286.

[3] Л. А. Лунц является автором целого ряда глав, посвященных этим вопросам, в учебнике «Гражданское и торговое право капиталистических стран».

манском гражданском уложении (далее – ГГУ) благодаря пандектистам с «их стремлением к абстракциям»[1] нашла отражение «общая теория обязательств», выразившаяся, в частности, в понятии «обязательство» (§ 421 ГГУ), а во французской юриспруденции оно выведено из определения договора, поскольку французский Гражданский кодекс (далее – ФГК) не содержит общего определения обязательства, то в англо-американском праве не разработаны ни общее понятие обязательства, ни общая его доктрина[2]. В то же время в обязательственном праве всех западных стран центральное место занимает договор, хотя, разумеется, он не является единственным основанием возникновения обязательств.

Одним из наиболее актуальных вопросов сегодняшнего дня является вопрос о свободе договора и ее ограничениях[3]. Свобода договора получила свое выражение в законодательстве, во-первых, как отсутствие обязанности к вступлению в какой бы то ни было договор; во-вторых, как невозможность предопределения законом содержания договора.

Однако принцип свободы договора во многих областях подвергается существенным ограничениям. Первое такое крупное ограничение было сделано по договорам железнодорожной перевозки, а затем распространено на сферу договорных отношений с организациями связи, энергоснабжающими организациями и т. п. Ограничения касались установления обязательности заключения такими лицами договоров с любым контрагентом, принудительной тарификации и некоторых других условий. Из указанных ограничений выросла категория «публичный договор», основной целью которого является предотвращение нарушения принципа равенства сторон в обязательстве.

Второе крупное ограничение свободы договора было связано с развитием «формулярного права». Крупные профессиональные предпринимательские организации (банки, страховые компании) стали применять для заключения договоров с контрагентами «стандартные» формы или «формуляры», содержащие условия, выработанные без участия клиента. Последнему приходилось присоединяться к таким условиям без всякого их обсуждения. Такие договоры получили название «договоры

---

[1] Гражданское и торговое право капиталистических стран. С. 226.

[2] Такое положение Л. А. Лунц объясняет использованием в англо-американсом праве многих правовых форм, сохранившихся со времен феодализма в экономических отношениях капиталистического общества (там же).

[3] В связи с этим следует отметить, что в монографии «Вопросы хозяйственного договора» (М.: Госюриздат, 1954), написанной в соавторстве с профессором С. Н. Братусем, разработанные Л. А. Лунцем вопросы об основных условиях поставки продукции и их юридической природе, а также о структуре договорных связей по поставке продукции, представляют в настоящее время лишь исторический интерес.

присоединения». Широкое распространение такого рода договоров породило необходимость их специального регулирования, которое, как и в случае публичного договора, было направлено на предотвращение нарушения принципа равенства сторон в обязательстве.

Не менее интересны положения, касающиеся толкования и восполнения договора. Л. А. Лунц отмечает, что важнейшим правилом толкования договора являются закрепленные законом положения о том, что договоры и обязательства должны исполняться «по доброй совести». Поскольку стороны, заключая договор, далеко не всегда могут предусмотреть все тонкости и детали будущих взаимоотношений, а восполнить пробелы иногда не представляется возможным с помощью диспозитивных норм закона, возникает необходимость восполнения договора. Л. А. Лунц на основе анализа ст. 1135 ФГК выделяет три источника восполнения пробелов в договоре: закон, обыкновение и справедливость. При восполнении договора англо-американская судебная практика стремится обнаружить предполагаемую волю сторон, т. е. «те условия, которые стороны включили бы в договор, если бы их внимание остановилось на данном вопросе (так называемых implied conditiones)»[1].

Появление в части первой ныне действующего ГК РФ ст. 421, 422, 426, 428, 431, содержащих нормы о свободе договора, особенностях публичного договора и договора присоединения, а также о толковании договора, свидетельствует о большой ценности исследований Л. А. Лунца в области иностранного гражданского права и необходимости учитывать зарубежный опыт при их применении.

В сфере ответственности за неисполнение или ненадлежащее исполнение обязательств Л. А. Лунц, анализируя законодательство зарубежных стран, выделяет по способу исчисления, когда предметом обязательства является вещь, во-первых, конкретные убытки, определяемые по цене, которую вещь имеет для данных конкретных лиц, и, во-вторых, абстрактные убытки, исчисляемые путем определения разницы между ценой товара, указанной в сделке, и рыночной (биржевой) ценой. Сегодня такой подход мы встречаем в ст. 524 ГК РФ, когда речь идет об исчислении убытков при расторжении договора поставки[2].

---

[1] Гражданское и торговое право капиталистических стран. С. 234.

[2] Заинтересованный читатель, безусловно, найдет в анализируемом труде также много других актуальных вопросов, касающихся обязательств в иностранном гражданском и торговом праве, которые не включены во вступительную статью исключительно из-за ограниченного ее объема.

Разработка Л. А. Лунцем проблем денег и денежных обязательств

Работы, посвященные проблеме денег и денежных обязательств, занимают особое место в творческом наследии Л. А. Лунца. Разработкой данной темы он занимался на протяжении значительного отрезка жизни и создал труды, которые с полным основанием можно назвать классическими. Практически до настоящего времени его книги остаются единственным капитальным исследованием данной проблемы в таком широком аспекте, не утратившим своей актуальности до настоящего момента. Это в известной мере и обусловило желание составителей настоящего сборника посвятить его именно проблеме денежных обязательств.

Не менее важным обстоятельством, свидетельствующим в пользу такого подхода, было то, что включенные в сборник работы представляют собой прекрасный образец научного анализа, сочетающегося с глубочайшим знанием фактического материала, что в целом характерно для теоретических работ Л. А. Лунца. С другой стороны, временной разрыв между двумя монографиями, составившими настоящий сборник, позволяет проследить эволюцию гражданско-правового регулирования денежных обязательств на достаточно протяженном отрезке развития общества, причем отрезке, для которого характерны принципиальные изменения в системе денежного обращения.

Следует заметить, что Л. А. Лунц исследовал проблемы финансовой деятельности хозяйственных организаций не только применительно к понятию денежных обязательств. В 1960 г. в рамках Курса советского гражданского права была издана работа «Страхование», где Л. А. Лунцем написаны главы об общих вопросах страхования (совместно с К. А. Граве) и о личном страховании. В настоящее время данная работа в известной мере устарела с точки зрения фактического материала, но представляет безусловный интерес как образец научного труда.

Проблеме денежных обязательств посвящена монография Л. А. Лунца «Деньги и денежные обязательства»[1], а также более поздняя работа «Денежное обязательство в гражданском и коллизионном праве капиталистических стран»[2]. Изданиям этих работ предшествовали публикации

---

[1] См.: *Лунц Л. А.* Деньги и денежные обязательства. М.: Финансовое изд. НКФ СССР, 1927.

[2] См.: *Лунц Л. А.* Денежное обязательство в гражданском и коллизионном праве капиталистических стран // Ученые труды Всесоюзного ин-та юрид. наук Министерства юстиции Союза ССР. Вып. XIV. М.: Юрид. изд. Министерства юстиции СССР, 1948.

статей по отдельным аспектам рассматриваемых проблем, которые руководствуясь в том числе и позицией самого Л. А. Лунца[1], составители сочли возможным в данный том не включать, поскольку они не имеют принципиальной новизны в сравнении с двумя основными трудами автора по рассматриваемой проблеме.

Проблематика денежных обязательств в той или иной степени исследовалась в науке гражданского права не только Л. А. Лунцем. Он сам указывает в числе своих предшественников дореволюционных юристов Цитовича, Литовченко, Шершеневича. В тот же период, что и Л. А. Лунц, разработкой отдельных аспектов данной проблемы, связанных в основном с вопросами банковской деятельности, занимались Л. С. Эльяссон, М. М. Агарков[2]. В 50-е гг. нашего столетия разработка данной проблематики практически целиком сосредоточивается в области правового анализа расчетно-кредитных отношений, который сам по себе носит уже не вполне гражданско-правовой характер, а находится где-то на стыке (если таковой возможен) гражданского и финансового права[3].

Возобновление интереса к проблематике денежных обязательств в чисто гражданско-правовом аспекте происходит в середине 90-х гг. и может быть объяснено двумя обстоятельствами. Первым из них явились, безусловно, экономические преобразования в нашей стране, с которыми связано в том числе и изменение роли денежного регулятора в функционировании всего хозяйственного механизма. Вторым обстоятельством, реанимировавшим научный интерес к данной проблеме, явилось, как представляется, вступление в силу Гражданского кодекса Российской Федерации, который содержит некоторые принципиально новые по сравнению с социалистическим гражданским правом положения, в том числе и специально посвященные денежным обязательствам. Думается, что переиздание в этих условиях работ Л. А. Лунца, давно уже ставших если не раритетными, то, во всяком случае, труднодоступными, является, безусловно, актуальнейшей задачей, решение которой позволит предоставить в распоряжение заинтересованного читателя блистательные образцы научного творчества по актуальной правовой проблеме, при том, что большинство выводов автора не утратило своего значения и по сей день, а

---

[1] См.: *Лунц Л. А.* Деньги и денежные обязательства. С. 5.

[2] *Эльяссон Л. С.* Деньги, банки и банковые операции. М., 1926; *Агарков М. М.* Основы банкового права. М., 1929; *Он же.* Основы банкового права. Учение о ценных бумагах. М., 1994.

[3] Достаточно подробную библиографическую справку относительно рассматриваемых вопросов читатели могут найти в работе К.С. Бельского «Финансовое право». М., 1995 г., само название которой достаточно ясно показывает, в какой именно области юридической науки происходила разработка основных вопросов денежного обращения.

использованный им фактический и теоретический материал представляет интерес если не в практическом, то, безусловно, в теоретическом аспекте.

Л. А. Лунц первым (и, пожалуй, до сих пор единственным) в российской цивилистике подробно рассматривает категорию денежного обязательства. Вместе с тем нельзя сказать, что предмет его интересов лежит в области исключительно обязательственного права. Значительное место в работах отводится проблеме денег как объекта гражданского права.

При рассмотрении вопроса о понятии и юридической природе денег Л. А. Лунц исходил из того, что раскрыть его можно лишь «путем анализа той функции, которую деньги исполняют в хозяйственной жизни»[1]. При этом он не считал возможным сводить вопрос о понятии «деньги» в юридическом смысле к простому перечислению их функций в экономическом обороте, подчеркивая, что ««орудие обращения» и «законное платежное средство» – два понятия, которые различны по своему содержанию, хотя обычно сходны по объему»[2]. Вместе с тем он отвергал попытки сконструировать специальное юридическое определение «деньги», которое игнорировало бы экономическую природу данного феномена.

Анализируя проблему выделения средства, исполняющего функции денежного знака, Л. А. Лунц важную роль в этом вопросе отводит обороту. Не отвергая безусловно регулирующей функции государства в вопросах организации денежной системы, в том числе – в вопросе о выпуске (эмиссии, чеканке) денежных знаков, автор отмечает, что вопросы удачного или неудачного использования этих денежных знаков в качестве платежного средства в значительной мере зависят от привычек и настроений участников оборота и от их готовности принять предложенный государством денежный знак.

Разделяя понятия «законное платежное средство» и «денежный знак», выполняющий функции такого средства, Л. А. Лунц останавливается на вопросах эволюции платежных средств от монет, изготовленных из драгоценных металлов, включая банковские билеты (банкноты), разменивавшиеся на золото и представлявшие собой разновидность денежных ценных бумаг на предъявителя, эволюционировавшие со временем в современные нам бумажные денежные знаки, неразменные на золото, вплоть до зачатков системы безналичных расчетов в том виде, в каком она существовала в 20-е гг. и какого достигла к концу 50-х гг. нашего столетия. Останавливаясь на характеристике банкнот, разменных на золото, как предъявительских денежных ценных бумаг, Л. А. Лунц отмечает, что они являлись тем не менее своеобразным видом ценных бумаг, по-

[1] *Лунц Л.А.* Деньги и денежные обязательства. С. 4.
[2] Там же. С. 9.

скольку обязательства эмитента по размену банкнот на золото могли быть прекращены только самим разменом (немыслим был, например, зачет встречных требований).

Л. А. Лунц затрагивает и вопрос о так называемых денежных суррогатах, а также об использовании в этой роли чеков и векселей, приходя при этом к выводу о том, что ни с прикладной, ни с теоретической точки зрения они «не могут рассматриваться как виды денежных знаков в юридическом смысле слова»[1]. Л. А. Лунц подчеркивает, что передача векселя или чека не может рассматриваться в качестве денежного платежа, а представляет собой либо замену такого платежа, либо способ его получения.

Подробно анализируется в предлагаемых вниманию читателя работах и эволюция концепции законного платежного средства: от обязательного для граждан данного государства приема в платежи денежных знаков этого государства под страхом уголовного наказания (Англия до XVIII в.) и до современного порядка, при котором кредитор, отказывающийся принять надлежащим образом предложенное ему исполнение в виде существующих денежных знаков данного государства, впадает в просрочку и несет связанные с этим неблагоприятные последствия.

Рассматривая вопрос о содержании денежных обязательств, Л. А. Лунц подчеркивает, что предметом такого обязательства «является не известная абстрактная ценность, а денежные знаки в определенной сумме счетных единиц»[2], оставаясь, таким образом, на позициях номинализма. Несмотря на то, что этот принцип (что отмечается и самим Л. А. Лунцем) признан всеми правопорядками, несомненный интерес представляет обоснование этого обстоятельства и подробный анализ причин, в силу которых законодательство и суд в вопросе о содержании денежных обязательств исходят из данного принципа. Не менее любопытным является богатый материал судебной практики различных государств, иллюстрирующий как незыблемое следование данному принципу, так и отступления от него (в частности, в Германии после первой мировой войны). Вместе с тем существуют обязательства, относительно которых строгое следование принципу номинализма не соответствовало бы их существу. К их числу Л. А. Лунц относит так называемые обязательства по выплате содержания, поскольку в них главным является предоставление кредитору определенной выраженной в деньгах ценности.

Способы фиксации ценностного содержания денежного обязательства есть в большей степени забота самих участников оборота. Л. А. Лунц подробно анализирует различные способы, имеющие распространение в

[1] *Лунц Л.А.* Деньги и денежные обязательства. С. 46.
[2] Там же. С. 92.

современной ему международной практике. К числу этих способов относятся: 1) определение суммы долга в иностранной валюте либо альтернативно в нескольких валютах; 2) исчисление платежа на базе рыночной цены определенного товара; 3) исчисление платежа по индексу товарных цен; 4) «золотая оговорка», которая была особо распространена в рассматриваемый период и практика использования которой в различных правопорядках приведена во второй из предлагаемых читателю работ.

В силу денежного обязательства должник обязан передать кредитору не абстрактную ценность, а конкретную денежную сумму, выраженную в определенном количестве денежных единиц, составляющих основу данной денежной системы. При этом валюта, в которой выражено обязательство, может при определенных обстоятельствах не совпадать с валютой, в которой производится исполнение (первая из них называется «валюта долга», вторая – «валюта платежа»). Л. А. Лунц рассматривает различные случаи пересчета валюты долга и валюты платежа, в частности изменения в денежном обращении, сопровождающиеся изменением денежной единицы, исполнение обязательств в иностранной валюте и т. д.

Весьма актуальными в настоящее время являются выводы Л. А. Лунца о процентах за пользование чужими денежными средствами. Юридическая природа процентов за пользование чужими денежными средствами выражена им следующим образом: «Проценты есть периодически начисляемое на должника вознаграждение за пользование «чужим» (т. е. подлежащим возврату управомоченному лицу) денежным капиталом в размере, не зависящем от результатов использования капитала (в отличие от дивиденда, размер которого зависит от этих результатов). Обязанность платить проценты устанавливается наряду с обязанностью вернуть капитал, и поэтому тот, кто платит проценты, не погашает задолженности по капиталу»[1].

Следовательно, автор не рассматривал данную обязанность как разновидность гражданско-правовой ответственности, отмечая, что она может возникать в силу таких оснований, которые не влекут за собой обязанности возместить убытки. Он подчеркивал, что «обязанность платить проценты всегда остается вознаграждением за пользование чужим капиталом»[2].

С принятием части первой ГК РФ и появлением в ней ст. 395, озаглавленной «Ответственность за неисполнение денежного обязательства», в научной литературе возникла полемика именно о правовой природе процентов. Следует подчеркнуть, что эта дискуссия получила отражение

---

[1] *Лунц Л. А.* Денежное обязательство в гражданском и коллизионном праве капиталистических стран. С. 62.

[2] Там же. С. 63.

и в судебно-арбитражной практике. Не вдаваясь в подробности описания существа высказанных в ходе дискуссии аргументов[1], отметим, что наиболее близкий к точке зрения Л. А. Лунца и наиболее обоснованный с нашей точки зрения подход к решению вопроса о юридической природе процентов по денежному обязательству предложен М. Г. Розенбергом[2] и Е. А. Сухановым[3].

Работы Л. А. Лунца построены на основе анализа научных трудов зарубежных авторов, а также содержат материал из области российского и зарубежного законодательства и судебной практики вплоть до конца первой половины XX в. Таким образом, настоящее издание окажется полезным при изучении не только гражданского права, но и истории права, гражданского и торгового права иностранных государств, а также международного частного права.

А. Е. Шерстобитов,
доктор юридических наук, профессор;
А. В. Белевич,
ассистент кафедры гражданского права
юридического факультета МГУ

---

[1] Достаточно четко и подробно указанные аргументы, а также подходы к решению данной проблемы, выработанные судебной практикой, изложены В. В. Витрянским (*Брагинский М. И., Витрянский В. В.* Договорное право: Общие положения. М., 1997. С. 546 – 560).

[2] См.: *Розенберг М. Г.* Правовая природа процентов по денежным обязательствам. Практические и теоретические аспекты применения новых положений ГК РФ // Гражданский кодекс России. Проблемы. Теория. Практика: Сборник памяти С. А. Хохлова / Отв. ред. А. Л. Маковский. М., 1998. С. 309 – 333.

[3] См.: *Суханов Е.А.* О юридической природе процентов по денежным обязательствам // Законодательство. 1997. № 1. С. 8 – 12.

ДЕНЬГИ И ДЕНЕЖНЫЕ ОБЯЗАТЕЛЬСТВА

Юридическое исследование

Commissariat du Peuple des Finances de l'U.R.S.S.
Institut des Recherches Êconomiques
Travaux de la Section Juridique publiés sous la direction de M. AGARKOW et G. WOLFF

L. LUNZ

Traité juridique de la monnaie et des dettes d'argent

Notion juridique de la monnaie. Théories juridiques de la monnaie et des dettes d'argent. La monnaie d'Etat et la „monnaie privée".

Décomposition du système monétaire russe d'avant Guerre. La législation monétaire en 1914-1927. Le système monétaire de l'Union Soviétique.

La monnaie comme objet du droit privé. Les dettes d'argent: droit comparé; lois et jurisprudence soviétiques.

Appendice: Les lois concernant les dévises étrangères.

Тип. АОМГИК им. М. И. Рогова.

Главлит № 89.397. Тираж 2000.

ВВЕДЕНИЕ

В действующем законе всех государств мы встречаем (помимо норм, регулирующих выпуск в обращение и платежную силу отдельных денежных знаков) ряд отдельных, разрозненных постановлений о деньгах и денежных обязательствах. Так например, по денежным обязательствам в некоторых случаях начисляются узаконенные проценты; исполнение этих обязательств должно быть произведено в месте жительства должника; заработная плата по общему правилу выражается в деньгах; деньги являются нормальным средством покрытия основного капитала акционерного общества; утраченные денежные знаки не могут быть аннулированы с заменою их «дубликатами»; добросовестный держатель денежных знаков не может быть лишен права собственности в отношении их на том основании, что деньги эти утрачены их собственником или похищены у него и т. д., и т. д.*

Понятие денег имеет существенное значение для классификации некоторых частноправовых обязательств (например, для различения договоров купли-продажи и мены) и для определения ряда других частноправовых понятий (например, юридического понятия «цены», «платежа»).

Наконец, центральным вопросом является проблема содержания денежного обязательства, проблема, имеющая первостепенное значение в нашу эпоху, когда еще далеко не везде достигнута стабилизация покупательной силы денег.

Закон, связывая с «денежным» свойством вещи известные юридические последствия, нигде, однако, не дает определения общего понятия денег: в действующем праве всех государств можно найти конкретные указания на то, что определенные вещи должны рассматриваться как деньги, но нельзя найти определения общего понятия денег; между тем приведенные указания могут не иметь исчерпывающего значения. Вследствие этого для юридической теории возникает задача дать определение правового понятия денег, которое восполняло бы пробелы действующего закона.

---

* В книге сохранены все особенности текста и примечаний оригинала, но исправлены замеченные редакционные погрешности и опечатки предыдущего издания. – *Ред.*

Раскрытие общего юридического понятия денег, не нашедшего себе определения ни в одном из действующих законодательств, возможно, по нашему мнению, лишь путем анализа той функции, которую деньги исполняют в хозяйственной жизни. Деньги являются одним из объектов гражданского права, классификация же этих объектов всегда происходит на основе чисто экономического признака: назначение вещи в обороте – вот критерий, который лежит в основании разграничения понятий о вещах «индивидуальных» и «родовых», о вещи «главной» и ее «принадлежности», о вещах «делимых», «заменимых», «потребляемых» и т. д.

Итак, конструируя юридическое понятие денег, мы принуждены исходить из экономического понятия о деньгах. Это, однако, не означает, что правовое понятие денег вполне совпадает с экономическим: государство имеет возможность предписать применение правовой нормы, установленной для денег, к таким предметам, которые с экономической точки зрения не исполняют денежной функции, и, наоборот, воспретить применение указанных норм к таким вещам, которые для экономиста являются деньгами. Такие отклонения юридической нормы от экономической сущности денег не соответствуют «нормальному» положению вещей; поэтому экономическое понятие денег всегда остается источником восполнения пробелов юридического определения.

Предметом настоящего исследования являются деньги как объект имущественных правоотношений. Валютное законодательство как совокупность норм, регулирующих обращение международных платежных средств, рассмотрено лишь в самых общих чертах (в особом приложении), так как оно не имеет непосредственного отношения к нашей теме. Мы не касаемся вовсе законодательства о регулировании товарных цен, которое для денежного обращения имеет весьма важное значение, но которое не имеет прямого отношения к деньгам как объекту правоотношений. Еще менее могут быть темою настоящей работы чисто экономические проблемы – вопросы ценности денег и вопросы о взаимоотношении денег и товаров в процессе обмена. Вот почему в главе второй, посвященной обзору теорий, мы останавливаемся на рассмотрении лишь юридических учений о деньгах, которые ставят вопрос о денежном знаке как предмете прав и обязанностей, и вовсе не касаемся чисто экономических теорий, рассматривающих деньги как ценность и как покупательную силу.

Правовые вопросы денежного обращения издавна были предметом исследования в западноевропейской юридической литературе. В XIX веке в этом отношении наибольшее число работ принадлежит перу немецких авторов. После мировой войны расстройство денежного обращения во всех странах Европейского Континента вызвало, наряду с многочисленными экономическими исследованиями, огромную юридическую литературу: множество статей в периодических изданиях и сборниках и ряд ценных монографий (см. обзор главнейших из них во второй главе).

В русской литературе правовые вопросы денежного обращения до сих пор почти вовсе не были предметом специального систематического исследования. Из дореволюционных работ можно назвать лишь статьи Цитовича («Деньги в области гражданского права», 1873) и Литовченко («Деньги в гражданском праве», 1887), а также § 65 – 68 в Курсе по торговому праву Г. Ф. Шершеневича. Эти работы являются лишь краткими очерками и в настоящее время совершенно устарели. Из юридических работ, вышедших после революции, следует отметить «Деньги, банки и банковые операции» Л. С. Эльяссона, изд. «Экономическая Жизнь», 1926; в разделе первом дается краткая юридико-догматическая разработка основных проблем советского «денежного права». Что касается моих трех работ: «Деньги и денежные обязательства» (сборник «Очерки кредитного права». Москва, Финансовое издательство, 1926), «Юридическая природа расчетного знака» (сборник «Деньги и Кредит в России и заграницей», изд. Института Экономических Исследований, 1922) и «Валютный вопрос» в практике международных расчетов по облигационным займам» («Вестник Финансов», 1926, № 4), – то весь материал первых двух статей вошел в состав настоящей работы, третья же статья носит более специальный характер и лишь мимоходом касается общих юридических вопросов денежного обращения.

В заключение настоящего Введения считаю приятным долгом выразить благодарность профессору К. А. Кузнецову, предоставившему в мое распоряжение фактический материал по современной практике международных расчетов, а также И. С. Юровскому, любезно взявшему на себя труд по проверке ссылок на Собрания Законов и Узаконений, приведенных в тексте и примечаниях.

Москва. Март 1927 г.

Автор

СОКРАЩЕНИЯ:

С.З. = Собрание Законов и Распоряжений Пр-ва СССР.

С.У. = Собрание Узаконений и Распоряжений Пр-ва РСФСР.

Г.К. = Гражданский Кодекс РСФСР.

А.К. = Арбитражная Комиссия.

В.А.К. = Высшая Арбитражная Комиссия.

А.К.СТО = Арбитражная Комиссия при Совете Труда и Обороны.

Г.К.К. Верх. Суда = Гражданская Кассационная Коллегия Верховного Суда РСФСР.

В.Ф. = Вестник Финансов.

Определения А.К.СТО цитируются обозначением порядкового № соответственного определения без указания № выпуска собрания решений.

I. ОСНОВНЫЕ ЮРИДИЧЕСКИЕ ПОНЯТИЯ В ОБЛАСТИ ДЕНЕЖНОГО ОБРАЩЕНИЯ

1. Деньги в гражданском обороте имеют своим назначением служить всеобщим орудием обмена. Каждый хозяйствующий субъект имеет возможность в обмен на деньги получить имущественное благо, которое собственник этого блага согласен ему предоставить. Но эта возможность носит фактический, а не юридический характер: денежный знак не есть ордер на товар, не дает своему обладателю права требовать от государства или частного лица предоставления ему какой-либо имущественной ценности. Функция всеобщего орудия обмена сообщается деньгам в силу доверия к ним участников гражданского оборота, в силу уверенности каждого из них, что данный денежный знак будет охотно принят в обмен на товар другим лицом, что этот знак дает фактическую возможность свободного выбора хозяйственных благ. Если покупательная способность денег основана на доверии к ним со стороны гражданского оборота, то на том же основана и степень этой покупательной способности: ценность денежного знака, как и ценность товара, определяется соотношением спроса и предложения и никогда не является абсолютно устойчивой.

2. Закон непосредственно не может создать всеобщего орудия обмена, ибо он не может указать, что должно быть предметом сделок, совершаемых добровольно; закон не может также предписать определенную покупательную силу существующего орудия обмена, так как покупательная сила денег есть результат сложного взаимодействия индивидуальных оценок всех участников гражданского оборота.

Тот факт, что определенная вещь служит орудием обмена, покоится на привычных действиях участников гражданского оборота. Но эти «привычки» складываются под сильнейшим, хотя и косвенным, воздействием со стороны государства.

При наличии в гражданском обороте кредита, при существовании сделок, по которым исполнение отсрочено, для государства открывается возможность назвать тот предмет, который должен служить крайним и принудительным средством исполнения обязательств: крайним в том смысле, что предмет этот заменяет собой действительный предмет долга, если предоставление последнего становится невозможным без, однако, того, чтобы эта невозможность освободила должника; принудительным в том смысле, что должник может освободиться от обязательства предоставлением этого предмета, а веритель должен его принять, если не хочет впасть в просрочку.

Государство является кредитором по целому ряду обязательств (налоги, пошлины, сборы). Сделки между частными лицами часто заключаются в кредит, так что момент совершения договора не совпадает с моментом его исполнения; невозможность для должника исполнить действие, обусловленное по договору, может освободить его от ответственности лишь в случаях, указанных законом; ненадлежащее исполнение дает право кредитору на возмещение интереса; недозволенные действия дают право потерпевшему на возмещение причиненных убытков.

Во всех этих случаях для законодателя представляется не только возможным, но и необходимым указать такие предметы, предоставление коих должно иметь место для обязанного лица и принятие коих должно иметь место со стороны лица управомоченного: предмет, служащий универсальным суррогатом исполнения имущественных обязательств, носит название законного платежного средства.

3. Итак, гражданский оборот создает орудие обращения, а государство – законное платежное средство. Каково взаимоотношение этих двух понятий?

Государство выпускает изготовленные из бумаги знаки, объявляя, что знаками этими можно погашать существующие долги; гражданский оборот пользуется этими знаками для заключения новых сделок. Здесь – законное платежное средство стало орудием обращения.

Государство чеканит монеты из золота, которое в обороте до этого служило средством обмена, и объявляет эти монеты законным платежным средством. Здесь – орудие обращения получило законную платежную силу.

В обоих случаях понятия эти предметно совпадают. Такое совпадение представляется с народнохозяйственной точки зрения нормальным и неизбежным, ибо государство не может длительно навязывать платежную силу какому-либо предмету, если гражданский оборот отказывается пользоваться этим предметом для заключения новых сделок. Но совпадение это не носит логического характера, не вытекает из сущности самих понятий: «орудие обращения» и «законное платежное средство» – два понятия, которые различны по своему содержанию, хотя обычно сходны по объему.

4. Ввиду указанного взаимоотношения понятий орудия обращения и законного платежного средства не представляется воз-

можным дать единое определение юридического понятия денег. Экономическое понятие о деньгах является общим основанием для выделения из всей совокупности объектов гражданского оборота таких предметов, которые фактически исполняют в гражданском обороте функцию всеобщего орудия обмена. *Поскольку для исполнения этой функции не установлено какого-либо законодательного запрета*[1], *соответственные предметы должны быть признаны деньгами в юридическом смысле. Наряду с этим к деньгам должны быть отнесены предметы, наделенные по закону платежной силой.*

5. Вещи, служащие орудием обращения или снабженные платежной силой, могут быть самостоятельными предметами обязательств – денежных обязательств в широком смысле слова. В примитивных народно-хозяйственных условиях средством обмена и платежа служили куски металла, которые взвешивались при совершении платежей. С появлением чеканки денежные обязательства стали выражаться в определенном количестве монет.

Так как монеты были разные (золотые, серебряные, медные), то во всяком денежном обязательстве приходилось указывать род монеты, который служил предметом сделки. Государство постепенно объединяет различные монеты в денежную систему; *оно определяет твердое соотношение платежной силы различных монет* и для этого пользуется *денежной единицей*. Например, закон устанавливает, что 10 рублей золотой монетой по своей платежной силе равны 10 рублям серебряными монетами: в данном случае «рубль» есть идеальная счетная единица, измеряющая платежную силу монет, изготовляемых из различных металлов – золота и серебра. При заключении денежного обязательства уже не требуется непременно указания рода монеты, так как, с точки зрения закона, *монеты отличаются друг от друга не своими физическими свойствами, а лишь числом обозначенных на них счетных денежных единиц.*

Денежное обязательство направлено теперь не на предоставление определенного количества определенных денежных знаков, а на предоставление денежных знаков в определенной сумме денежных единиц.

[1] См. законодательство о так называемых денежных суррогатах в гл. 3-й, а также валютное законодательство в Приложении.

6. Такой характер нынешних денежных обязательств обусловлен техническими особенностями современных платежей: в наше время порядок исполнения гражданско-правовых обязательств отличается тем, что имущественные обязательства погашаются в огромном большинстве случаев в порядке денежных расчетов – в сфере торгового оборота по возможности путем зачета взаимных и однородных требований между кредиторами и должниками. Поэтому вещи, которые при передаче от одного лица другому приходилось бы взвешивать, каким-либо образом оценивать, а не только считать, не могли бы исполнять функцию орудия обращения: в наше время всякий денежный знак, независимо от того, обладает ли он законной платежной силой или нет, определяется по тому признаку, в каком числовом отношении он стоит к определенной счетной единице. Физические и ценностные свойства денежного знака, поскольку они не выражаются в виде числового отношения этого знака к определенной счетной единице, сами по себе не принимаются во внимание при производстве и приеме платежей; другими словами, свойства эти могут найти свое выражение лишь в форме того или иного числового отношения этого знака к счетной денежной единице.

Отмеченная особенность современных денег не может, однако, служить основанием для конструирования самого понятия денег, так как она присуща не только деньгам, но и некоторым видам ценных бумаг, имеющих массовое обращение[1].

7. Выпуская новый денежный знак, законодатель обозначает на нем сумму денежных единиц и тем самым определяет платежную силу этого знака.

В тех случаях, когда законодатель выпускает деньги, выраженные в новой денежной единице, он определяет соотношение старой и новой единиц. Например, в Германии при переходе от талера к марке (1871) было установлено, что 3 марки = 1 талеру. Тем самым марка получила свое юридическое определение, а выраженные в ней знаки были введены в оборот как платежные средства; вместе с тем это твердое соотношение служило основанием для погашения неликвидированных к моменту означенного перехода долгов, которые были выражены в талерах.

Если платежная сила денежного знака определяется законом, то она не может быть изменена обстоятельствами чисто фактического ха-

[1] См. об этом подробнее § 14.

рактера. Эта мысль в несколько гиперболической форме выражена у Кнаппа:

«Юридическая сила денег не затрагивается колебаниями цен. Государство вовсе не знает изменения цены денег».

Поэтому денежное обязательство, выраженное в определенной сумме денежных единиц, по общему правилу не имеет своим предметом предоставления определенной ценности, определенной покупательной силы.

8. Приведенный афоризм Кнаппа может считаться истинным лишь постольку, поскольку речь идет о денежном знаке как платежном средстве. Но это платежное средство нормально является и орудием обмена; поэтому денежная единица – не только счетная единица, измеряющая платежную силу денежных знаков, но и мерило ценности, определяющее рыночную цену товаров: ибо при обмене товаров на деньги цена товара по необходимости выразится в определенной сумме денежных единиц.

Отсюда вытекает еще одна функция денежной единицы. Так как она служит мерилом ценности всех товаров, то она же может служить средством выражения абстрактной ценности.

Этою последнею функцией денежной единицы пользуется законодатель, когда он считает необходимым с определенной абстрактной ценностью связать известные юридические последствия (например, установить минимум основного капитала для акционерного общества, максимум допустимого наследования или дарения).

Для того, чтобы такое употребление денежной единицы было действительным и возможным, деньги должны обладать относительной устойчивостью в своей покупательной силе. В колеблющейся единице абстрактная ценность может быть выражена лишь на данный определенный момент времени: с последующим изменением цены денег та же сумма будет выражать другую ценность.

II. ЮРИДИЧЕСКИЕ ТЕОРИИ О ДЕНЬГАХ

9. Основным элементом юридического учения о деньгах является, как мы видели, разграничение двух понятий: 1) понятия денег, общего для права и экономической науки, и 2) понятия денег в специальном юридическом смысле.

Разграничение это впервые было проведено в небольшой по объему, но богатой содержанием книге G. Hartmann'a «Ueber den rechtlichen Begriff des Geldes und den Inhalt von Geldschulden», Braunschweig, 1868. Работа эта, вышедшая в свет более полувека тому назад, до сих пор, однако, сохраняет свое значение основного источника правильных суждений о юридической природе денег. Hartmann изучает всю совокупность правовых норм, установленных для денег как для особого вида объектов гражданских прав (нормы о защите добросовестного владения денежными знаками; о законных процентах по денежным обязательствам; о понятии денег как основании разграничения договоров купли-продажи и мены; о валюте векселя и др.), и приходит к заключению, что эти нормы имеют своим объектом вещи, которые обладают способностью служить эквивалентом всех других хозяйственных благ и в силу этого фактически в гражданском обороте служат средством накопления и обращения имущественных ценностей; сюда относятся не только знаки, снабженные платежною силою по закону, но и банкноты, а также иностранная валюта, фактически обращающаяся в стране. Наряду с этим «общим» понятием денег Hartmann конструирует «специальное» понятие о деньгах как о предметах, которым по закону присвоена способность служить средством погашения обязательств во всех случаях невозможности исполнения, не освобождающей должника[1]. Это последнее понятие служит основанием для разрешения вопроса о содержании денежных обязательств. При исполнении этих последних принимается во внимание не «курсовая цена денег» (покупательная их способность), не «металлическая цена» (стоимость содержащегося в монете благородного металла), а «номинальная цена» их, т. е. количество денежных единиц, обозначенных на денежных знаках.

«Номинальная цена» денег – этот неудачный термин часто давал повод утверждать, что учение Hartmann'a и его последователей[2] – учение

---

[1] В этом смысле деньги – das letzte zwangsweise Mittel der solut von Obligationen (H a r t m a n n . S. 50) или allgemein ersetzendes Schuldobjekt (M a r t i n W o l f f . Das Geld в Ehrenberg's Handbuch des gesamten Handelsrecht B. IV. S. 569).

[2] Из последователей Hartmann'a особого внимания заслуживает K. Helfferich, который в своем экономическом исследовании о деньгах «Das Geld», Leipzig, 1923, отводит значительное место рассмотрению правовой сущности денег (кн. 2; разд. II). К определению Hartmann'a примыкают отчасти E n n e c c e r u s. Lehrbuch des Burgerlichen Rechts, § 116, v. Tuhr schweizerisches Obligationenrecht, стр. 52; Д е р н б у р г. Пандекты. Обяз. Право, § 26. Ср. также S c a d u t o . «I debiti pecuniari e il deprezzamento monetario», Milano, 1924, который различает деньги в экономическом смысле как средство обращения (mezzo di scambio) и деньги в юридическом смысле как средство исполнения обязательств (mezzo di pagamento, mezzo di estinzione delle obligazione); государство может не признать денежного свойства за теми вещами, которые являются деньгами в экономическом смысле (стр. 36 – 37). H. Gerber (Geld und Staat. Jena, 1926), напротив того, все учение о деньгах переносит в плоскость права, и притом публичного права: денежное свойст-

«номиналистов» – допускает закрепление ценности денег на определенном уровне в порядке законодательного акта[1]. Между тем речь здесь идет не об определении покупательной способности денег и даже не о создании правовой фикции об устойчивой их ценности[2], а об определении их платежной силы[3]. При выпуске денег государственная власть определяет обязательность их приема в платежи и обозначает на каждом знаке определенную сумму тех денежных единиц, в которых выражены существующие денежные долги. Таким путем государство не только присваивает деньгам платежную силу, но и определяет степень этой платежной силы. Государственная денежная единица при нормальных условиях становится единицей исчисления отсроченных долгов (standard of deferred payments). Но и это обстоятельство не дает возможности государству в законодательном порядке фиксировать ценность денег, так как при господстве децентрализованного хозяйства содержание денежных обязательств по договорам определяется в любой сумме денежных единиц по усмотрению участников сделок. Таким образом, рассмотренная нами «номиналистическая» теория носит чисто юридический характер: она вовсе не касается вопроса о ценности денег – этой чисто экономической проблемы, по самому существу своему не могущей быть предметом юридического исследования.

во вещи по Gerber'у создается законом или обычаем; деньги – ein oeffentlich rechtliches Zahlungsmittel. С точкою зрения Gerber'а нельзя согласиться: денежное свойство вещи есть результат привычных действий участников оборота (Massengewohnheit der Annahme, по выражению Визера), которые носят фактический характер и сами по себе не создают правовой нормы.

По мнению Wolff'а (см. сочинение, назван. в прим. 1 на стр. 32, стр. 573 – 577), юридическое понятие денег имеет значение лишь для того, чтобы определить объем действия специальных норм, установленных для денег; на этот последний вопрос обычно дает ответ законодатель, причем вещь, не являющаяся денежным знаком с экономической точки зрения, может быть признана таковой по закону (и наоборот); в случае умолчания закона экономическое понятие денег служит источником восполнения соответственного пробела.

[1] Так характеризует учение номинализма Mises. «Theorie des Geldes und der Umlaufsmittel, 1924, Mynchen und Leipzig», см. стр. 242 о классификации денежных теорий.

[2] Нам представляется поэтому, что нельзя говорить о «Rechtliche Konstanz der Geldwertes», как это делает Knies в своем известном сочинении «Geld und Credit».

[3] Различие понятий о «платежной силе» и «ценности» особенно отчетливо выражается в немецкой терминологии: «Geltung» и «Wert». Кнапп и Бендиксен (см. ниже), отрицающие самое существование проблемы ценности денег, говорят о том, что деньги имеют «Geltung», но не имеют «Wert».

10. В этом отношении теория Hartmann'a и его последователей выгодно отличается от других номиналистических учений, из коих особого внимания заслуживают: а) французские юридические учения о деньгах XVIII века, оставившие следы в действующем Французском Гражданском Кодексе, и б) «Государственная теория денег» Г. Кнаппа, оказавшая значительное влияние на германскую, а через нее и на русскую науку о деньгах.

Принцип королевской монетной регалии, т. е. исключительное право короля на чеканку и на выпуск в обращение монет, получил во Франции XVII – XVIII веков особенно широкое толкование.

В XVII веке Le Bret писал: государь имеет право повысить или понизить цену монеты, когда этого требуют обстоятельства. В XVIII веке Монтескье говорил: «...серебро в монете имеет ту цену, которую определяет государь: он устанавливает соотношение между определенным количеством серебра в слитке и тем же количеством серебра в монете; он устанавливает соотношение между разными металлами, из коих чеканится монета; и, наконец, он определяет идеальную цену каждой монеты». Наконец, в ту же эпоху знаменитый Pothier пишет: «Монета составляет собственность частного лица лишь в качестве знака определенной ценности, которую ей присвоил государь, и если государь пожелает, чтобы не эти, а другие монеты служили знаком ценности всех вещей, то частные лица теряют свои права в отношении этих монет»[1].

Эта теория отразила современную ей правовую действительность: фискальные меры правительства по уменьшению веса монеты, уголовные репрессии за расплавку монеты, за отказ принимать ее в платежи и т. п. – все это нашло здесь вполне адекватное юридическое выражение. У нас в России, в эпоху зарождения петербургского абсолютизма, аналогичные условия вызвали такую же теорию: Иван Посошков в 1724 г. (в своей книге «О скудости и о богатстве», см. издание М. Погодина, Москва, 1824 г.) пишет: «Мы не иноземцы, не меди цену исчисляем, но имя царя своего

[1] См.: Schaff. La dépréciation monétaire. Ses effets en droit privé, Paris, 1926, p. 241; Pothier. Contrat de Prêt № 37. Мы не останавливаемся здесь на учении о деньгах канонического права, а также на комментариях глоссаторов и постглоссаторов, которые оказали большое влияние на французских юристов XVII – XVIII вв., но в настоящее время имеют лишь исторический интерес.

Теории французских юристов 18 века сохранили, однако, до сих пор свое значение, так как они легли в основу ряда законов, изданных в первую четверть 19 в. и действующих до сих пор, см. гл. 3, прим. 2 на стр. 47, ср. § 60, п. В. Вследствие этого определения денег у некоторых современных французских юристов близки к идеям 18 века. Так, A. Mater. Traité juridique de la monnaie et du change, Paris, 1925, на стр. 48 дает следующее определение: la monnaie métallique est une marchandise tariffé, c'est à dire une des marchandises dont l'Etat fixe le cours légal.

величаем; нам не медь дорога, но дорого его царское именование. Того ради мы не вес в них числим, но счисляем начертание на ней... У нас толь сильно его пресветлого величества слово, ащеб повелел на медной золотниковой цате положить рублевое начертание, тобы она за рубль и в торгах ходить стала во веки веков неизменно». Далее следует предложение правительству использовать доверие поданных «ради пополнения казны и ради всенародныя пользы». Посошкову, по-видимому, осталась неизвестною печальная судьба медных рублей, выпущенных при царе Алексее Михайловиче[1].

Во Франции изложенная теория – в особенности ее практические выводы – получила суровую отповедь в речи Дюпона (одного из основателей школы физиократов) в Национальном Собрании 15 апреля 1790 г. «Есть вещи, – сказал Дюпон, – в отношении которых государство бессильно: к таким вещам относится ценность. Ценность денег никогда не зависит от наименования, но везде лишь от конкуренции и товаров. «6 ливров» – это не обозначение ценности».

11. Если французская теория XVIII века исходит из идеи фиксированной государством ценности денег, то теория Кнаппа и его последователей[2] (в особенности учение Бендиксена) вовсе отрицает за деньгами качество ценности, признавая за ними лишь свойство платежного средства, созданного государственной властью.

«Государственная теория денег, – говорит Кнапп, – есть догматическое выражение ряда историко-правовых фактов, которые в течение XIX века обнаружились в области денежного обращения важнейших культурных государств. В настоящее время платежный механизм всюду регулируется нормами административного права, которые и являются основным материалом для исследования».

---

[1] В 1656 г. – при царе Алексее Михайловиче – в Московском государстве были выпущены медные деньги с принудительным курсом серебряных, которые вначале ходили «с серебряными заровно», затем вытеснили их из обращения. Результатом была всеобщая дороговизна, которая вызвала мятеж в 1662 г. (К л ю ч е в с к и й . Курс Русской Истории, т. III, лекция LI).

[2] К n a p p . Staatliche Theorie des Geldes. München und Leipzig, 1923.
См. его же статью в русском переводе сборн. «Деньги» под ред. А. С. Мендельсона и И. А. Трахтенберга. Изд. Госплана. Москва, 1926.
Критика теории Кнаппа: Д. А. Л о е в е ц к и й . Государственная теория денег. Москва, 1923; P a l y i . Der Streit um die Staatliche Theorie des Geldes в Schmoller's Jahrbuch, 45, Jahrg. H. 2 и 3 (1922); Z a g l i t z . Die Juristische und Oekonomische Kategorie des Geldes в Zeitschrift für Volkswirtschaft und Sozialpolitik, 1923. S. 48 – 106; см.: B o r t k i e w i c z «Ueber Knapps Nominalismus» в Jastrow's Textbucher ueber Wirtschaft und Staat». B. 4. S. 156; см. также: M i s e s , назв. соч., ч. 1, гл. IV: «Das Geld und der Staat», стр. 244 – 250. Ср.: K. D i e h l . Theoretische National-oekonomie. Bd. 3. Изд. 1927. Стр. 323 и след.

Ныне действующий порядок есть результат долгого исторического развития. Некогда платежи производились путем взвешивания металла[1] – единица ценности в ту пору определялась с помощью единицы этого металла. Засим появляются монеты, которые содержат определенное количество металла. Чеканка монет становится государственной прерогативой. Теперь государство предписывает: долг в 1 фунт серебра будет уплачиваться не посредством взвешивания металла, а путем передачи монет – 240 пфенигов. С этого момента каждая монета становится «хартальным» платежным средством (от слова «charta», означающего – документ в противоположность материальным благам). Далее государство уменьшает вес монеты; но несмотря на это, монеты нужно только считать, а не взвешивать. Платежная сила (Geltung) каждого денежного знака ныне определяется правовым порядком и уже не зависит от того материала, из которого сделан денежный знак (поэтому возможны денежные знаки из бумаги). Денежная единица, выражающая платежную силу денег, стала номинальной (от «nomen» – название). Марка, крона, рубль не могут быть определены как известные весовые количества металла: все это исторически определившиеся понятия нашего правопорядка. Определение нынешней германской денежной единицы возможно лишь путем установления обратной связи ее с предшествовавшей денежной единицей (rekurrenter Anschluss): марка есть третья часть существовавшей до нее денежной единицы – талера. При выборе материала, из которого изготовляются денежные знаки, государство ничем не связано; если монеты понижаются в весе, то для внутригосударственного обращения это не представляется существенным: всякий житель данного государства находится в роли получающего и платящего, и кто должен принимать более легкие монеты, тому разрешено и платить такими же монетами.

Но государство заинтересовано в том, чтобы его деньги разменивались на деньги другой страны по определенному устойчивому отношению (по паритету). Стремясь к достижению этого паритета, правительство в порядке закона или административного акта принимает ряд мер: так, в Германии до войны любое количество золота по требованию должника подлежало перечеканке в монеты (свободная чеканка), благодаря чему цена золота, выраженная в денежных единицах, была постоянной. В данном случае получается впечатление, что денежной единицей является оп-

[1] В эпоху XII таблиц в Риме уже существовала монета, которую, однако, при платежах взвешивали, а не считали: eorum nummorum vis et potestas non in numero erat sed in pondere posita. guam ob rem gui dabat olim pecuniam, non numerabat eam sed appendebat – Gai Inst. 1, § 122.

ределенное весовое количество золота. Но это происходит только потому, что одновременно с установлением отношения денежной единицы (марки) к предшествовавшей (талеру) существует закон о свободной чеканке. Если отменить этот последний закон, то обнаружится, что денежная единица давно уже стала номинальной.

Номинальный характер денег еще обнаруживается в том, что, кроме «наличных» денег (так называет Кнапп монеты, изготовленные из металла, для которого установлена свободная чеканка), существуют «нотальные» деньги, для которых нет или по самому существу их не может быть свободной чеканки (неполноценное серебро, медные и бумажные деньги). Нотальные деньги обращаются наравне с наличными, но для них установлены особые меры «литрического управления» (под литрическим управлением Кнапп подразумевает многообразную деятельность государства, направленную на регулирование платежного аппарата): государство ограничивает их платежную силу определенною незначительною суммой (при этом, однако, само принимает их в платежи без этого ограничения), устанавливает контингент их выпуска, разменивает их по требованию держателей на «наличные» деньги (для чего создается особый разменный фонд в центральном банке), само производит платежи наличными деньгами. Последнее является самым существенным: тот вид денег, которым фактически расплачивается в конечном счете государство без размена на какие-либо другие деньги, Кнапп называет валютарным денежным знаком, характерным для всей денежной системы страны. Германия до войны стремилась удержать «наличные» деньги в «валютарном» состоянии для того, главным образом, чтобы поддержать паритет своих денежных знаков в отношении иностранной валюты. Но это возможно и в другом порядке: так, Австро-Венгерский банк, снабженный запасом иностранных ценностей, всякий раз, как только на бирже обнаруживалось уклонение от избранного им паритета, боролся с этим уклонением путем соответствующей противоположной спекуляции. Таким путем неразменные на золото банкноты сохранили устойчивое положение в отношении иностранной валюты.

Деятельность государства в области денежного обращения сводится, таким образом, по Кнаппу, к тому, что государство: объявляет определенные предметы платежным средством, устанавливает степень их платежной силы, выражая ее в определенных счетных единицах «номинального» (не физического, не ценностного) свойства, производит этими предметами платежи в отношении своих кредиторов и принимает их в погашение долгов от своих дебиторов. В результате предметы эти становятся орудием обращения.

12. Государственная теория денег в Германии имеет многочисленных последователей, но еще большее число противников. Основное возражение этих последних можно формулировать так: те предметы, которые государство объявляет платежным средством и которыми оно фактически расплачивается, могут быть приняты гражданским оборотом в качестве орудия обращения, но это – помимо качества самого предмета – в конечном счете зависит от того фактического влияния, которым пользуется государственная власть в сфере гражданского оборота. Следовательно, вопрос о возможности для государства создавать орудия обращения решается в плоскости фактической, а не правовой. Кнапп начинает свою книгу словами: «деньги – создание правопорядка»; но его государственная теория денег в конечном счете выходит за пределы права: не законом, а действиями административного органа определяется, по Кнаппу, характер денежного обращения страны. Но действия эти (чеканка монет, печатание бумажных денег, выпуск тех и других в обращение) создают законное платежное средство не сами по себе, а лишь постольку, поскольку закон предписывает принимать выпускаемые государством знаки в погашение существующих долгов. С другой стороны, действия эти сами по себе – без содействия гражданского оборота – не создают орудия обращения. Таким образом, учение Кнаппа о валютарных деньгах и учение его о праве как источнике денег противоречат друг другу.

Тем не менее государственная теория денег имеет весьма существенные заслуги: Кнапп дал систематическое описание и юридико-догматическую разработку мероприятий государства в области денежного обращения и создал для классификации этих мероприятий соответственные понятия и терминологию, без которых в настоящее время наука и практика уже не могли бы обойтись.

Далее учение Кнаппа о существе денежной единицы значительно углубило понимание юридической природы денег: в пределах определенной денежной системы денежная единица определяет Geltung – платежную силу, а не Wert (ценность) денежных знаков. В этом своем качестве, а также в качестве единицы исчисления отсроченных платежей она лишена не только физических, но и ценностных свойств, и поддается определению только юридико-исторически, путем установления связи с предшествовавшей денежной единицей. Это, однако, не исключает того, что с денежной единицей в каждый данный момент могут быть связаны известные ценностные представления, так как денежная единица воплощается в денежных знаках, обмениваемых на товары и имеющих, следовательно, покупательную силу.

13. Кнапп, однако, и его последователи, из коих особого внимания заслуживает Бендиксен[1], вовсе отрицают существование проблемы ценности денег: они рассматривают экономическую функцию денег как результат той же платежной силы, которая нормируется законом: деньги противостоят товарам в силу сообщенного им правом платежного свойства, они не получают каких-либо новых свойств в процессе обмена. Денежный знак не обменивается на товар как на нечто с ним однородное: это – по выражению Бендиксена – ордера на получение товаров (Anweisung); как таковые они лишены ценности и лишь отражают ценность хозяйственных благ. Но если деньги – документ на получение товара, то нет оснований их изготовлять из дорогостоящего материала. Никому ведь не придет в голову изготовлять из золота театральные билеты!

Свою теорию Бендиксен считает «экономическим» дополнением к «юридическому» учению Кнаппа: кредитор, принявший от должника денежные знаки, получил платеж с точки зрения частного права, но с экономической точки зрения он получил лишь документ, который управомочивает его на известное участие в народнохозяйственном достоянии. Сущностью денег является «зафиксированность в них права на требование за услуги, уже оказанные их владельцами». – Это представление о деньгах как об Anweisung, по справедливому замечанию Гельффериха, не оправдывается положением денег в хозяйственном строе, основанном на децентрализованном обмене. Деньги могли бы рассматриваться как свидетельство в вышеуказанном смысле лишь в том случае, если бы они давали возможность получения определенных благ в определенных количествах от определенных инстанций. На этом последнем принципе основана идея менового банка Грея, которая, как доказывал еще К. Маркс[2], несовместима с системой децентрализованного хозяйства. В условиях же свободного заключения меновых сделок индивид в форме денег не получает ничего такого, что давало бы ему на какую-либо вещь притязание, имеющее принудительную силу. Если же под «ордерами» разуметь лишь экономическую возможность получения благ в неопределенном количестве и от неопределенных лиц, как это в сущности и имеют в виду Бендиксен и

[1] Б е н д и к с е н . О ценности денег (назв. выше сборн. «Деньги», стр. 205 и след). Его же: Wesen des Geldes, 3 Aufl. München und Leipzig, 1922. Критику теории чисто номинальных денег см. у А. А. С о к о л о в а «Проблемы денежного обращения и валютной политики», изд. НКФ, 1923, стр. 38.

[2] См. «К критике политической экономии»: о теории рабочих денег Грея. Ср.: S c a d u t o , стр. 11.

другие сторонники теории Anweisung, то деньги ничем не отличаются от товаров, предназначенных к продаже их владельцем.

14. Обзор номиналистических учений необходимо дополнить изложением теории A. Nussbaum'a[1], представляющую собой, несомненно, самое ценное из современных исследований по вопросам «денежного права»[2]. Нусбаум конструирует понятие денег, общее для права и экономики, но его учение носит юридический характер, так как он рассматривает деньги как один из видов вещей, определяемых родовыми признаками. – В отличие от других заменимых вещей денежные знаки, по мнению Нусбаума, отличаются одною особенностью: при передаче и принятии их принимается во внимание исключительно лишь отношение денежного знака к определенной идеальной единице, вследствие чего материальный и ценностный субстрат денежного знака не является моментом, определяющим понятие денег. Логически идеальная единица, которая характеризуется определенным наименованием, является приматом в отношении денежного знака, но она овеществляется в этом последнем так, что каждый денежный знак выражает определенное числовое отношение к ней. – Учение Nussbaum'a, оставаясь на почве номинализма, не приводит к государственной теории денег и не устраняет проблемы ценности денег как орудия обращения: цена товаров (под влиянием факторов экономического характера, лежащих на стороне денежных знаков или на стороне товаров) может выражаться и в действительности выражается в счетных денежных единицах, сумма которых не является постоянной. Когда же ставится вопрос о содержании обязательств, имеющих своим предметом денежные знаки, выраженные в денежных единицах, то принимается во внимание лишь определенная сумма этих последних. То обстоятельство, что гражданский оборот различает денежные знаки не по их физическим свойствам, а по отношению их к определенной счетной единице, имеет огромное значение для всей техники современных денежных расчетов. Современный оборот не мог бы примириться с деньгами, «обладающими физическими свойствами», т. е. с такими деньгами, которые надо было бы не

---

[1] См. его книгу «Das Geld in der Theorie und Praxis des Deutschen und Ausländischen Rechts». Tübingen, 1926.

[2] Теорию Нусбаума разделяют – N i p p e r d e y (Juristische Wochenschrift, 1920. S. 120) и G e i l e r (Zeitschrift f.d. gesamte Staatswissenschaft v. Brodenvitz. Bd. 81, H. 2, S. 320 и сл.). Nipperdey подчеркивает, что благодаря номиналистическому принципу в том смысле, как он трактуется у Нусбаума, создается непрерывность представления об определенной денежной единице в том случае, когда денежные знаки перестают обмениваться на металл и падают в цене. Это свойство их основано не на принудительном курсе бумажных денег, а вытекает из самой природы денег.

считать, а взвешивать. Как показал опыт денежного обращения в эпоху войны и революции, монеты, исчезающие из обращения, тотчас же начинают в гражданском обороте определяться физическими свойствами и, таким образом, лишаются того свойства, которое, по Нусбауму, является характерной особенностью денег вообще.

Но можно ли сказать, что отмеченное Нусбаумом свойство составляет особенность одних лишь денег? – Нусбаум сам выдвигает этот вопрос в отношении некоторых видов ценных бумаг: предъявительские акции и облигации также относятся к заменимым вещам, также выражены в денежной единице, но отношение к ней не является непосредственным, так как соответственные документы непосредственно удостоверяют долю участия в предприятии или право требования, и лишь эти права выражены в денежных единицах. – Это различение кажется нам искусственным. Акции (или облигации) определенного вида отличаются друг от друга также, как и денежные знаки, числовым отношением к отвлеченной счетной единице, что придает как названным ценным бумагам, так и деньгам максимальную обращаемость: определенные виды акций и облигаций по степени своей обращаемости приближаются к деньгам, благодаря чему технический порядок обращения тех и других представляется сходным. Это сходство объединяет деньги и названные ценные бумаги в особую категорию родовых вещей, лишенных, с точки зрения оборота, каких-либо физических свойств. Специфические же особенности денег, отличающие их от всех других объектов частного права и, в частности, от названных ценных бумаг, выясняются лишь в результате анализа той функции, которую денежный знак исполняет в гражданском обороте.

15. Как видно из предшествующего изложения номиналистические учения разнятся друг от друга своим отношением к проблеме ценности денег и к вопросу о значении государственного правового регулирования в сфере денежного обращения. Объединяет их сходство в понимании существа денежной единицы и содержания денежных обязательств.

В разрешении этих двух вопросов номинализм сталкивается с противоположною группою учений, которые принято объединять под общим названием теории «металлистов». Как отмечалось выше, для номиналиста денежная единица может быть связана с ценностным представлением, но сама по себе ценностью не обладает: это лишь абстрактная счетная единица, в которой выражены цены всех товаров, в том числе и цена того благородного металла, который лежит в основании денежной системы. Для металлиста, напротив того, золото и серебро есть последний масштаб измерения ценности денежных знаков, денежная же единица является для него определенным количеством золота или серебра, т. е. вещью, обладающей ценностью.

Исходя из этой последней точки зрения, Bekker[1] считает, что содержанием денежного обязательства является определенное количество благородного металла в виде монет, снабженных законной платежной силою. Если сделка заключена в то время, когда денежная система была основана на серебре, то после перехода к золотому обращению (ввиду исчезновения из оборота серебряных монет), строго говоря, наступает невозможность исполнения обязательства. Однако Bekker признает здесь своеобразную конверсию: предметом долга взамен серебряных монет становится ценность этих монет, выраженная в золоте. Теория Bekker'a ввиду ее искусственности и полного несоответствия условиям современных денежных расчетов не имела существенного влияния ни на юридическую теорию, ни, тем более, на практику.

16. Зато весьма широкое распространение получила «курсовая» теория Савиньи[2]. Понятие о деньгах Савиньи связывает с понятием об имуществе как гражданско-правовой власти или господства лица над частями внешнего мира: Pecuniam habens habet omnem rem, guam vult habere. Деньги – орудие измерения ценности, но они сами в себе заключают ту ценность, которую измеряют. Это свойство денег основано на всеобщем признании их ценности. Деньги создаются деятельностью правительства только когда и настолько они признаются таковыми общественным мнением; другими словами: общественное мнение решает вопрос не только о том, что есть деньги, но и о том, в какой степени тот или иной предмет имеет свойство стать деньгами. Благородные металлы благодаря своим природным особенностям становятся материалом для денег. Государство определяет вес и пробу монет в порядке чеканки, но тем самым не изменяется их существа; монета остается слитком металла, снабженным государственным штемпелем: ein staatlich beglaubigter Barren. Бумажные же деньги служат представителями настоящих денег (монет) и составляют настоящий беспроцентный долг государства.

Переходя к вопросу о содержании денежных обязательств, Савиньи указывает на необходимость различать: а) номинальную цену монеты – цену, придаваемую монете по воле государства; б) металлическую ее це-

---

[1] «Ueber die Couponprozesse der österreichen Eisenbahngesellschaften, 1881. См. также: Л. С. Эльяссон. Деньги, Банки и Банковые операции. Изд. «Экономическая Жизнь». Москва, 1926, стр. 12, прим. 1.

[2] Савиньи. Обязательственное право. Русский перевод, изд. 1876.

ну, которая определяется по содержанию в ней чистого серебра или золота; в) курсовую цену – придаваемую какому-либо роду денег всеобщим доверием. За неизменное основание определения курсовой цены Савиньи принимает цену содержащегося в монете благородного металла, смотря по тому, какой металл положен в основу монетной системы – золото или серебро. – Что составляет истинный предмет денежного обязательства? Вопрос этот, по мнению Савиньи, не может быть решен по правилам об обязательствах, имеющих своим предметом родовые вещи, а лишь по принципам толкования воли сторон, которые можно вывести из природы денег. Так как в курсовой цене выражается отношение к деньгам со стороны общественного мнения, то она и должна быть масштабом для определения предмета денежного долга: должник должен вернуть кредитору полученную от него экономическую власть.

Для Савиньи, в отличие от Беккера, металл служит не содержанием долга, а основанием для измерения покупательной силы денег, которая является содержанием обязательства. Для него денежный долг есть Wertschuld[1] – обязательство предоставить определенную ценность, выраженную в неопределенной сумме денежных единиц. Продолжая эту мысль, можно было бы сказать, что законодательство о денежном обращении устанавливает лишь, какие знаки могут быть передаваемы кредитору в погашение долга, количество же этих знаков в каждом отдельном случае определяется их покупательною силой[2]. При таком понимании число денежных единиц, выражающих обязательство, не определяет более содержания последнего, что, как мы видели, противоречит всей существующей системе денежных расчетов. Эта система покоится на номиналистическом принципе. В эпоху резкого изменения ценности денег происходит частичное или полное (как это было у нас, в Германии, Польше) аннулирование денежных долгов. Закон и суды принимают меры к переоценке этих обязательств. Но эта валоризация не основана на курсовой теории денег. Здесь ввиду исключительных условий, вызванных небыва-

---

[1] В том же смысле E n n e c c e r u s . Lehrbuch des Bürgerl. Rechts, § 231 и R o g o l s - b e r g e r . Pandekten. Leipzig, § 104 – 107: «Das Geld ist die Sache, durch welche reine Wertschulden erfüllt werden». После мировой войны эта точка зрения в связи с обесценением марки приобрела в Германии большое число сторонников.

[2] Das Währungsrecht bestimmt die Qualität, das bürgerliche Recht die Quantität der aufzuwendenden Zahlungsmittel (H e n l e . Mark gleich Mark. Giessen, 1923. Archiv fur die civil. Praxis, 1924. Bd. 2, H. 1). Эту точку зрения высказывают в Германии в настоящее время все сторонники судебной валоризации денежных обязательств; ср. в особенности J a m e s G o l d s c h m i d t . Aufwertungskrise. Berl., 1926, стр. 11 и E. J u n g . Das privatrechtliche Wesen des Geldes. Marburg, 1926.

лой денежной инфляцией, ставится вопрос не о содержании денежного долга, а о создании (в законодательном или судебном порядке) новых прав требований, которые должны заменить собой прежние обесценившиеся обязательства и содержание которых определяется применительно к индивидуальным условиям данного конкретного случая.

17. Номиналистический принцип денежных расчетов настолько укоренился в современном сознании, что всякого рода проекты стабилизации содержания денежных долгов не только не пытаются его устранить, но, наоборот, прямо исходят из него как из аксиомы. В этом отношении особенно интересен проект американского экономиста Ирвинга Фишера о стабилизации доллара[1]. В 1920 г. И. Фишер предложил перейти к системе расчетов на основании чисел-показателей: золотые монеты при этом должны быть изъяты из обращения и заменены сертификатами, выписанными в определенной сумме долларов и разменными на золото; однако количество золота, соответствующее одному доллару, не составляет постоянную величину, а определяется периодически особым государственным учреждением по индексу товарных цен, так чтобы покупательная сила сертификата в отношении определенного комплекса товаров была неизменною; если товарный индекс показывает повышение цен, то золотое содержание доллара соответственно увеличивается; при падении цен происходит соразмерное уменьшение золотого эквивалента. – Не касаясь вопроса о технической осуществимости и о социальной целесообразности плана И. Фишера[2], отметим, что план этот исходит из того, что денежное обязательство выражено в неизменной сумме долларов и что платежная сила сертификатов определяется по номиналу.

Основные начала нынешней системы денежных расчетов выработались в результате долгого исторического развития. Две силы способствовали их упрочению: правительства, которые в фискальных целях уменьшали вес и качество монеты при сохранении ее законной платежной силы,

---

[1] F i s h e r . Stabilising the dollar. New-York, 1920. См. обсуждение этого проекта в докладе Н. Н. Л ю б и м о в а о стабилизации ценности денежной единицы: Сборник «Денежное обращение и кредит». Изд. НКФ. Москва, 1922, стр. 604 и след. Критику проекта Фишера см. у А. А. С о к о л о в а «Проблемы денежного обращения и валютной политики». Москва, 1923, стр. 77 – 82.

[2] Идея расчетов по индексу исходит из того, что надлежащим способом расчета между дебитором и кредитором является возврат последнему той абстрактной ценности, которую от него получил кредитор. Многие авторы отмечают отсутствие объективной возможности определить абсолютную покупательную силу денег в тот или иной момент, производительность расчета по методу чисел-показателей и неопределенность при таком методе содержания денежных обязательств.

и торговый класс, который с развитием срочных сделок заинтересован был в ясности и определенности долговых отношений. Последнее обстоятельство с течением времени приобрело первенствующее значение. Правда, номиналистический принцип создал лишь формальную определенность долговых отношений, не затрагивая их ценностного содержания. Меры литрического управления направлены были на достижение максимальной устойчивости покупательной силы денег. Однако полная стабилизация курса денег и абсолютная устойчивость и определенность долговых отношений не были достигнуты и представляются нам вообще неосуществимыми.

Представим себе, что мы полностью осуществили план Ирвинга Фишера: по каждой данной сделке кредитору возвращается та покупательная сила, которую он предоставил должнику. Можно ли сказать, что тем самым устранено влияние на кредитные сделки всякого рода колебаний экономической конъюнктуры?

Отрицательный ответ на этот вопрос дает американский экономист Л. Лефлин (Laughlin) в своем юридико-экономическом исследовании: Principles of money, 1903 г. (второе издание 1921 г.). Лефлин исходит из следующего примера: в 1880 г. «А» передал «В» 1000 долларов, на которые в тот момент можно было купить X товаров. Срок погашения долга в 1900 г. За 20 лет технический прогресс привел к тому, что на 1000 долларов в 1900 г. можно купить X+n товаров. Должен ли «В» вернуть «А» сумму денег, на которую можно купить X товаров или те же 1000 долларов, на которые теперь (т. е. в 1900 г.) можно купить X+n благ? К первому решению приводит расчет по обязательству в товарных единицах (по плану И. Фишера), ко второму – расчет в золотых долларах по номиналу. Можно ли сказать, что подобные изменения в хозяйственной конъюнктуре должны идти на пользу кредитора или, наоборот, на пользу должника?

Если предположить условия падения ценности золота (что в действительности имело место после мировой войны), то сущность вопроса остается та же.

Очевидно, что одна и та же покупательная сила (т. е. возможность приобрести определенное количество определенных товаров) в меняющихся условиях народнохозяйственной жизни имеет различное экономическое значение. Поэтому план И. Фишера, если бы он был осуществим, не устранил бы той неопределенности экономического содержания, которая составляет свойство каждой кредитной сделки. Формальная определенность в содержании денежных обязательств, которая обеспечивается принципом номинализма, является, таким образом, единственным объективным началом для построения системы денежных платежей. С народнохозяйственной точки зрения принцип номинализма должен быть связан с совокупностью мероприятий, направленных на стабилизацию курса денежных знаков. Но даже наиболее совершенная денежная политика не в состоянии создать полную определенность в содержании кредитных сделок: момент риска может быть ослаблен, но не может быть устранен.

III. ДЕНЕЖНЫЕ ЗНАКИ И ДЕНЕЖНЫЕ СИСТЕМЫ

18. Мы уже неоднократно указывали на то, что «денежное свойство» вещи покоится не на законе, не на непосредственном государственном принуждении, а на привычных действиях участников гражданского оборота. Тем самым мы, однако, не преуменьшаем значения того факта, что в настоящее время эти привычные действия всегда складываются под сильнейшим влиянием государственной власти. Одним из основных начал публичного права всех стран является суверенитет государства в области денежного обращения. Правительство всегда пользуется исключительным правом на чеканку монеты, изготовление государственных бумажных денежных знаков и на выпуск тех и других в обращение[1]. Правительство засим определяет относительную платежную силу выпускаемых им денежных знаков путем объединения их в денежную систему и принимает в законодательном и административном порядке ряд мер, направленных к поддержанию ценности денег на определенном уровне. Монеты и бумажные знаки, выпускаемые правительством и получившие на деле значение всеобщего орудия обмена, могут быть названы «государственными деньгами»[2]. Сюда же относятся денежные знаки, выпущенные эмиссионными банками в силу специальной государственной концессии: т. н. банковые билеты или банкноты. Сюда не относятся иностранная валюта и разного рода ценные бумаги или легитимационные документы (купоны и облигации государства и частных предприятий, чеки, векселя, переводы, разного рода марки, товарные ордера и т. п.), из которых некоторые в той или иной степени фактически в обороте исполняют роль орудий обращения; если циркуляторное употребление иностранной валюты либо тех или

[1] По английскому праву прерогативы государства в области денежного обращения определяются следующим образом: issuing money giving it authority and making it current.

[2] Термин «государственные деньги», у нас малоупотребительный, соответствует английскому «currency»: в энциклопедии Gerland and Mc. Gehee понятие currency определяется так: whatever passes among the people for money both coin and banknotes or other paper money, which is issued by authority and which continually passes for coin. См.: Nussbaum, стр. 44.

иных имущественных документов носит всеобщий характер, то соответственная иностранная валюта или документ становятся настоящим (хотя и не «государственным») денежным знаком.

<…>

19. Основным видом государственных денег являются денежные знаки, снабженные по закону платежной силой. Законное платежное средство (Gesetzliches Zahlungsmittel, legal tender, cours legal, corso legale)[1] заменяет собой всякий другой предмет долга, предоставление которого стало невозможным без того, чтобы эта невозможность освободила должника; денежный знак, снабженный платежною силою по закону, считается предметом всякого денежного обязательства, если не обусловлен платеж каким-либо специальным видом денег.

Свойство законного платежного средства денежный знак получает в силу предписания закона: один лишь факт выпуска в обращение определенных денежных знаков государством не создает законного платежного средства[2].

Платежную силу денежного знака закон обычно устанавливает по номиналу, т. е. в определенном числе денежных единиц. Государство, однако, может объявить платежную силу денежного знака по курсу на какой-либо другой вид денег. Такой порядок был у нас установлен в отношении ассигнаций в 1812 г.[3] До этого ассигнации, выпуск коих начался при Екатерине II, не были обязательны к приему в платежи. Между частными лицами и в казну они принимались, считая 4 рубля ассигнациями за один серебряный рубль. Мирясь с этим фактом, манифест 9 апреля 1812 года предписал, чтобы «все счеты и платежи в казну, из казны и между частными лицами основывались на ассигнациях»; в то же время манифест предоставил всякого рода обязательства и сделки между частными лица-

[1] О правовом значении законной платежной силы см., гл. обр., назван. сочин.: Nussbaum'a, стр. 22 и след.: M. Wolff'a, стр. 580; Laughlin'a, стр. 440 (The origin and history of legal tender); Scaduto, Cap. III, § 17.

[2] Эта концепция сложилась лишь к концу 18 века. Laughlin сообщает, что в Англии до 1774 г. все монеты, выпущенные в обращение Монетным Двором, ipso jure становились legal tender без какого-либо специального предписания закона: the being of. l. t. was an implied guality of all lawful money. Здесь l.t. понималось не только как средство исполнения обязательств, но и как обязательное для подданных орудие обращения: отказ в принятии такого денежного знака по установленному курсу считался уголовным преступлением, нарушением королевской монетной регалии. В настоящее время анахронизмом является постановление ст. 475 действующего франц. уголовн. кодекса: seront punis d'amende ceux qui auraient refusé de recevoir les espèces et monnaies nationales non fausses ni alterées selon la valeur pour laquelles elles ont cours.

[3] И. Кауфман. Серебряный рубль в России. П.Б., 1910, стр. 184 и след.

ми на волю их заключать и писать на ассигнации или серебро по добровольному согласию; но платеж по оным не может быть отринут ассигнациями по промену на серебро в день платежа. – Обязательным сделан «ходячий промен» ассигнаций на серебро: биржевой курс, где есть биржа, а где ее нет – иные способы «промена». Вследствие относительной устойчивости курса совместное обращение серебряной монеты и ассигнации, потерявшей около $^3/_4$ своей нарицательной стоимости, было равносильно тому, как если бы произведена была девальвация ассигнаций на $^3/_4$ их достоинства. Правительство могло бы совершенно безболезненно произвести формальную девальвацию ассигнаций, но оно предпочло политику дефляции путем их скупки, что наряду с другими факторами создало неустойчивость курса. «Денежный счет на ассигнации стал мудреным делом: положение было такое, как если бы пуд или аршин стали неуловимыми величинами, непрерывно меняющимися, в различных местах различные»[1]. Наконец, манифестом 1 июля 1839 года «об устройстве денежной системы» была произведена девальвация по курсу 3 р. 50 к. ассигнациями за 1 серебряный рубль. Было объявлено, что «серебряная российского чекана монета отныне впредь устанавливается главною государственною платежною монетою... ассигнации (же) остаются вспомогательным знаком ценности с определением им отныне единожды навсегда постоянного непременяемого на серебро курса, считая серебряный рубль как в крупной, так и в мелкой монете в три рубля пятьдесят копеек ассигнациями»[2].

Но установление законной платежной силы по курсу возможно и помимо прямого предписания правительства. Это имеет место в тех случаях, когда сделки заключаются в другой денежной единице, нежели та, в которой выражены денежные знаки, обладающие легальною платежною силою: государство выпускает два вида денежных знаков, из коих каждый выражен в особой денежной единице; твердого соотношения платежной силы между этими двумя единицами не установлено; гражданский оборот

---

[1] И. К а у ф м а н . Серебряный рубль в России. П.Б., 1910, стр. 184 и след.

[2] По изложенному вопросу о возможности законного платежного средства без устойчивой степени платежной силы M. Wolff (назв. соч., стр. 581) стоит на точке зрения, изложенной в тексте, Nussbaum же (назв. соч., стр. 25) полагает, что легальная платежная сила логически возможна лишь по номиналу. По утверждению Nussbaum'а, все кажущиеся случаи отклонения от этого правила (территориальные мандаты французской революции, прусские казначейские билеты в эпоху наполеоновских войн) на самом деле сводились к периодическому пересмотру твердого курса в административном порядке; в отношении прусских казначейских билетов, например, происходило установление твердого курса на полумесячный срок; такой порядок Nussbaum называет скользящею номинальною платежною силою. История русских ассигнаций служит, однако, серьезным возражением против изложенного взгляда.

принимает за основу исчисления отсроченных платежей (standard of deferred payments) ту денежную единицу, в которой выражены знаки, обладающие твердой покупательной силою, другие же денежные знаки не обладают твердой покупательной силой, но обязательны к приему во все платежи: по обязательствам, выраженным в твердой валюте, они служат законным платежным средством по курсу дня платежа. Такое положение вещей существовало в Советском Союзе после выпуска банковых билетов (по декрету 11 октября 1922 г.); червонец, т. е. денежная единица, в которой выражены банковые билеты, фактически получил значение всеобщей единицы исчисления платежей, советские же денежные знаки служили законным платежным средством по курсу дня платежа на червонцы. Порядок этот был настолько неудобен, что уже через год (постановлением ЦИК и СНК от 17 октября 1923 г.) введен был единообразный курс по всей территории Союза: было объявлено, что платежи советскими знаками по обязательствам, выраженным в червонцах, должны происходить повсеместно в СССР по курсу Фондового Отдела Московской Товарной Биржи, объявленному в месте на день платежа.

Таким образом, если неопределенная легальная платежная сила денежного знака представляется возможною, то она, во всяком случае, должна быть признана нецелесообразной. Закон о платежной силе денежного знака имеет положительное значение лишь в том случае, если он в гражданско-правовые отношения вносит хотя бы формальную определенность: последняя же достигается лишь при установлении платежной силы по номиналу.

20. Правовое значение легальной платежной силы, присвоенной денежному знаку, заключается в том, что кредитор по обязательству, могущему быть погашенным путем денежного платежа, отказавшись принять законное платежное средство, впадает в просрочку (mora creditoris). Этим по современному праву исчерпывается правовое значение законной платежной силы. Непринятие такого рода денег не является уголовным правонарушением и не может служить основанием гражданско-правового требования со стороны должника ввиду отсутствия для последнего интереса в таком исковом требовании: должник всегда может освободиться от своего долга, внеся спорную сумму в депозит суда.

Обязательность приема в платежи может быть установлена: а) без ограничения в отношении суммы платежей и лиц (всеобщее законное платежное средство); б) с ограничением в отношении суммы платежа, причем, однако, это ограничение не имеет места для платежей эмитенту – в казну или эмиссионному банку; такие денежные знаки носят название разменных или биллонных денег; в) с ограничением в отношении определенных лиц или определенного вида сделок (специальная законная платежная сила); специальная законная платежная сила установлена большею частью для платежей в казну и в этом случае носит название «налогового обеспечения».

До революции всеобщим законным платежным средством у нас были российские золотые монеты и государственные кредитные билеты; разменными и биллонными деньгами были серебряные и медные монеты, а специальным законным платежным средством – по таможенным платежам – служили иностранные золотые монеты и такие же разменные на золото банкноты. Ныне к первой группе относятся государственные казначейские билеты, ко второй группе – серебряные и медные монеты советского образца, к третьей группе – билеты Государственного Банка – «червонцы» и иностранные денежные знаки (по таможенным платежам).

Специальную законную платежную силу в отношении казны следует отличать от «кассового курса»; в последнем случае государственные кассы фактически, не будучи к этому обязаны по закону, на основании административного распоряжения, принимают в платежи определенные денежные знаки: кассовый курс в силу особого распоряжения НКФ присвоен акцептированным Государственным Банком чекам.

Присвоение законной платежной силы некоторым видам денежных знаков (серебро, медь, бумажные знаки, золото) создает для должника возможность выбора из них любого для исполнения обязательства. Однако такая возможность выбора не означает, что мы имеем в данном случае пассивно-альтернативное обязательство, ибо при исполнении денежных обязательств денежные знаки, снабженные по номиналу законной платежной силой, независимо от различных своих физических качеств с правовой точки зрения ничем не отличаются друг от друга – составляют один и тот же род и вид предметов.

21. Юридическое значение законной платежной силы не следует преувеличивать: денежные знаки, обладающие кассовым курсом и устойчивою покупательною силою, могут по воззрениям гражданского оборота считаться такими же деньгами, как и законное платежное средство; отказ в принятии их со стороны кредитора может при известных условиях породить те же юридические последствия, что и отказ в принятии законного платежного средства. У нас в настоящее время весьма немногие знают о том, что билеты Государственного Банка, именуемые «червонцами», формально не обязательны к приему между частными лицами; все полагают, что «червонец» является «основным» денежным знаком Союза. Это

всеобщее убеждение не может не иметь юридического значения: если бы кредитор отказался от принятия банкового билета в червонцах и засим сослался бы на просрочку должника, то такие действия следовало бы признать шиканою, злоупотреблением формальным правом или, по терминологии ст. 1 Гражданского кодекса, «осуществлением гражданского права в противоречии с его социально-хозяйственным назначением». Нельзя, однако, отказать кредитору в праве отвергнуть платеж разменными или биллонными деньгами на сумму, которая превышала бы установленный по закону максимум; и это не только в силу установленного законом формального ограничения платежной силы таких денег, но и в силу того, что такой платеж, связанный с неудобствами для кредитора, не соответствует гражданско-правовым обыкновениям. Далее – кредитор, безусловно, имеет право отказаться принять в платеж негосударственные денежные знаки – например, акцептованные Государственным Банком чеки. Внесение на текущий счет кредитора долговой суммы без его – кредитора – согласия также не является надлежащим способом погашения обязательства, так как здесь кредитор вместо наличных денег получает лишь право требования к банку, на которое распространяется право удержания банка в порядке зачета по его требованиям к «владельцу текущего счета» и которое подвержено риску, связанному с платежеспособностью банка. Но государственные деньги, циркуляторная функция коих основана на твердо сложившихся обыкновениях гражданского оборота и покупательная способность коих является не менее устойчивой, нежели покупательная способность законного платежного средства, не могут быть отклонены кредитором.

Изложенное приводит к следующему заключению: банковые билеты, выраженные в червонцах, в настоящее время (1927) являются столько же «обязательными к приему», как и снабженные формальною законною платежною силою государственные казначейские билеты. Эта «обязательность к приему» основана на том, что в настоящее время банковые и государственные казначейские билеты служат всеобщими орудиями обращения на одинаковых основаниях: «червонец» фактически считается равным 10 руб. государственными казначейскими билетами, и все платежи происходят на основе этого соотношения без какого-либо различия банковских и казначейских денег. В силу этого кредитор в настоящее время не имеет интереса отказать в принятии банковых билетов: ссылка на то, что эти билеты не снабжены платежною силою по закону, должна быть отвергнута судом на основании ст. 1 Гражданского кодекса.

Положение это изменилось бы лишь в случае общего резкого падения ценности денег или в случае, если бы банковые билеты упали в цене по отношению к казначейским билетам. Здесь обнаружилось бы значение формальной платежной силы, установленной по закону: «обязательными к приему» остались бы в этих случаях лишь государственные казначейские билеты[1].

22. Законное платежное средство может и не быть орудием обращения: так например, в России после приостановки размена госкредитных билетов (в августе 1914 г.) на золотую монету последняя исчезла из сферы денежного обращения; однако ст. 11 Устава Монетного (об обязательности к приему во всех случаях полновесной золотой монеты на неограниченную сумму) не была отменена. Золотая монета, таким образом, оставалась до октября 1917 г. законным платежным средством, но перестала быть орудием обмена[2].

Какое юридическое значение имеет в этом случае законная платежная сила золотой монеты? Как известно, при обращении взыскания на имущество должника обнаруженные в составе этого имущества деньги передаются судебным исполнителем непосредственно кредитору в погашение его требования по исполнительному листу. Возникает вопрос, вправе ли был бы судебный исполнитель при передаче кредитору золотых монет, найденных им в имуществе дебитора, зачесть в погашение долга не

---

[1] Изложенное противоречит общепринятому в западноевропейской юридической литературе взгляду, по которому все без исключения денежные знаки, не снабженные по закону платежною силою, могут быть отклонены кредитором. M. Wolff (стр. 638, прим. 12) полагает, однако, что должник, предложивший платеж деньгами, которые являются всеобщим орудием обращения без ограничения суммы, но лишены законной платежной силы, не впадает в просрочку, так как по воззрениям оборота он может ожидать, что платеж будет принят кредитором. Мы думаем, что то соображение Wolff'a, которое исключает просрочку должника, обосновывает просрочку кредитора в том случае, если бы он отказался принять такие деньги.

[2] В период 1922 – 1923 гг. в Советской России, в Германии и Польше бумажные деньги, снабженные законною платежною силою, подверглись небывалому обесценению, но все же не были вытеснены из обращения. По этому поводу Л. Н. Юровский («Современные проблемы денежной политики», стр. 9) пишет: «Несмотря на все разнообразие валютного опыта европейских стран в течение последнего десятилетия нам пришлось наблюдать ... крушение только в одной форме: не в виде полного отказа населения пользоваться обесценившимися денежными знаками, – в каких бы астрономических цифрах ни выражалась степень их обесценения, – а в виде ликвидации старой загнившей денежной системы распоряжением государственной власти, вынужденной и получившей возможность упорядочить денежное обращение путем радикальной реформы». Таким образом, несмотря на катастрофическое обесценение бумажных денег, деньги эти оставались в обороте и утратили свойство орудия обращения лишь вместе с отпадением их законной платежной силы.

только номинальную их сумму, но и лаж, который приобрели эти монеты в отношении кредитных билетов. Разрешение этого вопроса (имеющего большое значение для выяснения понятия законного платежного средства) зависит от того, признается ли законность этого лажа; другими словами, разрешены ли сделки с золотой монетой. В дореволюционной России вопрос этот так же, как … в Советском Союзе, решался отрицательно[1], и поэтому золотые монеты подлежали бы передаче кредитору по номиналу.

Иначе решается этот вопрос в тех случаях, когда при сохранении номинальной платежной силы золотой монеты вместе с тем допускается сделка с этою монетою или, по крайней мере, признается законность существующего на эту монету лажа. В Германии 23 ноября 1914 г. были запрещены сделки «на разницу» с имперскою золотою монетою и тем не менее лаж на эту монету – по крайней мере в судебной практике периода инфляции, т. е. в 1922 – 1923 гг., – считался явлением законным[2]; в согласии с этою судебною практикой, золотые монеты в приведенном выше случае подлежали бы передаче кредитору не по номиналу, а «по курсу» несмотря на то, что их номинальная платежная сила (по закону 1 июня 1909 г.) продолжала действовать[3].

23. Денежные знаки, не снабженные законною платежною силою, часто являются «провизорными» деньгами, т. е. такими, которые по требованию держателя размениваются на денежные знаки, обладающие платежною силою по закону. Впрочем, разменность может быть установлена и для законного платежного средства (например, государственные кредитные билеты до августа 1914 г.).

Обязательство размена может иметь различное юридическое значение[4]. В некоторых случаях размен одних видов денег на другие, установленный в порядке закона или административного акта, имеет характер

[1] Срочные сделки «на разницу» с золотою монетою были запрещены (Законы Гражданские, ст. 1401[1]; Устав Кредитный, раздел X, ст. 181 – 185; Уложен. о наказаниях, ст. 1174[5]; выражение сделки в зол. руб. (Goldclausel) вообще считалось недопустимым.

[2] К такому заключению приводит решение Германского Имперского Суда от 23 марта 1922 г. (приведенное у Warneyer'a Geldentwertung u. Vertragserfüllung. Berl., 1923, стр. 80): согласно обязательному постановлению от 13 ноября 1915 г. запрещен был вывоз золота и золотой монеты под страхом тюремного заключения и штрафа в двойном размере против ценности вывезенного золота или монет. В случае вывоза имперских золотых монет следует ли исчислять штраф вдвойне против «номинальной» или «курсовой» цены этих монет? Имп. Суд признал, что основанием для исчисления суммы штрафа является курсовая цена золотой монеты.

[3] В этом смысле высказываются M. Wolff, стр. 605; Palyi, стр. 74.

[4] Nussbaum, стр. 27 – 28; Hartmann, стр. 57 – 62; Knapp. Staatl. Theorie, § 8а; Wolff, стр. 606 и 609 – 610; Scaduto, § 16, 18.

лишь публично-правовой функции государственных касс: для держателя обмениваемых монет не возникает каких-либо частноправовых притязаний в отношении государственной кассы. Такой обмен по германскому монетному закону 1909 г. был установлен для серебряной, никелевой и медной монет.

Иной юридический смысл имеет разменность банкноты. Банкнота (банковый билет) есть выпущенная банком денежная ценная бумага на предъявителя, т. е. документ, по предъявлении коего банк обязуется уплатить держателю определенную сумму определенного вида денег (например, золотые монеты). При известных условиях такой документ может передаваться от лица к лицу без того, чтобы когда-либо было заявлено банку вытекающее из него требование; в этом случае документ этот сам становится денежным знаком и заменяет собою тот предмет, на получение которого он направлен. Возможность такой функциональной замены объясняется экономическим свойством денег; деньги дают не потребительное, а, по выражению Кнаппа, «циркуляторное» удовлетворение, они сами по себе не служат каким-либо потребительским потребностям, а лишь дают возможность получать хозяйственные блага, которые удовлетворяют таким потребностям. Поэтому, если документы на получение денег представляются требованиями благонадежными и бессрочными, если передача их от лица к лицу не связана с какими-либо формальностями, если документы эти выписаны в круглых и не слишком крупных суммах, то они могут сами служить всеобщим орудием обращения, т. е. могут стать денежными знаками. Таким образом, банкнота есть одновременно денежная ценная бумага (Geldpapier) и бумажный денежный знак (Papiergeld).

Но свойство ценной бумаги отступает на второй план: основное значение имеет здесь функция орудия обмена. С точки зрения экономической, принятие банкноты не создает кредитного отношения между банком и получателем; последний, принимая банкноты, приобретает наличные деньги (Bares Geld, ready money), которые дают ему непосредственную возможность расплатиться по своим долгам[1].

Эта функциональная особенность банкноты отражается на характере вытекающего из нее права требования: притязание на размен, хотя по форме своей является частноправовым денежным требованием к банку, но все же носит своеобразный характер: в частности, оно не может быть

[1] Поэтому, представляется неправильной характеристика биллонной монеты как «billets de banque inscrits sur le metal» (см. выдержку из бельгийского парламентского отчета по поводу монетного закона 1860 г. у M i s e s 'а, стр. 32, см. там же, стр. 275).

предметом зачета в том случае, когда предъявитель банкноты является дебитором банка по другому денежному долгу. Это положение, если оно даже не оговорено в законе о выпуске банкнот, вытекает из существа соответственных правоотношений: притязание на размен банкноты не является однородным с требованием банка к клиенту.

Размен банкнот на другой вид денег (обычно на звонкую монету) может быть приостановлен правительством в силу принадлежащего ему права регулирования денежного обращения; эта приостановка размена часто принимает форму бессрочного моратория и всегда сопровождается присвоением банкноте законной платежной силы. Соединение указанных двух моментов (законной платежной силы и неразменности) носит название п р и н у д и т е л ь н о г о к у р с а б у м а ж н ы х д е н е г (cours forcé).

Возможно, что государство выпускает бумажные деньги с самого начала их выпуска неразменные и не содержащие условия об установлении в будущем размена («керенки» Временного Правительства, «советские денежные знаки», нынешние «государственные казначейские билеты»). Многие экономисты и юристы (в частности, Савиньи) считают, что и такого рода деньги являются беспроцентным долгом государства, что с юридической точки зрения не является, однако, обоснованным[1]. Выпуск неразменных бумажных денег и присвоение им принудительного курса само по себе может иметь результатом лишь публично-правовую обязанность эмитента принимать такого рода деньги в причитающиеся ему – эмитенту – платежи по номиналу, но отнюдь не обязанность размена их в будущем на какую-либо звонкую монету.

24. Размен или обмен «провизорных денег» следует отличать от обмена денежных знаков, изымаемых из обращения, на новые, выпускаемые государством[2]. Обмену этому обычно предшествует лишение соответствующих знаков платежной силы по закону, если они пользовались таковой. Засим устанавливаются публично-правовая обязанность и право для держателей сдать эти деньги государству в обмен на новые денежные знаки до определенного срока, когда они теряют также и кассовый курс и, с точки зрения права, перестают рассматриваться как деньги (демонетизация). Обмен всегда происходит по номиналу. Государство с точки зрения

---

[1] Ср. E n g l ä n d e r . Oeffentl. Unternehmungen, § 3. Das Geldwesen в Handwörterbuch der Finanzwissenschaft Verlag Mohr., 1926.

[2] N u s s b a u m , стр. 36.

права вообще не считается ответственным за обесценение своих денег, даже в том случае, когда это падение вызвано чрезмерной эмиссией[1].

Вопрос о такой ответственности практически может стать лишь в отношении иностранных держателей обесценившихся бумажных денег[2]. Но и здесь он решается отрицательно. В этом отношении крайне любопытно решение Смешанной Комиссии, учрежденной по Вашингтонскому Договору 8 мая 1871 г. в составе представителей от Соединенных Штатов и Англии для рассмотрения претензий англичан за убытки, связанные с гражданской войной 1861 – 1865 гг. Означенная Комиссия рассматривала, между прочим, претензию к Соединенным Штатам английского гражданина Виллиама Адама, домицилированного в Англии, о возмещении ему убытков, которые он потерпел в качестве держателя облигаций американской железнодорожной компании. Компания на основании американского закона расплатилась обесцененными деньгами по номиналу. Претензия эта была отклонена единогласно не только американскими, но и английскими членами Комиссии[3].

25. Изъятию из обращения обесценившихся денежных знаков иногда предшествует девальвация, т. е. узаконение их пониженного курса в отношении другого вида денег, одновременно с ними обращавшегося. На основе этого курса понижается степень законной платежной силы обесценившихся денег и происходит засим принудительный выкуп их в казну.

Примером такой операции является денежная реформа при Канкрине (1839 – 1843 гг.). Степень обесценения ассигнаций в отношении серебряных рублей, как уже было отмечено выше, послужила основанием для определения платежного соотношения между этими денежными знаками. 1 июня 1843 г. правительство объявляет о выпуске кредитных билетов, выраженных в серебряных рублях и разменных на «звонкую монету»: на серебро – рубль за рубль, либо на золотую монету по соотношению 10 р. 30 к. за империал; фактически размен на золото не имел значения. В связи с Крымской кампанией в 1858 г. (16 мая) размен был вовсе прекращен. В девяностых годах снова стал вопрос о возобновлении размена на звонкую монету, но уже не на серебро, а на золото, которое к тому

---

[1] Исходя из этого, германский закон о переоценке публичных займов 16 июля 1925 г. в § 3 подчеркивает со всею определенностью, что Reichskassenscheine и Darlehnskassenscheine, имевшие значение денежных знаков, не подлежат валоризации.

[2] М. Я. Пергамент («К обесценению бумажных денег». Харбин, 1926) сообщает о намерении некоторых групп китайских граждан потребовать от Советского правительства выкупа старых русских денег.

[3] См. назв. брошюру М. Пергамента, стр. 15 (Moore. History and Digest of Intern. Arbitrations. Washington, 1899, p. 3066).

времени было основою денежного обращения в главнейших государствах Западной Европы. Введение размена на золото оказалось возможным ввиду следующих обстоятельств. С половины 70-х годов серебро исчезло из обращения и вместо него наряду с оставшимся счетом на «кредитные рубли» (т. е. на рубли, в которых были выражены кредитные билеты) водворился фактически счет на «золотые рубли». «Золотой рубль» был наименованием $^{1}/_{10}$ части золотой монеты – «империала», которую начали чеканить и выпускать в обращение с 1885 г.; этот золотой рубль играл большую роль в заграничных кредитных сделках: почти все облигационные займы России, выпускавшиеся на внешнем рынке, были выражены в этих «золотых рублях». Таким образом, степень обесценения кредитных билетов определялась уже в то время по курсу не на серебро, а на золотую монету. 8 мая 1895 г. правительство разрешило совершать сделки на «золотой рубль» с платежом по ним золотою монетою или кредитными рублями по курсу дня на петербургской бирже. В конце того же года Государственный Банк и казначейства принимали кредитные билеты по курсу 7 р. 50 к. за «полуимпериал». Это соотношение послужило засим основанием для установления размена кредитных билетов на золотую монету (по курсу 15 р. кредитными билетами за «империал»), вновь же выпущенные «империалы» имели обозначение 15 р. и обменивались на «кредитные рубли» по номиналу, рубль за рубль. Таким образом, девальвация, произведенная при С. Витте в период 1895 – 1897 гг., заключалась в узаконении курса кредитных билетов, выписанных в серебряных рублях, в отношении золотой монеты («империала»)[1].

26. Регулирующая деятельность государства в сфере денежного обращения находит свое формальное завершение в том, что все выпускаемые правительством или с разрешения правительства денежные знаки объединяются в денежную систему.

Понятие денежной системы[2] имеет, однако, два аспекта: юридический и экономический.

С первой точки зрения денежная система каждой страны определяется как совокупность различных видов денежных знаков, выраженных в одной и той же денежной единице, которая определяет их относительную платежную силу. С этой юридической точки зрения денежная система ос-

---

[1] См.: А. Гурьев. Денежное обращение в России в XIX столетии. П., 1903, гл. 3, 4, 5, 6; И. Кауфман. Назв. соч., гл. XIV и в особенности «Материалы по денежной реформе 1895 – 1897 гг., вып. I, изд. Инст. Эконом. Исслед. НКФ под редакцией А. Буковецкого. П.Г., 1922.

[2] Nussbaum, § 5; Helfferich, кн. 2, гл. 8, ч. 1.

тается неизменной, поскольку не изменяется лежащая в ее основе денежная единица: выпадение отдельных элементов этой системы (например, исчезновение из обращения металлических монет) и изменение покупательной силы денежных знаков, оставшихся в составе денежной системы, не нарушает тождественности этой последней.

С указанной точки зрения следует различать два вида денежного устройства: а) существование в пределах данного государства одной денежной системы, одной денежной единицы, которая определяет платежную силу всех денежных знаков; б) сосуществование в пределах данного государства двух денежных систем, из коих каждая основана на особой денежной единице: платежное отношение этих денежных единиц определяется при этом для каждого данного момента по курсовому соотношению денежных знаков одной системы к денежным знакам другой системы.

Такое денежное устройство носит название параллельного денежного обращения. Понятие это выработалось на основе истории английского обращения. В 1663 г., когда обращение было основано на серебре, Британское правительство выпустило золотую монету – гинеи, причем государство принимало их в платеж по курсу дня на серебро. Для истории русского денежного обращения классическим примером является одновременная циркуляция ассигнаций и серебра в период 1812 – 1839 гг., вследствие чего все сделки выражались либо в рублях ассигнациями, либо в рублях серебром[1]. <…>

27. С точки зрения экономической денежная система понимается как один из определенных, исторически сложившихся типов государственного регулирования ценности денежных знаков.

Из различных видов денежных систем мы остановимся на краткой характеристике лишь тех, которые сохранили в настоящее время практическое значение и теоретический интерес.

Прежде всего следует отметить с и с т е м у з о л о т о г о о б р а щ е н и я, которая господствовала в большинстве стран Европы до мировой войны. Законная платежная сила без ограничения суммы присвоена здесь лишь золотым монетам определенного веса и пробы, а иногда и разменным на золото бумажным денежным знакам. Для золотых монет установлена свободная чеканка, т. е. право частных лиц в обмен на

[1] См.: N u s s b a u m, стр. 112 о параллельном бумажном обращении в Германии после образования Рентного Банка и выпуска «рентных марок», которые принимались в платежи по курсу одновременно с ними ходивших денежных знаков, выраженных в «марках»; фактически установился твердый курс: 1000 миллиардов марок = 1 рентной марке; этот курс служил основанием для денежной реформы 1924 г.

передаваемое государству золото в слитке получать на соответственную сумму золотых монет. Серебряные и медные монеты имеют ограниченную платежную силу и выпускаются в пределах определенного контингента. Система эта представляет собою совокупность правовых норм, которые объединяются общею целью: связать ценность денег с ценностью золота. Для этого правительство выпускает в обращение золотые монеты, в порядке свободной чеканки принимает меры к тому, чтобы цена золота в монете не обнаруживала отклонений от цены золота в слитке, и устанавливает ограничения для других денежных знаков, чтобы золотые монеты не были «вытеснены из обращения» более «дешевыми» деньгами. Все эти мероприятия основаны на законе.

Другим способом законодательного закрепления связи между ценою золота и ценою денежных знаков является английская денежная реформа 1925 г.[1] В Англии во время мировой войны продолжался выпуск банкнот Английского Банка, и началась эмиссия казначейских билетов (currency notes); те и другие служили неограниченным законным платежным средством. Неразменность тех и других основывалась не на акте парламента, а на всеобщем убеждении в ее недопустимости, что создало своего рода норму обычного права. The Gold Standard Act 1925 г. формально устанавливает неразменность банкнот и казначейских билетов, отменяет свободную чеканку золота (сохраняя, однако, обязанность Банка Англии покупать золото у частных лиц по твердому курсу); вместе с тем этот акт обязывает Английский Банк продавать золото в слитках за банкноты и казначейские билеты по твердой цене: три фунта семнадцать шиллингов и десять с половиною пенсов за тройную унцию стандартного золота. Эта последняя норма наряду с разрешением свободного вывоза золота восстанавливает в Англии з о л о т у ю в а л ю т у, т. е. юридически закрепленную связь между ценностью фунта стерлинга и ценностью золота, которая была нарушена во время войны; но норма эта сама по себе не восстановила золотого обращения: она не обязывает Банк и казначейство в порядке размена банкнот и казначейских билетов на золото выпускать в обращение золотые монеты; золотая монета, так же, как и во время войны, фактически не служит орудием обмена.

28. Наряду с указанными денежными системами, связывающими ценность денег с золотом путем мероприятий правового характера, следует отметить систему бумажно-денежного обращения, при которой бумажные деньги пользуются принудительным курсом и отсутствуют правовые

[1] Л. Н. Ю р о в с к и й. Современные проблемы денежной политики. Фин. Изд. Москва, 1926, стр. 179 и след.

гарантии указанной «связанности» в отношении ценности денег. В тех случаях, когда эмиссия бумажных знаков используется государством для фискальных целей, степень обесценения таких денег не имеет границ, что доказывается послевоенным опытом денежного обращения в Советском Союзе, Германии, Австрии и Польше. Однако при отсутствии законодательных гарантий устойчивой ценности денег возможны административные мероприятия, которые на деле приведут к той же цели. До войны в Австро-Венгрии неограниченной платежной силой обладали неразменные банкноты, но Австро-Венгерский Банк, обладавший запасом девиз, в период 1900 – 1914 гг. продавал иностранные первоклассные ценности по твердому курсу и разрешал их к свободному вывозу за границу, чем ф а к т и ч е с к и достигалась та же связь ценности денежных знаков с ценностью мировых денег, т. е. с золотом.

Эта система, под названием Gold Exchange Standard, Goldkernwährung, получила углубленную научную разработку в русской и западноевропейской литературе[1] и в настоящее время принята за основу оздоровления денежного обращения в Германии. § 1 германского закона 30 августа 1924 г. объявляет: «В Германии существует золотое обращение». Наряду с этим устанавливается принудительный курс для бумажных денег, выраженных в новой германской денежной единице (рейхсмарке). Приведенный параграф германского закона имеет, однако, значение декларации и служит основанием для соответственной девизной политики Рейхсбанка. Рейхсбанк, не будучи к тому обязан по закону, фактически по твердому курсу отпускает валюту германским импортерам и этим поддерживает твердое соотношение паритета доллара и рейхсмарки[2].

Изложенное приводит к убеждению, что понятие денежной системы как совокупности мероприятий по регулированию ценности денежных знаков носит чисто экономический характер: для характеристики денежной системы с этой точки зрения представляется столь же существенным

---

[1] См.: Н. Д. С и л и н . Австро-Венгерский банк, 1913.

[2] См. об этом: D a l b e r g . Deutsche Währungs-und Kreditpolitik 1923 – 26. Berl., 1926. В настоящее время Рейхсбанк, по-видимому, наряду с продажей девиз приступает к отпуску золота по твердому курсу. Об этом впервые было заявлено публично президентом Рейхсбанка д-ром Шахтом 21 октября 1926 г. в Комитете по денежному обращению и кредиту. По этому поводу Financial News 26 октября 1926 г. отмечают, что 21 октября 1926 г. Германия впервые после войны восстановила у себя золотую валюту. Газета отмечает, что продажа золота не составит, по-видимому, обязанности Рейхсбанка, а будет производиться лишь фактически. Это обстоятельство газета не считает существенным и гораздо большее значение она придает тому, что отныне курс рейхсмарки будет равняться на золото, а не на доллар.

совокупность фактических мероприятий правительства, как и система соответственных законодательных норм.

29. Как уже было отмечено выше, наряду с различными видами государственных денег гражданский оборот выдвигает свои собственные средства обмена, о денежной функции которых умалчивает закон. В действующем советском праве, а также в экономических исследованиях эти негосударственные деньги носят название «денежных суррогатов». С юридической точки зрения этот термин представляется неточным, так как если употребление этих «денежных суррогатов» приобрело всеобщее значение и не запрещено законом, то они должны рассматриваться как настоящие деньги в юридическом смысле слова: платеж ими есть настоящее исполнение обязательства (solutio), а не замена исполнения (datio in solutum). Поэтому с правовой точки зрения правильнее было бы говорить о «негосударственных» или «частных» деньгах.

К «частным» деньгам многие авторы относят векселя и чеки, посредством которых в торговом обороте обычно совершаются платежи. При этом особенно подчеркивается циркуляторная функция чека, роль которого иногда выходит далеко за пределы торгового оборота. В Англии до мировой войны значительная часть всего гражданского оборота обслуживалась чеками, непосредственная уплата монетою или банкнотами встречалась реже; благодаря этому платежные средства могли создаваться не только «эмиссионными», но и «депозитными» банками: банки открывали клиентам кредиты в определенных суммах и предоставляли им право выписывать в этих пределах чеки; в результате – банковые ссуды порождали орудия платежа.

О денежной функции векселя и чека говорится в ряде решений советских судебных органов. Однако в тех случаях, когда по обстоятельствам дела представляется существенным выяснить, можно ли выдачу чека или передачу векселя рассматривать как денежный платеж, практика, по-видимому, склоняется к отрицательному ответу[1].

Сюда относится решение АК СТО от 27 июня 1924 г. (№ 463): истец выдал ответчику чек на Отдел Взаимных Расчетов Госбанка, но чек был оплачен банком с некоторой задержкою, вследствие чего ответчик потерпел убыток на обесценении денег. АК СТО признает, что эту разницу обя-

[1] От вопроса о денежной функции чека и векселя надлежит отличать вопрос о «новирующей силе» чека и векселя – вопрос о том, прекращается ли с выдачею чека или векселя то правоотношение, по которому эти документы были выданы; на этот вопрос практика дает утвердительный ответ («АК СТО», № 481, 565), что, однако, вызывает серьезные возражения: см.: Klausing. Zahlung durch Wechsel und Scheck. Marburg, 1919, стр. 1.

зан покрыть истец, так как ответчик получил меньшую сумму денег, нежели то было условлено по договору. Выдача чека, таким образом, рассматривается как уполномочие банку учинить платеж, а не как самый платеж.

Вопрос о денежной функции векселя возник в связи с тем, допустима ли оплата акций векселями. НКВнуторг разъяснил[1], что передача векселя в покрытие акций недопустима, так как подписка на акции есть обязательство оплатить акции, выдача же подписчиком соло-векселей взамен денег представляла бы только замену одного обязательства другим. Что же касается векселей, имеющих более одной подписи, то при передаче их в покрытие акций они рассматриваются не как деньги, а как имущество: учредители и правление должны в каждом отдельном случае с особою тщательностью обсуждать вопрос о реальной их ценности в зависимости от сроков платежа, коммерческой солидности учреждений и лиц, коих подписи имеются на векселях, и т. д.

С общетеоретической точки зрения, денежная функция векселя и чека также вызывает сомнения. Как мы уже выяснили на примере банкноты, денежный документ при известных условиях может получить значение средства платежа и орудия обращения и, таким образом, исполнять экономическую функцию той суммы денег, на получение которой он направлен. Возникает, однако, вопрос: может ли такая функциональная замена в случае векселя и чека иметь такое же значение, какое она имеет в случае банкноты? На этот вопрос следует ответить отрицательно: вексель исполняет свое назначение и в том случае, если он не выходит из рук первого векселедателя до наступления срока платежа. Срок этот ограничивает период циркуляторного употребления векселя. Далее, передача векселя по индоссаменту и возможность регресса в отношении надписателя еще более подчеркивают основное значение векселя как орудия кредита и второстепенный характер его функции как орудия обмена. Что же касается циркуляторного значения чека, то оно ограничено краткостью срока, установленного для предъявления его к оплате (10 дней по правилам Госбанка), а также тем, что принятие в оплату чека (не акцептированного банком) есть всегда акт доверия к чекодателю. Кроме того, чек в России не имеет широкого распространения: он обычно не выходит за пределы торгового оборота.

Ввиду всего этого надо полагать, что вексель и чек как по общетеоретическим соображениям, так и с точки зрения действующего права не могут рассматриваться как виды денежных знаков в юридическом смысле слова.

---

[1] «Еж. Сов. Юстиции», 1925, стр. 920.

Исключение составляет лишь один вид чека: чек, акцептованный Государственным Банком, который должен рассматриваться как единственный случай «негосударственных» денег по действующему советскому праву. Согласно § 10 правил Госбанка допускается акцепт чеков с тем, что сумма акцептованного чека изъемлется из распоряжения владельца счета и отмена акцептованного чека не допускается без предъявления его в банк; акцептованные чеки Госбанка принимаются в платежи кассами НКФ в уплату налогов и пошлин[1].

30. «Негосударственные» деньги приобрели у нас особое значение в эпоху мировой и особенно гражданской войны.

В период 1918 – 1924 гг. денежное обращение на территории бывшей Российской Империи находилось в состоянии полного хаоса ввиду многочисленных местных эмиссий; сюда относятся эмиссии банковского, муниципального и кооперативного характера, а также выпуски денежных знаков белыми правительствами.

«Северная Россия» (с центром в Архангельске) с января 1918 г. по февраль 1920 г. имела свои собственные денежные знаки. То же происходило на Украине – с декабря 1917 г. по май 1919 г.; в Закавказье – с января 1918 г. по апрель 1924 г.; в Туркестане, где самостоятельная эмиссия в период с ноября 1918 г. по декабрь 1920 г. основывалась на декретах советской власти; в Сибири и на Дальнем Востоке, где денежное обращение в эпоху 1918 – 1921 гг. представляется особенно пестрым вследствие сложных политических условий и многочисленности эмиссионных центров (Омск, Иркутск, Владивосток, Хабаровск, Благовещенск, Верхнеудинск, Чита).

---

[1] Циркуляр НКФ от 7 июня 1923 г., прил. 2 (32) к № 24 «Вестн.Фин.» за 1923 г., и циркуляр НКФ от 18 июля 1925 г., прил. № 78 к «Вестн. Фин.» за 1925 г.

В связи с этим надлежит отметить циркулятор НКФ СССР от 24 декабря 1924 г за № 258 по вопросу об отказе кредиторов казны в приеме талонов к ассигновкам; циркулятором этим устанавливается, что согласно постановлению СНК РСФСР от 2 мая 1918 г. («С.У.», 1918, ст. 460), до сих пор не отмененному, все платежи из сумм казны должны производиться по ассигновкам, ввиду чего отказ кредиторов казны (государственных организаций, трестов и подрядчиков) от приема талонов к ассигновкам в уплату за приобретаемые госучреждениями товары и производимые для них работы должен считаться нарушением действующего законодательства. См. также циркуляры НКВнуторга Союза, ВСНХ Союза и РСФСР, НКФ РСФСР от 5 марта 1925 г. за № ТП 22 (по НКВнуторгу) о приеме талонов к ассигновкам, чеков на Отдел Взаимных Расчетов Госбанка всеми торговыми и промышленными государственными учреждениями и предприятиями (ныне Отдел Вз. Расч. Госуд. Банка закрыт. С. З., 26, ст. 565).

Несмотря, однако, на изложенные циркуляры, талон к ассигновкам вследствие своего именного характера не служит орудием обращения, лишь особым техническим способом получения денег от казны.

В этот период в различных местностях бывшей Империи, в особенности же на Дальнем Востоке, большое значение приобрели денежные знаки, выпущенные частными и кооперативными организациями. Приведем несколько примеров.

Союз Приамурских кооперативов в течение 1918 – 1919 гг. выпускал в обращение «билеты» достоинством 1, 3 и 5 рублей; хотя на них значилась надпись: «Настоящий билет предназначен для обращения в Союзе и входящих в его состав организаций», но они приобрели массовое обращение среди местного населения. Почти одновременно «Организация казенных сельскохозяйственных складов» выпустила в обращение товарные ордера в 1, 3, 5, 10, 20, 25 и 100 рублей, на которых значилось: «Предъявителю сего казенными сельскохозяйственными складами или товарно-продовольственными лавками переселенческого управления в Приморской, Сахалинской и Амурской областях выдаются товары на ... руб.»; фактически эти ордера в среде сельского населения получили значение орудий обмена. – Широкое распространение имели на Дальнем Востоке выпущенные в 1918 г. боны – обязательства Торгового Дома «Кунст и Альберс» по 50 к. и выше. – Из частных бон особой популярностью пользовались также изготовленные в Японии боны Сахалинской фирмы «П.Н. Симада» в 50 к., 1, 3, 5 и 10 р. с фотографическим изображением на них местного японского старожила – владельца фирмы. – Для Восточной Сибири в период гражданской войны циркуляторное значение имели т. н. «японские денежные знаки для России», выписанные в иенах и снабженные русскими надписями. Они постепенно вытесняли денежные знаки белых правительств (т. н. «сибирские рубли»). В 1922 г. во Владивостоке их было в обращении на сумму до 10 миллионов иен[1].

31. Эти «частные эмиссии» вытесняли «государственные деньги», способствовали дальнейшему их обесценению и препятствовали оздоровлению денежного обращения.

Поэтому наряду с унификацией денежного обращения на всей территории Советского Союза были приняты меры по борьбе с «денежными

[1] Эти примеры заимствованы из книги А. И. Погребецкого «Денежное обращение и денежные знаки Дальнего Востока за период войны и революции» (1914 – 1924). Харбин, 1924. См.: «Наше денежн. обращение». Сборн. под ред. Л. Н. Юровского, 1926. Стр. 257 и след.

В Германии в 1924 г., когда обесценение денег достигло кульминационного пункта, имели место аналогичные явления: коммунальные управления и промышленные предприятия выпускали свои денежные знаки, которые одно время имели даже кассовый курс – принимались в платежи государственными кассами. Кроме того, в обороте за деньги ходили акции и облигации некоторых промышленных предприятий. Эти «частные деньги» в то время были настоящими денежными знаками в юридическом смысле.

суррогатами»: к этим последним действующее право относит такие ценные бумаги, которые по свойству своей обращаемости могут получить значение денежных знаков.

Сюда относится прежде всего постановление СНК от 13 октября 1922 г.[1] о запрещении выпуска денежных обязательств на предъявителя (облигаций, бон, вкладных билетов, свидетельств о займе и т. п.) без особого на то разрешения СНК. Нарушение этого декрета карается на одинаковых основаниях с подделкою денежных знаков. Однако на местах выпуски денежных суррогатов продолжались главным образом кооперативными организациями, которые, стремясь к обходу закона, вместо денежных обязательств на предъявителя стали выпускать предъявительские товарные ордера. Эти ордера были обыкновенно рассчитаны на то, чтобы заменить собою «дензнаки»[2].

Постановлением СТО[3] от 29 февраля 1924 г. воспрещено без особого на то разрешения НКФ Союза выпускать какие бы то не было «денежные суррогаты», как-то: платежные ордера на предъявителя, предъявительские денежные квитанции на товары и т. п. Это постановление устанавливает общее запрещение выпуска «денежных суррогатов» и дает примерное их перечисление (указан ряд товарных документов). Принцип этого закона можно формулировать так: запрещается без разрешения НКФ СССР выпуск составленных на предъявителя денежных бумаг, предоставляющих предъявителю право на получение товаров по его выбору на определенную сумму.

Практика применения приведенных постановлений еще более расширила объем их действия: так например, циркулярами НКФ Союза регулируется порядок выдачи именных товарных ордеров, на которых должна быть надпись: «без права передачи» и которые запрещено выдавать в счет заработной платы.

Наряду с законодательством о «денежных суррогатах», валютное законодательство (см. ниже) устанавливает ряд ограничений, исключающих возможность обращения в Союзе иностранной валюты.

В силу этих актов и в особенности в силу практики их применения денежное обращение Союза носит строго «государственный характер»: денежную функцию, если не считать платежного значения акцептованно-

---

[1] С.У., ст. 841 и 989.

[2] Циркуляр НКФ СССР от 17 марта 1924 г., № 629 по вопросу об изъятии денежных суррогатов. «Вестн. Фин.», 1924 г., № 27.

[3] С.У., ст. 348.

го Государственным Банком чека, исполняют в СССР лишь государственные денежные знаки Советского Союза.

Советское право вовсе не знает «частных», «негосударственных» денежных знаков.

IV. ДОВОЕННАЯ ДЕНЕЖНАЯ СИСТЕМА РОССИИ И ЕЕ РАСПАДЕНИЕ В ПЕРИОД 1914 – 1921 гг.

32. До войны в России действовала денежная система золотого монометаллизма. Система эта прекратила свое существование в августе 1914 г., когда с приостановлением размена на золото государственных кредитных билетов Россия перешла к бумажно-денежному обращению. Однако довоенная денежная единица (а с нею и довоенная денежная система в юридико-формальном смысле слова) продолжала свое существование до весны 1924 г., когда была введена новая денежная единица – «золотой рубль государственными казначейскими билетами»; впрочем, еще осенью 1922 г. при действии довоенной денежной единицы была введена параллельная ей единица – «червонец», которая существует и поныне наряду с новым «золотым рублем», введенным в 1924 г. Начиная с весны 1924 г., правительство принимает меры к стабилизации на внутреннем рынке курса денежных знаков, выраженных в новых денежных единицах – в «червонце» и в «золотом рубле» – путем ряда мероприятий фактического и правового характера, которые в совокупности направлены на установление и поддержание твердого паритета «червонца» и «золотого рубля» в отношении доллара. Это – система Goldkernwährung, которая ныне еще не завершена. Для того, чтобы понять юридические элементы нынешней системы, необходимо ознакомиться с довоенной системой[1] и проследить путь от ее распада до реформы 1924 г.

33. До начала мировой войны денежными знаками у нас были: золотые монеты достоинством в 5, 10, 15 руб., государственные кредитные билеты в 500, 100, 50, 25, 10, 5, 3 и 1 руб., серебряные монеты (высокопробные или «банковские» достоинством в 1 руб., 50 и 25 коп. и низкопробные или «разменные» достоинством в 20, 15, 10 и 5 коп.) и, наконец, медные монеты в 5, 3, 2, 1, $^1/_2$ и $^1/_4$ коп.

[1] Устав Монетный, изд. 1899. (Свод Законов, т. VII); Устав Кредитный, изд. 1903 г.(Свод Законов, т. XI, ч. 2, раздел 3: «О государственных кредитных билетах»); Устав Таможенный, ст. 482 – 483 (Свод Законов, т. VI).

Золотые монеты (согласно Уставу Монетному 1899 г.) чеканились и выпускались в обращение правительством, но частным лицам не могло быть отказано в приеме золота для передела в монету, если количество представленного ими чистого золота было не менее одной четверти фунта (свободная чеканка). Содержание чистого золота в монете определено было законом так, чтобы на один рубль приходилось 17.424 доли и чтобы на 900 частей чистого золота приходилось 100 частей меди. При выделе золотой монеты закон допускал терпимость в пробе и в весе (в тысячных частях). Полновесная золотая монета была обязательна к приему во всех платежах на неограниченную сумму, причем предельный вес, при котором золотая монета признавалась полновесною, был определен законом в десятых частях доли. Неполновесная золотая монета подлежала приему в правительственные кассы «по нарицательной цене» (т. е. по номиналу), за исключением испорченной и истертой монеты, для которой был установлен прием в особые кассы по весу содержащегося в ней чистого золота за вычетом расходов на перечеканку. Поступившие в правительственные кассы неполновесные золотые монеты, а также испорченные и истертые не должны были вновь выпускаться в обращение.

Государственные кредитные билеты (согласно Уставу Кредитному, изд. 1903 г., разд. 3) выпускались Государственным Банком «в размере, строго ограниченном настоятельными потребностями денежного обращения под обеспечение золотом». Сумма золотого обеспечения по закону определялась: не менее половины общей суммы выпущенных в обращение кредитных билетов, когда последняя не превышала шестисот миллионов рублей; кредитные билеты, находившиеся в обращении свыше шестисот миллионов рублей, подлежали обеспечению золотом «по крайней мере рубль за рубль».

Государственный Банк разменивал кредитные билеты на золотую монету без ограничения суммы и этот размен, помимо золотого фонда в означенном банке, «обеспечивался всем достоянием государства».

Государственные кредитные билеты имели хождение наравне с золотою монетою, т. е. на одинаковых основаниях с последнею служили всеобщим и неограниченным законным платежным средством.

Кредитный билет был скорее разменным государственным денежным знаком, нежели банкнотою чистого типа; к такому заключению приводят: 1) то обстоятельство, что Государственный Банк был государственным учреждением капитал которого в случае убыли подлежал пополнению из средств государственного казначейства; 2) то обстоятельство, что размен кредитных билетов обеспечивался не всем имуществом Государственного Банка, а особым золотым запасом и «всем достоянием государства». Размен этот, лишенный характера частноправового обязательства, был своего рода публично-правовою обязанностью, возложенною законом на Государственный Банк.

Серебряная и медная монеты (согласно Монетному Уставу 1899 г.) чеканились единственно из металла, принадлежащего казне: высокопробная серебряная – с содержанием 900 частей чистого серебра и 100 частей меди, а низкопробная серебряная – с содержанием 500 частей чистого серебра и 500 частей меди. Закон далее определяет (в тысячных частях) терпимость в весе и пробе, которая допускалась при выделе монеты в отступление от установленного законом веса каждого рода серебряной монеты.

Закон подчеркивает, что серебряная и медная монеты служат монетами вспомогательными в обращении и платежах. Контингент выпуска серебряной монеты ограничивался: 1) тем, что совокупное количество этой монеты в обращении по закону не должно было превышать суммы по расчету трех рублей на каждую душу общего числа населения; 2) тем, что серебряная и медная монеты были обязательны к приему частными лицами на ограниченную сумму: для высокопробной серебряной монеты – до 25 руб., для низкопробной серебряной и медной монет – до 3 руб. при каждом платеже. Правительственные кассы принимали означенную монету на всякую сумму при всех платежах, кроме таможенных пошлин, уплата коих серебряною и медною монетами (согласно ст. 42 Устава Таможенного) допускалась для высокопробной серебряной монеты на сумму менее 5 руб., для прочего серебра – на сумму менее 1 руб., а для медной монеты – на сумму менее 20 коп[1].

Поступившая в правительственные кассы истертая серебряная и медная монеты не подлежали выпуску в обращение; испорченные же серебряная и медная монеты, а равно и нераспознаваемая по штемпелю не подлежали вовсе приему в правительственные кассы и были необязательны к обращению между частными лицами.

34. Золотой монометаллизм основывался, таким образом, на системе мероприятий правового характера, которыми поддерживалось равенство между покупательною силою рубля в любой из названных монет и ценностью 17.424 доли чистого золота. Эта экономическая цель, объединяющая

[1] Для таможенных пошлин (Устав Таможенный, ст. 483) законным платежным средством на неограниченную сумму в силу особого разрешения министра финансов могли служить купоны и облигации некоторых государственных и гарантированных правительством займов, а также иностранные золотые монеты и пользовавшиеся разменом на золото иностранные банковые билеты.

в систему совокупность отдельных рассмотренных нами правовых мероприятий, выражена была в ст. 3 Устава Монетного в форме следующей общей декларации: «Российская монетная система основана на золоте. Государственная Российская монетная единица есть рубль, содержащий 17.424 доли чистого золота». Указание на золотое содержание рубля не есть определение рубля как денежной единицы, так как рубль, выражая «достоинство», т. е. степень платежной силы, различных монет и кредитных билетов, был идеальной счетной единицей, лишенной каких-либо физических свойств. Статья эта в связи с другими статьями Устава Монетного и Устава Кредитного выражает определенный принцип довоенной денежной политики: определяет содержание чистого золота в золотой монете, которая была основным денежным знаком бывшей Российской Империи – основным в том смысле, что правительство связывало покупательную силу рубля в различных денежных знаках с ценностью рубля в золотой монете; цена же этой последней путем свободной чеканки непосредственно связывалась с ценою золота.

Согласно ст. 20 Устава Монетного «все исчисления сборов, поступлений, выдач, платежей и всяких сумм в денежных счетах, актах и всех вообще сделках производятся на рубли». Статья эта в связи с другими постановлениями дореволюционного закона (ст. 1464, 1540, 1542, 2013 бывших Законов Гражданских) подчеркивала исключительное значение рубля как единицы исчисления отсроченных платежей, недопустимость, в отличие от иностранной практики, выражения сделок в иностранной валюте или в золотых рублях: Goldclausel (Clause or) и Goldwertclausel (Clause valeur or) были необычны в дореволюционном праве[1] так же, как они не допустимы по действующему советскому закону.

35. С началом мировой войны эмиссия становится средством финансирования государственного бюджета. По закону от 27 июля 1914 г. был временно – впредь до минования чрезвычайных обстоятельств, вызванных войной, – приостановлен размен на золото государственных кредитных билетов, но прежняя законная платежная сила наравне с золотою монетою за ними была сохранена. Выпуск в обращение золотой, а также серебряной и медной монет, был прекращен; взамен серебра и меди выпускались бумажные знаки тех же достоинств, снабженные той же платежной силой: марки достоинством в 1, 2, 3, 10, 15 и 20 коп. и казначейские знаки достоинством в 1, 2, 3, 5 и 50 коп.

[1] См. выше, стр. 53, прим. 1.

Все это имело результатом сначала лаж на монету, а засим исчезновение ее из обращения. Уже в 1914 г. случаи платежа золотою монетою составляли исключение из общего правила; во вторую очередь из обращения начали исчезать серебряные монеты в 1 руб. и 50 коп., и засим (в середине 1915 г.) остальное серебро; наконец, в начале 1916 г. из состава орудий обращения выпали медные монеты, так что к этому времени платежи совершались только бумажными знаками, неразменными на звонкую монету.

Монета, хотя по закону не была лишена платежной силы, но перестала быть орудием обращения. При существовании двух видов денежных знаков, снабженных платежною силою по номиналу, – бумажных и металлических – бумажные деньги должны были вытеснить лучшие, металлические (закон Грешама).

Новые выпуски государственных кредитных билетов совершались на основании правительственных актов, которыми расширялось эмиссионное право Государственного Банка. Последний передавал кредитные билеты в казну в порядке учета краткосрочных обязательств государственного казначейства. Относительное значение золотого покрытия кредитных билетов, таким образом, постепенно уменьшалось. Но уменьшалась и сумма действительно депонированного в Банке золота благодаря операциям, связанным с финансированием войны: военные кредиты, которые открывались Англией Российскому Правительству, обеспечивались соответственными депозитами золота в Банке Англии; это золото выделялось из состава золотого фонда и пересылалось в Англию, продолжая, однако, числиться на балансе Государственного Банка в качестве «золота за границей».

По утверждению Гарвея Фиска (Междусоюзнические долги. Исследование о государственных финансах за военные и послевоенные годы, 1925, стр. 112 – 113), в целях расширения эмиссионных возможностей «было заключено соглашение, в силу которого английское правительство должно было открыть в пользу России не подлежащие расходованию кредиты на сумму 973.000 долларов, которые в балансах Государственного Банка появились в качестве «золота за границей» и служили обеспечением выпуска русских кредитных билетов. Этот план получил осуществление. Благодаря этому соглашению, которое по существу являлось чистой фикцией, уменьшение золотого запаса, вызванное вывозом золота, могло остаться незаметным для широкой публики. В самом деле уменьшение звонких монет в графе: «золотые монеты, слитки и горные сертификаты» более чем компенсировалось увеличением количества звонких монет в графе: «золото за границей». Это был один из финансовых секретов войны, который обнаружился лишь после падения царского правительства».

При Временном Правительстве произошло дальнейшее расширение эмиссионного права Государственного Банка в порядке пяти последовательных актов: 4 марта 1917 г., 15 мая, 11 июля, 7 сентября и 6 октября. Наряду с этим 26 апреля и 22 августа Временное Правительство объявило о выпуске в обращение новых государственных кредитных билетов тысячерублевого и двухсотпятидесятирублевого достоинства (получивших название «думских»), а другим актом от 22 августа – о выпуске в обращение в качестве временной меры, вызванной чрезвычайными обстоятельствами, казначейских знаков 20- и 40-рублевого достоинства (т. н. «керенки»). Эти последние по своей юридической природе отличались от кредитных билетов: во-первых, тем, что кредитные билеты в эпоху мировой войны были временно неразменными на золото – притязание на размен было подвергнуто своего рода мораторию, – «керенки» же были абсолютно неразменными бумажными деньгами; во-вторых, тем, что для кредитных билетов в порядке особых правительственных актов устанавливался контингент выпуска, который в том же порядке последовательно расширялся – эмиссия же «керенок» не была контингентирована, и, наконец, тем, что «керенки» в отличие от кредитных билетов были казначейскими знаками (currency notes) чистого типа; эмиссия их хотя и была возложена на Государственный Банк, но последний в данном случае действовал как технический аппарат Казначейства: выпуск банком казначейских знаков не мог создавать никакого долга Банку со стороны Казначейства.

36. После октября 1917 г. продолжается выпуск государственных казначейских билетов образцов Царского и Временного Правительств и казначейских знаков. Засим декретом СНК от 16/II 1918 г. и постановлением НКФ от 30/V 1918 г. предписывается Государственному Банку выпустить в обращение облигации займа свободы не выше сторублевого достоинства, купоны государственных процентных бумаг сроком по 1/XII 1917 г., серии Государственного Казначейства всех достоинств и краткосрочные обязательства Государственного Казначейства сроком по 1/XI 1919 г. Все эти ценные бумаги принимаются в платеж по номиналу.

Декретом СНК от 4/II 1919 г. предоставляется Народному Банку выпускать в обращение денежные знаки под названием расчетных знаков РСФСР 1-, 2- и 3-рублевого достоинства. Декретом от 15 мая 1919 г. выпускаются новые кредитные билеты образца 1918 г. (в 1, 3, 5, 10, 25, 50, 100, 250, 500 и 1.000 руб.), причем мотивом изменения образца служит то, что «существующий образец совершенно не соответствует по своей форме началам нового государственно строя России». Однако старые денежные знаки сохраняют свою платежную силу, причем НКФ предоставляется назначить сроки и определить порядок изъятия их из обращения. Такое изъятие из обращения на самом деле последовало значительно позднее.

Декретом от 21/X 1919 г. выпускаются р а с ч е т н ы е з н а к и Р С Ф С Р достоинством в 15, 30 и 60 руб. и кредитные билеты в 5.000 и 10.000 руб.; декретом от 4 марта 1920 г. – расчетные знаки РСФСР в 100, 250, 500, 1.000, 5.000 и 10.000 руб., которые также преследуют цель «дальнейшей замены обращающихся в стране денежных знаков различных образцов знаками, соответствующими по своему виду новым советским формам государственного строя России». Далее следовали декреты СНК: от 25/XI 1920 г. о выпуске денежных знаков под названием расчетных знаков в 1, 3, 5, 10, 25 и 50 руб.; от 16 июня 1921 г. о новых денежных знаках в 100, 200, 250, 500, 1.000, 5.000 и 10.000 руб. под названием расчетных знаков РСФСР; от 30 июля 1920 г., коим постановлено «в целях облегчения торгового и промышленного оборота» выпустить в обращение новые денежные знаки образца 1921 г. в 25.000, 50.000 и 100.000 руб.; от 5 и 15 сентября того же года: первый о расчетных знаках в 5 и 10 тысяч руб., второй – о выпуске срочных беспроцентных обязательств РСФСР.

Меняется образец, меняется внешний вид знака, вводятся новые названия денежных знаков, увеличивается (ввиду обесценения денег) достоинство отдельных купюр, но не меняется юридическая сущность: все эти «денежные знаки советских образцов» были выражены в рубле как денежной единице, обладали законною платежною силой по номиналу обозначенной на них суммы рублей наравне с денежными знаками предшествовавших выпусков и были обязательны к приему на неограниченную сумму между всеми лицами[1].

Вся эта эмиссия не контингентирована. Правда, декретом от 26/X 1918 г. было постановлено увеличить эмиссионное право Народ-

---

[1] Равенство платежной силы новых и старых денежных знаков вытекает уже из того, что и те и другие были выражены в одной и той же денежной единице. Кроме того, об этом равенстве прямо говорится в декретах о выпуске «совдензнаков»: например, в декрете от 4 марта 19[20] г., п. 2: «…государственные расчетные знаки имеют хождение наравне с гос. кредитными билетами»; в большинстве следующих декретов это указание заменяется стереотипной формулой о том, что «денежные знаки старых образцов сохраняют платежную силу и имеют хождение наравне с вновь выпускаемыми расчетными знаками». Что касается покупательной силы «советских денежных знаков», то следует отметить, что на деньги царского образца («николаевские») и образца Временного Правительства («думские» и «керенки») долгое время – до 1921 г. – был значительный лаж вследствие главным образом того, что деньги эти имели хождение в Польше, Латвии, Эстонии и Литве до образования в этих странах собственных денежных систем.

ного Банка на 33 миллиарда 500 миллионов руб. с отнесением в счет этой суммы всех казначейских билетов, выпущенных Банком сверх установленного предшествующими законодательными актами предела эмиссионного права, но этот весьма сомнительный в отношении своей точности способ контингентирования был впоследствии (декретом от 15/V 1919 г.) заменен указанием на возможность выпускать денежные знаки «в пределах действительной потребности народного хозяйства». Есть все основания полагать, что пределы эти диктовались исключительно работоспособностью печатного станка НКФ.

Засим все выпущенные на основании перечисленных декретов денежные знаки являются неразменными в собственном смысле. Прежде всего, ни в одном из соответствующих декретов нигде не говорится о размене; засим аннулирование государственных займов, старых обязательств государственных предприятий, претензий к государству, связанных с мировой войной, изъятие из частной собственности благородных металлов и монет золотых и серебряных – все это дает основание утверждать, что в отношении государственных кредитных билетов, а также и в отношении советских денежных знаков нельзя было предполагать обязательства размена, хотя бы подвергнутого мораторию.

Правда, в договорах РСФСР с Латвией, Польшей, Литвой и Эстонией[1] Советское Правительство признало, что Россия освобождает эти страны от ответственности по обязательствам, возникшим из выпуска денежных знаков, и что в долях, касающихся этих государств, соответственные претензии должны быть направлены против России. Но от этого далеко до признания принципа разменности старых билетов, разменности хотя бы и приостановленной: права держателя этим не устанавливались. В дальнейшем ввиду полного обесценения всех названных денежных знаков и последовавшего изъятия их из обращения вопрос этот потерял всякое практическое значение.

При принципиальной неразменности выпускаемых денежных знаков и неконтингентированной эмиссии отпадает, разумеется, момент металлического обеспечения. Надпись на расчетных знаках: «обеспечивается всем достоянием Республики» не имела никакого правового значения.

Труднее решить вопрос о том, какое значение имел практиковавшийся некоторое время порядок выпуска денежных знаков через посредство

[1] Ст. XVI договора с Латвией.
Ст. XIX договора с Польшей.
Ст. XII, п. 1 договора с Литвой.
Ст. XII, п. 2 договора с Эстонией.

Народного Банка РСФСР[1]. Надо полагать, что это было простым распределением функций; то обстоятельство, что эмиссия отражалась на балансах Народного Банка, не создавало долга Банку со стороны Казначейства: при отсутствии финансовой политики, направленной к регулированию курса рубля, при принципиальном отрицании такой политики, существование государственного эмиссионного банка как самостоятельного юридического лица не имело бы никакого смысла. И этот вопрос также вовсе устраняется последовавшим слиянием Народного Банка и Государственного Казначейства, упразднением Народного Банка и передачею всего его актива и пассива Центральному Бюджетно-Расчетному Управлению, в состав которого, между прочим, были включены «фабрики изготовления госуд. знаков» и которому надлежало «регулировать выпуск в обращение расчетных (денежных) знаков»[2].

Таким образом, о т п а л и в с е н о р м ы, в ы з в а н н ы е с т р е м л е н и е м р е г у л и р о в а т ь д е н е ж н о е о б р а щ е н и е. О с т а л а с ь л и ш ь з а к о н н а я п л а т е ж н а я с и л а б е з о г р а н и ч е н и я с у м м ы д л я в с е х б у м а ж н ы х з н а к о в б е з р а з л и ч и я о б р а з ц о в и к у п ю р.

Бумажный характер денежного обращения в ту пору еще более подчеркивается тем, что золото и серебро не только перестали быть орудиями обращения, но утратили свойство товаров, золотая и серебряная монеты, как отмечено выше, были изъяты из гражданского оборота[3].

37. Такое отношение к денежному обращению находилось в непосредственной связи с экономической политикой эпохи т. н. «военного коммунизма» (октябрь 1917 – август 1921 г.), направленной к ликвидации децентрализованного обмена и к преобразованию всего хозяйственного строя на основах планового производства и распределения благ. Неоднократно высказывалась мысль о том, что деньги в социализованной части производства не только в будущем, но и в настоящем не должны играть никакой роли и что существуют они вообще постольку, поскольку в народном хозяйстве еще сохраняется индивидуалистический момент[4]. Вы-

---

[1] См. декреты от 4 февраля и 15 мая 1919 г.; декрет 19 января 1920 г.; С.У., ст. 25.

[2] Приказ НКФ от 20 января 1920 г., № 6, «Изв. НКФ» от 1920 г.

[3] С.У., 1918 г., ст. 232, ст. 376; Декр. от 25 июля 1920 г. Сб. декр и расп. по финансам, III, стр. 5; С.У., 1921 г., ст. 564. Право частной собственности на зол. и серебр. монеты прежнего чекана было восстановлено декретом СНК от 4 апр. 1922 г., С.У., ст. 318 (ст. 54 Г.К.), но сделки с ними ограничены (ст. 3 назв. декрета и ст. 24 Г.К.), а употребление их в платеж запрещено (см. декр. от 15 февр. 1923 г., С.У., ст. 189).

[4] 7 ноября 1920 г. Ларин пишет в «Экономической Жизни» (№ 250): «Деньги как единое мерило ценности уже не существуют вовсе. Деньги как средство обращения могут быть упраздне-

двигались перспективы «далеко идущего обесценения ранее выпущенных денег и постепенного их устранения из сферы государственной хозяйственной деятельности»[1].

В отношениях между советскими учреждениями и предприятиями намечались в тот период два направления законодательствования, которые взаимно дополняли и ограничивали друг друга: 1) регулирование расчетов между советскими учреждениями в связи с централизацией учреждений и проведением единства кассы; 2) государственное финансирование на сметных основаниях, которое отодвигало расчеты на второй план и приводило в значительной части к их упразднению.

Рядом декретов[2] было постановлено, что все денежные средства, находившиеся в заведовании и хранении советских учреждений и должностных лиц, должны вноситься в кассы Народного Банка или Государственного Казначейства (позднее – Центрального Бюджетно-Расчетного Управления). Расчеты совершаются бухгалтерским путем без участия денежных знаков, посредством оборотных ассигновок – из кредита учреждения-потребителя в доход казны по соответствующему подразделению сметы учреждения-производителя. Параллельно с этим декрет о финансировании государственных предприятий[3] предписывал все денежные поступления вносить в доход казны, расходы же совершать исключительно по сметам, каковой порядок засим получил более точное определение в сметных правилах от 24/V 1919 г.[4]

ны уже в значительной степени... Деньги как средство платежа окончат свое умирание, когда советское государство разрешит задачу о натурализации своих отношений с крестьянством в области заготовки сельскохозяйственных продуктов... и когда фактически увеличение всяких пайков рабочим и служащим избавит их от необходимости бегать по Сухаревкам». Исходя из этих же предпосылок, Преображенский, полемизируя с Лариным, упрекает его в «неосновательном оптимизме». «Ремесло, – говорит он («Бумажные деньги в эпоху пролетарской диктатуры». Госуд. Изд., 1920, стр. 82, примечание), – не будет вытеснено в несколько лет социалистическою крупною промышленностью, а потому и торговля между кустарем и крестьянством будет существовать значительный промежуток времени».

См. доклад Е.С. Лурье, прочитанный в Институте Экономич. Исслед. 4 июня 1920 г.: «Из истории идеологии и законодательства о денежном обращении РСФСР» (стр. 444 – 465, сборн. «Денежн. обращение и кредит в России и заграницей». Изд. назв. Института, 1922). Ср. также доклад К.Ф. Шмелева о «Трудовом измерителе ценности», прочитанный в назв. Институте 13 мая 1921 г. и напечатанный в назв. сборнике под заглавием: «Основные вопросы учета в гос. хозяйстве пролетариата» (стр. 371 и сл.).

[1] Циркуляр НКФ от 22 августа 1921 г. № 102. Сборник декретов и распоряжений по финансам, IV, стр. 20.

[2] 2 мая 1918 г., С.У., ст. 460; 23 января 1919 г., С.У., ст. 22; 15 июля 1920 г., С.У., ст. 305.

[3] От 4 апреля 1919 г., С.У., ст. 107.

[4] С.У., ст. 318.

Однако ввиду отсутствия у отдельных национализованных предприятий качества самостоятельных юридических лиц момент расчетов утрачивает юридическое значение. Хотя цены отпускаемых предметов принципиально и должны были исчисляться по себестоимости, но ввиду полной невозможности определить таковую расчеты не могли отражать участия в общей производительности того или другого предприятия. Постепенно они начинают отменяться – в отношении почтовых и телеграфных услуг, пользования телефоном, водопроводом, канализацией и топливом[1].

Та же тенденция до середины 1921 г. обнаруживалась и в области взаимоотношений между государством и гражданами: сначала здесь господствовала система т. н. твердых цен, которые с усилением работы печатного станка, с обесценением денег утратили всякое реальное значение.

Засим последовательно проводятся начала бесплатности публичных услуг[2], замена денежных налогов натуральными повинностями, выдача заработной платы частично товарами или ордерами на товары.

Но деньги все время играли роль в несоциализованной части мелкого производства и распределения, и это не только фактически, поскольку в порядке планового распределения не могли быть удовлетворены насущные потребности, но и с чисто юридической точки зрения.

В деле борьбы с частной инициативой декреты действовали перечневым методом: сначала социализация земли; засим национализация банков, муниципализация огромного большинства городских недвижимостей, запрещение сделок с теми, которые остались в частной собственности; огосударствление крупных предприятий, отдельные акты о национализации более мелких, монополизация ряда продуктов, объявление исключительных прав государственным достоянием – все это силою вещей не могло быть сделано сразу, растянулось на ряд лет; сфера легального обмена постепенно суживалась, суживалась очень сильно, но принципиально для т. н. «переходного периода» не отрицалась.

В свободном обмене принуждены были участвовать и советские учреждения и предприятия, которым разрешалось[3] приобретать немонополизированные товары у частных поставщиков, если их нельзя было достать в соответствующем распределителе; и только декретом от 15/VII 1920 г.[4] было запрещено советским учреждениям приобретение предметов произ-

[1] Декреты 11 октября 1920 г. (С.У., ст. 422); 4 декабря 1920 г. (С.У., ст. 509); 23 декабря 1920 г. (С.У., 1921 г., ст. 20); 27 января 1920 г. (С.У., ст. 45).

[2] Там же.

[3] Декрет от 23 января 1919 г. (С.У., ст. 22).

[4] С.У., ст. 305.

водства у частных производителей иначе, как по твердым ценам. Высшего пункта достигли ограничения частного рынка во второй половине 1920 г., когда советским учреждениям и предприятиям воспрещено было приглашать капиталистов, уполномоченных и подрядчиков для производства каких-либо работ и заданий[1].

Во вторую половину 1920 г. – в период, когда вольный рынок был обставлен наибольшими стеснениями, – было запрещено частным лицам иметь наличные суммы, превышавшие двадцатикратную минимальную для данной местности тарифную ставку заработной платы[2]. Декрет от 3/I 1921 г.[3], отменяя это ограничение, угрожает принудительным взносом на текущий счет тем, кто обладает значительными денежными суммами, внушающими подозрение в приобретении их спекулятивным путем – впредь до разрешения Народным Судом вопроса об их происхождении.

V. ЗАКОНЫ О ДЕНЬГАХ В ПЕРИОД 1921 – 1924 гг. И ДЕЙСТВУЮЩАЯ ДЕНЕЖНАЯ СИСТЕМА*

38. Новый курс экономической политики начался с декрета от 28/III 1921 г. о свободном обмене, покупке и продаже сельскохозяйственных продуктов в губерниях, закончивших продовольственную разверстку, и с декрета от 24/V 1921 г., который объявил свободу продажи сельскохозяйственных продуктов, а также изделий кустарной и мелкой промышленности, оставшихся после натурального налога. Этот новый курс окончательно определился к осени 1921 г. и позднее получил свое законодательное оформление в ныне действующих гражданских кодексах РСФСР и других союзных республик, коими в целях развития производительных сил страны «предоставлена гражданская правоспособность всем гражданам, не ограниченным по суду в правах» (ст. 4); в соответствии с

---

[1] Декрет 28 ноября 1920 г. (С.У., ст. 29).

[2] Декрет от 25 июня 1920 г. Сб. декретов и распоряжений по финансам, III, стр. 5.

[3] С.У., ст. 37.

* Л. Н. Юровский. На путях к денежной реформе; 1924; Его же. Современные проблемы денежной политики. Москва, 1926, ч. 1. «Наше денежное обращение», сборник под редакцией Л. Юровского. Фин. изд.; Г. Я. Сокольников. «Денежная реформа», 2-е изд., 1925; З. С. Каценеленбаум. «Денежное обращение в России. 1914 – 24». Москва 1924; Его же. Учение о деньгах и кредите, ч. 1. Москва, 1926, гл. XVIII – XIX; Л. Лунц. Юридическая природа расчетного знака (сборн. «Денежное обращение и кредит». Изд. Инст. Эк. Исслед.), 1922; Л. С. Эльяссон, назв. соч., § 2. См. статьи А. А. Соколова, В. Я. Железнова и др. в «Вестнике Финансов» 1923 и 1924 гг.

этим определяется содержание гражданско-правовой правоспособности (см., главным образом, ст. 5, ст. 1 Гражданского Кодекса).

Что касается национализированных и вновь учреждаемых государственных предприятий, то они по общему правилу были сняты с государственного бюджета, переведены на «хоз. расчет» (т. е. на самоокупаемость) и им было предписано действовать на началах коммерческого расчета с целью извлечения прибыли (см. декрет от 10 апреля 1923 г. о трестах, ст. 1). Хотя этот новый порядок по существу своему есть лишь новый способ управления государственною промышленностью, однако с народнохозяйственной и правовой точки зрения имеет весьма важное значение то обстоятельство, что государственные предприятия выступают в обороте как самостоятельные и не связанные с казной юридические лица (ст. 19 Г.К.); в качестве таковых они заключают сделки с частными лицами и между собой; форма деятельности этих предприятий, таким образом, носит частноправовой характер.

Изложенные нормы, а также законодательство о кооперации создали легальную предпосылку для развития в известных рамках товарно-денежного обращения, что, в свою очередь, вызвало насущную потребность в денежном знаке с твердою покупательною силою.

Однако непосредственной причиной изменений в политике по денежному обращению была невозможность для государственных коммерческих предприятий проводить «хозрасчет» при отсутствии устойчивого измерителя ценности.

39. Постановлением IX Съезда Советов была выдвинута проблема постепенного перехода к устойчивой денежной валюте, а ближайшей задачей было намечено «замедление темпа обесценения путем восстановления доходной части бюджета, денежных налогов, платности гос. услуг»[1].

Наряду с постепенным осуществлением этих финансовых реформ были приняты следующие меры в области денежного обращения:

А) отмена ограничений права собственности на деньги, в том числе на иностранную валюту[2].

Б) Деноминация – мера, направленная к упрощению числового выражения денежных сумм.

---

[1] Циркуляр НКФ от 22 августа 1921 г., № 102; Об. декр. и расп. по финансам. Т. IV, стр. 20.
[2] С.У., 1921 г., ст. 301; Г.К., 54; С.У., 1922 г., ст. 318.

По мере падения покупательной силы рубля возрастали «достоинства» выпускаемых денежных знаков; счет на деньги становился все более затруднительным, приходилось иметь дело с очень крупными числами.

Декретами от 3/XI 1921 г. и 24/X 1922 г. выпущены были сначала «денежные знаки образца 1922 г.»[1], засим «денежные знаки образца 1923 г.»; первые выражены были в рубле, равном 10 тыс. руб. довоенной денежной единицы, вторые – в рубле, равном 1 миллиону руб. довоенной денежной единицы.

Обе деноминации не имели в виду уловить действительное падение покупательной силы рубля; они не вводили новой денежной единицы, так как в обращении оставались прежние образцы дензнаков, а лишь новое название старой денежной единицы.

В) Установление единого образца денежных знаков. Разнообразие образцов денежных знаков не имело юридического значения, так как все эти знаки обладали одинаковою платежной силой без ограничения суммы между всеми лицами.

Этому внешнему разнообразию был положен конец путем изъятия из обращения всех денежных знаков образца Царского и Временного правительств, денежных суррогатов и советских денежных знаков, выпущенных до 1922 г., путем досрочного погашения беспроцентных обязательств различных образцов и, наконец, путем обмена денежных знаков образца 1922 г. на денежные знаки образца 1923 г.[2] В результате этих мероприятий к концу 1923 г. платежную силу сохранили лишь денежные знаки образца 1923 г.

Г) Создание особых законных единиц измерения ценности.

Отсутствие твердой единицы измерения ценности исключало возможность составления государственного бюджета, исчисления налогов и сборов, установления платежей за оказываемые государством услуги. Это же отсутствие до крайности затрудняло организацию хозяйственного расчета государственных предприятий.

Постановлением СНК 5/XI 1921 г.[3] был введен счет на «довоенные рубли»: НКФ периодически устанавливал, какая сумма советских рублей

---

[1] С.У., 1921 г., ст. 643; 1922 г., ст. 867.

[2] С.У., 1922 г., ст. 514, 561, 738, 793; С.У., 1923 г., ст. 965.

[3] С.У., 1922 г., ст. 17. Сборник распоряжений по финансам, т. V, стр. 31 и след. В постановлении СНК 5/XI 1921 г. о финансовом плане и эмиссии на 1922 г. сумма эмиссии выражена в «рублях золотом»; там же говорится, что «бюджет должен быть установлен в довоенных рублях». Декретом СНК 14/XI 1921 г. предписывается исчислять арендные платежи при сдаче в аренду государственных предприятий «в золотых рублях». Постановление НКФ

по своей покупательной силе эквивалентна довоенному рублю; другими словами, НКФ за единицу измерения ценности принял довоенную покупательную силу рубля.

«Довоенный рубль НКФ» – впервые установленный на 1/XI 1921 г. в сумме 60 тыс. рублей дензнаками 1921 г. – был позднее заменен другой счетной единицей – «золотым рублем Госбанка» (с 1 апреля 1922 г.),[1] который выражал десятую часть объявленной Госбанком стоимости золотой десятирублевой монеты.

С 12 сентября 1922 г. начинается установление курсов «золотого рубля». Специальной Котировальной Комиссией курс этот определяется в соответствии с рыночной стоимостью иностранной валюты[2].

С 22 октября 1922 г. Специальная Котировальная Комиссия изменяет принципы установления курса «золотого рубля»[3].

Мы имеем, таким образом, четыре счетные единицы: «довоенный рубль НКФ», «золотой рубль Госбанка», «золотой рубль Спец. Котировальной Комиссии» первого периода (12 сентября 1922 г. – 22 октября 1922 г.) и «золотой рубль» той же Комиссии второго периода (с 22 октября 1922 г. и позднее). Посредством особых поправочных коэффициентов закон установил следующее соотношение этих разных единиц, последовательно заменявших друг друга: 1 руб. НКФ = 1 руб. Госбанка = 0,3 руб. Спец. Котировальной Комиссии второго периода. 1 руб. Спец. Котировальной Комиссии первого периода = 0,7 руб. Спец. Котировальной Комиссии второго периода.

При помощи этих паритетов возможно было сравнение сумм, выраженных в различных единицах. Если, например, расчеты по денежному обязательству, выраженному в «рубле Госбанка», происходили в то время, когда этот рубль был заменен курсом «золотого рубля Котировальной Комиссии», то надлежало руководствоваться этим последним курсом с применением соответственного поправочного коэффициента. Поскольку

от 23/XII 1921 г. разъясняет значение «курса довоенного рубля» и определяет этот курс на 1/XI и 1/XII 1921 г.

[1] «Изв. ВЦИК» от 6 мая 1922 г., № 99; Сборн. распоряж. по финансам, т. V, стр. 37.

[2] См. постановление СТО от 25 августа 1922 г. (С.У., 1922 г., ст. 692): «В целях урегулирования обращения на рынке иностранной валюты и благородных металлов, впредь до установления в законодательном порядке правил производства фондовых биржевых операций в специальных, для сей цели приспособленных государственных финансовых институтах (биржах) образовать Специальную Котировальную Комиссию в составе представителей НК Финансов, Гос. Банка и НК Внешней Торговли, на которую возложить обязанность установления курсов иностранной валюты и благородных металлов, а также курса золотого рубля, согласованного с курсом иностранной валюты».

[3] Постановление СТО от 2 ноября 1922 г.; С.У., ст. 898.

не было специальных изъятий, поправочные коэффициенты должны были получить применение при расчетах по всем обязательствам, выраженным в золотом рубле независимо от их основания[1] (договор, судебное решение или закон). Более того, поправочные коэффициенты подлежали применению не только по обязательствам, выраженным в золотом рубле, но и в тех случаях, когда золотой рубль был единицей измерения абстрактной ценности: например, сумма основного капитала акционерного общества, устав которого был утвержден до 22/X 1922 г., в последующих балансах должна была быть показана с применением подлежащего поправочного коэффициента; в противном случае в этих балансах под видом «золотого рубля» фигурировали бы суммы, выраженные в различных величинах. Надо сказать, что широкое применение поправочных коэффициентов вытекает не из буквального текста закона, а из внутреннего его смысла: в постановлении СТО от 2/XI 1922 г., которым установлены были означенные коэффициенты, говорится о применении их лишь к «договорам и сделкам, з а к л ю ч е н н ы м в золотой валюте», т. е. к обязательствам из договоров. Однако во введении к этому постановлению указывается на последовавшее «изменение Котировальной Комиссией принципов установления курсов золотого рубля». Исходя из этого указания, практика, в особенности же Арбитражная Комиссия при СТО, усвоила то понимание «официального курса золотого рубля», которое изложено выше. Если довоенный рубль НКФ, золотой рубль Госбанка и оба золотых рубля Специальной Котировальной Комиссии (до и после 22 октября 1922 г.) надлежит рассматривать как четыре различные величины, соизмеримость которых определяется лишь в порядке установленных законом «поправочных коэффициентов», то совершенно очевидно, что коэффициенты эти должны были получить применение во всех тех случаях, когда денежная сумма, выраженная в одной из приведенных величин, сравнивается с суммой, исчисленной в другой величине, т. е. эвентуально во всех случаях исчисления денежной суммы по «официальному курсу золотого рубля»[2].

Указанные счетные единицы носят легальный и диспозитивный характер: в тех случаях, когда платежи в законе или договоре исчислены

---

[1] См. реш. А.К. при СТО № 9, 11, 14, 18, 30, 55, 82, 90, 119, 175, 274 и 277; Опр. Г.К.К. Верхсуда РСФСР от 13 апреля 1923 г., дело № 356, реш. ВАК РСФСР, № 221. Ср. реш. А.К. [при] СТО, № 527.

[2] Исключения из этого общего правила прямо предусмотрены законом: так, особым постановлением предусмотрено неприменение поправочных коэффициентов к долгосрочным договорам аренды, заключенным городскими коммунальными отделами. С.У., 1924 г., ст. 68, см. по этому поводу ст. М. М. А г а р к о в а «Спор о поправочных коэффициентах», «Вестн. Финансов», 1923 г., № 36 – 37.

были в золотом рубле, расчет производился, исходя из установленного НКФ, Государственным Банком, а засим Котировальной Комиссией официального курса этого рубля на момент платежа[1]; но в договоре допускалось пользование и другими единицами измерения ценности. Так например, Московское Управление Национализированными Имуществами для исчисления арендных платежей устанавливало свой курс золотого рубля, который не совпадал с официальным курсом золотого рубля[2].

Кроме того, практиковался способ исчисления платежей по курсу товарного рубля, который определялся путем товарных индексов, т. е. чисел-показателей средних товарных цен за определенный период[3,4].

Но такие случаи составляли исключение: по общему правилу золотое исчисление производилось по курсу Специальной Котировальной Комиссии, а до образования этой Комиссии – по курсу НКФ, а засим Государственного Банка. Эти счетные единицы под общим названием «официального курса золотого рубля» составляли элемент советской денежной системы до реформы 1924 г.[5] «Золотой рубль» Котировальной Комиссии служил для измерения абстрактной ценности, для определения товарных цен и для исчисления отсроченных платежей. Но денежные знаки оставались выраженными в довоенной денежной единице. Таким образом «официальный курс золотого рубля» исполнял все регулярные функции денежной единицы, за исключением функции измерителя относительной платежной силы денежных знаков. Установилась своеобразная параллельная денежная система: наряду с довоенной денежной единицей, посредством которой определялось «достоинство» денежных знаков, введены были единицы, служившие для ценностного счета и для исчисления платежей.

Но «официальный курс золотого рубля» мог служить лишь плохим суррогатом измерителя ценности, так как он, по выражению Арбитражной Комиссии при СТО, определялся недостаточно реальными экономиче-

---

[1] Ст. 210 Г.К., ред. 31 октября 1922 г.; Циркуляр НКФ СССР от 12 июня 1924 г. № 99, о применении курса золотого рубля. «В.Ф.», № 55.

[2] О различных специальных коэффициентах см. разд. IV, № 131 – 151 «Систематического перечня законоположений по денежному обращению» в сборн. «Наше денежное обращение». Финанс. Изд., Москва, 1926.

[3] Перечень законов о товарном рубле см. под № 152 – 160 в назв. «Систематич. перечне», см.: М. П. Кохн «Русские индексы цен». Экономическая библиотека под ред. С. А. Фалькнера. Изд. «Эконом. Жизнь». Москва-Ленинград, 1926 г.

[4] Этот способ исчисления отсроченных платежей запрещен постановлением СТО от 22 февраля 1924 г. С.У., ст. 341.

[5] См. об этом в решении А.К. [при] СТО, № 544.

скими факторами. Поэтому в целом ряде решений арбитражных комиссий мы находим исчисление денежных платежей по «вольному курсу золотого рубля», т. е. по рыночной цене золотой десятирублевой монеты дореволюционного образца, и это несмотря на то, что сделки с золотой монетой были запрещены законом[1].

Оправданием такого рода порядка служило то почти невыносимое для гражданского оборота положение, которое создалось отсутствием «овеществленной» денежной единицы с устойчивой покупательной силою. Дальнейшею задачею было создание такой денежной единицы.

40. Задача была в значительной мере разрешена в ы п у с к о м б и л е т о в Г о с у д а р с т в е н н о г о Б а н к а, в ы р а ж е н н ы х в ч е р в о н ц а х.

Декретом 26 октября 1922 г.[2] объявлено было о чеканке золотых червонцев.

В техническом отношении (по содержанию чистого золота, по лигатурному весу, диаметру, терпимости в пробе и весе) червонец – монета, «равная 10 руб. в прежней российской золотой монете», и отличается от последней лишь своим рисунком. Об этом «равенстве» говорится, между прочим, в декрете от 11 октября 1922 г. о выпуске банкнот в следующих выражениях: «червонец – 1 зол. 7,24 долей чистого золота равен 10 рублям в прежней российской золотой монете»; совершенно очевидно, что здесь не устанавливается какого-либо соотношения довоенной денежной единицы и червонца как счетной единицы, а подчеркивается лишь техническое сходство двух видов монет.

Но червонец не является денежным знаком; он не выпущен в обращение и поэтому не является орудием обмена; ему не присвоена платежная сила. Поэтому чеканка червонца не имеет конститутивного значения, не создает денежного знака, а имеет лишь деклараторное значение, т. е. удостоверяет соответствие качества монеты техническим требованием декрета от 26 октября.

Предельный вес, при котором червонец признается полноценным, установлен такой же, какой был определен для десятирублевой золотой монеты согласно Монетному Уставу 1899 г. Эта норма, очевидно, может

---

[1] См. в особенности решение А.К. при СТО, № 31, а также решения № 28, 32. Циркуляром АК при СТО № 11 от 17 марта 1923 г. такой порядок исчисления присуждаемых сумм был предписан всем арбитражным комиссиям при обл. и губ. ЭКОСО в целях наибольшего приближения к реальным ценностям. С 14 февраля 1923 г. опубликование курсов «вольного золотого рубля» в «Известиях ЦИК» прекратилось и с тех пор арбитражные комиссии перешли к исчислению платежей в червонцах (см. тот же циркуляр).

[2] С.У., 1922 г., ст. 876.

получить практическое значение лишь после выпуска червонцев в обращение. Червонец в настоящее время может чеканиться единственно из золота, принадлежащего казне: прием золота от частных лиц на Монетном Дворе для перечеканки в червонцы впредь до особого правительственного акта не производится.

По декрету от 11 октября[1] того же года приступлено было к выпуску банковых билетов.

Банковые билеты – обязательства в уплате определенной суммы червонцев, выпускаемых Государственным Банком в целях увеличения его оборотных средств; обязательство «размена» подвергнуто мораториуму, но размен обеспечивается полностью и притом не менее, чем на $^{1}/_{4}$ выпущенной суммы, по номинальной цене драгоценными металлами и устойчивой иностранной валютой по курсу на золото, а в остальной части – легко реализуемыми товарами, краткосрочными векселями и иными краткосрочными обязательствами. Обеспечение это подкрепляется тем, что «ссуды банковыми билетами Наркомфину подлежат обеспечению драгоценными металлами не менее 50% общей суммы их по нарицательной цене», а также публичностью эмиссии (сведения о сумме выпущенных в обращение банковых билетов и их обеспечении публикуются правлением Госбанка во всеобщее сведение 2 раза в месяц).

Банковые билеты – специальное законное платежное средство, так как они принимаются по их нарицательной цене в уплату государственных сборов и платежей (таможенных пошлин, налогов, ж.-д. расплат и т. д.) в тех случаях, когда по закону платежи взимаются в золоте (ст. 6). Этой статьей, если ее понимать буквально, устанавливалась законная платежная сила банкноты лишь в очень узких пределах: «золотой рубль» был, как мы видели, единицей исчисления платежей, но не служил средством платежа; платежным средством золото было лишь в немногих исключительных случаях (таможенные сборы по европейской торговле, консульские сборы)[2].

Практика усвоила, однако, более широкое толкование, признавая за банковыми билетами законную платежную силу для всех платежей в казну, исчисленных в золоте.

Фактически же банковые билеты стали приниматься в казну и между частными лицами в погашение всех платежей, исчисленных в

---

[1] С.У., 1922 г., ст. 827. Декрет от 25 июля 1922 г. аналогичного содержания: «О представлении Гос. банку права выпуска в обращение банковых билетов» (С.У., 1922 г., ст. 578) не был приведен в исполнение.

[2] С.У., ст. 259.

«рубле сов. ден. знаками», или в какой-либо другой единице, так что банковый билет стал универсальным орудием обмена, а червонец – единицей измерения ценности и единицей исчисления отсроченных платежей. В червонцах заключались договоры, выносились судебные решения, исчислялись некоторые платежи в казну (например, почтовые таксы, транспортные тарифы, акцизные сборы, подоходно-поимущественный налог); в червонцах выражены основные капиталы «Госбанка» и «Госстраха»; наконец, государственный бюджет составлялся в червонцах. Всеобщим законным платежным средством продолжали быть «советские рубли»: сделки, выраженные в червонцах, погашались советскими денежными знаками по курсу дня платежа. Постановлением ЦИК и СНК от 17 октября 1923 г.[1] было объявлено, что платежи советскими знаками по обязательствам, выраженным в червонцах, должны происходить повсеместно в СССР по курсу Фондового Отдела Московской Товарной Биржи, объявленному в месте и на день платежа.

К этому надо добавить, что курс золотого рубля Специальной Котировальной Комиссии с 5 сентября 1923 г. уже более не расходился с курсом червонца на Московской Товарной Бирже: таким образом, счет на официальные золотые рубли фактически был счетом на червонцы. Но юридически твердое соотношение официального золотого рубля и червонца (10 зол. руб. = 1 червонцу) было закреплено лишь для тех случаев, когда «червонцы банковыми билетами» служили законным платежным средством (см. выше)[2].

41. Денежная реформа 1924 г. имела целью «создание устойчивых денег достоинством менее одного червонца»[3].

Это было осуществлено путем выпуска государственных казначейских билетов, выраженных в золотых рублях, а также серебряной (банковой и разменной) и медной монет.

---

[1] С.У., 1924 г., ст. 73.

[2] Значение «получервонцев» имели железнодорожные (транспортные) сертификаты, выпущенные НКПС в золотых рублях по официальному курсу и обязательные к приему в оплату ж.-д. и водных перевозок: это значение их поддерживалось ввиду фактического равенства золотого рубля и $^1/_{10}$ червонца. Срок хождения их окончился 1 июля 1924 г.

С.У. 1923 г., ст. 842; 1924 г., ст. 120, 154; «В.Ф.» 1924 г., № 31 (Постановление НКФ и НКПС о продлении хождения их до 1 июля 1924 г.

[3] См. вступительную часть декрета от 5 февраля 1924 г.

Эмиссия «совдензнаков» была прекращена; совзнаки были лишены платежной силы и выкуплены в казну[1].

Отметим следующие этапы реформы.

а) Советские дензнаки имели законную платежную силу до 10 мая 1924 г., кассами же Государственного Банка они принимались в платежи и к обмену до 31 мая (для некоторых отдельных областей и для заграничных держателей были допущены льготные сроки).

б) Официальный курс золотого рубля 10 марта 1924 г. гласил 50.000 руб. дензнаками 1923 г.; вспомним, что курс червонца на Фондовом Отделе МТБ не расходился с официальным курсом золотого рубля с 5 сентября 1923 г.

в) При выпуске государственных казначейских билетов 1 руб. зол. государственными казначейскими билетами был приравнен 1 руб. зол. по официальному курсу Специальной Котировальной Комиссии; это – по последнему опубликованному курсу означало, что 1 руб. зол. Специальной Котировальной Комиссии = 1 руб. зол. государственными казначейскими билетами = 50.000 руб. совдензнаками образца 1923 г.[2]

Таким образом, определено было отношение золотого рубля государственными казначейскими билетами не только к золотому рублю Специальной Котировальной Комиссии, но и к «советскому рублю».

42. В результате указанных мероприятий сложилась действующая денежная система СССР, которая с юридической точки зрения должна быть охарактеризована как система двух параллельных валют: система эта основана на двух «параллельных» денежных единицах – на «червонце» и на «золотом рубле»; каждая из этих единиц определяет «достоинство», т. е. относительную платежную силу определенной

---

[1] О выпуске государственных казначейских билетов декр. от 5 февраля 1924 г., С.У., ст. 288; о выпуске сер. и медн. монет декр. от 22 февраля 1924 г., С.У., ст. 325; о прекращении выпуска сов. знаков декр. от 14 февраля 1924 г., С.У., ст. 308; о выкупе в казну совзнаков и лишении их платежной силы декр. 7 марта 1924 г., ст. 433 – 434.

[2] Декр. от 5 февраля 1924 г. устанавливает обязательность к приему гос. казнач. билетов на всей территории СССР всеми кассами НКФ СССР в уплату всех гос. и местных налогов и сборов, а также всеми учреждениями, предприятиями и лицами во все платежи по их золотой нарицательной стоимости в тех случаях, когда платежи исчислены в золоте или по официальному курсу золотого рубля в тех случаях, когда платеж исчислен в советских денежных знаках. Редакция этой статьи представляется неточной и может подать повод к неправильному толкованию – тому, чтобы не считать гос. казнач. билет законным платежным средством, когда платеж исчислен не в «золоте» и не в «совдензнаках», а в какой-либо другой денежной единице – например, в червонцах. Эта неясность является результатом того, что в одном предложении соединены два постановления: 1) о неограниченной платежной силе гос. казнач. билетов, 2) об отношении «зол. рубля гос. казнач. билетами» к «зол. рублю» Сп. Котир. Комиссии, и к «рублю совдензнаками».

категории денежных знаков, имеющих хождение в Советском Союзе; между этими двумя единицами закон не устанавливает обязательного соотношения: твердый паритет между ними (10 золотых рублей = 1 червонцу), установившийся с самого начала и существующий ныне (1927), поддерживается «фактически» в порядке административных мероприятий правительства.

«Золотой рубль» выражает достоинство (платежную силу) следующих денежных знаков, выпускаемых в обращение Народным Комиссариатом Финансов Союза:

государственных казначейских билетов, которые выпускаются в 1, 3 и 5 руб. золотом;

серебряной монеты «советского образца» в 50 коп. и 1 руб. (банковое серебро);

серебряной монеты «советского образца» в 10, 15 и 20 коп. (разменное серебро);

медной монеты «советского образца» в $^1/_2$[1], 1, 2, 3 и 5 коп. (разменные монеты).

По своим техническим особенностям (по содержанию чистого серебра и меди, лигатурному весу, диаметру и по допущенной терпимости в весе и пробе) все эти монеты сходны с одноименными дореволюционными монетами и отличаются от них лишь своим рисунком. Техническим новшеством является чеканка и выпуск в обращение (на основании постановления ЦИК и СНК СССР от 6 января 1926 г.) «новой мелкой разменной монеты» в 1, 2, 3 и 5 коп. из сплава меди и алюминия. Серебряная и медная монеты, а также «новая мелкая разменная монета» чеканятся исключительно из металла, принадлежащего казне[2].

Государственные казначейские билеты – бумажные деньги, служащие законным платежным средством между всеми учреждениями, предприятиями и лицами на неограниченную сумму. Единственным моментом, ограничивающим всеобщую платежную силу государственных казначейских билетов, является право Государственного Банка «требовать возврата ссуд, выданных банковыми билетами, и вообще погашения выраженных в банковых билетах обязательств – банковыми же билетами» (ст. 7 декрета от 11 октября 1922 г.).

---

[1] Постановление СНК от 20 мая 1925 г. о чеканке и выпуске в обращение медной полукопеечной монеты. «В.Ф.», 1925 г., 71 (171).

[2] С.З., 26, ст. 1. Для выпущенных на основе ст. 5 декр. от 22/II 1924 г. (С.У., ст. 325) бон достоинством от 1 до 50 коп. установлен предельный срок приема в платежи и к обмену (С.З., 26, ст. 270 и 600).

Серебряная и медная монеты советского образца (в том числе и «новая мелкая разменная монета») обязательны к приему во все платежи на всей территории Союза ССР из расчета: один рубль серебряной, медной или «новой мелкой разменной монеты» равен одному рублю золотом государственными казначейскими билетами. Приведенное постановление подчеркивает обязательность к приему перечисленных монет по номиналу обозначенных на них рублей и копеек.

Обязательность к приему банковской серебряной монеты (в 1 руб. и 50 коп.), а также всех видов разменной монеты (от $^1/_2$ до 20 коп. включительно) ограничена определенной суммой в один платеж: для банковской серебряной монеты – на сумму до 25 руб., а для разменной монеты – на сумму до 3 руб. Кассы же НКФ принимают серебряную, медную и «новую мелкую разменную» монеты советского образца без ограничения суммы, причем поступившая в кассы НКФ СССР потертая монета не выпускается вновь в обращение. Испорченная и нераспознаваемая по штемпелю монета не принимается вовсе в кассы НКФ Союза и необязательна к приему в платеж.

Контингент – пределы эмиссионного права НКФ в отношении выпуска государственных казначейских билетов – установлен на 1-е число каждого месяца в размере не свыше половины общей суммы выпущенных в обращение червонцев согласно балансу Эмиссионного Отдела Государственного Банка на то же число за вычетом суммы долговых обязательств НКФ по отношению к Государственному Банку. В указанных пределах размеры каждого отдельного выпуска устанавливаются особыми постановлениями СТО. Публичность эмиссии государственных казначейских билетов обеспечена обязанностью НКФ ежемесячно опубликовывать соответственные сведения.

Выпуск серебряных и медных монет сообразуется с потребностью оборота в деньгах соответствующих достоинств и не зачитывается в счет норм выпуска государственных казначейских билетов[1].

«Червонец» выражает относительную платежную силу банковых билетов Государственного Банка Союза. Билеты эти выпускаются достоинством в 1, 2, 3, 5, 10 и 50 червонцев[2].

Согласно декрету 11 октября 1922 г. право выпуска в обращение банковых билетов предоставлено Госбанку «в целях увеличения его оборотных средств для его коммерческих операций без дальнейшего расширения эмиссии денежных знаков, в интересах урегулирования денежного

---

[1] С.З., ст. 58.

[2] Фактически банковые билеты в 2 и 50 червонцев не выпускаются.

обращения и исходя из наличия реальных ценностей, накопленных Государственным Банком в виде золота, драгоценных металлов и твердой иностранной валюты». Условия эмиссии банковых билетов изложены выше. Здесь отметим, что законным платежным средством они являются лишь по платежам в казну, так как ныне все эти платежи надлежит считать исчисленными в золоте, а затем в отношении Госбанка; но фактически банковые билеты принимаются в платежи всеми государственными и частными учреждениями, предприятиями и лицами и, таким образом, являются всеобщим орудием обращения.

Законное соотношение платежной силы государственных казначейских билетов, а также всех видов монеты советского образца, с одной стороны, и банковых билетов – с другой стороны, для тех случаев, когда банковые билеты являются законным платежным средством (т. е. по платежам в казну), определяется соотношением: 10 руб. зол. = 1 червонцу[1].

Это законное соотношение, имеющее специальное значение, получило ф а к т и ч е с к и всеобщее значение вследствие того, что:

а) оно соответствует фактическому соотношению покупательной силы золотого рубля и червонца;

б) по этому соотношению Государственным Банком производится свободный размен червонцев на государственные казначейские билеты и обратно;

в) распоряжениями НКФ и Государственного Банка установлена полная заменимость государственных казначейских билетов и банковых билетов как при производстве, так и при приеме платежей;

г) Государственный Банк не пользуется своим правом требовать погашения выраженных в банковых билетах обязательств банковыми же билетами, а принимает государственные казначейские билеты в погашение долгов клиентов по всем операциям Банка наравне с червонцами по указанному соотношению[2,3].

---

[1] В этом смысле надлежит понимать ст. 6 декр. от 11 октября 1922 г., гласящую, что «банковские билеты принимаются по н а р и ц а т е л ь н о й ц е н е в уплату гос. сборов и платежей – в тех случаях, когда по закону платежи взимаются в золоте».

[2] Циркуляр Правления Государственного Банка от 9 февраля 1924 г., № 10 о казн. билетах, «Вестник Финансов», 1924 г., № 18; от 27 февраля 1924 г., № 17 о свободном размене червонцев, «В.Ф.», 1924 г., № 26.

До денежной реформы 1924 г. Гос. Банк (с сентября 1923 г.) практиковал разделение на балансе и в главной книге некоторых счетов на счета в червонном исчислении, в червонцах и в сов. рублях; циркуляром правления от 29 марта 1924 г., № 25 («В.Ф.», № 34, стр. 3) это разделение было упразднено.

[3] А. В. В е н е д и к т о в («В.Ф.», 1924 г., № 9 – 10) полагает желательным формальную отмену параллелизма в нашем денежном обращении путем законодательного закрепления

Описанная денежная система действует на всем протяжении Союза ССР. Единство денежной системы в Советском Союзе определяется согласно ст. 1 пункта «м» Союзной Конституции. В порядке специальных актов Союзного Правительства единая денежная система распространена на Закавказскую СФСР, на Дальневосточную Республику, а засим и на Дальневосточную Область, на Бурят-Монгольскую АССР и, наконец, на Сахалинский округ Дальнего Востока[1].

43. Банковые билеты Государственного Банка, государственные казначейские билеты, а также монеты советского образца служат в СССР всеобщими орудиями обращения и имеют в той или иной мере законную платежную силу. По терминологии советского закона они являются «денежными знаками, имеющими хождение в Советском Союзе».

По действующему праву иностранные золотые монеты, банкноты и бумажные деньги могут служить для уплаты по таможенным пошлинам[2].

Несмотря, однако, на специальную платежную силу иностранные золотые монеты, банкноты и бумажные деньги не могут служить орудием обращения, так как употребление их в платежах запрещено на общих основаниях, установленных для всех видов иностранной валюты, и допуска-

---

ныне существующего фактического соотношения золотого рубля и червонца. Нам представляется, что установление такого легального паритета не имеет практического значения и не завершит денежной реформы: вопрос не в установлении законного соотношения между двумя денежными единицами, а в устранении одной из них (путем прекращения казначейской эмиссии и перехода на исключительно банковскую эмиссию); целесообразность предлагаемых мер, впрочем, не может быть предметом обсуждения в настоящем юридическом исследовании.

См. также: С. М. Винокур. Червонец и золотой рубль. «Вестн. Финансов», 1925 г., № 8. Назв. автор считает полезным: 1) установление законной счетной единицы; 2) фиксацию ценностного отношения между червонцами и рублем; 3) придание банковым билетам силы законного платежного средства. По нашему мнению, обе первые задачи совпадают, третья же реформа в настоящее время не представляет, с практической точки зрения, сколько-нибудь существенного значения, что, по-видимому, признает и С. Винокур.

[1] О распространении единой денежной системы на Закавказскую СФСР – С.З., 1924, ст. 521; на Дальневосточную Республику – С.З., 1923, ст. 890; 1924, ст. 117; о распространении денежной системы на ДВО и Бурят-Монгольскую АССР см. постановление от 30 января 1925 г. С.З., 1925, ст. 68. О порядке расчетов по сделкам, заключенным на территории Дальневосточной области и Бурят-Монгольской АССР в монете дореволюционного образца и в иностранной валюте. С.З., 1925, ст. 69. О распространении единой системы денежного обращения Союза ССР на Сахалинский округ Д.В., С.З., 1926, ст. 169. Ср. также Пост. ЦИК СНК Союза о воспрещении с 1 января 1926 г. на территории Узбек. и Туркм. ССР платежей в бухарской теньге, С.З., ст. 518.

[2] Ст. 166 Тамож. Устава Союза, С.З. 1925, ст. 53.

ется лишь для расчетов по сделкам внешней торговли с учреждениями и предприятиями, находящимися за границей[1].

Некоторое циркуляторное значение имеют «платежные обязательства Центральной Кассы НКФ СССР» разных достоинств в золотых рублях, которые выпущены в пределах сумм, устанавливаемых квартальными бюджетными ассигнованиями для оплаты финансовым ведомством сметных кредитов. По наступлении срока платежа (3 мес. или 6 мес.) НКФ погашает обязательства (в течение трех лет) наличными деньгами. По обязательствам исчисляются 6% годовых со дня выпуска по день оплаты[2]. Кассам НКФ в свое время запрещено было принимать к учету эти обязательства, так как такой учет препятствовал бы достижению цели выпуска обязательств – сокращению эмиссии денежных знаков.

Таким образом, платежные обязательства Центрокассы НКФ – государственные процентные бумаги, которые для оборота, по мысли законодателя, должны были явиться орудием обмена. Ни специальной (в отношении казны), ни тем более общей законной платежной силы им не присвоено.

Однако в действительности «платежные обязательства» не получили достаточно широкого обращения и потому не могут быть признаны средством обмена. В частности, Арбитражная Комиссия при СТО определением от 29 января 1925 г.[3] признала, что обязательства Центрокассы являются не платежным средством, а лишь «ценными бумагами, котируемыми на рынке». Принятие этих обязательств в погашение денежного долга составляет не исполнение обязательства (solutio), а замену исполнения (datio in solutum); при этом расценка принимаемых в платеж обязательств устанавливается также по добровольному соглашению сторон; курсы на фондовом отделе товарной биржи не имеют обязательного характера.

44. Характеристика денежной системы Союза с точки зрения экономической не может быть предметом настоящего чисто правового исследования. Мы ограничимся лишь указанием на те законоположения и административные мероприятия, которые должны быть приняты во внима-

---

[1] См. Приложение; там же о монете дореволюционного образца.

[2] С.У., 1923 г., ст. 142; «Вестн. Фин.», 1923 г., № 20 – 21, прилож. 1 (Цирк. НКФ от 14 мая 1923 г., № 446 о запрещении учета платежных обязательств в классовых учреждениях НКФ). С.У., 1924 г., ст. 420. С.З., 1924 г., ст. 132 («Изв. ЦИК», 1924 г., № 288). См. постановление СНК СССР от 13 декабря 1924 г. о продлении срока приема к оплате платежных обязательств.

[3] А.К. СТО, № 515.

ние при экономическом анализе современного денежного обращения и денежной политики Советского Союза[1].

Согласно ст. 1 декрета СНК о чеканке золотых червонцев НКФ поручается «приступить к чеканке золотой монеты, именуемой червонцем и содержащей 1 зол. 78,24 долей чистого золота». Статья 2 декрета СНК о выпуске банковых билетов определяет: «…банковые билеты выпускаются достоинством в 1, 2, 3, 5, 10 и 50 червонцев (червонец – 1 зол. 78,24 долей чистого золота равен 10 р. в прежней российской золотой монете)». Приведенные статьи дают характеристику червонца как монеты, но не дают определения червонца как денежной единицы: указание на то, что червонец «равен 10 р. в прежней российской золотой монете», не устанавливает «обратной связи» червонца с довоенной денежной единицей; оно не определяет соотношения «червонца» и «золотого рубля» государственными казначейскими билетами, а (как указано выше) лишь дополняет характеристику червонца как золотой монеты, которую правительство намерено выпустить в обращение.

Декрет о выпуске государственных казначейских билетов определяет достоинство этих билетов «в один, три и пять рублей золотом». Тот же декрет устанавливает «обратную связь» золотого рубля государственными казначейскими билетами с золотым рублем Котировальной Комиссии, который не был «основан на золоте», а был чисто абстрактной счетной единицей. Таким образом (также с точки зрения «металлистов»), ни одна из рассмотренных денежных единиц не может быть определена как известное количество золота.

«Червонец» и «золотой рубль» в качестве двух параллельных денежных единиц должны быть признаны равноправными, ни одна из них не является основною; обе исполняют все регулярные функции денежной единицы.

Этим, однако, не исключается вопрос об основном денежном знаке – о том, что служит основою нашего денежного обращения: банкнота или казначейский билет. С экономической точки зрения нельзя не признать, что основою нынешнего денежного обращения Союза является банковская эмиссия: выше уже было отмечено, что банковые билеты выпускаются Государственным Банком в связи с его коммерческими операциями, под обеспечение ценностей и в известном отношении к этому обеспечению, что ссуды банковыми билетами НКФ также подлежат ценностному обеспечению; что контингент выпуска го-

[1] См. ст. С. М. Винокура. Прим. 3 на стр. 89 – 90.

сударственных казначейских билетов определен в процентном отношении к банковской эмиссии; что казначейские билеты выпускаются «для создания устойчивых денег достоинством менее одного червонца». Государственный казначейский билет в отношении к «червонцу» является, таким образом, своего рода разменным денежным знаком.

Что касается общих начал, определяющих денежную политику как в отношении банковской, так и в отношении казначейской эмиссии, то их можно свести к следующим трем положениям.

По действующему закону бумажно-денежная эмиссия не может служить средством финансирования бюджета (см. пост. 3-го Съезда Советов Союза).

В порядке фактических мероприятий поддерживается твердая цена иностранной валюты на внутреннем рынке: при отпуске валюты (с разрешения Особого Валютного Совещания при НКФ) советским импортерам Государственный Банк и другие советские банки продают эту валюту по твердой цене; то же имеет место в случае отпуска валюты лицам, уезжающим за границу, и вообще во всех тех случаях, когда банки совершают продажу валюты (см. Приложение).

Для поддержания покупательной силы денег весьма существенное значение имеют мероприятия законодательного и административного характера, направленные на непосредственное регулирование товарных цен.

Действующая денежная система представляется, таким образом, системой строго регламентируемого бумажно-денежного обращения, приближающейся к типу Goldkernwährung (Gold Exchange Standard) – вернее, если можно так выразиться, к типу Dollarkernwährung, так как центральный банк в порядке фактических мероприятий фиксирует цену не золота, а устойчивой иностранной валюты. Вместе с тем денежная система Советского Союза осложняется такими чертами, которые связаны с особенностями советского хозяйственного строя (регулирование товарных цен) и которые должны быть предметом специального экономического исследования[1].

---

[1] Мы не можем согласиться с той характеристикой денежной системы Союза, которую дает Л. С. Эльяссон («Деньги, Банки и Банковые операции», изд. «Экономическая Жизнь». Москва, 1926, стр. 10 – 18). Л. С. Эльяссон полагает: 1) что денежной единицей у нас с 1897 г. и до настоящего времени остается старый металлический рубль, равный 17,424 долям чистого золота; 2) что в настоящее время государственные казначейские билеты, выраженные в золотых рублях, воплощают в себе эту «металлическую» денежную единицу, равную 17,424 долям чистого золота и являются гос. денежными знаками, по которым размен на золото временно прекращен; 3) что червонец обладает «металлическим содержанием в количестве 1 золотника 78,24 долей чистого золота» и находится в кратном, а

VI. ДЕНЬГИ КАК ОБЪЕКТ ЧАСТНОГО ПРАВА[1]

45. Для денег как для объекта частного права закон устанавливает ряд специальных норм.

Возникает вопрос: какие предметы должны считаться деньгами, когда закон с «денежным свойством» вещи связывает определенные юридические последствия (например, устанавливает особый порядок приобретения права собственности на деньги или особый порядок исполнения денежных обязательств).

Изложенные выше общетеоретические соображения о правовой сущности денег и анализ советского законодательства о деньгах дают основание утверждать, что по действующему праву денежными знаками являются лишь деньги, имеющие хождение в СССР, т. е. банковые билеты Государственного Банка, государственные казначейские билеты и монеты советского образца (серебряная, медная и «новая мелкая разменная»). Этот список носит исчерпывающий характер: «частные» деньги по советскому

именно в десятикратном отношении к золотому рублю; это «само по себе не лишает его значения самостоятельной денежной единицы», так как банковые билеты лишены всеобщей законной платежной силы; 4) что вследствие этого последнего обстоятельства банковые билеты вообще не являются деньгами в юридическом смысле.

По этому поводу, кроме изложенных в тексте соображений, можно отметить следующее: по декрету от 5 февраля 1924 г., 1 зол. р. гос. казн. билетами = 1 руб. зол. Сп. Кот. Комиссии = 50.000.000.000 сов. руб.

По теории Л. С. Эльяссона – 1 руб. совдензнаками юридически равен 17,424 дол. чистого золота; 1 руб. Сп. Кот. Комиссии также юридически равен 17,424 дол. чистого золота; тому же количеству золота равен и золотой рубль гос. казн. билетами. Это, очевидно, противоречит паритету, установленному по декрету от 5 февраля 1924 г. Вспомним, засим, что золотой рубль Кот. Комиссии (как счетная единица) существовал наряду с сов. рублем и определялся в последовательно возраставшей сумме сов. рублей, но без какой-либо связи с определенным весовым количеством золота. Юридическая же связь довоенной денежной единицы и золота, если она вообще когда-либо существовала, была во всяком случае нарушена с того момента, как золотые десятирублевые монеты утратили законную платежную силу. Далее, о будущем размене гос. казначейских билетов в законе нет указаний, казначейский билет представляет собою «казначейский знак» – currency note – в чистом виде. Денежное свойство банковых билетов не только с экономической, но и с юридической точки зрения определяется тем, что они являются всеобщим орудием обращения. Указание же на золотое содержание «червонца» является характеристикой червонца не как денежной единицы, а как монеты.

[1] G. Hartmann, § 6 и 7; M. Wolff, § 49; A. Nussbaum, § 4; Л. С. Эльяссон, § 1.

праву не допускаются, иностранная валюта также не может служить средством платежа. Однако, как отмечено было выше, иностранные золотые монеты и банкноты являются специальным законным платежным средством по таможенным платежам; кроме того, все виды иностранной валюты (не только монеты и банкноты иностранных государств, но также векселя, чеки, переводы и другие платежные документы, выписанные в иностранных денежных единицах), могут в пределах СССР служить средством платежа по сделкам внешней торговли с учреждениями и предприятиями, находящимися за границей (например, в том случае, когда находящийся в пределах Союза представитель иностранной фирмы принимает платеж за импортированный товар)[1]. Во всех этих случаях иностранная валюта исполняет денежную функцию. Поэтому при изучении специальных норм, установленных для денег как для особого вида объектов гражданского оборота, следует в каждом отдельном случае ставить вопрос, распространяется ли та или иная норма на иностранную валюту.

Все виды денежных знаков, имеющих хождение в СССР, а также иностранная валюта должны быть отнесены к предметам, определенным родовыми признаками, и по общему правилу подлежат действию тех норм, которые установлены для родовых и заменимых объектов частного права. Сюда относятся, в частности, ст. 66, 92, 93, 120, 186 Гражданского Кодекса. Будучи родовыми вещами, деньги, однако, как уже отмечено было выше, определяются в гражданском обороте не по своим физическим свойствам, а исключительно по числовому отношению к определенной абстрактной единице; это свойство деньги разделяют с иностранной валютой и с некоторыми видами ценных бумаг, имеющих массовое обращение (см. выше, § 14). Поэтому специфическою особенностью, отличающей денежный знак от всех других «родовых» предметов, является их «циркуляторная» функция: способность служить всеобщим орудием обращения.

46. Переходя к рассмотрению специальных норм, установленных для денег, необходимо отметить, что в отношении каждой из этих норм приходится путем толкования ее смысла и хозяйственной цели устанавливать,

[1] Постановление о торговле фондовыми и валютными ценностями от 17 июля 1925 г., С.З., ст. 330. Положение, изложенное в тексте, является, однако, спорным; вопрос заключается в том, надлежит ли установленное законом разрешение платежей по сделкам внешней торговли с учреждениями и предприятиями, находящимися за границей, понимать как разрешение переводить валюту за границу для заграничных платежей или как разрешение платить по таким сделкам в пределах СССР. Мы принимаем последнее толкование, так как переводы за границу регулируются особо и для них установлены специальные ограничения, см. Приложение.

имеет ли она в виду только деньги Советского Союза или также иностранную валюту.

Деньги как орудие обмена в широком смысле слова противостоят всем другим благам, обращающимся в данной хозяйственной среде (товарам в экономическом смысле); на этой особенности денег как имеющих хождение в СССР, так и иностранной валюты построено различие купли-продажи и мены. Поэтому если цена договора обусловлена в эффективной иностранной валюте (по сделке внешней торговли с представителем фирмы, находящейся за границей), то договор тем самым еще не превращается в мену, а остается куплей-продажей.

Будучи орудием обращения, деньги предоставляют максимальную возможную свободу выбора хозяйственных благ; посему, например, денежные взносы в оплату акций в деньгах, имеющих хождение в СССР, представляют собой нормальный порядок покрытия основного капитала акционерного общества, в отношении же имущественных взносов Гражданский Кодекс устанавливает ряд гарантий (ст. 329 – 330 Г.К.): по той же причине вознаграждение по трудовым договорам нормальным образом выражается в денежных платежах[1].

Наконец, нормальный порядок финансирования государством промышленности – предоставление денежных кредитов: кредиты натурой могут предоставляться лишь с согласия государственного треста, в чем заключается одна из гарантий его административно-хозяйственной самостоятельности[2].

47. Возможность всегдашнего полезного использования денег как орудия обращения – их абсолютная хозяйственная полезность – приводит к тому, что для лица, пользующегося «чужими деньгами», в особенности при неправомерности такового пользования, возникает обязанность платить проценты за это пользование. Так например, согласно ст. 121 Г.К., просрочка исполнения со стороны должника обязывает его возместить кредитору причиненные просрочкой убытки: кредитор в этом случае обязуется доказать наличность и размер тех убытков, которые он потерпел; согласно той же статье «должник, просрочивший платеж денежной суммы, обязан во

[1] Ст. 66 Кодекса Законов о Труде.

[2] Ст. 18 декрета от 10 апреля 1923 г., С.У., ст. 336, ст. 16 декрета от 17 июля 1923 г., С.У., ст. 815; ст. 17 декрета от 20 декабря 1924 г., С.У., 1925 г., ст. 14. Арендная плата за пользование национализированными или муниципализированными предприятиями или строениями должна исчисляться в деньгах.

всяком случае за время просрочки уплатить узаконенные проценты». Таким образом, если предметом долга являются деньги, то просрочка должника дает право кредитору на общих основаниях требовать возмещения ему всех убытков; но кредитор во всяком случае без представления каких-либо доказательств со своей стороны, может требовать уплаты процентов в узаконенном размере[1] (ст. 110 Г.К.).

По мнению закона, уплата процентов возмещает собственнику капитала то, что он при нормальных условиях данного времени во всяком случае мог бы получить, если бы самостоятельно пользовался деньгами. – Под «деньгами» в данном случае надлежит разуметь всякие денежные знаки, имеющие хождение в СССР, а также и иностранную валюту, которая, будучи международным платежным средством, всегда может быть обменена на денежные знаки СССР.

Проценты представляют собой периодически начисляемое на должника вознаграждение за пользование «чужим» (т. е. подлежащим возвращению управомоченному лицу) капиталом в размере, не зависящем от результатов использования капитала (в отличие от дивиденда, размер коего зависит от хозяйственных результатов использования этого капитала). Обязанность платить проценты устанавливается наряду с обязанностью вернуть капитал и поэтому тот, кто платит проценты, не погашает задолженности по капиталу. Особыми случаями являются рента и амортизационные платежи; в первом случае происходит уплата процентов за пользование «чужим» капиталом без возвращения этого капитала, амортизационные же платежи слагаются из текущих процентов на капитал и взносов на погашение долга по возврату капитала.

---

[1] См. опр. Г.К.К. Верх. Суда РСФСР 1925 г., дело № 34257; проценты в этом случае начисляются с момента просрочки по момент фактической уплаты (Г.К.К. Верхсуда РСФСР 1926 г., дело № 33116).

Допустимость взыскания убытков сверх узаконенных процентов в случае просрочки должника установлена по Германскому Гражданскому Кодексу (§ 288) и по Швейцарскому Кодексу Обязательственного Права (ст. 106). На противоположной точке зрения стоят Французский Гражданский Кодекс (ст. 1153) и англо-американское право. Точка зрения последнего особенно отчетливо сформулирована у Jenks'a, Digest of English Law (§ 273): every breach of contract gives rise to an action for damages, but in the case of a breach of promise to pay a fixed sum of money , no damages are recoverable other than the sum itself and interest if any. (См.: Jenks, § 269, 270). См.: Nussbaum, стр. 76 и след. Недопущение иска об убытках сверх узаконенных процентов основывается на том, что названные проценты имеют значение возмещения ущерба, который причинен кредитору при нормальных условиях денежного рынка; принцип этот заслуживает одобрения лишь в том случае, если узаконенные проценты определены не в твердой сумме, а применительно к изменяющимся условиям денежного рынка – например, по учетной ставке центрального банка.

Должник обязан платить проценты лишь в силу закона или в силу договора (ст. 110, 212 Г.К.), и обязанность эта представляет собою дополнительный долг к главному долгу по возврату капитала (ст. 95 Г.К.). Если размер подлежащих начислению процентов не указан, то начисляется 6% годовых с суммы долга (ст. 110, узаконенные проценты). – Главный случай обязанности по закону платить проценты – просрочка должника (ст. 121 Г.К.; ср. ст. 122 Г.К.). Присуждение процентов в размере, превышающем 6% годовых возможно лишь по особым основаниям: например, в случае, если договором, по которому должник просрочил исполнение, установлен более высокий размер процентов (ст. 121 Г.К.); в случае, если кредитор докажет, что убытки, которые он потерпел от просрочки, превышают сумму узаконенных процентов. То обстоятельство, что лицо, пользовавшееся чужим капиталом, извлекло известные выгоды, которые по сумме своей превышают узаконенные проценты, само по себе не обязывает пользователя платить проценты в повышенном размере против установленных законом[1].

Размер договорных процентов законом не ограничен (см., однако, ст. 33 Г.К.), но запрещено начисление процентов на проценты (сложные проценты); исключение допущено лишь для сделок с кредитными учреждениями (ст. 213 Г.К.). Посему надлежит считать направленным в обход закона и недействительным (ст. 30 Г.К.) соглашение, по которому сумма процентов, наросших за определенный период времени, должна присоединиться к сумме займа с тем, что на нее будут начисляться проценты на тех же основаниях, как на капитальную сумму[2].

---

[1] В этом отношении весьма любопытным является определение Гражданской Кассационной Коллегии Верховного Суда РСФСР от 1925 г., № 3350 по иску акционерного общества «Хлебопродукт» к «Промбанку». Ответчик обязался поставить истцу определенное количество пшеницы, получил от последнего задаток, но поставки не исполнил. Какие проценты должны быть начислены на подлежащий возврату задаток? Губ. суд признал обязанность уплатить проценты из расчета 14 годовых («банковские проценты») со дня отказа от сделки по день фактического возвращения задатка истцу, основываясь на ст. 399 Г.К., так как в течение этого срока Промбанк пользовался деньгами истца и неосновательно обогатился. Гражданская Кассационная Коллегия Верхосуда констатировала нарушение Губсудом ст. 110, 121 Г.К. и неправильное применение ст. 399, так как деньги, переданные Промбанку в задаток, поступили в его собственность.

[2] На этом же основании Арбитражная Комиссия при СТО (решение № 91) по вопросу о том, следует ли при существовании процентного долга и при уплате его частями зачислять производимые платежи прежде всего в счет капитального долга или в счет процентов, признала за должником право независимо от воли кредитора погашать в первую очередь капитальный долг; в противном случае частичные платежи, не достигающие суммы наросших процентов, не уменьшали бы основной задолженности, и, таким образом, наступили бы последствия, равнозначащие начислению сложных процентов. С этим решением

«Абсолютная полезность» денег – возможность всегда использовать их как орудие обращения – обязывает всякое лицо, которое на основании закона или договора управляет чужим имуществом, если в составе этого имущества находятся деньги, имеющие хождение в СССР, или иностранная валюта, принять меры к хозяйственно-целесообразному их помещению. Эта обязанность для члена правления государственного треста, для опекуна возникает в силу того, что они должны управлять имуществом как «заботливый хозяин»[1]. Она существует и для всякого другого представителя в силу закона или договора[2].

Если представитель или управляющий имуществом не исполнит этой своей обязанности, то он может быть принужден к возмещению упущенной выгоды.

48. Для того, чтобы деньги могли с успехом исполнять свои функции орудия обращения, необходимо, чтобы каждый добросовестный держатель денежного знака мог быть уверен в своем безусловном праве на этот знак. Для денег, имеющих хождение в СССР, законодатель устанавливает ряд мер, благоприятствующих их обращению:

а) Денежные знаки в случае их утраты или уничтожения не подлежат мортификации, т. е. аннулированию с заменой утраченных или уничтоженных купюр дубликатами[3]. Те законодательства, которые допускают восстановление утраченных или уничтоженных бумаг на предъявителя в порядке особого вызывного производства, не распространяют, однако, это производство на банкноты, несмотря на то, что банкноты обладают индивидуальными признаками (выпускаются за номерами). Это объясняется тем, что «денежное свойство» банкнот представляется более существенным, нежели их качество предъявительской ценной бумаги.

нельзя согласиться, так как оно противоречит экономическому назначению процентов служить вознаграждением за пользование «чужим капиталом».

Об учете процентов при досрочном погашении долга см. ст. 112 Г.К.

[1] Ст. 31 декрета о трестах от 10 апреля 1923 г. Ср. ст. 91 – 92 Код. Зак. о браке, семье и опеке.

[2] См. определение Гражд. Касс. Колл. Верх. Суда РСФСР за 1924 г. – по делу № 32689 (изд. НКЮ, 1925 г.) об обязанности поверенного, в руках которого находятся дензнаки доверителя, принять меры против их обесценения. – В определении ВАК УССР № 191 1924 г. от 30 января говорится: «Усматривая бесхозяйственность в ведении дел треста, выразившуюся в держании у себя без использования полученной из Промбанка суммы (дензнаков) и возвращенной в банк, считая лишь три недели после получения, отчего получилась потеря в курсе около 300 червонцев, ВАК считает правильным предложить тресту обратить взыскание этой потери на лиц, виновных в ней».

[3] Циркуляр НКФ и Правления Госбанка от 3 августа 1923 г., № 234, от 8 – 22/II 1924 г., № 504/15 от 12/IV 1924 г., № 731/1, Сборник цирк. Госбанка за 1923 г., изд. Госбанка, «Вестн. Финанс.», 1924 г., № 24 и 35.

б) Для добросовестного держателя устанавливается безусловное право на денежный знак.

Согласно ст. 60 Г.К. от лица, которое добросовестно приобрело имущество непосредственно у собственника, последний вправе истребовать имущество лишь в том случае, когда оно им, собственником, утеряно или похищено у него. Государственные учреждения и предприятия могут истребовать от всякого приобретателя принадлежащее им имущество, незаконно отчужденное каким бы то ни было способом.

По примечанию 2-му к этой же статье (по зак. 23 марта 1925 г.) государственные или иные допущенные к обращению в пределах Союза ССР ценные бумаги на предъявителя, содержащие обязательство платежа определенной денежной суммы, а равно банковые билеты не могут быть истребованы от добросовестного приобретателя на том основании, что они ранее были утеряны или похищены, или принадлежали госучреждению или предприятию и были незаконно отчуждены каким-либо способом.

Мы полагаем, что и в отношении государственных казначейских билетов, а также серебряных и медных монет советского образца надлежит по аналогии с банковыми билетами применять приведенное постановление примечания 2-го к ст. 60. Это примечание должно быть отнесено ко всем денежным знакам, имеющим хождение в СССР, в качестве всеобщего орудия обращения. К иностранной валюте, которая имеет значение лишь в сфере сделок по внешней торговле, оно не относится.

49. В качестве универсального орудия обращения деньги отличаются высшею степенью подвижности и заменимости, а также делимостью и потребляемым характером.

а) Подвижность денег. При существовании кредитных учреждений, почты и телеграфа перевод или пересылка крупных денежных сумм связаны с минимальными расходами. Поэтому местом исполнения денежного обязательства, если оно не определено законом или договором и не явствует из существа обязательства, считается место жительства кредитора в момент возникновения обязательства[1]. Это правило имеет применение ко всем обязательствам, предметом коих является уплата денежных сумм в денежных знаках, имеющих хождение в Союзе, или в иностранной валюте.

[1] Ст. 113 Г.К. Ср. § 270 Германск. Г.К. и ст. 74 Швейцарск. код. обязательственного права.

б) Заменимость одного рода денег другим. Если обязательство исчислено в иностранной валюте, то по общему правилу его можно погасить денежными знаками, имеющими хождение в СССР, по курсу дня платежа[1].

Если обязательство должно быть исполнено путем передачи определенной суммы определенных денежных знаков, которые в момент платежа не находятся более в обращении, то платеж должен иметь место так, как будто бы условие о платеже определенными денежными знаками не имело места; например, по сделке, заключенной до 1-го июля 1924 г. с условием платежа транспортными сертификатами, надлежит в настоящее время платить на ту же сумму государственными казначейскими билетами. В отношении других предметов, определенных родовыми признаками, в этом случае обязательство считалось бы погашенным за исчезновением всего рода (п. 1, ст. 119 Г.К.); исполнение же денежного обязательства никогда не может стать объективно невозможным[2].

в) Абсолютная эквивалентность денежных знаков, как снабженных, так и не снабженных законной платежной силой, но имеющих хождение в СССР в качестве орудия обращения, приводит к тому, что размен денег, т. е. обмен одних видов денежных знаков на другие (будь то обмен государственных казначейских билетов на такие же билеты или обмен банковских билетов на казначейские билеты) представляет собой действие с имущественно-правовой точки зрения безразличное; посему действующее лицо здесь не нуждается в дееспособности; на такого рода действия, в частности, не распространяется ст. 40 Г.К. о запрещении представителю совершения сделок от имени представляемого в отношении себя лично или в отношении третьего лица, представителем коего он одновременно является.

г) Делимость денег как объекта частного права. Это их свойство в соединении со способностью служить орудием обмена приводит к тому, что при выделе из общего имущества выделяемый собственник получает денежную компенсацию; при разделе общей собственности, при ликвидации товарищеских отношений всякого рода предписывается превращение в деньги тех предметов, которые подлежат разделу между товарищами; то же при удовлетворении кредиторов в порядке принудительного взыскания[3].

---

[1] См. Положение о векселях, ст. 3.
[2] Ср. § 245 Германского Г.К.; см. об этом в след. главе.
[3] Г.К., ст. 292, 294, 299, 309; Гр. Процесс. код., ст. 300.

д) Деньги являются вещами потребляемыми, – они исполняют свое назначение тем, что получают употребление в качестве платежа, т. е. отчуждаются их собственником. Поэтому деньги относятся к оборотному капиталу предприятия (в том смысле, как понятие оборотного капитала определяется по действующему закону о государственных трестах): деньги могут быть только однажды использованы в процессе производства[1].

Наконец, функциональным свойством денег как орудия обращения объясняется специальный порядок взыскания по денежным обязательствам: исполнительное производство по денежному долгу охватывает все имущество должника, не изъятое по специальному закону от взыскания, в противоположность исполнительному производству по судебному решению, направленному на отобрание у ответчика к. л. вещей или к обязанию его совершить определенное действие или воздержаться от него. На этом основании в конкурсе участвуют лишь кредиторы по денежным требованиям, остальные же долги должны быть по закону превращены в денежные требования[2].

Итак, специфические особенности денег, отличающие их от других объектов гражданского права, определяются той экономической функцией, которую деньги исполняют в обороте. Этими особенностями обладают все деньги, имеющие хождение в пределах Союза, а в некоторых отношениях также и иностранная валюта – поскольку она на основании действующего права может служить средством платежа.

---

[1] См. декреты о гос. промышленных предприятиях (трестах) ст. 16 декрета от 10/IV 1923 г., С.У., ст. 336; ст. 14 декр. от 17/VII 1923 г., С.У., ст. 815; ст. 15 декр. от 20/XII 1924 г., С.У., 1925 г. ст. 14 Ср. ст. 279 Г.К. (об имуществе простого товарищества), согласно которой деньги, потребляемые и заменимые вещи, составляющие предмет вклада, признаются общей собственностью товарищества; всякое же иное имущество находится в общем пользовании.

[2] Указанные процессуальные особенности денежных обязательств вызывают стремление всех законодательств по возможности в порядке гражданского судопроизводства превращать частноправовые обязательства в денежные долги (без, однако, новации первоначального долга): по классическому римскому праву всякое судебное решение выносилось в форме присуждения определенной суммы денег: omnis comdemnatio pecuniaria est. Современное англо-саксонское право п р и н ц и п и а л ь н о стоит на той же точке зрения.

VII. ДЕНЕЖНЫЕ ОБЯЗАТЕЛЬСТВА[1]

50. Одним из наиболее спорных вопросов «денежного права» является вопрос о содержании денежных обязательств. Вопрос этот вместе с тем служит основною проблемою юридического учения о деньгах.

---

[1] Иностранная юридическая литература по вопросу о содержании денежных обязательств и их классификации почти необозрима. Из новейших сочинений, названных в гл. II, особого внимания заслуживает исследование N u s s b a u m 'a, op. cit., которое дает общую теорию денежных обязательств (§ 7), рассмотрение отдельных его видов (§ 9, 18, 19), – в частности, уделяет особое внимание обязательствам с условием платежа в иностранной валюте (§ 20 и след.) и, наконец, подробно трактует о юридическом значении всякого рода изменений в денежном обращении (§ 13 – 17). Все указанные проблемы с одинаковою обстоятельностью разработаны как по германскому, так и по иностранному праву – в особенности по французскому и англо-американскому законодательству и практике. Общетеоретическое значение имеет также работа S c a d u t o , op. cit., которая в гл. V дает общую теорию денежных обязательств и классификацию его видов, в гл. VI трактует об обязательствах в иностранной валюте, а вторую часть книги посвящает юридической проблеме обесценения денег. Германское право разработано в исследовании M. W o l f f 'a, op. cit., § 50 и в § 116 – 116в, 231 курса E n n e c c e r u s 'a, Lehrbuch des Bürgerlichen Rechts, Marburg, 1923 – 1924 гг. Из сочинений по французскому праву см.: A. M a t e r , op. cit., E. S c h k a f f , op. cit., а также G. J è z e . La monnaie de paiement dans les contrats entre particuliers et dans les emprunts publics в Revue de science et de legislation financières, Janvier-Mars., 1924 г. См. также: L a g a r d e . L'émission de titres en France par des sociétés de commerce étrangères. Recueil Sirey. 1926, p. 155 – 245 (о валюте расчета по облигационным займам, в частности, о правовом значении множественности паритетов). Богатейший материал по французской судебной практике дает Revue de droit bancaire; издается с 1922 г. По англо-америк. праву см.: L a u g h l i n , op. cit.

В эпоху катастрофического падения марки (1922 – 1923) в Германии было опубликовано огромное количество исследований и брошюр о расчетах по денежным обязательствам при падающей валюте, из коих, по нашему мнению, особенно следует отметить: J u l i u s L e h m a n n . Die Geldentwertung, als Gesetzgebungsproblem des Privatrechts, Berlin, 1922; D e s s a u e r , под тем же заглавием; M a n h e i m , 1923 и, наконец, сборник статей под названием: Die Geldentwertung in der Praxis des deutschen Rechtslebens. Berlin, 1923. Ср. также интересную работу: M ü l l e r . Die Einwirkung. der Währung auf die privatrechtlichen Verhältnisse, Zürich, 1924. В настоящее время (с 1924 г.) германская литература главное внимание посвящает проблеме переоценки денежных долгов (Aufwertung), причем ревалоризация в законодательном порядке, по-видимому, признается необходимой всеми исследователями: спорным является вопрос о допустимости судебной ревалоризации (за нее в особенности высказывается J a m e s G o l d s c h m i d t . Die Aufwertungskrise. Berlin, 1926, против нее N u s s b a u m , назв. соч., § 13, IV. Ср. также: B u c e r i u s . Geldbegriff und Aufwertung, Deutsche Juristen Zeitung, 1926, S. 933). Из комментаторов германских законов о ревалоризации от 16/VII 1925 г. см.: O. M ü g e l . Das gesamte Aufwertungsrecht. Berlin, 1926.

Определение понятия денежного обязательства и характеристика его правовых особенностей даны нами выше. В настоящей главе мы рассмотрим вопрос о влиянии на денежные обязательства изменений в покупательной силе денежных знаков и попытаемся дать классификацию основных видов этих обязательств.

Денежным обязательством в широком смысле слова мы называем обязательство, предметом коего служат денежные знаки как таковые.

Не относятся к денежным обязательствам сделки, имеющие своим предметом индивидуально определенные денежные знаки; такого рода обязательства в современных условиях не являются обычными.

Денежными обязательствами не являются также сделки купли-продажи, направленные на поставку определенного вида монет или бумажных денежных знаков: деньги в этом случае выступают в качестве «товара». Сюда прежде всего относятся «валютные сделки» – договоры о поставке к определенному сроку по заранее определенной цене иностранных денежных знаков или девиз. «Валютные сделки» в указанном смысле следует отличать от сделок, по которым платеж обусловлен в иностранной валюте; здесь валюта является не «товаром», а орудием платежа. Различие это имеет весьма существенное значение для советского права, так как по действующему закону платежи в иностранной валюте (за некоторыми изъятиями) вовсе запрещены, покупка же и продажа иностранной валюты лишь обставлены некоторыми ограничениями (см. Приложение). Сделки по покупке денежных знаков могут иметь своим предметом также денежные знаки, имеющие хождение в данной стране и являющиеся элементом ее денежной системы; так, в Советском Союзе с декабря 1922 г.

Во Франции внимание юристов в настоящее время, по-видимому, главным образом сосредоточено на вопросе о том, как следует исчислять денежные платежи при падающем франке; см. ряд докладов на конференции представителей коммерческих судов в 1926 г. под заглавием: De la validité des clauses tendant à parer dans les contrats aux inconvenients de l'instabilité monétaire (доклады Hildefinger'a, Buisson). См. также по этому вопросу: Champcommunal. La stabilisation des prix dans les contrats à terme в Annales de droit commercial, 1926, № 2 – 3; A. Mestre et E. James. La Clauseor en droit français. Paris, 1926, и в особенности Fr. Geny. La validité juridique de la clause «payable en or»... Recueil Sirey, 1926 (оттиск из журнала Revue de droit civil, 1926, стр. 557 – 636). Наконец, из специальных работ об обязательствах в иностранной валюте см.: Principes de droit sur les payements internationaux, Novembre, 1925, в изд. Société d'études et d'informations économiques. Из русской литературы см.: Эльяссон, назв. соч., § 5, а также мою статью «Валютный вопрос в практике международных расчетов по облигационным займам», «Вест. Финансов», № 4, 1926 г. О Польском ревалоризационном законе 14/V 1924 г. см.: Kuratow Kuratowski. Les problèmes de la baisse du mark polonais dans le domaine du droit privé в Bulletin de la Société de legislation comparée. Paris, 1925.

до денежной реформы 1924 г. производились биржевые котировки банковых билетов в червонцах несмотря на то, что «червонцы» немедленно же после их выпуска стали всеобщим орудием обмена; в настоящее время (1927 г.) такого рода сделки лишены были бы экономического значения (ввиду твердого соотношения ценности червонца и золотого рубля) и потому не имеют места.

В тех случаях, когда денежные знаки определяются в договоре индивидуальными признаками или имеют значение «товара», нет денежного обязательства – нет поэтому и тех юридических последствий, которые связаны с этими обязательствами. Так, невозможность исполнения в этих случаях освобождает должника; просрочка или неисправность последнего служат основанием не для начисления узаконенных процентов, а лишь для возмещения ущерба на общих основаниях, установленных для частноправовых обязательств; место исполнения не может быть определено на основаниях, установленных для денежных обязательств и т. д. Что касается, в частности, «валютных сделок», то кредитор (согласно господствующим за границей обычаям банковского оборота и согласно правилам заграничных бирж, регулирующим там биржевые операции) может в случае просрочки должника «покрыть» свою потребность в соответствующих международных платежных средствах, закупив их на бирже, и взыскать с должника разницу в курсе (т. е. разницу между обусловленной по сделке ценою и курсом срока исполнения сделки), но он по общему правилу лишен права требовать узаконенные проценты.

51. Основным видом денежного обязательства является долг; обусловленный в определенной сумме денежных единиц, лежащих в основании данной денежной системы (Geldsummenschuld).

Порядок исполнения таких сделок регулируется нормами, определяющими законную платежную силу различных категорий денежных знаков; однако (как мы пытались доказать это в гл. III) деньги, не снабженные платежною силою по закону, но фактически являющиеся всеобщим орудием обращения, при известных условиях не могут быть отвергнуты кредитором.

К такого рода сделкам в особенности относится то отмеченное уже выше положение, что денежное обязательство всегда остается возможным к исполнению.

Все денежные знаки, обращающиеся в стране, составляют один род предметов и отличаются друг от друга лишь тою степенью, в которой они могут исполнять платежную функцию; степень эта определяется для каждого знака по его отношению к известной счетной единице, вследствие чего все денежные знаки страны объединены отношением к этой единице. При двух параллельных единицах (например, при одновременном существовании «червонца» и «советского рубля» или «червонца» и «золотого рубля») между этими единицами в каждый данный момент существует определенное соотношение – устойчивое или меняющееся, закрепленное законом или образующееся в силу фактического соотношения ценности соответственных денежных знаков; это соотношение объединяет денежные знаки, выраженные в различных единицах, в один род предметов, для которого характерным является лишь функциональное назначение их служить средством обмена и платежа. Таким образом, единство хозяйственной функции денег получает свое внешнее выражение в том, что платежное значение каждого знака на каждый данный момент может быть выражено в известной счетной единице (при параллельной валюте – в одной из двух счетных единиц). При исчезновении из обращения одних денежных знаков они заменяются другими, выраженными в той же или новой счетной единице; в последнем случае между новой и старой единицами устанавливается числовое отношение, которое определяется законом, при отсутствии же закона отношение это определяется фактически, по ценностному соотношению нового знака к старому на момент изъятия или выхода последнего из обращения. Таким образом, все прежние, настоящие и будущие денежные знаки объединены отношением каждого из них к данной счетной единице.

При таких условиях объективная невозможность исполнения может наступить лишь в случае исчезновения или изъятия из обращения старых денег без замены их новыми, т. е. лишь при уничтожении товарно-денежного хозяйства: в силу возврата к натуральному обмену или перехода к коммунистическому строю с полной заменою денег товарными ордерами.

Отмеченная особенность денежного обязательства, выраженного в определенной сумме денежных единиц, неоднократно служила основанием для характеристики денежного долга как долга – по предмету своему – абстрактного, направленного на предоставление абстрактной имущественной ценности; денежное обязательство часто определяли как reine Wertschuld, debito di valore[1]. Подобные характеристики, однако, могут вызвать неправильное представление, будто содержанием денежного долга является предоставление определенной покупательной силы; на самом деле предметом обязательства, как уже отмечалось выше, является не из-

---

[1] Scaduto, § 30; Enneccerus, § 231, I, 1.

естная абстрактная ценность, а денежные знаки в определенной сумме четных единиц.

Изменения в покупательной силе денег, последовавшие со дня залючения договора, не меняют суммы долга; изменения эти не влияют на латежную силу денег, которая всегда определяется «по номиналу».

52. Принцип юридического номинализма усвоен всеми без исключеия законодательствами.

Несмотря на потрясения, вызванные войною и послевоенным эконоическим кризисом в области денежного обращения, несмотря на ревалориационное законодательство и такую же судебную практику в некоторых транах – принцип этот остался основою денежных расчетов и платежей.

Мы были свидетелями полного обесценения денег в Советском Сою-е, Германии, Австрии и Польше; мы являемся свидетелями падения кура французского франка; в тех странах, в которых сохранилось золотое бращение – в Соединенных Штатах, Швеции, Швейцарии, – деньги такке значительно упали в своей покупательной силе по сравнению с довонным временем.

Это привело к полному или частичному обесценению всех денежных ктивов, как выраженных в наличных деньгах, так и в долговых требованиях. Здесь действовал не юридический формализм, желавший во что бы о ни стало сохранить юридический принцип номинализма. Обесценение олговых требований так же, как и обесценение наличных денег, было результатом сложных и в значительной мере стихийных экономических акторов, к которым в Советском Союзе, Германии, Австрии и Польше рисоединилось влияние б у м а ж н о - д е н е ж н о й   и н ф л я ц и и. 3 этих странах финансирование государственного бюджета в течение ряа лет (до 1924 г.) происходило в значительной части путем выпуска не азменных на звонкую монету бумажных денег: государство получало доод путем выпуска таких знаков, т. е. без внедрения в оборот каких-либо еальных ценностей, путем изъятия из оборота определенной суммы благ товаров, услуг). С точки зрения экономической эта бумажная эмиссия ыла своего рода налогом.

При этом постепенное уменьшение покупательной силы денег – бесценение денежных активов – было не только результатом, но и предосылкою: обесценение создавало для гражданского оборота нужду в ноых деньгах и освобождало место для новых выпусков[1]. Надо признать,

---

См.: С. А. Ф а л ь к н е р . Проблемы теории и практики эмиссионного хозяйства. Москва, 1924, стр 35 и след.

Д ж . М. К е й н с . Трактат о денежной реформе. Москва, 1925, главы, 1 и 2.

что эмиссионный налог есть худший вид налога: он создает перераспределение богатств, обездоливая тех, которые живут на твердые денежные доходы (на жалование, пенсии), и уменьшает пассивы тех, кто обладает материальными ценностями, например, облегчает бремя долгов, лежащих на заложенных строениях. В пределах каждого данного правоотношения получается впечатление, что должник обогатился за счет кредитора, – на самом же деле это перераспределение благ является неустранимым рефлекторным действием «эмиссионного налога».

53. Принцип номинализма в английском праве еще до сих пор опирается на прецедент Gilbert v. Brett от 1602 г.: долг подлежал погашению в Англии платежом «current and lawful money of England»; до наступления срока платежа распоряжением королевы Елизаветы было ухудшено металлическое содержание монеты; суд, однако, признал кредитора обязанным принять по номиналу ухудшенные монеты. – Банкноты, обесценившиеся в силу Bank Restriction Act 1797 г. на 40%, подлежали принятию по номиналу. – Наконец, во время мировой войны и по ее окончании долги ликвидировались по номиналу, хотя обесценение фунта доходило до 30%.

Решение по делу Gilbert v. Brett послужило краеугольным камнем также для судебной практики Соединенных Штатов Северной Америки. Во время гражданской войны 1861 – 1865 гг., на основании особых законов – Legal Tender Acts 1862 – 1863 гг. – правительство выпускало бумажные деньги с принудительным курсом, которые в отношении звонкой монеты претерпели значительное обесценение. Американские суды не сомневались в том, что бумажные знаки (green backs) на основании указанных Legal Tender Acts были обязательны к приему по номиналу; но самые эти акты в некоторых кругах считались антиконституционными, противоречащими 5-й Поправке к Конституции, согласно которой «частное имущество не может перейти к государству без справедливого возмещения». Верховный Суд в период 1867 – 1870 гг. по вопросу о конституционности названных законов обнаружил некоторые колебания. В мае 1878 г. Конгресс допустил новые выпуски бумажных долларов с принудительным курсом. На этот раз Верховный Суд Соединенных Штатов окончательно признал (в деле Julliard v. Greenman 1884 г.) этот акт не противоречащим Конституции, и вся последующая практика основывалась на этом решении.

По действующему Французскому Гражданскому Кодексу (ст. 1895) «долг, вытекающий из займа денег, всегда заключается в уплате номинальной суммы денег, обозначенной в договоре. Если до срока платежа произошло увеличение или уменьшение металлического содержания монет, должник должен вернуть номинальную сумму займа – не более того – в денежных знаках, имеющих хождение в момент платежа».

Приведенная статья говорит лишь о займе, но она исходит из общего принципа, усвоенного французским правом: ст. 1895 Code Civil ныне рассматривается как частный вывод из того общего принципа, что заемщик не несет риска от обесценения предмета займа (Planiol. Droit civ., t. II, § 2067); вместе с тем эта статья сохраняет значение общего начала для всех денежных обязательств (Schkaff, стр. 242).

5 августа 1914 г. приостановлен был во Франции обмен банкнот на звонкую монету с сохранением присвоенной им (по закону 17 ноября 1897 г.) законной платежной силы; установленный, таким образом, принудительный курс бумажных денег действует до сих пор; несмотря на значительное обесценение франка все обязательства ликвидируются по номиналу. Из многочисленных судебных решений наиболее любопытным представляется нам решение Гражданского Суда округа Сены от 1/IV 1925 г. по иску группы облигационеров Об-ва Суэцкого Канала к названному Об-ву. Облигации Об-ва были выпущены во франках на французском фондовом рынке без указания места платежа. Об-во проводило ту точку зрения, что местом платежа по облигациям и купонам является Париж (где находится его административный центр), а валютою расчета – бумажный франк по номиналу (франк к этому времени сохранил лишь 30% довоенной покупательной силы). Суд признал точку зрения Об-ва правильной и отверг домогательства облигационеров получить платеж из расчета золотого франка: «...франк без прямого указания в договоре не может считаться золотым». Суд здесь отмечает, что «противопоставление золотого и бумажного франка вообще неправомерно»; «концепция эта, которая противоречит правовой действительности (réalité legal), должна быть решительно отвергнута; Франция не знает другого денежного знака, кроме франка, который в настоящее время захвачен послевоенным кризисом, но обесценение которого не окончательное и может исправиться»; франк упал в своей покупательной силе, но «несмотря на это франк остался франком» и

тот, кто заключил договор во франках, не обязан предоставлять и не может требовать ничего другого[1].

54. В отношении принудительного курса обесценившихся бумажных денег возникает один вопрос, в настоящее время имеющий весьма существенное практическое значение: какое действие имеет принудительный курс в сфере международных расчетов? Можно ли сказать, что иностранные кредиторы обязаны на одинаковых основаниях с собственными гражданами принимать в платежи обесценившиеся бумажные деньги по их номиналу?

По этому поводу надлежит заметить следующее: лицо, заключающее сделку в иностранной валюте, доверяет свою судьбу законодательству того государства, к которому относится валюта договора. Это государство в силу суверенитета в отношении денежного обращения может приостановить размен на звонкую монету банкнот, выпускаемых его центральными банками, и может снабдить эти банкноты принудительным курсом (как это имело место в 1914 г. в большинстве стран, участвовавших в мировой войне). Оно может, далее, принять меры к стабилизации или повышению курса своих обесцененных денег (как это имело место в 1925 г. в Англии и в настоящий момент – 1926 – 1927 гг. – происходит во Франции), наконец оно может изъять из обращения одни денежные знаки и заменить их другими, установив между старыми и новыми деньгами обязательное платежное соотношение (как это имело место у нас в 1924 г. при замене «совдензнаков» государственными казначейскими билетами, в Германии в 1871 – 1875 гг. при переходе от серебряной валюты к золотому обращению и там же в 1924 г. при замене обесценившихся марок новою бумажною валютою с твердым курсом).

Все эти мероприятия, если даже они вызывают падение или повышение курса денег, распространяются на все долги, выраженные в валюте данного государства, независимо от национальности участников соответственного договора, от места исполнения договора и от того, по какому законодательству обсуждается данное правоотношение.

Это положение, по-видимому, в международной судебной практике в настоящее время не вызывает сомнений.

---

[1] Выступивший на суде в названном процессе представитель прокуратуры г. Фреминкур дал яркую формулировку номиналистической точки зрения. «Облигационеры, – сказал он, – утверждают, что довоенный франк был франком золотым. Это неверно. Франк без соответственной квалификации в договоре не является франком золотым. Практика Кассационного Суда в этом отношении не вызывает сомнений».

Сюда относится решение Британского Высшего Суда по Канцлерскому Отделению от 4-го ноября 1921 г. по делу Британского Акционерного Банка для Внешней Торговли против бывшего Русского Торгово-Промышленного Банка (Лондонское Отделение). Решение это неоднократно комментировалось в юридической литературе, главным образом немецкой.

Истец в июне 1914 г. получил в заем у ответчика сумму в 750.000 рублей, в обеспечение которой приказал Брюссельскому банку Grédit Anversois держать в распоряжении ответчика принадлежащие ему – истцу – разного рода ценные бумаги. Вопрос о ликвидации займа возник лишь по окончании мировой войны, так как в течение этого времени заложенные ценные бумаги, находившиеся в оккупированном немцами Брюсселе, не могли быть возвращены истцу; со стороны последнего не было виновной просрочки. Поверенный ответчика утверждал, что долг может быть погашен лишь золотыми рублями. Суд, однако, признал возможным погашение долга по номинальной его сумме бумажными рублями образца, служившего законным платежным средством (legal tender) в Советской России в момент постановления решения[1].

---

[1] Сюда же относятся два английских судебных решения по договорам, выраженным в германских марках (см. Wirtschaftsdienst, 1925 г., № 49, статью Mendelssohn-Bartoldy): 1) по делу Chestermans Trust, 1923 г., суд признал, что заем в германской валюте, заключенный до мировой войны, при отсутствии просрочки должника погашается в 1923 г. в обесцененных бумажных марках по номиналу, так как аналогичный порядок расчетов принят в самой Германии, 2) решением от 23 ноября 1925 г. Брит. Верховный Суд по делу Андерсон против американского страхового общества «Эквитебль» признал, что страховой полис, выраженный в германских марках, хотя и без «Goldclausel», должен быть оплачен из расчета золотых марок, так как новейшая практика отказалась от номинализма и так как страховое общество в течение долгого времени (до 1922 г.) исчисляло свою прибыль по подобным договорам, исходя из довоенного паритета доллара и марки, невзирая на обесценение этой последней. Но последнее решение в настоящее время отменено Апелляционным Судом («The Economist», 20 февраля 1926 г.), причем один из членов суда лорд Bankes заявил, что он принужден решить дело в пользу страхового общества (т. е. допустить расчет в обесцененных бумажных марках): судья выразил надежду, что общество, несмотря на решение, пойдет навстречу интересам истицы.

Во всех указанных случаях место платежа и национальность сторон не имели решающего значения: суд применял закон той страны, в валюте которой выражено обязательство.

Из французской практики отметим: 1) решение Парижского суда от 31 октября 1922 г., по которому было признано, что француз, обязавшийся уплатить живущему в Лейпциге русскому определенную сумму марок за доставленный до войны товар, может уплатить свой долг марками по номиналу несмотря на то, что марка к тому времени упала в цене до 1/1000 довоенной покупательной силы. 2) Решение того же суда 11 декабря 1921 г. по иску гр. Гено к страховому обществу Урбэн; Гено – держатель страхового полиса – требует

Международное действие номиналистического принципа признается также германскою и французскою судебною практикой[1].

Оно также служит исходным моментом новейших международных соглашений[2].

выплаты страхового вознаграждения, но суд ему отказывает на том основании, что страховая сумма выражена в рублях, в настоящее время обесценившихся.

Впрочем, во французской литературе замечается и противоположная тенденция; так Jèze (см. назв. соч.) высказывается за территориальное действие cours forcé; иностранец не может, по его мнению, требовать тех «льгот», которые установлены началом номинализма. Нам, однако, думается, что эта точка зрения не соответствует французской практике и касается лишь тех сделок, по которым валюта расчета выражена в золотых франках (см. § 60, разд. В).

[1] Установлению законного соотношения старой и новой денежных единиц обычно предшествует период параллельного обращения соответственных денежных знаков; в течение этого периода принимаются меры к стабилизации фактического курса, который засим закрепляется законодателем: по этому курсу совершается выкуп старых (изымаемых из обращения) денег на новые и происходит ликвидация долгов, выраженных в старой денежной единице. Таким образом, установленная законом обратная связь новой единицы со старой должна соответствовать фактическому курсу старых и новых денежных знаков на момент установления этого соотношения; в противном случае для иностранного суда возникает вопрос, может ли он в подлежащих случаях руководствоваться этим законным соотношением. Так например, польским законом 20 ноября 1919 г. демонетизируются германские марки, обращавшиеся в той части германской территории, которая по Версальскому Трактату вошла в состав нынешней Польши, и определяется, что долги в германских марках погашаются польскими марками по соотношению 1/1; между тем фактическое соотношение приблизительно было 2 германские марки = 3 польским. Германские суды отказывали в применении названного польского закона, противоречащего основным началам права. См. об этом: Nussbaum, стр. 162; Scaduto, гл. V, прим. 69, приведенную там литературу и судебные решения.

[2] Так, Сен-Жерменский и Трианонский договоры, регулируя распределение довоенного австро-венгерского облигационного долга между государствами-преемниками (выделившимися из состава прежней Дунайской Империи или получившими часть ее земель), исходят при этом из принципа старого номинализма. Взамен старых австро-венгерских облигаций Польша, Юго-Славия, Чехо-Словакия и другие государства-преемники выпускают новые облигации в той сумме старого долга, которая при распределении падает на долю каждого. По долгам, выраженным в австро-венгерских кронах, происходит перерасчет на валюту того государства, которое принимает ответственность по долгу, по тому же курсу, по которому был этим государством произведен обмен бумажных австро-венгерских крон на собственную валюту (ст. 203, 1, абз. 5 и аннекс. абз. 5 С.Ж. договора). Паритеты для такого определения были установлены Репарационной Комиссией по номиналу без учета обесценения австрийской кроны и валют государств-преемников; Репарационная Комиссия решила (8 декабря 1922 г.) не производить валоризации несмотря на то, что на основании означенных договоров она имела бы право произвести переоценку. (См. Commission des Reparations, вып. VII, стр. 21).

По договорам РСФСР с окраинными государствами в некоторых случаях допускается частичная переоценка денежных обязательств, но в каждом отдельном случае лишь в виде отступления от общего принципа в качестве особой льготы: ст. XII, п. 4 договора РСФСР с

55. Особого внимания заслуживает послевоенная практика исполнения денежных обязательств в тех странах, в которых произошло полное крушение денежной системы. В Германии, Австрии, Польше и Советской России денежные знаки, выраженные в довоенной денежной единице, обесценились настолько, что соответственные единицы представляли реально ничтожную величину. Ценность, которая имела бы какое-либо хозяйственное значение, могла быть выражена лишь в миллионах или миллиардах этих единиц.

Наибольшую степень обесценения претерпела германская марка. 4 августа 1914 г. был введен принудительный курс бумажных марок; процесс их обесценения вначале не был заметен и обнаружился с полной отчетливостью лишь в 1918 г.; до этого времени склонны были приписывать падение покупательной силы денег факторам, лежавшим на стороне товаров. В ноябре 1918 г. 1.000 марок бумажными деньгами = 571 марке золотою монетою; к концу 1919 г. 1.000 марок бумажными деньгами = 90 марок золотом. Колебания курса держались приблизительно на этом уровне до середины 1920 г., дальнейшее же падение началось после Лондонской Конференции, так что к середине 1923 г. марка обесценилась до 0,27 марок золотом за 1.000 марок бумажными денежными знаками. Со второй половины 1923 г. начинается стремительное падение, достигшее к 20 ноября 1923 г. положения: 1.000 миллиардов марок = 1 золотой марке. На этом уровне удалось достигнуть стабилизации.

По закону 30 августа 1924 г. введена новая денежная единица – рейхсмарка, которая по закону приравнена 1.000 миллиардов марок.

Несмотря на обесценение марки, германская судебная практика долгое время держалась точки зрения номинализма. Допускалась ссылка заинтересованной стороны на изменившиеся вследствие обесценения денег обстоятельства (clausula rebus sic stantibus), но ссылка эта по общему правилу приводила не к изменению условий договора, не к переоценке суммы денежных долгов, а к признанию всего обязательства утратившим силу.

Поворотный пункт наступил после знаменитого решения Рейхсгерихта от 28 ноября 1923 г., которое признало необходимым ввиду падения марки повысить сумму обеспеченного ипотекой долга. После этого решения наступил период полнейшей свободы судейского усмотрения: в порядке судебного решения производилась переоценка суммы денежных платежей применительно к степени падения курса марки и к условиям данного конкретного случая. Эта ревалоризационная практика обосновывалась сле-

Латвией от 11 августа 1920 г.; ст. X, п. 2 договора РСФСР с Литвой от 12 июля 1920 г.; ст. XVI, п. 7 и ст. XVII, п. 1 договора РСФСР с Польшей от 18 марта 1921 г.

дующими соображениями: а) при двухсторонних договорах выдвигался принцип эквивалентности тех действий, которыми должны обменяться стороны; эта эквивалентность нарушается обесценением денег, последовавшим после заключения договора: исполнение (Leistung) и плата за исполнение (Gegenleistung) более неравноценны; б) указывалось на то, что ценность денег относится к фактическим обстоятельствам, которые служили для сторон предпосылкою заключения договора (Geschäftsgrundlage); в) приводилась ссылка на принцип доброй совести, который необходимо соблюдать при толковании договора и при его исполнении (§ 157 и 242 Германск. Гражд. Кодекса); строгое соблюдение номинализма в условиях обесценившейся валюты создает для должника положение «крайней затруднительности», «экономической невозможности» исполнения договора (Unzumutbarkeit der Leistung).

Все эти основания представляются в достаточной мере спорными.

Изменение фактических обстоятельств в частном праве не служит основанием для освобождения от долга, если только таким изменением не создается невозможность исполнения[1]. Равноценность исполнения и платы за исполнение никогда не была требованием гражданского права. Толкование воли сторон и рассмотрение фактических предпосылок этой воли основано на фикции, что стороны при заключении договора все предусмотрели – на самом же деле они, обычно, об устойчивости покупательной силе денег при заключении договора вовсе не думали. Принцип «доброй совести» не может служить основанием для решений, противоречащих формальным требованиям закона (номинализму). Наконец, все эти основания, если бы даже их принять, могут служить основанием лишь для расторжения договора, но никак не для переоценки суммы долга: в германском праве нет ни материальных, ни процессуально-правовых оснований для судебной ревалоризации[2].

К вышеизложенным основаниям судебная практика и юридическая литература присоединили еще одно начало: кредитору, пострадавшему от обесценения денег, должен быть дан против должника, выигравшего от этого обесценения, иск из неосновательного обогащения. Но и эта теория при ближайшем рассмотрении не может быть принята. Неосновательным

---

[1] О понятии невозможности исполнения см. мою статью, назв. в прим. 2.

[2] По вопросу о переоценке денежных долгов я полагаю, что принцип «распределения ущерба» (предложенный в моей статье «О влиянии изменений экономической конъюнктуры на обязательства частного права». Материалы НКЮ, вып. XV, 1922 г.) имеет значение политико-правового начала для законодателя и не может служить основанием для судебных решений, пока он не формулирован в законе.

является такое обогащение, для которого нет основания, признанного правом. В данном же случае правовое основание обогащения налицо: это принудительный курс обесценившихся денег, твердая платежная сила их, установленная законом.

В последнее время теория неосновательного обогащения в связи с обесценением денег получила более широкую трактовку.

По мнению германского юриста Эннекцеруса, неосновательным должно быть признано и такое обогащение, которое хотя и соответствует формальному требованию закона, но не соответствует смыслу и цели законодательного постановления; закон, сохраняя за обесцененными деньгами прежнюю платежную силу, имеет в виду нужды государства, которое, не обладая реальными ценностями – золотом, принуждено путем денежной эмиссии выкачивать из оборота необходимые ему блага; но закон не имел в виду обогащения одного частного лица за счет другого (E n n e c c e r u s . Lehrbuch des Bürgerlichen Rechts, § 116a, IV).

Перераспределение благ является, несомненно, рефлекторным действием эмиссии, но можно ли этот результат устранить в порядке судебного решения? Полный учет падения курса денег (если бы он был возможен технически) перегибает палку в другую сторону: при изменившихся условиях денежного рынка он разоряет должника. Частичный учет – где найти критерий для него? И может ли суд взять на себя исправление последствий эмиссионного налога путем распределения его бремени между всеми участниками данного правоотношения?

56. Теория Эннекцеруса имеет серьезное значение лишь как политико-правовой принцип: это требование к законодателю о перераспределении налогового бремени, вызванного эмиссией, путем частичной переоценки денежных обязательств.

Вступая на этот путь, закон выходит из рамок частного права. Создается новый порядок расчетов по старым юридическим титулам, создаются новые юридические титулы.

Насколько нам известно, переоценка долгов в законодательном порядке всегда была связана с переходом от обесценившихся денег к новой, стабильной валюте.

В Америке в эпоху войны за независимость были выпущены бумажные деньги с принудительным курсом, т. н. Continental bills, которые претерпели весьма значительное обесценение; в период 1780 – 1783 гг. состоялся постепенный возврат к серебряному обращению и было (в марте 1780 г.) установлено соотношение старой («бумажной») и новой («серебряной») денежных единиц (40/1); но это соотношение не послужило основанием для ликвидации старых долгов, так как законом была предписана их переоценка на основании особой таблицы: закон преследовал цель полной валоризации денежных долгов применительно к реальной имущественной ценности, полученной должником при совершении договора.

На аналогичных основаниях был разрешен вопрос о денежных обязательствах в эпоху французской революции в связи с аннулированием бумажных денег («ассигнат» и «территориальных мандат») и переходом к металлическому обращению (1795 – 1798).

В Австрии в 1811 г. приступлено было к замене банкнот (получивших с 1800 г. принудительный курс) новыми неразменными бумажными деньгами («Einlösungsscheine»): на основании т. н. Финансового Патента от 20/II 1811 г. был определен контингент эмиссии и производился обмен старых денег на новые по соотношению 5/1; однако долги, совершенные в период обесценения банкнот (1799 – 1810), подлежали ревалоризации на основании особых паритетов[1].

Во всех рассмотренных случаях оценка долгов была связана с денежною реформою и составляла элемент этой последней: старые денежные единицы были заменены новыми, но в соотношении тех и других произошло как бы раздвоение: обмен старых денег на новые происходил на основании «рекуррентной связи» между соответственными денежными единицами, ликвидация же долгов совершалась по особым «расчетным паритетам», которые были определены законом в соответствии со степенью обесценения денег в период инфляции.

Обесценение денег, имевшее место в большинстве стран Европы после мировой войны, в настоящее время сменяется переходом к устойчивой валюте. При этом в некоторых государствах (Германия, Польша, Литва, Данциг) денежная реформа сопровождается переоценкой старых долговых отношений.

В настоящее время в Германии действуют два основных ревалоризационных закона: закон о переоценке публичных займов (Anleiheablösungsgesetz) от 16 июля 1925 г. и закон «о переоценке ипотечных долгов и других требований» (Aufwertungsgesetz) от того же дня.

В этом последнем законе регулируется ревалоризация ипотечных долгов, рентных доходов, промышленных облигаций, закладных листов,

---

[1] См.: H a r g r e a v e s . Restoring currency standards. London, 1926, – исследование о переоценке денежных требований в Америке, Франции и Австрии в конце XVIII в. и начале XIX в. О ревалоризации в эпоху французской революции см.: С. А. Ф а л ь к н е р . Бумажные деньги французской революции, 1919 г., стр. 242; А. М. С м и р н о в . Кризис денежной системы франц. рев., 1921 г., стр. 108.

претензий по долговым документам публично-правовых хозяйственных организаций, вкладов в разного рода сберегательных кассах, претензий по страховым договорам и некоторых других денежных требований. Денежные требования, переоценка которых не предусмотрена законом, ревалоризуются по усмотрению суда в силу § 242 Гражданского Кодекса: Reichsgericht в целом ряде решений признал, что должник, который платит кредитору обесцененными марками по номиналу, нарушает принцип «доброй совести»; то обесценение марки, которое обнаружилось к 1920 г., считается достаточным основанием для переоценки; принятие платежа в обесцененной валюте по номиналу, а также наличность вступившего в законную силу старого судебного решения, установившего расчет по номиналу, не препятствуют тому, чтобы кредитор в настоящее время потребовал переоценки долга: при этом уплаченная по номиналу сумма считается как бы частичным платежом. Что касается размера переоценки, то он зависит от обстоятельств каждого конкретного случая: суд иногда вовсе отказывает в переоценке, иногда же допускает ее в размере, превышающем «золотую ценность» долга. В частности, суд принимает во внимание имущественное положение сторон и – при двухсторонних обязательствах – современную рыночную стоимость того имущественного объекта, который получен кредитором по переоцениваемому требованию.

Что касается названных выше германских ревалоризационных законов, то подробное их рассмотрение не может быть предметом настоящего исследования. Мы ограничимся лишь краткою характеристикою их содержания для чего, в качестве примера, рассмотрим постановления этих законов о порядке переоценки облигационных займов.

Переоценка государственных облигационных займов, а также займов земель и общин происходит путем обмена старых облигаций на облигации нового, специально выпускаемого для этой цели займа, причем по общему правилу за каждые 1.000 марок старыми облигациями выдается новых облигаций на 25 рейхсмарок. (Вспомним, что по закону 30 августа 1924 г. платежное соотношение марки и рейхсмарки определяется по паритету 1.000 миллиардов марок = 1 рейхсмарке.) По новым облигациям будут начисляться проценты лишь со времени окончания репарационных платежей, предусмотренных для Германии мирным договором; держателям новых облигаций не предоставлено права требовать погашения капитального долга. Лица, владевшие старыми облигациями до 1/VII 1920 г., – «старые держатели» – получают особые льготы. «Старые держатели», если они нуждаются (имеют доход не свыше 800 рейхсмарок в год), состоят в германском гражданстве и живут постоянно в Германии, получают ренту в сумме не свыше 800 рейхсмарок на одно лицо в год.

Что касается «переоценки» других облигационных займов, то согласно Aufwertunsgesetz, переоценка эта также происходит путем предоставления облигационеру нового требования взамен старого обесценившегося обязательства. Сумма этого нового требования определяется в процентном отношении к номинальной сумме долга, если право требования приобретено до 1 января 1918 г. Если право требования приобретено после означенного срока, то сумма нового требования определяется в процентном отношении к «золотой стоимости» долга: эта золотая стоимость долга устанавливается путем перечисления суммы, уплаченной в свое время за облигацию, на золотые марки по курсу дня ее приобретения согласно особой, приложенной к закону, таблице.

Ипотеки и ренты переоцениваются по общему правилу из 25% золотой стоимости старого долга, причем начисление процентов начинается лишь с 1 января 1925 г.; срок погашения пролонгируется. Переоценка совершается особым государственным учреждением – Aufwertungstelle. Облигации промышленных предприятий переоцениваются из 15% золотой их стоимости управомочными на то банками путем штемпелевания, выдачи новых свидетельств или посредством расчета наличными. «Старые держатели» этих последних облигаций получают сверх того дивидендную бумагу в сумме 10% «золотой стоимости» долга: по этой бумаге управомоченный участвует в прибылях предприятия в размере, однако, не свыше 5% суммы выданной ему дивидендной бумаги. Если такая степень переоценки представляется для должника чрезмерною (вследствие его затруднительного имущественного положения), то он может в течение определенного срока подать заявление в Aufwertungstelle, которая уменьшает % валоризации.

Для облигаций публично-правовых организаций, преследующих промышленные цели, устанавливается переоценка из 15% на аналогичных основаниях; дивидендные бумаги в этом случае, однако, не выдаются.

Один из комментаторов рассмотренных нами законов[1,2] определяет понятие переоценки следующим образом: в порядке ревалоризации про-

---

[1] O. M ü g e l . «Begriff der Aufwertung», § 8 назв. комментария.

[2] Ревалоризационное законодательство в Польше. Осенью 1918 г. на территории Польши обращались германские марки, австрийские кроны, русские рубли и, кроме того, польские марки, выпущенные немцами во время оккупации бывшего Царства Польского германскими войсками. Согласно польскому закону 7 декабря 1918 г. были допущены новые выпуски «польских марок» с присвоением им законной платежной силы. В дальнейшем были демонетизированы германские марки, кроны и рубли, и установлены были отношения

исходит не увеличение ценности долга, а лишь новое числовое его выражение соответственно падению покупательной силы денег. Это определение ошибочно. Прежде всего о н о н е с о о т в е т с т в у е т с о д е р ж а н и ю р е в а л о р и з а ц и о н н ы х з а к о н о в, которые у с т а н а в л и в а ю т л и ш ь ч а с т и ч н у ю в а л о р и з а ц и ю и связывают эту переоценку с рядом дополнительных условий (пролонгация срока погашения, приостановка начисления процентов и т. д.). Размер переоценки зависит о т в р е м е н и п р и о б р е т е н и я о б л и г а ц и й, о т и м у щ е с т в е н н о г о п о л о ж е н и я д е р ж а-

---

польской марки к этим денежным единицам, так что к весне 1920 г. в обращении остались лишь польские марки. В результате обесценения этих последних в начале 1924 г. курс доллара в Варшаве стоял 9.350.000 польских марок. Этот курс служил основой для стабилизации и для денежной реформы в январе 1921 г.: 1.800.000 польских марок, равных 1 золотому франку, были приравнены 1 «злотому» (новой денежной единице), после чего в июле того же года последовала демонетизация польских марок. Вместе с тем двумя распоряжениями Президента от 14 мая 1924 г. (основанными на законе от 11 января 1924 г.) были установлены: а) ревалоризация государственных займов, выпущенных Польшей в 1918 – 1920 гг. – путем обмена облигаций этих займов на облигации нового займа с переоценкой от 10 до 30% золотого эквивалента, б) ревалоризация частноправовых долгов.

Основные начала распоряжения президента от 14 мая по переоценке частноправовых долгов могут быть сведены к следующему (см.: K u r a t o w K u r a t o w s k i, назв. соч.):

1) переоцениваются все долги, возникшие до 28 апреля 1924 г., подлежащие платежу на основании польских законов в польских марках (хотя бы они в момент их возникновения были выражены в германских марках, рублях или кронах); также – долги, по которым уже состоялось судебное решение или платеж, но в последнем случае лишь при том условии, если кредитор оставил за собой право требовать курсовую разницу;

2) закон дает таблицу курсового соотношения «злотого» (равного в момент опубликования закона золотому франку), с одной стороны, и рубля, кроны и германской марки – с другой стороны – с 1 августа 1914 г., а с момента введения польской марки – отношение к этой последней;

3) кредитор получает лишь часть суммы долга, исчисленной по означенной таблице; другими словами, он не получает полного «золотого эквивалента». Эта часть, выраженная в процентах к соответственной сумме, обозначенной на таблице, не одинакова для различных категорий обязательств: наибольший коэффициент установлен для ипотечных долгов (от 15 до 25%, а в некоторых случаях – до 50%), для других обязательств коэффициент ниже (например, для займов, не обеспеченных залогом, – по общему правилу 10%); переоценка ни в каком случае не может превысить «золотого эквивалента», указанного в таблице;

4) по общему правилу переоценка происходит по курсу дня возникновения долга, а не по курсу того дня, когда обязательство стало годно ко взысканию;

5) переоценка не должна быть разорительной для должника: в случае чрезмерности ставки, указанной в законе, суд, принимая во внимание имущественное положение должника, может в конкретном случае ее уменьшить; суду вообще предоставлено широкое право усмотрения: он может устанавливать рассрочку, мораторий, признать (при двухсторонних обязательствах) аннулированным все правоотношение. Для обязательств, по которым коэффициент ревалоризации не установлен, суд определяет этот коэффициент по началам «доброй совести».

теля, а в некоторых случаях и должника. Самая природа денежного долга в некоторых случаях меняется (например, выдача дополнительных дивидендных бумаг старым держателям индустриальных облигаций). Все это означает, что законодательство остается на номиналистической почве: теория Савиньи о том, что содержанием денежного долга является предоставление определенной покупательной силы, определенной абстрактной ценности, не служит теоретическим основанием современной германской ревалоризации: эта теория может обосновать лишь полную переоценку долга во всех без исключения случаях.

Ущерб, который потерпели кредиторы от обесценения денежных активов, был результатом «эмиссионного налога»; выгоды, которые при этом получили дебиторы, являются рефлекторным действием этого налога. В порядке ревалоризационных законов в Германии в настоящее время происходит перераспределение того налогового бремени, которое создано эмиссионным хозяйством. Старые долги обесценились, но – под давлением авторитетных групп кредиторов – закон на место их создает новые обязательства иного содержания и иной природы.

Проблема переоценки старых долгов в тех странах, где она ставится, является, таким образом, проблемою не столько юридическою, сколько проблемою социальною и финансовою[1].

57. Какое значение имеет падение покупательной силы денег по действующему советскому праву?

В России до войны денежной единицей был рубль, который выражал платежную силу различных денежных знаков (золотой монеты, кредитных билетов, серебряной и медной монет). Долговое требование, выраженное в рублях, могло быть погашено любой из названных монет по усмотрению должника, с тем лишь ограничением, что серебряная и медная монеты не были обязательны к приему кредитором свыше опреде-

---

[1] Вопрос о переоценке старых долгов (Aufwertung) до сих пор является одной из основных политико-правовых проблем в современной Германии, вокруг которой происходит борьба политических партий, экономических и юридических теорий.

В общем, тот компромисс между притязаниями кредиторов и должников, который установлен законом 16 июля 1925 г., никого не удовлетворил: некоторые круги высказывались за необходимость разрешения вопроса путем референдума, пока, наконец, возможность такого референдума была исключена особым законом, согласно которому вопросы ревалоризации не могут быть предметом всенародного голосования (Berlin. Börsen Courier от 7 мая 1926 г., № 209. См.: Mügel. Die Volksbegehren zur Aufwertung. Deutsche Juristen Zeitung, 1926. 694).

ленной суммы. В начале войны размен кредитных билетов, а также серебряной и медной монет на золото был приостановлен. Монеты исчезли из обращения. Кредитные билеты, которые были выражены в том же рубле, в той же денежной единице, остались. Их покупательная сила непрерывно падала, но определенная законом платежная сила осталась неизменной, т. е. долг, заключенный, например, в 1914 г. с условием платежа в 1918 г., мог быть погашен той же суммой рублей. Произошли изменения в денежной системе, отпали мероприятия, направленные на поддержание покупательной силы рубля (размен на золото, ограничения выпуска кредитных билетов и проч.). Но самая денежная единица осталась неизменной. И обязательства, выраженные в сумме этой денежной единицы, остались неизмененными.

Денежные знаки, выпущенные после октября 1917 г., были выражены в той же дореволюционной денежной единице и обязательны к приему в платежи по числу обозначенных на них денежных единиц – рублей. Новая денежная единица (золотой рубль государственными казначейскими билетами), введенная по декрету от 5 февраля 1924 г., была приравнена 50 миллиардам старой единицы. Начиная с 1 сентября 1921 г. и до 10 марта 1924 г., правительство периодически устанавливало степень падения ценности рубля при помощи особых счетных единиц, но эти единицы должны были служить основанием для расчетов по новым сделкам, выраженным в «золотых рублях по официальному курсу их»[1]. Таким образом, платежная сила денежных знаков, выраженных в старом дореволюционном рубле, оставалась без изменения, несмотря на падение их покупательной силы.

Вопрос о содержании денежного обязательства разрешается, таким образом, советским законодательством в строго номиналистическом духе.

В настоящее время эта проблема не имеет особого практического значения вследствие относительно устойчивого курса червонца и рубля государственными казначейскими билетами, а также ввиду того, что гражданские правоотношения, возникшие до 7-го ноября 1917 г., не пользуются судебною защитою (ст. 2 вводного закона Г.К.); отметим также ан-

---

[1] См. ст. 210 Г.К., ред. 1 и 2 изд. Ср. Циркуляр НКФ СССР от 29 июля 1924 г., № 1052 о вкладах в бывших сберкассах В.Ф. 1924 г., № 72, где изложена номиналистическая точка зрения финансового ведомства.

нулирование декретами 1918 г. государственной, гарантированной правительством, а также городской и земской задолженностей по дореволюционным облигационным займам.

В эпоху т. н. «военного коммунизма» не могло возникнуть особенно значительного количества новых денежных обязательств, с переходом же к «новой экономической политике» сделки стали выражаться почти исключительно в золотых рублях по официальному курсу; ныне этого рода сделки, если они еще не погашены, должны рассматриваться как исчисленные в золотых рублях государственными казначейскими билетами.

Вопрос о номинализме имеет значение лишь для того относительно небольшого числа денежных обязательств, которые в отступление от общепринятого порядка были выражены в рублях «советскими денежными знаками» и до сего времени остались неликвидированными. В случае отсутствия просрочки со стороны должника этого рода сделки должны быть погашены по выкупному курсу советского рубля (1 рубль государственными казначейскими билетами за 50 миллиардов советских рублей).

58. Необходимо, однако, отметить, что номинализм далеко не всегда являлся началом, которым руководился советский суд; в арбитражных комиссиях, разбирая споры между государственными учреждениями, обычно проводили точку зрения «расчета не в номинальных, а в реальных ценностях».

Например, в определении АК при СТО № 31 по иску треста «Обновленное Волокно» к «Госторгу» платеж за проданный автомобиль исчисляется по вольному курсу золотого рубля на день заключения договора несмотря на то, что цена сделки выражена в совдензнаках: «...необходимо неуклонно проводить тот принцип, чтоб денежная сумма представляла собою действительный эквивалент полученного имущества». В другом аналогичном случае (решение АК при СТО № 20) происходит изменение договорной цены, выраженной в совдензнаках, по официальному курсу золотого рубля. Наконец, в решении № 44 АК при СТО корректирует договорную цену товара применительно к изменившейся рыночной цене предмета договора. По иску НКЗдрава к фабрике «Волокно» признано, что договор поставки ваты остается в силе, но буквальное исполнение всей сделки, а именно сохранение указанной в ней цены, выраженной в советской валюте, по ее номинальной стоимости, было бы нарушением внутреннего смысла соглашения и не соответствовало бы воле и действительному намерению сторон, так как с момента, когда соглашение должно было осуществиться, существенно изменились цена ваты и курс рубля. В некоторых аналогичных случаях (№ 4, 24) АК при СТО, напротив того, выносила определения об аннулировании договоров, исходя из того, что «договорная цена вследствие падения курса рубля является совершенно несоответствующей», что «корректировать договорную цену нельзя, так как договор не выражен в золотом рубле», и, поэтому, по изложенным причинам, договор не осуществим в соответствии с первоначальною волею сторон.

В другом случае (решение № 361) АК при СТО становится на точку зрения номинала: так, решением от 26 февраля 1924 г. признано, что вексель в совдензнаках подлежит погашению по номиналу, и даже просрочка дает основание требовать лишь %% и пеню. Здесь основанием для номинализма послужили те особые соображения, что Положением о векселях, с одной стороны, допущены векселя в падающей валюте (в рубле совдензнаками), с другой стороны – исчерпывающим образом определены все последствия неплатежа по векселям (%% и пеня).

Арбитражные комиссии, пользуясь правом отступать от формальных требований закона и основывать определения на соображениях конкретной хозяйственной целесообразности, в каждом данном конкретном случае проводили точку зрения «обмена реальными ценностями»: гражданский оборот между переведенными на хозяйственный расчет госучреждениями имеет свои особенности: он в определенных законом границах регулируется административными органами; в известном смысле, к этим органам принадлежат и арбитражные комиссии, поскольку они в своих определениях исходят из соображений конкретной целесообразности и отступают от требований закона.

Что касается практики хозяйственных ведомств, то она в этом вопросе обнаружила некоторые колебания, но в конце концов склонилась к точке зрения номинализма.

Циркуляром НК РКИ, ВСНХ И НКФ («Экономическая Жизнь», 30 июля 1925 г.) разъяснено, что при урегулировании расчетов и платежей, выраженных в «совзначных» суммах, во всех случаях просрочки платежа, если иное не предусмотрено законом или договором, «совзначные» суммы перечисляются на золотые рубли по официальному курсу на день срока платежа; но во всех случаях, когда расчет не был своевременно учинен не по вине должника, валютирование причитающихся «совзначных» платежей происходит по выкупному курсу советского рубля (т. е. по отношению: 50 миллиардов «соврублей» = 1 рублю золотому государственными казначейскими билетами). – Таким образом, при отсутствии виновной просрочки дебитора, обязательство погашается по номиналу, без учета падения покупательной силы «совруб-ля»[1].

Практика финансового ведомства стоит твердо на почве номинализма[2].

Практика народных, губернских [судов] и Верховного Суда РСФСР не является единообразною.

Так, по искам к НКПС, вытекающим из перевозок по железным дорогам и водным путям, в РСФСР сложился твердый порядок расчетов по номинальной сумме советских рублей[3]; но можно указать на другие решения, отступающие от этого принципа.

24 июня 1924 г. Верховный Суд РСФСР по Гражданской Кассационной Коллегии слушал дело по иску гражданки Титовой к сельскохозяйственному тов-ву «Рассвет» о взыскании 600 руб. долга по займу; заем этот был учинен в 1918 г. кредитными билетами довоенного образца. Иск по основанию своему был доказан признанием ответчика, и спор между сторонами сводился лишь «к определению размера долга в современной валюте». Верховный Суд признал, что размер долга надлежит определить «по справке Валютного Управления НКФ или Госбанка о том, какую сумму в золотых рублях составляет денежная сумма, отданная Титовой в заем в кредитных билетах довоенного образца; это и будет той реальной суммой денег, которою воспользовался должник и

---

[1] Приведенный циркуляр отменяет соответственные статьи инструкции от 13 июля 1924 г. («Экономическая Жизнь», № 232) тех же ведомств: 1) по урегулированию взаимных расчетов, выраженных в совзначном исчислении, между гос. органами; 2) по урегулированию таких же расчетов между гос. учреждениями, с одной стороны, и кооперацией, смешанными акционерными об-вами, частными учреждениями и лицами – с другой; в этих двух последних инструкциях устанавливался порядок расчетов, по существу сводившийся к частичной ревалоризации.

[2] [См. сн. 1 на стр. 121.]

[3] См. статью В. В. Крылова в «Вестнике Путей Сообщения», № 38, 1923 г., и № 1, 1924 г.; см. Цирк. Верх. Суда № 13 от 24 апр. 1924 г. об исчислении сумм, взыскиваемых с железных дорог за уплату или повреждение грузов или за переборы платежей: «Устав ж. д. не дает основания для перечисления на золотую валюту переборов, подлежащих возврату, или стоимости утраченных или поврежденных при перевозке грузов в том случае, если указанные суммы не были первоначально определены в золотой валюте» (Сб. циркуляров Пленума Верх. Суда РСФСР за 1924 г., изд КНЮ, 1925 г.). Ср. Постановление СНК Союза от 8 мая 1925 г. о порядке расчетов по претензиям НКПутей Сообщения, С.З., 1925 г., ст. 35.

которую он обязан возвратить для предотвращения неосновательного обогащения»[1].

Гражданско-Кассационная Коллегия Верховного суда в другом определении от 26 апреля 1926 г. признала, что должник по займу «обязан вернуть реальную стоимость им полученного»[2].

Эти решения, как отмечалось в юридической литературе, противоречат формальному требованию закона. В силу номиналистического принципа, усвоенного советским законодательством о денежном обращении, ссылка суда на момент неосновательного обогащения не может почитаться правильною, так как согласно ст. 399 Г. К. неосновательно полученным считается лишь то, что получено «без достаточного у с -

---

[1] «Еж. Сов. Юстиции», 1925 г., № 31.

26 апреля 1926 г. Верховный Суд РСФСР по Гражд. Касс. Коллегии слушал дело по иску гр. Шолохмана к Т/Д Кунст и Альберс во Владивостоке. Оставив кассационную жалобу истца на решение Приморского Губ. Суда без последствий, Верховный Суд, между прочим, отмечает, что по договору займа должник обязан вернуть «реальную стоимость им полученного».

В приведенных определениях Верховного Суда РСФСР отвергается, следовательно, номиналистическая точка зрения на денежный долг, что, как отметил А. Э. Вормс («Революц. Законность», 1926 г., № 15 – 18, стр. 168), «самым решительным образом нарушает основные начала действующего советского денежного законодательства». На то, что советский закон придерживается номинализма, указывает также В. А. Серебровский (в отзыве о книге «Очерки кредитного права», там же, стр. 106). Введение «официального курса золотого рубля» не было, как полагает Л. С. Эльяссон (назв. соч., стр 29), отступлением от принципа номинализма; оно создало новую счетную единицу, параллельно старому рублю.

Е. Кельман (Ostrecht, 1925 г., кн. 2), основываясь на решении Верховного Суда по делу Титовой и на практике АК СТО, заключает: советская судебная практика после незначительных колебаний пришла к твердому выводу, что обесценившиеся долги уплачиваются по их реальной ценности.

Е. Кельман (там же) полагает, что расчет по «реальной ценности денег» соответствует началам советского права, так как только такой способ расчета согласуется с принципом развития производительных сил. Мы полагаем, что развитие производительных сил невозможно без «твердой» денежной единицы и без соблюдения номинализма, служащего основою упорядоченных денежных расчетов; при падении же курса денег расчет «по реальной ценности денег» (как это показала советская практика до выпуска «червонцев») не может служить суррогатом такой «твердой единицы».

Противоположная точка зрения высказывается в Меморандуме Германского Министерства Финансов о переоценке денежных обязательств (прилож. к № 4 «Deutsche Juristen Zeitung», 1925 г., стр. 50): здесь отмечается, что практика Советской России по денежным расчетам придерживается строгого номинализма: доказательством служит ссылка на обесценение всех дореволюционных банковских депозитов и вкладов, выраженных в рублях (до формального их аннулирования). Надо сказать, что это последнее утверждение, во всяком случае, соответствует всей практике расчетов по дореволюционным долгам до формального их аннулирования (ст. 2 вводного закона к Г.К.).

[2] [См. сн. 1.]

тановленного законом (или договором) основания».

Номиналистический принцип лежит в основе всех денежных расчетов. Он вносит необходимую формальную определенность в деловые отношения; отступления от этого принципа должны иметь место лишь в силу прямого предписания закона. Поэтому должник, ссылаясь на этот принцип, не совершает злоупотребления формальным правом; он ссылается на начало, которое формулировано в законе; начало это лежит в основании существующей системы денежного обращения и, поэтому, не может стоять в противоречии с социально хозяйственным назначением права (§ 1 Г.К.).

59. Отстаивая принцип юридического номинализма в качестве общего начала расчетов по денежным обязательствам, мы, однако, признаем, что в некоторых случаях в силу особых правовых оснований изменения в покупательной силе денег должны быть приняты во внимание.

Сюда прежде всего относятся те случаи, когда деньги являются суррогатом исполнения обязательства, заменяя собою действительный предмет долга – например, при невозможности исполнения, не освобождающей должника, либо когда деньги служат средством возмещения интереса или восстановления ущерба. Здесь взамен действительного предмета долга (взамен вещи, взамен совершения известного действия или воздержания от известного действия) передается его цена, передается определенная ценность, выраженная в деньгах; деньги здесь in solutione, но не in obligatione.

Сюда относятся также обязательства, имеющие своим предметом предоставление кредитору определенной, выраженной в деньгах ценности для достижения определенных экономических целей (Geldzwecskschulden); так, при уплате алиментов на основании Кодекса Законов о браке, семье и опеке, при выплате содержания по ст. 409 Г.К. речь идет о предоставлении управомоченному лицу известной покупательной способности, необходимой для поддержания его существования: падение цены денег дает кредитору право в судебном порядке требовать соответственного увеличения суммы периодических платежей[1].

[1] Ср. решение Коммерческого Суда Сены от 25 ноября 1926 г. по иску Ван дер Хагена к «Анонимн. об-ву франц. ваксы», коим была установлена ревалоризация пожизненной годовой

Сюда, далее, относятся те случаи, когда основанием денежного обязательства является начало неосновательного обогащения. Так например, согласно решению АК СТО от 21 декабря 1922 г. (№ 11) при восстановлении сторон в прежнее состояние вследствие наступившей невозможности исполнения по договору, заключенному в «советских денежных знаках» внесенные одной из сторон суммы возвращаются с учетом их обесценения по официальному курсу золотого рубля.

Арбитражные комиссии твердо держались того принципа, что «в условиях падающей валюты аванс или задаток подлежит возвращению в размере не номинальной, а реальной суммы, в какой они были получены»[1].

Наконец, по действующему праву представляется бесспорным, что по договору, выраженному в «сов. денежных знаках», просрочка в платеже, за которую отвечает должник, дает кредитору право требовать учета падения ценности «советского денежного знака».

Это положение пытались обосновать ссылкою на то, что уплата должником в случае просрочки одних лишь узаконенных процентов «ведет к неосновательному обогащению неисправного плательщика»[2]. Но положение это вытекает из точного смысла ст.121 Г.К., которая по всем просроченным обязательствам обязывает должника возместить кредитору причиненные просрочкою убытки; должник же, просрочивший платеж денежной суммы, обязан во всяком случае за время просрочки уплатить узаконенные проценты, если договором не установлен более высокий размер процентов. Таким образом, убытки, причиненные просрочкою в платеже денежной суммы (положительный ущерб в имуществе и упущенная выгода), возмещаются постольку, поскольку они не покрываются суммою начисляемых процентов.

Статья 121 по содержанию своему совпадает со ст. 288 Германского Гражданского Кодекса и расходится с постановлением ст. 1153 Французского Гражданского Кодекса, согласно которой при денежном долге просрочивший должник платит лишь узаконенные проценты.

ренты, которую названное об-во обязалось – по договору от 1911 г. – платить В. дер Хагену в сумме 2.400 руб. (за продолжительную его службу в Одесском филиале об-ва).

[1] См.: «Практика Арбитражных Комиссий». Систематич. сборн. тезисов, извлеченных из реш. А.К. Изд. «Экон. Жизнь». Москва, 1924 г., № 152.

Ср. также определения АК ВСНХ от 24 июля 1923 г. и АК при Моск. Товарн. Бирже 19 мая 1923 г., № 38 (в сборн. соотв. решений. Москва, 1926).

[2] [Текст этой сноски в первоисточнике отсутствует. – *Ред.*]

Строго говоря, при просрочке должника кредитор должен был бы свой ущерб доказать, т. е. должен был бы привести данные, из которых можно было бы заключить, что при своевременном платеже он не понес бы ущерба от обесценения (купил бы товары, червонцы, вложил бы деньги в сберкассу на текущий счет в золотом исчислении или каким-либо другим способом обеспечил бы себя от потери). При постоянно падающем денежном знаке такого рода мероприятия от обесценения составляли обычное действие руководителей предприятий – обычное действие «заботливого трудового хозяина». Условия постоянно обесценивающейся валюты создают для кредиторов по денежным обязательствам презумпцию факта (Wahrscheinlichkeitsschluss) в вышеуказанном смысле, которая снимает с них бремя доказывания наличности субъективного убытка, возникшего от просрочки должника. Тяжесть доказывания переносится на должника; ему предоставляется доказать, что в данном конкретном случае кредитор не принял бы или не мог бы принять обычных мер, которые обеспечили бы его от потерь в покупательной силе денег. Но такое доказательство почти всегда невозможно.

Таков был ход мысли германской судебной практики в эпоху катастрофического падения марки (1922 – 1923 гг.).

Но, допустив возмещение «объективного ущерба» от обесценения денег, практика должна была допустить также исчисление размера этого ущерба применительно к объективным условиям денежного рынка: по цене золота, иностранной валюты, какого-либо товара или по числам – показателям товарных цен. Выбирая тот или иной способ, суд стремился приблизиться к субъективным условиям кредитора: например, принимая за основание прожиточный минимум для исков чисто гражданского права, в торговом же праве – цены товаров, составляющих предмет торговли кредитора, и только в крайнем случае – курс золота или иностранной валюты.

В практике советского суда, в частности – арбитражных комиссий, обязанность просрочившего должника возместить убыток кредитора от обесценения совдензнаков никогда не подвергалась сомнению[1]. Сумма возмещения при этом исчислялась по рыночной стоимости золота[2], по курсу червонца[3] или по официальному курсу золотого рубля[4], так что

---

[1] См. АК при СТО № 90, 266, 365, 489 и реш. ВАК при Эк. Сов. РСФСР № 57 (см. V вып. реш.).

[2] Реш. АК при СТО № 49.

[3] То же, № 70.

[4] То же, № 14, 266.

сумма совзнаков перечислялась на одну из указанных единиц по курсу дня срока исполнения договора с обратным переводом на советские рубли по курсу дня фактического платежа[1].

60. Неопределенность ценностного содержания обыкновенного денежного долга служит основанием для введения в денежные обязательства дополнительных условий, направленных на то, чтобы по возможности связать содержание этих обязательств с определенною реальною ценностью, т. е. с рыночною ценою какого-либо блага.

Рассмотрение наиболее типичных случаев таких договорных условий дает возможность конструировать следующие особые виды денежных обязательств: обязательства с исчислением суммы долга по рыночной цене какого-либо товара, по индексу товарных цен или по ценности какого-либо определенного вида денежных знаков; обязательства с условием платежа определенным видом денежных знаков или с условием платежа иностранною валютою; обязательства, по которым сумма платежа выражена в нескольких иностранных валютах.

А. Обязательства с исчислением суммы долга по рыночной цене какого-либо товара (например, по стоимости ржи) или по индексу товарных цен (в «товарных рублях»). Обязательства этого рода были весьма распространены у нас до реформы 1924 г. По ныне действующему праву исчисление платежей в «товарных рублях» запрещено под страхом недействительности всего договора. Согласно постановлению СТО от 29 февраля 1924 г.[2] договоры и всякие обязательства, которые будут после 1 марта 1924 г. совершены с исчислением в товарных рублях, не имеют силы; совершенные же до 1 марта 1924 г. подлежат переводу на золотую валюту (т. е. на рубли государственными казначейскими билетами) по твердому паритету: 1 товарный рубль = 1 руб. 30 коп. золотом. Для коллективных трудовых договоров установлены были особые паритеты перевода товарных рублей в твердую валюту[3].

Б. Обязательства, имеющие своим предметом ценность определенного вида денежных знаков. Сюда относятся все виды сделок в «червонцах» с платежом в

---

[1] Согласно пост. СТО от 14 сентября 1923 г., учет падения ценности сов. рубля при просрочке должника происходит лишь по официальному курсу золотого рубля или по курсу червонца; ср. реш. ВАК при Экосо РСФСР, № 14, 57. См. также Циркуляр ВСНХ НКФ и РКИ, назв. выше стр. 123.

[2] С.У., 1924 г., ст. 341.

[3] № 3 «Вестн. Правительства СССР», 1924 г., Пост. СТО от 1 марта 1924 г. с последующими дополнениями.

советских денежных знаках по курсу Фондового Отдела Московской Товарной Биржи, практиковавшиеся в период параллельного обращения банковых билетов и «сов. рублей» (ноябрь 1922 – февраль 1924 г.). Сюда относятся также сделки в иностранной валюте с платежом денежными знаками, имеющими хождение в СССР, по курсу фондового отдела биржи; в действующем праве нет общего запрещения исчислять платеж по договорам в иностранной валюте; лишь по некоторым договорам (по займу, по договору о праве застройки, по акциям, – по векселю, выписанному в СССР с платежом в Союзе) исключается возможность выражения суммы в иностранной денежной единице ввиду ст. 210, 73, прим. 1 к ст. 324 Г.К. и постановлений действующего вексельного закона о валюте векселя. По положению о векселях (ст. 3) валюта векселя может быть выражена в иностранной денежной единице лишь по векселям, выписанным в СССР, с платежом заграницей, и по векселям, выписанным заграницей, с платежом в пределах Союза. На практике сделки в иностранной валюте с платежом в денежных знаках Союза имеют довольно широкое распространение: они встречаются в большинстве договоров купли-продажи импортных товаров, когда договоры эти заключаются с импортирующими предприятиями. Расчет по таким сделкам происходит по официальному курсу, объявленному в месте и на день платежа.

К рассматриваемой группе относятся также весьма распространенные в Западной Европе до войны договоры с исчислением суммы долга в золотых монетных единицах (Goldwertclausel, clause valeur or). Предметом обязательства здесь является ценность определенных золотых монет. В порядке таких условий имелось в виду обеспечить интересы кредиторов, оградить их от невыгодных последствий принудительного курса бумажных денег. В дореволюционной России такие сделки не имели места. По действующему советскому закону такие сделки могли бы иметь место лишь после выпуска в обращение золотых червонцев.

При исчислении платежей по рыночной цене какого-либо товара, по индексу товарных цен, по курсу какого-либо определенного вида денежных знаков или по курсу иностранной валюты, предметом долга являются денежные знаки, «имеющие хождение» в месте исполнения договора в момент его исполнения. Порядок исполнения таких сделок регулируется общими нормами о платежной силе денежных знаков на общих основаниях с обыкновенными денежными обязательствами. Особенность заключается лишь в способе исчисления суммы денежного платежа: предметом долга являются денежные знаки в неопределенной сумме денежных единиц; сумма эта должна определяться лишь в момент исполнения договора так, чтобы переданные кредитору деньги дали ему определенную покупательную силу.

Некоторые авторы подводят рассмотренные виды сделок под категорию unbestimmte Geldschulden; другие называют их Geldwertschulden. Оба термина дополняют друг друга и характеризуют различные особенности рассмотренных обязательств: первый указывает на неопределенность суммы долга в момент совершения договора, второй – на определенность ценностного его содержания.

В. Обязательства, имеющие своим предметом какие-либо определенные виды денежных знаков, входящие в состав денежной системы страны (Geldsortenschuld). Типичным случаем такого обязательства по советскому праву является «вексель в червонцах банковыми билетами», т. е. вексель, писанный в червонцах с условием платежа банковыми билетами Госбанка. По ст. 3 Положения о векселях платеж по векселю, выраженному в червонцах банковыми билетами, производится не иначе, как червонцами в банковых же билетах. По ст. 210 Г. К. сумма займа должна быть выражена в рублях, по ст. 73 Г.К. в договоре о праве застройки размер взноса арендной платы указывается в рублях, по примечанию к ст. 324 Г. К. цена акций не может быть ниже ста рублей. Статьи эти, по нашему мнению, не могут, однако, препятствовать тому, чтобы денежная сумма в указанных случаях была выражена в червонцах с условием платежа банковыми билетами (или без этого условия); названные статьи имеют в виду лишь исключить (как отмечено было выше) пользование иностранною денежною единицею как единицею исчисления платежей, но не устранить «червонец» как единицу расчета и банкноту как средство платежа.

Впрочем, вопрос этот в настоящее время (1927 г.) не имеет существенного значения ввиду фактически установившегося твердого паритета рубля и червонца: в силу этого твердого соотношения кредитор в настоящее время по договору, выписанному в червонцах с платежом банковыми билетами, может отказать в принятии государственных казначейских билетов лишь тогда, если он имеет специальный интерес в получении именно банковых билетов (§ 1 Г.К.); во всяком случае, в настоящее время должник по такому обязательству, предложивший платеж государственными казначейскими билетами, не впадает в просрочку[1].

---

[1] По вопросу о том, распространяется ли обязанность приема казначейских билетов в платежи по векселям вообще и по векселям, выписанным в червонцах банковыми билетами в

В западноевропейской практике до войны весьма распространены были сделки с условием платежа золотою монетою (Goldclausel, clause or, «pagabile in oro effettivo»); подобные соглашения часто встречались во всякого рода долгосрочных договорах, в особенности в ипотечных обязательствах, в облигационных займах, рассчитанных на международный рынок.

В дореволюционной России господствовала точка зрения недопустимости такого договорного условия. Однако до денежной реформы 1895 – 1897 гг. все внешние займы выпускались в золоте с исчислением платежей в золотом рубле, равном $^{1}/_{10}$ империала. В наше время кредитные сделки западноевропейских учреждений и предприятий в Соединенных Штатах всегда почти снабжаются оговоркою: «...payable in gold coin of the U. S. of the present standard of weight and fineness» (уплата золотою монетою Соединенных Штатов нынешнего веса и пробы).

С началом мировой войны большинство государств Европейского Континета ввели у себя принудительный курс бумажных денег; при таких условиях обсуждаемое условие (clause or) могло бы проявить свое действие, защищая кредиторов от невыгодных последствий обесценения бумажных денег. В некоторых странах, однако, действие этих условий было парализовано законодательством и судебною практикою. В Германии (из соображений денежной политики) по закону 28 сентября 1914 г. были аннулированы все заключенные до войны условия о платеже золотою монетою: соответственные договоры подлежали ликвидации бумажными марками по номиналу. Во Франции не только clause or, но и clause valeur or, а также условия платежа в эффективной иностранной валюте, были обессилены судебною практикою; более того, введение этих условий во вновь заключаемые договоры также считается недопустимым. Французская юрисдикция, продолжая традицию французского права 18 в., рассматривает закон о принудительном курсе бумажных денег как публично-правовую норму, которая устанавливает не только номинальную платежную силу бумажных денег, но и фиксирует их ценность. С точки зрения французского права, золотые монеты и неразменные бумажные деньги,

---

особенности, НКФ разъяснил, что казначейские билеты должны приниматься по номиналу в платеж по векселям, выписанным в золотых рублях.

Что касается векселей, выписанных в червонцах банковыми билетами, то векселедержатель может требовать погашения по таким векселям реальными банкнотами. Однако поскольку в настоящее время в обороте утвердился свободный размен червонцев на казначейские билеты и обратно, постольку формальная возможность для векселедержателей требовать погашения векселей, выписанных в червонцах, реальными банкнотами потеряла всякое практическое значение («Еж. Сов. Юстиции», 1925 г., стр. 226).

обладающие одинаковою платежною силою, должны рассматриваться как равноценные; всякое соглашение, направленное на то, чтобы исключить платеж в бумажных деньгах, противоречит публичному порядку (ordre public) и должно быть признано ничтожным. С этой точки зрения аннулируются и считаются недопустимыми также условия о платеже в эффективной иностранной валюте: под действием принудительного курса бумажных денег иностранная валюта не может служить средством платежа.

Эти правила не распространяются, однако, на обязательства международного характера: французская юрисдикция принуждена была допустить, что соглашение о платеже в золотой монете (а также и в иностранной валюте), заключенное с иностранцем, исполнение коего имеет своим результатом приток во Францию золотой монеты, ни в каком случае не противоречит публичному порядку (решение Кассационного Суда от 7 июня 1920 г.). Односторонний характер этого принципа не удалось выдержать до конца: по соображениям справедливости французские суды высказались за сохранение рассмотренных условий также и по тем договорам, по которым кредиторами являются иностранцы (S c h k a f f, стр. 166). В результате во Франции сложился в настоящее время правовой принцип, по которому clause or, clause valeur or, а также условие о платеже в иностранной валюте после введения принудительного курса для бумажных денег сохраняют свою силу и допускаются лишь в сфере международных расчетов.

Эта теория в настоящее время оспаривается многими французскими юристами: против нее приводятся возражения как юридического, так и экономического характера, в частности, указывается на невозможность в гражданском обороте обойтись без твердого измерителя ценности, на непригодность нынешнего франка для исчисления отсроченных платежей. Однако в связи с началом проведения в 1926 г. мероприятий по стабилизации курса франка министерство торговли обратилось ко всем торговым палатам и промышленным группам с декларацией, подтверждающей недопустимость включения в договоры рассмотренных условий; они разрешены лишь по заграничным сделкам (см. об этом «The Commercial and Financial Chronicle New Jork» 4 декабря 1926 г., стр. 2840).

61. К рассмотренным видам денежных обязательств примыкают д е н е ж н ы е о б я з а т е л ь с т в а, п о к о т о р ы м п л а т е ж о б у с л о в л е н в и н о с т р а н н о й в а л ю т е.

Этот вид договоров, как отмечено выше, следует отличать от «валютных сделок», по которым иностранная валюта рассматривается как товар, а не как вид орудия обращения (см. выше). Между обоими видами сделок существует, однако, тесная экономическая связь: импортер, обязавшийся учинить платеж в иностранной валюте, обычно стремится «покрыть» свою будущую потребность в валюте заключением «валютной сделки» с тем, чтобы при наступлении срока платежа получить потребную валюту по заранее обусловленной цене: таким образом он «страхует» себя от возможных колебаний валютного курса.

Иностранная валюта по общему правилу не относится к денежным знакам в юридическом смысле: она не является нормальным орудием обращения страны. Однако экономическое значение иностранной валюты как средства исполнения международных денежных обязательств имеет существенное юридическое значение.

Большинство законодательств по аналогии применяют к обязательствам в иностранной валюте нормы, установленные для тех денежных обязательств, по которым платеж обусловлен в каких-либо определенных денежных знаках страны (Geldsortenschuld). Однако обсуждаемый вид сделок нигде не пользуется поощрением со стороны закона: по общему правилу, господствующему в западноевропейском праве, должнику разрешается взамен иностранной валюты, составляющей предмет обязательства, произвести платеж денежными знаками, имеющими хождение в месте платежа (facultas alternativa). Эта льгота для должников, которая ведет свое происхождение со времен средневековья, объясняется тенденцией всех правительств по возможности изгнать иностранные деньги из сферы обращения.

Указанное право должника может быть обессилено путем особой оговорки (например, указанием на платеж в «эффективной» валюте или в каких-либо других выражениях, из коих явствует, что кредитор выговаривает себе платеж обязательно в иностранной валюте).

По действующему советскому закону иностранная валюта вообще не может служить средством платежа, за исключением: платежей по таможенным сборам; сделок по внешней торговле с учреждениями и предприятиями, находящимися за границей[1], а также за исключением операций по

[1] Практика НКФ склоняется, однако, к тому, что в пределах Союза не допускается уплата иностранной валютой представителю иностранной фирмы. Условия о платеже в иностранной валюте, включенное в договор, должно быть признано недействительным, что, однако, само по себе не порождает недействительности всей сделки в целом (как то имеет

текущим счетам: на основании примечания к ст. 210 Г.К. (ред. 8 марта 1926 г., С.У., ст. 107) Гос. Банк и другие кредитные учреждения, принимающие иностранную валюту на текущие счета, могут производить выплату по таким счетам в валюте счета, а также выплачивать проценты по ним в той же валюте[1].

Обязательства, имеющие своим предметом какой-либо вид денежных знаков, входящих в состав денежной системы страны (Geldsortensschulden), а равно и обязательства, по которым платеж обусловлен в иностранной валюте (поскольку эти последние разрешены законом), являются, с точки зрения юридической, настоящими денежными долгами; по общему правилу к ним применяются все нормы, установленные для обыкновенных денежных обязательств.

В частности, как уже отчасти указывалось выше, такого рода обязательства всегда считаются возможными к исполнению: при исчезновении из обращения того вида денег или той иностранной валюты, которые обусловлены по договору, эти обязательства рассматриваются так, как если бы платеж был обусловлен по курсу на данный, указанный в договоре, вид денег или иностранную валюту: Geldsortenschuld в этом случае превращается в Geldwertschuld; расчет происходит по курсу последнего дня, когда обусловленный вид денег или валюты находился в обращении[2].

место при выражении цены сделки в «товарных рублях» в силу прямого предписания закона; при сохранении силы сделки расчет производится в рублях по официальному биржевому курсу соответственной ин. валюты на срок платежа. См.: Н. Вавин. Ничтожные сделки. Москва, 1926 г. Ср.: Champcommunal, назв. соч., стр. 193 и след.

[1] Этим последним своим правом банки, однако, насколько нам известно, не пользуются. Ср. также ст. 2 Положения о «Госстрахе» (С.З., 1925 г., ст. 537), которая предусматривает условие о выплате страховой суммы в иностранной валюте.

[2] Во время параллельного обращения «червонцев» и совдензнаков в некоторых местностях Советского Союза в определенные периоды «червонцы» имели весьма малое обращение, так что исполнение сделок в червонцах банковыми билетами было крайне затруднительно, а подчас и невозможно: в этом случае сделки эти подлежали исполнению в совдензнаках по установленному курсу биржевой котировки. По таким сделкам советская практика иногда принимала во внимание затруднительность исполнения: так например, ВАК УССР в определении 1 марта 1924 г. (№ 324, собр. реш. ВАК УССР, 1924 г., «Экономист», Харьков, 1925 г.) по векселю в червонцах банковыми билетами нашла возможным освободить должника от пени за просрочку ввиду затруднения при покупке банкнот, лаж на которые доходил до 15%. Решение это представляется необоснованным с формально-правовой точки зрения и может быть оправдано лишь соображениями экономической целесообразности, на которых основываются определения арбитражных комиссий.

То же происходит при конкурсе, а также при исполнении судебных решений по обсуждаемым долгам: кредитор в этих случаях не может получить удовлетворения теми денежными знаками или иностранною валютою, которые указаны в договоре; имущество должника, служащее источником удовлетворения кредиторских претензий, по общему правилу может быть превращено лишь в денежные знаки, имеющие хождение в стране, притом снабженные законною платежною силою. Кредитор так же, как и при объективной невозможности исполнения, получает взамен обусловленных по договору видов денег или иностранной валюты их цену.

Различие заключается лишь в курсе, по которому происходит исчисление суммы платежа.

При невозможности исполнения цена указанного в договоре вида денег или валюты определяется по курсу того дня, когда соответственные виды денег или иностранной валюты находились в обороте, т. е. по последнему курсу, предшествовавшему сроку исполнения договора; в случае конкурса расчет происходит по курсу дня открытия конкурса, в случае же исполнения судебного решения – по курсу дня совершения платежа.

62. Своеобразным видом денежного обязательства является обязательство, снабженное паритетами нескольких валют. Этот способ выражения долга весьма распространен был до мировой войны в сфере международного кредита, в тех случаях, когда кредит этот принимал облигационную форму. Россия, Австрия, Балканские страны, государства Южной Америки при выпуске своих государственных, гарантированных правительством и частных облигационных займов на заграничных фондовых рынках всегда почти обозначали сумму капитального долга и процентов – сумму облигаций и купонов – в нескольких иностранных валютах.

Так например, в указе от 9 апреля 1906 г. о выпуске «Российского 5%-ного государственного займа 1906 г.» общая сумма займа обозначена в рублях и нескольких иностранных валютах, также определены достоинства отдельных облигаций и купонов; кроме того, введено условие о том, что по месту уплаты процентов и выплаты капитала (в России – в учреждениях Государственного Банка, во Франции, в Англии, Голландии, Германии и Австро-Венгрии – у иностранных банкиров, корреспондентов министерства финансов) определяется также и валюта расчета – в рублях, франках, фунтах стерлингов, гульденах, марках либо кронах по установленному твердому паритету. – Таким образом, место платежа предопределяло здесь и валюту расчета: во Франции можно было требовать лишь ту сумму франков, которая обозначена была на купоне, в Германии – соответствующую сумму марок и т. д.

Возникает, однако, вопрос: может ли каждый держатель по своему усмотрению выбирать место и валюту платежа?[1] До мировой войны этот вопрос не имел особого практического значения, так как действительные курсы валют весьма незначительно отклонялись от обозначенных на облигациях и купонах паритетов. В настоящее же время ввиду различной степени обесценения этих валют вопрос о правовом значении паритетов, обозначенных на займах, имеет для западноевропейской практики первостепенное значение. Современная французская юриспруденция, посвящающая этой проблеме особое внимание, исходит из того, что выражение займа в нескольких валютах является мерою, обеспечивающею интересы кредиторов-держателей облигаций; право выбора принадлежит держателю независимо от его национальности; француз может требовать платежа в Англии из расчета той суммы шиллингов и пенсов, которая обозначена на купоне. – Должники по займам настаивают на том, что держатель может требовать платежа лишь из расчета своей национальной валюты: в намерение стран не входило снять с держателя риск от обесценения его собственной валюты; при выпуске облигаций имелось в виду лишь обеспечить для каждого держателя

[1] Вопрос о юридическом значении «множественности» паритетов, обозначенных на займах, получил впервые серьезное практическое значение в 80-х годах прошлого века в связи с рядом процессов германских держателей австрийских железнодорожных облигаций против австрийских железнодорожных обществ. До германской денежной реформы 1871 – 1875 гг. эти общества выпустили на германском фондовом рынке облигации, на которых значилось: «200 Gulden österr. Währung Silber gleich 133 $^{1}/_{2}$ Taler der Talerwährung».

После перехода Германии к золотому обращению и демонетизации там серебра курс австрийской серебряной валюты значительно упал. Австрийские железнодорожные общества отказались платить германским держателям в новой германской валюте – в марках, – ссылаясь 1) на то, что облигации выражены в австрийской валюте, указание же в них паритета на германскую валюту имеет значение лишь справки (включено informationis causa), но не обязательства платить определенную сумму германских денежных знаков; 2) на то, что для австрийских ж.-д. об-в во всяком случае не обязательно платежное соотношение старых «серебряных талеров» и новых «золотых марок» (3 марки = 1 талеру), которое установлено по германскому закону.

Германские суды высказывались в пользу облигационеров, а австрийские – в пользу ж.-д. об-в. Процессы эти вызвали большую юридическую литературу. См.: Hartmann. Internationale Geldschulden, 1883; Bekker. Couponprozesse der österreichischen Eisenbahngesellschaften, 1881.

твердую сумму в его национальной валюте; эта установленная в интересах держателя гарантия формулирована так, что держателям предоставляется право выбора любой из указанных мест и валют платежа, но «надо иметь в виду действительные намерения сторон при заключении договора»[1].

---

[1] См., в частности, заявление турецкого министра финансов Закиай Бея в Лондоне 16 мая 1925 г. по поводу претензий национальной ассоциации французских держателей довоенных турецких займов (в гл. II моей статьи «Валютный вопрос в практике международных расчетов по облигационным займам» («Вестн. Финансов», 1926 г., № 4). Вследствие обесценения франка вопрос этот в особенности интересует французских держателей, поместивших свои средства в иностранные ценности. Ряд государств, городов и предприятий Южной Америки – также Турция, Болгария, Югославия ведут в настоящее время переговоры с национальной ассоциацией в Париже; намечаются соглашения компромиссного характера (см. об этом в названной моей статье; там же указана главнейшая литература).

ПРИЛОЖЕНИЕ

СИСТЕМА ДЕЙСТВУЮЩЕГО ВАЛЮТНОГО ЗАКОНОДАТЕЛЬСТВА

Валютным законодательством мы называем совокупность правовых норм, направленных на регулирование обращения в пределах данного государства валютных ценностей, т. е. международных платежных средств.

К валютным ценностям по советскому закону относятся: наличная иностранная валюта; выписанные в иностранной валюте векселя, чеки, переводы и другие имущественные документы с местом платежа за границей, исполняющие в международном обороте функцию платежного средства[1]; благородные металлы в монете, слитках и изделиях и, наконец, драгоценные камни.

Советское валютное законодательство[2] берет свое начало от декрета СНК 4 апреля 1922 г. «Об обращении золота, серебра, платины, драгоценных камней и иностранной валюты», допустившего право частной собственности в отношении всех перечисленных валютных ценностей в неограниченном количестве и на любую сумму. До того времени иностранная валюта и благородные металлы в слитках и монете считались

---

[1] В сфере международной торговли некоторые виды так называемых «денежных суррогатов» (векселя, чеки, переводы, купоны, облигации публичных займов и др.) имеют гораздо большее циркуляторное значение, нежели в области внутренней торговли: наличные деньги редко являются орудием платежа по заграничным сделкам, и, поэтому, под понятие иностранной валюты обычно подходит не только иностранный денежный знак, но и выписанный в ин. валюте чек, вексель и перевод с местом платежа за границей. До недавнего времени основным средством международных расчетов служил переводный вексель, так что «вексельный курс» определял положение междувалютного курса. В настоящее время благодаря развитию телефонных и телеграфных сообщений переводный вексель из сферы международных расчетов вытесняется чеком и, в особенности, телеграфными переводами, курс которых в крупных центрах меняется по несколько раз в день. Посредством телеграфного перевода одно лицо предоставляет другому право распоряжения валютою, находящеюся за границей (в определенном банке, на определенный срок).

См.: Грегори. Теория и практика вексельных курсов, перевод с английского. Москва, 1926, стр. 20.

[2] Д. А. Лоевецкий. Валютная политика СССР. Москва, 1926.

изъятыми из гражданского оборота; иностранная валюта подлежала реквизиции с оплатою советскими денежными знаками по официально установленному курсу, изделия же из благородных металлов и драгоценные камни могли находиться в частной собственности лишь в количествах, не превышавших определенной нормы на одно лицо. Отмена всех этих ограничительных норм, установленных в эпоху т. н. «военного коммунизма», создала возможность легального обращения валютных ценностей, но вместе с тем вызвала специальное законодательство по регулированию этого обращения.

Первые декреты в этом направлении были изданы до выпуска в обращение банковых билетов, в условиях падающей покупательной силы советских денежных знаков, когда существовала реальная опасность вытеснения советских денег твердою иностранною валютой и, в особенности, золотою дореволюционною монетою. В дальнейшем в связи с выпуском банковых билетов и развитием заграничных торговых операций возникла необходимость в увеличении валютных ресурсов Государственного и других правительственных банков в интересах обеспечения эмиссии банкнот и финансирования внешней торговли государственных и кооперативных предприятий.

Под действием этих экономических предпосылок сложилась в течение последних четырех лет (апрель 1922 – сентябрь 1926 г.) довольно стройная система норм действующего валютного законодательства. Совокупность этих норм должна быть предметом специального юридического исследования. В настоящей работе, посвященной основным началам юридического учения о деньгах, представляется необходимым и достаточным дать лишь общую схему действующего валютного права.

Схема эта представляется в следующем виде:

I. Право собственности в отношении всех видов валютных ценностей ничем не ограничено.

II. Сделки с драгоценными камнями и благородными металлами в слитках и изделиях совершаются неограниченно на общих основаниях. Что же касается сделок с золотою и серебряной монетой дореволюционного чекана, с иностранной валютой (понимая под последней также и выписанные в ин. валюте «платежные документы»), то таковые допускаются лишь в пределах и порядке, установленных специальными узаконениями (ст. 24 Гр. Код.).

В порядке специального узаконения разрешено продавать золото и серебро в монете дореволюционного чекана Государственному Банку.

Можно также закладывать и сдавать на текущий счет золотую и серебряную монету Государственному Банку, а равно сдавать ее последнему по курсу в оплату переводов за границу. Остальные сделки с этими предметами остались запрещенными. Иностранная валюта и выписанные в иностранной валюте платежные документы допущены к обращению лишь в определенных законом рамках[1] (ст. 24, ст. 87, прим. к ст. 181 Гр. Код.).

III. По действующему праву разрешены следующие сделки с иностранной валютой и выписанными в ин. валюте платежными документами:

а) производство и прием платежей допускаются лишь по сделкам внешней торговли с учреждениями и предприятиями, находящимися за границей;

б) покупка и продажа разрешаются свободно на общих основаниях, установленных для предметов, не изъятых из оборота; государственные, коммунальные и кооперативные учреждения и предприятия, а также предприятия, обязанные публичной отчетностью, которым специальным законом или их уставом не разрешены операции с благородными металлами в слитках и с ин. валютою, могут производить эти операции лишь на основании разрешений Особого Валютного Совещания при НКФ Союза;

в) в случае необходимости продать имеющуюся в их распоряжении иностранную валюту государственные, коммунальные и кооперативные учреждения и предприятия обязаны предложить ее Государственному Банку СССР для покупки. Частные лица и предприятия в случае необходимости продажи иностранной валюты, полученной ими от экспортных операций, также обязаны предложить таковую Государственному Банку. Если Государственный Банк откажется от покупки валюты, таковая может быть продана на общих основаниях;

г) иностранная валюта может быть вносима во вклады и на текущий счет в Государственный Банк и другие кредитные учреждения, имеющие право на совершение валютных операций. При этом допускается выплата процентов в валюте счета. В пределах Союза все государственные, коммунальные и кооперативные предприятия и учреждения обязаны держать всю имеющуюся в их распоряжении иностран-

---

[1] Рамки эти очерчены декретами от 15 февраля 1923 г. о валютных операциях (Собр. Узак., 1923 г., ст. 189), от 17 июля 1925 г. о торговле фондовыми и валютными ценностями (Собр. Зак., 1925 г., ст. 330 – см. изменение Собр. Зак., 1926 г., ст. 299) и Положением от 2 октября 1925 г. о товарных и фондовых биржах (Собр. Зак., 1925 г., ст. 511).

ную валюту на текущем счету в Государственном Банке или других кредитных учреждениях, имеющих право на совершение валютных операций, причем эти последние кредитные учреждения обязаны держать упомянутые вклады на текущем счету в Государственном Банке. Частные лица обязаны держать на текущем счету в указанном порядке лишь валюту, полученную ими от экспортных операций[1].

Указанные нормы, имеющие целью по возможности сосредоточить валютные ресурсы страны в Государственном Банке, дополняются мероприятиями, регулирующими ввоз, вывоз и пересылку валютных ценностей из-за границы и за границу:

I. Ограничения ввоза установлены для монеты дореволюционного образца: ввозимая российская золотая монета дореволюционного образца подлежит сдаче в таможенные учреждения для дальнейшей передачи в Государственный Банк с выплатой сдающему лицу ее стоимости по курсу дня. Ввоз российской серебряной монеты дореволюционного образца воспрещен[2].

II. Ограничения вывоза, пересылки и перевода установлены для всех видов валютных ценностей.

Вывоз и пересылка за границу российской золотой и серебряной монеты дореволюционного образца допускается независимо от суммы лишь по специальным разрешениям НКФ Союза[3].

Вывоз остальных валютных ценностей выезжающими за границу лицами допускается без особого разрешения при том условии, чтобы общая сумма вывозимых валютных ценностей не превышала 300 рублей на одно лицо и сверх того 150 рублей на каждого члена семейства, выезжающего по паспорту главы семьи.

Отметим тут же, что в пределах этих сумм Государственный Банк обязан продавать иностранную валюту всем лицам, предъявляющим надлежащие документы на право выезда за границу (ст. 17 Инструкции от 11/IX 1926 г.).

Перевод и пересылка валютных ценностей (кроме указанных выше) производятся через почтовые учреждения, через Государственный Банк и иные кредитные учреждения, имеющие право на производство соответственной операции, и разрешаются на общую сумму до 100 рублей в месяц на

[1] О порядке хранения инвалюты за границей – торгпредствами, Центросоюзом и кредитными учреждениями – см. пост. СНК от 7 августа 1923 г. (С.У., 1924 г., ст. 206).

[2] С.У., 1924 г., ст. 643.

[3] Там же, ст. 613.

одно лицо при условии, если перевод или пересылка совершаются не в адрес торговой фирмы и не для торговых целей.

Вывоз, перевод и пересылка валютных ценностей на сумму, превышающую указанные нормы, а также перевод и пересылка для торговых целей независимо от суммы допускаются лишь по удостоверениям Особого Валютного Совещания при НКФ.

Удостоверения ОВС на перевод и пересылку могут быть выданы лишь по предъявлении доказательств необходимости совершения за границей платежей (по операциям внешней торговли, по ведомственным поручениям, для урегулирования кредитными учреждениями своих счетов с заграничными корреспондентами) и в случае особо важных условий личного характера.

Для государственных, коммунальных, кооперативных предприятий и учреждений выдача разрешения на перевод и пересылку валюты за границу практически всегда связана с разрешением покупки иностранной валюты. Таким образом, Особое Валютное Совещание держит в своих руках нити по регулированию расходования того фонда международных платежных средств, который сосредоточен в советских кредитных учреждениях. Особым Валютным Совещанием составляются ежемесячные перспективные «валютные планы» (на основании заявок, которые заблаговременно обязаны представлять в это Совещание заинтересованные учреждения и предприятия).

Как уже было отмечено выше, валютная политика Советской власти в настоящий период направлена главным образом к накоплению валютных ресурсов в Государственном Банке.

Советские денежные знаки не являются международным платежным средством, и правительство в ближайшее время не только не стремится к «внедрению» червонца на заграничных биржах, но, наоборот, сознательно избегает выхода советской валюты на внешний рынок.

Постановлением ЦИК и СНК от 9 июля 1926 г. запрещается вывоз и пересылка за границу банкнот Государственного Банка Союза, гос. казначейских билетов и металлической монеты, а равно выписанных в валюте Союза чеков и других платежных документов. Исключение допущено лишь для выписанных в валюте Союза чеков и других платежных приказов на текущие счета, открываемые в кредитных учреждениях Союза специально для расчетов по внешней торговле, и на счета заграничных корреспондентов в кредитных учреждениях Союза. В связи с этим установлен особый порядок зачисления сумм на означенные корреспондентские счета loro в кредитных учреждениях Союза: зачисление сумм на такие счета приравнено к переводу валютных ценностей за границу и регулируется особыми правилами, утверждаемыми НКФ Союза.

Печатается по: Л. А. Лунц.
Деньги и денежные обязательства.
Юридическое исследование. М.:
Финансовое издательство НКФ СССР, 1927.

ДЕНЕЖНОЕ ОБЯЗАТЕЛЬСТВО В ГРАЖДАНСКОМ И КОЛЛИЗИОННОМ ПРАВЕ КАПИТАЛИСТИЧЕСКИХ СТРАН

ВВЕДЕНИЕ

Настоящая монография имеет целью осветить одну из основных проблем гражданского права капиталистических стран – проблему денежного обязательства*.

<…>

Глубокое и внимательное изучение зарубежных правовых норм и вопросов международного частного права, касающихся денежных обязательств, вооружает наших юристов и экономистов необходимыми знаниями в деле защиты наших интересов в области внешней торговли и международных расчетов.

<…>

В настоящей работе денежное обязательство исследуется только по буржуазным правовым системам.

***

Юридическая литература о деньгах и денежных обязательствах в течение всего XIX в. и вплоть до окончания первой мировой войны была довольно скудною.

Зато после первой мировой войны наступивший в странах континентальной Европы валютный хаос выдвинул ряд серьезных юридических проблем – в особенности проблему о влиянии обесценения денег на денежные обязательства. Возник интерес не только к экономическим, но и к правовым вопросам денежного обращения, появилась обширная правовая литература о деньгах; особо надо отметить следующие монографии этого периода: Scaduto. I debiti pecuniari e il deprezzamento monetario. Milano, 1924; Nussbaum. Das Geld in Theorie und Praxis des deutschen u. ausländischen Rechts. Tübingen, 1925.

Вопросы буржуазного права затронуты также в книге автора настоящего исследования[1], посвященной в основном советскому праву.

<…>

* В книге сохранены все особенности написания текста и примечаний оригинала. Однако в целях приближения подачи текста первоисточника к современным правилам книгоиздания сноски, данные в тексте, оформлены как примечания (без отточий на их прежнем месте расположения). Кроме того, где это возможно, развернуты (без употребления квадратных скобок) необщепринятые сокращения и исправлены замеченные редакционные погрешности и опечатки предыдущего издания. – *Ред.*

[1] Деньги и денежные обязательства. Финиздат, 1927.

Юридическая литература по вопросу о деньгах и денежных обязательствах, вышедшая в период 1930 – 1940 гг., по объему своему почти необозрима. Однако значительнейшая часть из массы не только газетных и журнальных статей, но даже и монографий этого периода написана авторами, отстаивавшими интересы сторон в больших судебных и всякого рода третейских разбирательствах. По своему характеру это – материалы, подготовленные для целей конкретных дел и носящие характер адвокатских заключений.

Даже некоторыми сборниками судебных решений, вышедшими в этот период, можно пользоваться лишь с осторожностью. Так например, сборники Plesch'а (решения по вопросу о золотой оговорке) содержат односторонний и тенденциозный подбор судебного материала. Однако имеется несколько работ, которые отражают и выражают, конечно, как и всякое буржуазное юридическое исследование, интересы господствующего класса, но значение которых не ограничено узкими практическими интересами конкретных судебных споров. Сюда прежде всего относятся следующие два крупных (по объему использованного материала и по числу затронутых проблем) исследования: Mann. The Legal Aspect of Money. Oxford, 1938; Nussbaum. Money in the Law. Chicago, 1939.

<…>

***

В вопросе о денежных обязательствах особенно большое значение имеет судебная практика как источник права (в англо-американском праве – судебный прецедент). Богатейший материал этой практики по всем странам опубликован в Journal du droit international (Clunet), в Bulletin de l'Institut Juridique International и в других периодических изданиях.

Из массы судебных решений необходимо было выбрать наиболее характерное.

В выборе судебных решений автор ограничился по преимуществу решениями верховных судов (Французского кассационного суда, Палаты лордов и Судебного комитета Тайного совета, Верховного суда США и верховных судов штатов, Рейхсгерихта и т. п.); решения низших судебных инстанций использованы лишь в порядке исключения, когда они по своему содержанию представляли особый интерес, либо когда по соответствующему вопросу не было решений верховной инстанции. <…>

С многими из судебных дел по денежным обязательствам связаны были крупные финансовые интересы банков, страховых обществ, железнодорожных и пароходных компаний и других монополистических организаций данной страны – интересы, выражавшиеся в миллионах, а иногда и в сотнях миллионов долларов, фунтов, франков и т. п. Никакие принципы права, какими бы стародавними традициями они ни были освящены, не могли устоять перед этими интересами, если в данном конкретном деле они не соответствовали этим интересам.

Ниже мы увидим, что во Франции, Англии, США и других странах капитализма падение покупательной силы денег, как правило, сочеталось с «номиналистической» политикой, выраженной в законе и в судебных прецедентах: бремя обесценения денег возлагалось на кредиторов – на лиц, получающих заработную плату, на пенсионеров, вкладчиков в банках и сберегательных кассах, на держателей страховых полисов – словом, как правило, на трудящихся, малоимущих и лиц скромного достатка. Это означало, что банки и монополистические предприятия получили возможность освободиться от своих долгов путем уплаты «дешевых денег» по номиналу. Но, как будет показано в главе II, принцип номинализма ограничивался посредством различных юридико-технических приемов, когда кредиторами по денежным обязательствам являлись монополисты.

В Германии с 1923 г. в условиях катастрофического крушения марки суды вступили на путь переоценки денежных обязательств: было вынесено б о л е е м и л л и о н а решений о ревалоризации долгов, причем вся практика эта представляла картину хаоса и произвола. Но среди всей этой массы решений не было случаев переоценки банковских пассивов.

Итак, на какую бы исходную точку зрения ни становилась буржуазная практика, она всегда находила пути для ограничения действия того или иного принципа расчетов по денежным обязательствам для того, чтобы согласовать решение конкретных вопросов с интересами финансового капитала.

Более того, практика по делам о денежных обязательствах показывает, что ни в один из периодов предшествующей истории буржуазного суда не было вынесено этим судом такого количества решений, которые стояли в прямом противоречии с действующим буржуазным правом, как именно в этот период.

Так, во Франции вопреки пресловутому началу «разделения властей» и «независимости суда» происходило, как мы покажем в главе III, прямое вмешательство исполнительной власти в решение дел, связанных с вопросами о правовых последствиях принудительного курса бумажных денег, причем вмешательство это в большинстве случаев преследовало охрану интересов французских держателей иностранных займов.

В Англии и США вопреки пресловутой англо-американской «традиционности» правовых принципов суды по делам, связанным с «международными расчетами», часто пренебрегали установившимися правовыми началами и одним решением иногда разрывали длинную цепь стародавних прецедентов. <…>

В связи с судебными процессами по денежным расчетам произошли резкие изменения и ломка прецедентов также в сфере международного частного права. Здесь отразились противоречия в сфере международных экономических отношений капиталистических стран. Прежде всего крайне расширилось применение оговорки о публичном порядке: признавались противоречащими публичному порядку суда такие иностранные нормы по денежным обязательствам, которые по содержанию своему ничем не отличались от местных законов, но признание которых противоречило бы интересам местных банков и крупных промышленных предприятий. В результате концепция публичного порядка стала внутренне противоречивой (см. об этом в гл. V, § 3).

С другой стороны, снижение суммы внешней задолженности данной страны иногда достигалось посредством крайнего расширения сферы применения иностранного закона, причем в некоторых случаях суды готовы были принести в жертву интересам «финансовых кругов» даже те правовые начала, которые вытекали из принципа суверенитета собственного государства.

Так например, вопреки твердо установившемуся началу, по которому обязательства государства, при отсутствии в договоре иных указаний, подчиняются праву собственной страны, британский суд в 1937 г. подчиняет золотые займы, выпущенные британским фиском в США, американскому закону для того, чтобы использовать выгоды от девальвации доллара и аннулирования в США золотой оговорки. Примеру британского суда следуют также суды других стран.

Все это сочеталось с общей тенденцией… судов в указанный период избегать установления каких-либо твердых прецедентов, которые внесли бы определенность в право и тем стеснили бы свободу судейского произвола.

<…>

***

Вопросы денежных обязательств возникают также в сфере международного публичного права.

В соглашениях между государствами возникают многие вопросы, подобные тем, которые служат предметом настоящего исследования. Так, многие международные акты содержат золотые оговорки – исчисление платежей или тарифов в золотых единицах (например, Варшавская конвенция 12 октября 1929 г. об унификации некоторых правил, касающихся международных воздушных перевозок). Но все вопросы международных соглашений не составляют предмета настоящего исследования, и выводы, сделанные в этой работе по тем или иным вопросам, не относятся к этим соглашениям.

ГЛАВА I

ПОНЯТИЕ ДЕНЕЖНОГО ОБЯЗАТЕЛЬСТВА

§ 1. Деньги как объект гражданских правоотношений

При рассмотрении проблем, связанных с денежным обязательством в праве капиталистических стран, мы должны прежде всего определить понятие денежного обязательства в этом праве.

Для того, чтобы определить понятие денежного обязательства, необходимо выяснить сущность денег как предмета гражданских правоотношений.

В действующем праве всех капиталистических государств имеется много отдельных постановлений о «деньгах», «денежных знаках», «денежных обязательствах».

Так например, в отношении денежных знаков по всем правовым системам установлена максимальная защита добросовестного владения[1].

Утраченные денежные знаки (бумажные денежные знаки) по некоторым законодательствам не могут быть аннулированы с заменою их дубликатами, как это допускается в некоторых случаях в отношении ценных бумаг.

Вексель и чек направлены на уплату определенной суммы д е н е г (Женевская вексельная и чековая конвенция, ст. 1; английский закон о векселях 1882 г., ст. 3, п. 1).

Заработная плата выражается в д е н ь г а х[2].

Исполнение денежных обязательств подчиняется в некоторых отношениях – в особенности в отношении места платежа – особому порядку[3].

По денежным обязательствам в некоторых случаях начисляются проценты[4].

Эти примеры можно было бы умножить.

Понятие денег является предпосылкою для определения таких имеющих важное юридическое значение понятий, как «цена», «платеж»,

---

[1] Ф.Г.К., ст. 1238; Г.Г.У., § 932, 935; N u s s b a u m . Money, стр. 51.

[2] Truck Act 1831 г., 1887 г.; N u s s b a u m . Geld, стр. 41.

[3] Г.Г.У., § 270; Швейцарский кодекс обязательственного права, ст. 74.

[4] Ф.Г.К., ст. 1153; Г.Г.У., § 288; Швейцарский кодекс обязательственного права, ст. 106; Д ж е н к с , § 269, 270.

«проценты», «возмещение убытков», понятия «debt» в англо-американском праве и многих других, а также для разграничения некоторых типов гражданско-правовых сделок, как например, «купли-продажи» и «мены».

Наконец, понятие денег имеет существенное значение для гражданского процесса – в особенности для англо-американского гражданского процесса, в котором принуждение ответчика к исполнению в натуре допускается лишь как редкое исключение из того общего принципа, что всякое нарушение договора или правонарушение влекут за собой присуждение денежного возмещения убытков – omnis condemnatio pecuniaria est.

Понятие денег является, таким образом, концепцией, имеющей для гражданского материального и процессуального права всех капиталистических стран значение, которое едва ли возможно переоценить.

В действующем праве капиталистических стран хотя и встречаются отдельные конкретные указания на то, что тот или иной предмет следует рассматривать как деньги, но ни в одном законодательстве нельзя найти определения общего понятия денег

В юридической литературе неоднократно ставился вопрос о том, что вообще следует понимать под деньгами, когда закон с «денежным» свойством того или иного предмета связывает известные юридические последствия. На этот вопрос пытались иногда ответить путем построения специального понятия денег для целей гражданского права – вне связи с экономическими понятием денег[1] – попытки, которые всегда были неудачными и не могли быть иными.

Учение о деньгах относится к сфере политической экономии. Наука гражданского права может основываться лишь на понятии денег, которое раскрывается в результате анализа их функции в экономических отношениях. Задача же науки гражданского права заключается в ответе на вопрос о том, какие из сторон того сложного явления, которое носит наименование «деньги», должны быть приняты во внимание при рассмотрении денег как объекта гражданских правоотношений.

<…>

Сложность понятия денег заключается в том, что деньги, как показал Маркс, не только вещи, по поводу которых возникают общественные (в частности правовые) отношения, но они прежде всего сами – форма общественных отношений. Это становится ясным, если понять учение Маркса о сущности товара как меновой стоимости и о происхождении денег из товара.

[1] См., например: M a n n , гл. I.

Из того, что субстанцией товаров как меновых стоимостей является абстрактный всеобщий труд, вытекает:

(1) что отношение товаров между собой есть по существу отношение между лицами;

(2) что товары сами по себе соизмеримы (не деньги делают их соизмеримыми, а соизмеримость их есть предпосылка возникновения денег и обмена);

(3) что, будучи соизмеримыми, товары могут измерять свои стоимости в одном и том же товаре, превращая, таким образом, этот последний в общую меру стоимости, во всеобщий эквивалент – т. е. в деньги.

Эту роль всеобщей меры стоимости в капиталистическом мире выполняет только золото. Меновая стоимость товаров, будучи выражена в различных количествах золота, превращается в товарные цены. Из необходимости относить эти цены (т. е. «мысленно представляемые количества золота разной величины»[1]) к определенному количеству золота как единице измерения возникает масштаб цен.

Маркс показал также, как из функции всеобщей меры стоимости вытекает роль денег в качестве всеобщего средства обращения. В этой последней функции деньги не только выступают в представлении как известное мыслимое количество золота, но и должны быть в наличности как действительная вещь рядом с другими товарами; но в этой функции всеобщего средства обращения золото может выступать и не непосредственно, а через посредство своих заместителей – так называемых знаков стоимости. Такими знаками стоимости ныне (1947 г.) повсеместно являются только бумажные деньги, а не золотые монеты.

Превращение меры стоимости в масштаб цен и в средство обращения дополняется еще одним превращением: средство обращения становится средством платежа. Эта последняя метаморфоза имеет место тогда, когда с распространением кредитных сделок продавец товара становится кредитором, а покупатель – должником по обязательству, имеющему своим предметом уплату цены за ране поставленный товар.

Таким образом, возникновение денежного обязательства из продажи товара означает, что деньги в конкретном случае выполнили свою функцию мерила стоимости и это привело к установлению цены, определяющей меру обязательства покупателя. При исполнении же такого обязательства деньги будут действовать как средство платежа, т. е. в той своей функции, которая непосредственно вытекает из их роли средства обраще-

[1] Маркс, стр. 56.

ния; здесь, как уже отмечено, они (деньги) «должны быть в наличности как действительная вещь рядом с другими товарами»[1].

Из сказанного явствует, что денежное обязательство направлено на уплату денежных знаков, т. е. на предоставление материальных вещей, исполняющих в обороте функцию средства обращения.

§ 2. Сумма денежного обязательства

Все знаки стоимости, исполняющие в данной стране функцию средства обращения (монеты из разных металлов, бумажные деньги), составляют один род предметов: «…в функции денег как средства обращения …материал денег становится безразличным и все зависит от их количества»[2].

Как определяется это количественное отношение между денежными знаками?

Тот же процесс обращения, который приводит к замещению идеального золота (как мерила стоимости и масштаба цен) его материальными символами – денежными знаками, приводит также к тому, что денежное название, служащее для обозначения масштаба цен («франк», «доллар» и т. д.), используется также для обозначения числового отношения между собой денежных знаков.

Будучи изготовлены из различного материала, знаки эти могут, однако, получить и фактически получают одинаковое наименование, отражающее отсутствие между ними качественных и наличие одних лишь количественных различий, и это оказывается возможным только благодаря тому, что все они (эти знаки стоимости) служат представителями лишь различных идеальных количеств одного и того же металла, т. е. золота.

Но если различия между денежными знаками определяются лишь по количеству, а это последнее (количество) определяется отношением каждого денежного знака к единой счетной денежной единице, то отсюда ясно, что всякое денежное обязательство всегда выражено или может быть выражено в некоторой сумме денежных единиц или, иначе говоря, сумма денежных знаков, составляющих предмет денежного обязательства, является всегда определенной либо определимой.

---

[1] М а р к с , стр. 106.
[2] Там же, стр. 105 – 106.

§ 3. Основания возникновения денежного обязательства

Обязанность платить деньги может непосредственно выткать из договора или закона и составлять первоначальное содержание обязательства, как это, например, имеет место, когда покупатель обязан платить за товар или акцептант векселя – платить по векселю или когда одно лицо обязано выплачивать другому денежное содержание.

Но обязанность платить деньги может служить санкцией за неисполнение обязательства, первоначальным предметом которого являются не деньги, а иные вещи или услуги или какое-либо иное действие: сюда, например, относится обязательство продавца возместить убытки путем уплаты денег в случае недостатка товара.

Этот второй вид денежных обязательств вытекает из того, что деньги являются всеобщей формой стоимости; отсюда возникает экономическая возможность замены любого предмета долга его денежным эквивалентом. Такая замена (в порядке изменения содержания первоначального обязательства или в порядке прекращения первоначального обязательства с заменою его новым, направленным на уплату денег), может быть результатом соглашения сторон, но может вытекать и из закона (см. ниже, гл. II, § 12).

Для всех тех случаев, когда обязательство платить деньги вытекает из закона, или когда момент платежа наступает позднее, нежели момент возникновения долга, законодатель имеет возможность эффективно предписать, чтобы платеж происходил путем передачи кредитору определенных вещей, которые называются «законным платежным средством».

§ 4. Законное платежное средство и объект денежного обязательства

Понятие законного платежного средства в истории права подверглось весьма существенной эволюции: некогда отказ в приеме денег, снабженных платежной силой по закону, рассматривался как преступление, влекущее за собой уголовно-правовые санкции, и пережитки этого взгляда сохранились в странах, гражданское право которых основано на Кодексе Наполеона; однако, по общему правилу, ныне отказ со стороны кредитора принять деньги, являющиеся законным платежным средством, влечет за собою лишь некоторые невыгодные для него (кредитора) гражданско-правовые последствия. Поэтому можно сказать, что присвоение определенным вещам законной платежной силы означает, что должник по денежному обязательству имеет возможность освободиться от долга путем предоставления кредитору этих вещей независимо от согласия последнего их принять (более детально об этом см. ниже, гл. IV, § 1).

Государство присваивает определенным вещам функцию законного платежного средства с той целью, чтобы вещи эти фактически стали средством обращения; нет законного платежного средства в тех случаях, когда должникам дается возможность освободиться от обязательства путем предоставления кредиторам определенных вещей, если при этом не имеется в виду, чтобы вещи эти превратились в средство обращения (примеры см. стр. 276 – 277). В этом смысле законное платежное средство всегда есть один из видов средства обращения. Но фактическое превращение законного платежного средства в знак стоимости (средство обращения) «проистекает из самого процесса обращения»[1].

В условиях капитализма возможно, однако, что знаки, снабженные платежной силой по закону, перестают быть средством обращения (например, вследствие отказа населения принимать обесценившиеся бумажные деньги или в случае тезаврации золотых монет). Возможно также, что «монеты» или бумажные знаки, выпущенные государственной властью и снабженные законной платежной силой, не будут приняты оборотом в качестве средства обращения.

Однако законное платежное средство будет всегда рассматриваться судами как надлежащее средство погашения денежного обязательства, независимо от того, является ли оно фактически средством обращения или нет.

Возможно также и обратное явление: гражданский оборот выдвигает свои знаки стоимости, а закон запрещает употребление этих знаков в платежах. В этих случаях средство обращения не будет рассматриваться судом как надлежащее средство погашения денежных обязательств.

Указанное противоречие между законным платежным средством и средством обращения получает отражение и в праве: так например, буржуазные суды отказывались применять к знакам, обладающим законной платежной силой, но не являющимся фактически средством обращения, нормы, установленные для защиты добросовестного владельца денег против виндикационных исков; но, с другой стороны, те же суды всегда рассматривали такое законное платежное средство как средство погашения денежных обязательств.

Таким образом, в приведенное выше определение понятия денег как предмета денежного обязательства необходимо внести некоторые важные уточнения: к деньгам в этом смысле надо отнести вещи, фактиче-

---

[1] Ср.: Маркс, стр. 102.

ски исполняющие в гражданском обороте роль средства обращения, поскольку для исполнения этой функции не установлено какого-либо законодательного запрета; вместе с тем к деньгам в э т о м смысле должны быть отнесены вещи, наделенные по закону платежной силой, независимо от того, используются ли они фактически в обороте в качестве средства обращения или нет.

Ниже, в гл. IV (§ 4 – 5), мы рассмотрим платежи посредством векселей, чеков и безналичных расчетов; в этих случаях кредитор взамен наличных денег приобретает право требования на деньги. Нельзя ли из этого сделать вывод, что предметом денежного обязательства могут быть не только д е н е ж н ы е з н а к и, н о и п р а в о н а п о л у ч е н и е д е н е г? На этот вопрос следует ответить отрицательно. Передача кредитору с его согласия взамен наличных денег векселя или чека или перечисление на его банковский счет – все это лишь модусы исполнения; в капиталистических условиях, как бы ни были распространены безналичные расчеты, они не изменяют содержания денежного обязательства, объектом которого остаются всегда наличные деньги. Это особенно ясно обнаруживается в эпохи кризисов, когда все требуют наличных денег и когда происходит «внезапное превращение кредитной системы в монетарную»[1].

Дальнейшая конкретизация этого определения денег как предмета денежного обязательства будет дана в последующем изложении применительно к законодательствам и судебной практике отдельных капиталистических стран.

§ 5. Денежные обязательства в иностранной валюте

Из сказанного вытекает, что к денежным знакам данной страны не относится иностранная валюта, т. е. денежные знаки иностранного государства, не исполняющие в данной стране функции всеобщего средства обращения и не имеющие по законодательству этой страны платежной силы.

Иностранной считается такая валюта, которая не имеет хождения в данной стране.

Отсюда вытекает, что те из норм гражданского права, которые связаны с внутренним денежным обращением (например, закон о защите добросовестного владельца денежных знаков, закон о выражении заработной платы в деньгах и др.), не распространяются на иностранную ва-

---

[1] М а р к с , стр. 130.

люту – точнее – исходят из того, что иностранная валюта не относится к деньгам.

С другой стороны, всякая иностранная валюта потенциально исполняет денежные функции в сфере так называемых международных расчетов, т. е. в области расчетов между лицами, проживающими в разных странах. Эта потенциальная роль всякой иностранной валюты вытекает из того, что денежное обязательство по внешней торговле или по заграничной кредитной операции всегда выражено в валюте, которая по меньшей мере для одной из сторон соответственной сделки будет иностранною. Вследствие этого практика всех стран признает, что выражение цены товара в иностранной валюте не превращает сделку из купли-продажи в цену. Отсюда вытекает также, что вексель и чек могут быть выражены в иностранной валюте, не теряя тем самым своих свойств векселя или чека. В виде общего правила можно сказать, что по всем правовым системам обязательство уплатить иностранную валюту (поскольку такое обязательство вообще допускается по закону) обсуждается по правилам, установленным для денежных обязательств. К такому обязательству, в частности, применяется правило о процентах, о месте исполнения денежного обязательства и многие другие норы, касающиеся вообще денежных обязательств. Экономическое значение иностранной валюты в международных расчетах получает, таким образом, свое юридическое выражение в том, что к обязательствам в иностранной валюте применяется по аналогии ряд норм, установленных для денежных обязательств (французская и англо-американская практика); Г.Г.У. идет даже так далеко, что рассматривает обязательства в иностранной валюте как один из видов денежного обязательства в широком смысле слова (§ 244).

§ 6. Валютные сделки

Но от денежных обязательств в иностранной валюте все законодательства отличают сделки купли-продажи иностранной валюты, в которых валюта эта исполняет не денежную функцию, а играет роль «товара». Такие сделки именуются валютными сделками; они направлены не на платеж иностранными денежными знаками, а на поставку этих денежных знаков. К валютным сделкам не применяются специальные правовые нормы, установленные для денежных обязательств, а применяются нормы, установленные для продажи вещей, определенных родовыми признаками; поэтому вопрос о невозможности исполнения здесь обсуждается на общих основаниях, действующих в отношении сделок, которые имеют своим предметом родовые вещи: просрочка или неисправность должника служит основанием не для начисления процентов, как по денежным обязательствам, а для возмещения убытков: кредитор, согласно принятым за границей обыкновениям биржевого и банковского оборота, может в случае просрочки должника покрыть свою потребность в международных платежных средствах, заключив соответственную сделку с третьим лицом и взыскать с должника разницу в курсе, т. е. разницу между ценой, обусловленной в первоначальной сделке, и курсом на срок исполнения этой сделки. В англо-американском праве кредитор даже обязан заключить в этом случае сделку покрытия: здесь действует общее правило о том, что сторона в договоре обязана принять «разумные» меры к уменьшению потерь, проистекающих от нарушения договора другой стороной[1].

Валютные сделки в дальнейшем не являются предметом нашего рассмотрения.

§ 7. Валюта долга и валюта платежа

Предметом нашего исследования являются денежные обязательства в широком смысле слова, включая также и денежные обязательства в иностранной валюте.

В основном наше внимание будет уделено денежным обязательствам, выраженным в определенной сумме денежных единиц.

В составе такого рода денежных обязательств большинство исследователей различает следующие элементы:

(1) денежную единицу, в которой исчислена сумма обязательства – так называемую в а л ю т у д о л г а;

(2) денежные знаки, которые являются средством погашения денежного обязательства, или так называемую в а л ю т у п л а т е ж а.

Это различение обычно проводится в связи с обязательствами в иностранной валюте[2].

Но валюта долг и валюта платежа (в явном или скрытом виде) имеются в составе каждого обязательства, исчисленного в определенной сумме. Иногда они совпадают (например, в векселе, выписанном в сумме 100 фунтов стерлингов с платежом в Лондоне – фунт стерлингов является валютой долга и валютой платежа; если же, например, в договоре речь

---

[1] Д ж е н к с, § 293.

[2] См. о monnaie de compte или monnaie de contrat и о monnaie de paiement в решении Французского кассационного суда по займу города Токио: Clunet, 1931, стр. 126; N u s s b a u m. Geld, стр. 187, различает Schuldwährung u. Zahlungsmittelwährung; M a n n, стр. 138 и N u s s b a u m. Money, стр. 426 различают money of account или money of contract, с одной стороны, и money of payment – с другой.

идет об уплате «100 фунтов стерлингов в долларах США», то фунт стерлингов является валютой долга, а доллар – валютой платежа.

Количество подлежащих уплате денег («сумма») определяется валютою долга; потому один из основных вопросов нашего изучения (вопрос о влиянии на денежные обязательства изменений покупательной силы денег) есть проблема, связанная с валютой долга, а не с валютой платежа. Однако вопреки утверждению названных выше авторов[1] валюта платежа находится не только in solutione, но и in obligatione, ибо денежное обязательство направлено на уплату денежных знаков и эти последние, следовательно, относятся не только к средствам погашения этого обязательства, но и к его содержанию.

Отсюда вытекает, что о валюте долга можно трактовать с одинаковым правом как в разделе, относящемся к содержанию денежного обязательства, так и в разделе, относящемся к его исполнению.

В настоящем исследовании мы принимаем следующий план изложения:

(1) в главах II и III, посвященных вопросам содержания денежного обязательства, мы рассмотрим вопросы, связанные с единицей исчисления суммы этого обязательства, т. е. с валютой долга;

(2) в главах IV и V, посвященных вопросам исполнения денежного обязательства, мы в числе других проблем рассмотрим также вопросы о денежных знаках, служащих предметом этого обязательства и средством его исполнения (т. е. вопросы о валюте платежа).

---

[1] См., главным образом: Mann, стр. 139.

ГЛАВА II

СОДЕРЖАНИЕ ДЕНЕЖНОГО ОБЯЗАТЕЛЬСТВА

§ 1. Денежное обязательство и изменения в покупательной силе денег

Денежное обязательство, как мы видели, определяется своей суммой, выраженной в данной денежной единице. Эта единица именуется валютой долга.

Денежные единицы, в которых выражены суммы денежных обязательств, претерпевают постоянные более или менее глубокие изменения:

«Исторический процесс… приводил к тому, что одно и то же весовое название сохранялось для постоянно изменяющегося и уменьшающегося веса благородных металлов в их функции масштаба цен. Так, английский фунт означает менее $^1/_3$ своего первоначального веса, шотландский фунт накануне объединения Шотландии с Англией – только $^1/_{36}$, французский ливр – $^1/_{74}$…»[1]. В этом смысле можно сказать, что происходило постоянное снижение «металлического содержания» денежной единицы.

Наряду с этим изменялась покупательная сила денег.

«Под покупательной силой денег следует понимать проявление их относительной стоимости к товарам»[2]. Это определение основано на указании Маркса, что «относительная стоимость денег выражена в бесчисленных ценах всех товаров»[3].

Колебания покупательной силы полноценных денег (золота) – явления, отличные от колебаний в покупательной силе бумажных денег.

Но чем бы ни были вызваны изменения в покупательной силе денег, они вместе с изменением в «металлическом содержании» денежной единицы – с точки зрения права капиталистических стран – объединяются одним «отрицательным» признаком: когда речь идет о денежных обязательствах, выраженных в определенной сумме денежных единиц, то по общему правилу все эти изменения правом игнорируются.

В силу действующего в гражданском праве капиталистических стран принципа, являющегося выражением определенной политики в области

---

[1] М а р к с , стр. 57 – 58.
[2] Б ы с т р о в . Колебания покупательной силы золота в период от первой до второй мировой войны. Научные записки Института внешней торговли, 1945, I, стр. 95 – 96.
[3] Теория прибавочной стоимости, изд. 1936, т. II, стр. 39.

денежного обращения, сума денежных единиц, в которых выражено денежное обязательство, остается неизменной, невзирая на изменения в «металлическом содержании» данной денежной единицы и на изменения в покупательной силе денег. И этот принцип действует независимо от того, чем вызваны подобные изменения: изменениями ли в условиях производства золота или многих товаров; «несоответствием» ли спроса и предложения товаров; бумажно-денежной эмиссией, создавшей инфляцию; понижением ли курса бумажных денег к золоту; факторами ли стихийного характера или искусственными мероприятиями правительств.

Этот юридический принцип игнорирования подобных изменений характеризует содержание денежного обязательства, выраженного в определенной сумме денежных единиц: такое денежное обязательство не имеет своим предметом предоставление кредитору определенной покупательной силы; оно не имеет своим предметом предоставление кредитору определенного весового количества золота или его стоимости. Оно имеет своим предметом денежные знаки в номинальной сумме денежных единиц.

Принцип «номинализма» в этом смысле получил выражение в праве (законодательстве или судебной практике) всех капиталистических стран.

Детальное изучение этого законодательства и практики представляет большой интерес в свете тех событий, которые в области денежного обращения капиталистических стран имели место после 1914 г.: в период после начала мировой войны и до настоящего времени изменения в покупательной силе денег в странах капитализма происходили в таких грандиозных масштабах (как по интенсивности этого явления, так и по его экстенсивности, т. е. как по степени этих изменений, так и по числу захваченных ими стран), каких не знала предшествующая история. Изменения эти произвели, в частности, глубокие потрясения в области обязательственных отношений.

§ 2. Французское право

Обратимся, прежде всего, к французскому праву. Накануне первой мировой войны французской денежной единицей был *франк*, созданный по закону 17 жерминаля XI года Республики и содержавший 322.5805 миллиграммов золота 0,9 пробы (так называемый «франк жерминаля»)[1].

6 августа 1914 г. приостановлен был размен банкнот Банка Франции на золото с сохранением присвоенной этим банкнотам законной платежной силы; таким образом, был введен принудительный курс на бумажные

[1] См.: M a t e r , стр. 413 – 414.

деньги, которые после этого падали в курсе (в отношении иностранной валюты) и в своей покупательной силе.

25 июня 1928 г. произошло закрепление золотого содержания франка на том пониженном уровне, которого он достиг к тому времени в отношении золота. Новый франк («франк Пуанкаре») был определен как содержащий 65,50 миллиграммов золота 0,9 пробы; по этому паритету Банк Франции обязан был отпускать золото против бумажных денег для расчетов по внешней торговле.

Законом 1 октября 1936 г. это обязательство продавать золото по фиксированному курсу было «временно приостановлено» и золотое содержание франка вновь снижено, причем совету министров было поручено установить это содержание в пределах 43 – 49 миллиграммов золота 0,9 пробы. Наконец, 30 июня 1937 г. эти пределы для фиксации золотого паритета франка были отменены, и франк с тех пор является бумажной валютой, не прикрепленной к золоту.

Итак, начиная с августа 1914 г., денежная единица Франции все время изменялась: франк жерминаля, бумажный франк военного времени, франк Пуанкаре, франк 1936 г. и новый бумажный франк с июня 1937 г. последовательно сменяли друг друга, но с точки зрения закона денежная единица оставалась все время как бы неизменною – «франк оставался франком». Суды Франции выносили решения, согласно которым кредитор по обязательству, возникшему в период действия одного из названных франков, например «франка жерминаля», должен был в позднейший период удовлетвориться платежом франков с пониженным золотым содержанием без права требовать увеличения суммы франков.

Эта практика французских судов основывается на прямом указании закона. Согласно статье 1895 Ф.Г.К. «обязательство, вытекающее из займе денег, сводится всегда к нормальной сумме (somme numérique), указанной в договоре.

Если до срока платежа денежная единица (espèces) увеличилась или уменьшилась, то должник обязан возвратить данную взаймы номинальную сумму и обязан лишь отдать эту сумму в денежных единицах, имеющих хождение в момент платежа».

Приведенная статья говорит лишь о займе, но она исходит из общего принципа, усвоенного французским правом для денежных обязательств[1]: понижение или повышение металлического содержания франка не изменяет номинальной суммы долга.

---

[1] Planiol-Ripert, № 1159.

Из многочисленных судебных решений наиболее любопытным представляется мне решение гражданского суда округа Сены от 1 апреля 1925 г. по иску группы облигационеров Общества Суэцкого канала к названному обществу. Облигации общества были выпущены во франках на французском фондовом рынке без указания места платежа. Общество проводило ту точку зрения, что местом платежа по облигациям и купонам является Париж (где находится его административный центр), а валютою расчета – бумажный франк по номиналу (франк к этому времени сохранил лишь 30 % своей довоенной покупательной силы). Суд признал точку зрения общества правильной и отверг домогательства акционеров получить платеж из расчета золотого франка. Суд указал: «…франк без прямого указания в договоре не может считаться золотым…», «противопоставление золотого и бумажного франка вообще неправомерно», «концепция эта, которая противоречит правовой действительности (réalité légale), должна быть решительно отвергнута; Франция не знает другой денежной единицы, кроме франка, того франка, который в настоящее время захвачен послевоенным кризисом, но обесценение которого не окончательное и может исправиться»; франк упал в своей покупательной силе, но, «несмотря на это, франк остался франком, и тот, кто заключил договор во франках, не обязан предоставлять и не может требовать ничего другого». В решении содержатся ссылки на практику Кассационного суда.

Таким образом, закон и суд игнорируют изменения в металлическом и «ценностном» содержании франка: в качестве денежной единицы, лежащей в основании денежной системы Франции, франк жерминаля, франк Пуанкаре и т. д., последовательно сменявшие друг друга, представляют собой различные весовые количества золота, исполнявшие прежде всего функцию меры стоимости и масштаба цен. Когда же речь шла об исполнении денежных обязательств, то эта метаморфоза франка в силу прямого предписания закона объявляется не имеющею никакого значения. Закон и суды говорят о франке «вообще» так, как будто бы он не изменялся, тогда как на самом деле неизменным оставалось лишь одно наименование.

§ 3. Английское право

В английском праве тот же принцип номинализма основан на судебном прецеденте 1604 г.[1] Это так называемое дело о смешанных монетах (Case ´de mixt moneys), сущность которого сводится к следующему. Лондонский купец Джильберт продал ирландскому купцу Бретту товары на

[1] По делу Gilbert v. Brett см.: М а н н , стр. 68 и сл.

условиях уплаты в Дублине «100 фунтов стерлингов в ходячей и законной монете Англии» («£ 100 sterling current and lawful money of England»). До наступления срока платежа королева Елизавета указом объявила об изъятии находившейся в обращении монеты и о выпуске монеты пониженной пробы, получившей наименование mixed money, причем новая монета была объявлена «имеющей законное хождение в этом королевстве», т. е. обязательной к приему во всех платежах. Суд признал, что хотя в момент совершения договора и возникновения обязательства «в этом королевстве имели хождение полновесные золотые и серебряные монеты, но смешанная монета, выпущенная в этом королевстве до срока платежа, может быть предложена в погашение долга и кредитор обязан ее принять». Суд признал, что обязательство уплатить 100 фунтов стерлингов означает обязательство уплатить денежные знаки, которые по закону, действующему в момент платежа, составляют 100 фунтов стерлингов.

Отчет (Report) по изложенному решению содержит весьма детальное обоснование со ссылками на Аристотеля и на именитого французского юриста XVI в. Molinaeus'a. Из этих ссылок видно, что короне, согласно тогдашней правовой концепции, принадлежит право не только чеканить монету, но и определять ее металлическое содержание, а также – право определять «цену монеты».

Далее указывается на то, что существо монеты определяется по этой «нарицательной цене (valor impositus), а не по количеству содержащегося в монете металла: «Molinaeus libro de mutatione monetae dit non materia naturalis corporis monae sed valor imposititius est et forma substantia monetae, quae non est corpor physicum sed artificiale come Aristotel dit Ethicorum lib. 5»».

Ниже нам придется еще вернуться к понятию valor impositus, которое играло важную роль в европейской доктрине и практике XVI – XVII и отчасти XVIII вв. и следы которой сохранились отчасти в действующем праве капиталистических стран. Здесь же отметим, что прецедент 1604 г. прочно вошел в состав англо-американского «общего права», хотя и не без борьбы со стороны некоторых групп, для которых платежи по номиналу были связаны с имущественными потерями.

В течение всего периода действия «банковской рестрикции» (1797 – 1821 гг.), когда в силу Bank Restriction Act'a 1797 г. приостановлен был размен банкнот Банка Англии на золото, банкноты эти принимались в платежи по номиналу, хотя до 1811 г. они не были законным платежным средством. В 1809 г. Рикардо опубликовал свою известную брошюру под заголовком «Высокая цена слитков является доказательством обесценения банкнот», а в 1811 г. парламентский Комитет о слитках внес в Палату общин свой доклад[1], в котором доказывалось, что повышение цен вызвано чрезмерным выпуском банкнот. Обсуждение этого отчета разделило членов Палаты общин на два враждебных лагеря. Одна группа, которую возглавлял Ванситтарт, внесла проект резолюции, в которой отвергались выводы Комитета о слитках и предлагалось констатировать, что «векселя Банка Англии (т. е. банкноты) до сего времени оценивались и ныне оцениваются общественным мнением как эквивалентные золотой монете королевства и принимаются всеми как таковые во всех денежных сделках, в которых по закону может применяться названная монета». Другая группа, которую возглавлял лорд Кинг, предложила, чтобы Палата общин признала факт обесценения банкнот. Лорд Кинг со своей стороны публично заявил, что он впредь отказывается принимать от своих арендаторов банкноты по номиналу, а будет требовать взноса арендных платежей по курсу на золото[2]. Однако Палата общин огромным большинством голосов не только склонилась в пользу точки зрения Ванситтарта, но немедленно же приняла закон (Stanhope's Act), вошедший в силу 24 июля 1811 г. и направленный на то, чтобы сделать банкноты Банка Англии во всех платежах законным платежным средством наравне со звонкой монетою по номиналу.

Так закончился последний до сего времени в истории Англии спор о номинальной платежной силе банкнот Банка Англии.

В 1821 г. размен банкнот на золото был восстановлен на базе прежнего (действовавшего до 1797 г.) паритета. В период с 1914 по 1925 г. не было издано никакого закона, который формально приостановил бы в Англии размен банковых билетов на золото, но фактически размен этот был приостановлен, причем падение фунта стерлингов в отношении его курса на иностранную валюту доходило до 30 %.

Gold Standard Act 1925 г. (руководствуясь теми принципами устройства денежного обращения, которые в свое время были предложены Рикардо) восстанавливает золотую валюту в Англии на базе довоенного (т. е. действовавшего до 1914 г.) паритета, но акт этот не только не обязал Банк Англии возобновить фактически прерванный с 1914 г. размен банкнот на золото, а, наоборот, отменил обязательство размена банкнот и казначейских знаков на золото и отменил также свободную чеканку золота, сохранив при том законную платежную силу банкнот и казначейских билетов. Взамен размена и свободной чеканки вводится обязанность Банка Англии продавать золотые слитки на банковые билеты и казначейские знаки по твердой цене – фунт стерлингов 3. 7. 10,5 за тройскую унцию.

---

[1] См.: М а р к с , стр. 153.

[2] F e a v e a r y e a r , стр. 182, 190 – 192.

Но этому паритету не суждено было сохранить надолго свое существование. Экономический кризис в странах капитализма, разразившийся с 1929 г., вызвал новый отход фунта стерлингов от золотого стандарта: Gold Standard (Amendment) Act 1931 г. отменяет обязанность Банка Англии продавать золото по твердому паритету и это немедленно вызвало падение курса фунта стерлингов приблизительно на 40 %. С тех пор и до сего времени британская денежная единица оставалась неприкрепленной к золоту.

Описанные выше процессы инфляции и дефляции не были связаны с каким-либо отступлением от принципа номинализма, формулированного в деле «Джильберт против Брэтт» 1604 г.

В одном недавнем решении 1933 г. (по делу The Baarn) судья Скрэттон, считающийся в Англии самым крупным авторитетом по вопросам торгового права, вновь формулировал принцип номинализма, подчеркнув, что по денежному обязательству, возникшему до 1931 г. (т. е. до отмены золотого стандарта), истец не может требовать валоризации, ибо «фунт стерлингов в Англии остается фунтом стерлингов, как бы ни изменялся его курс на иностранную валюту»[1].

§ 4. Право США

Решение 1604 г. по делу «Джильберт против Брэтт» прочно вошло в состав «общего права» и сохранило свое значение также и в американском праве, если не в качестве формального прецедента, то во всяком случае в роли весьма авторитетного указания на то, как следует определять содержание денежных обязательств. Ссылка на этот британский прецедент имеется в решении Верховного суда США по делам Knox v. Lees и Barker v. Davies[2], связанном с бумажно-денежной инфляцией эпохи гражданской войны в США 1861 – 1865 гг. В этом решении судья Стронг, между прочим, говорит: «Обязательства (о которых идет речь) заключаются не в уплате золота или серебра или того рода монет, которые признавались по закону (платежным средством) в момент совершения договора; нет также обязательства уплатить деньги в сумме, эквивалентной стоимости этих монет... Договорное обязательство уплатить деньги означает обязательство уплатить то, что будет признаваться деньгами по закону в момент, когда должен будет происходить платеж. Этот принцип окончательно

---

[1] Nussbaum. Money, стр. 252.

[2] См.: Манн, стр. 67.

установлен в решениях и никем не оспаривается... Всякий договор об уплате просто денег по необходимости подчинен конституционным полномочиям правительства в отношении регулирования денежного обращения и стороны принимают на себя такое обязательство, имея в виду это право правительства». Решение это является руководящим (leading case) в США. Оно интересно тем, что принцип «номинализма» выводится как бы из толкования воли сторон – вернее, привносится в договор как подразумеваемое условие (implied condition) – метод, широко применяемый в англо-американском праве при разрешении различных вопросов договорной ответственности. Тем самым, однако, подчеркивается диспозитивный характер принципа номинализма: он применяется, поскольку стороны expressis verbis не исключили его; если бы они договорились, что платеж должен быть совершен путем уплаты золота или серебра или того рода монеты, которая признавалась по закону платежным средством в момент совершения договора, т. е. если бы они ввели в договор золотую или серебряную оговорку, то применение принципа номинализма к их обязательству не могло бы иметь места.

Надо признать, что в этом решении принцип номинализма в качестве принципа денежной политики и в качестве диспозитивной правовой нормы, т. е. в том виде, как он действовал в США до отмены золотых оговорок (1933 г.), выражен с бóльшей точностью, нежели в каком-либо из других решений буржуазных судов. Для судьи Стронга, как мы увидим ниже, принцип номинализма был выражением политической доктрины большого практического значения, сыгравшей в тот момент прогрессивную роль в борьбе северных штатов с рабовладельческим Югом.

Судья Стронг сумел найти ясную и четкую формулировку для принципа номинализма только потому, что он вывел его не путем одних только абстрактных построений, а в процессе борьбы с реакционными силами: с этим принципом были тогда связаны полномочия федерального правительства по финансированию бюджета при помощи бумажно-денежной эмиссии – полномочия, которые оспаривались сторонниками Юга. В период гражданской войны 1861 – 1865 гг. президент Линкольн принужден был прибегнуть к выпуску бумажных денег для покрытия расходов по ведению войны против южных штатов, объявивших о выходе своем из федерации: Legal Tender Acts 1862 – 1864 гг. присвоили законную платежную силу казначейским билетам (получившим в быту наименование «greenbacks»), которые затем подверглись весьма значительному обесценению. Некоторые из дел, в которых кредиторы заявляли о своем отказе принимать бумажные деньги по номиналу, дошли в порядке апелляции до Верховного суда США. Реакционное большинство этого суда объявило, что Legal Tender Acts противоречат пятой поправке конституции США, согласно которой частное имущество не может перейти к государству без справедливого возмещения. По первому из дел, по которому оспаривалась конституционность названных актов, а именно по делу Hepburn v. Griswold, Верховный суд 7 февраля 1870 г. указал, что бумажные деньги не могут служить законным платежным средством для погашения долгов по обязательствам, возникшим до издания Legal Tender Acts, ибо этим нарушены были бы приобретенные права (vested rights) (мотив, который и ранее и позднее неоднократно повторялся в решениях Верховного суда США, например, по вопросу о праве господина виндицировать раба, бежавшего из рабовладельческого в свободный штат; по вопросу о конституционности антитрестовских законов; по вопросу о прогрессивных мероприятиях президента Франклина Рузвельта и др.).

Верховный суд в этом решении, как и во многих других, полностью оправдал те надежды, которые возлагали на него отцы американской конституции. Вынужденные под напором широких народных масс пойти на расширение избирательного права, составители конституции стремились создать мощный судебный орган, который стоял бы на страже «приобретенных прав»[1]. Здесь, таким образом, Верховный суд оказался средоточием крайней реакции, выразителем интересов южных штатов.

Спор по делу Hepburn v. Griswold был вынесен из зала суда и нашел широкий отклик в прессе: он разделил общественное мнение на два враждебных лагеря.

Сопротивление Верховного суда США против права конгресса и правительства США выпускать бумажные деньги с принудительным курсом было сломлено лишь после того, как президент Грант назначил двух новых членов этого суда (из коих одним был названный выше судья Стронг). После этого Верховный суд немедленно же объявил о пересмотре дела Hepburn v. Griswold и вынес решение, в котором указал, что Legal Tender Acts являются в военное время со стороны конгресса вполне конституционным использованием его полномочий и что потому названные акты распространяются и на те договоры, которые были совершены до принятия конгрессом этих актов.

[1] См.: Beard. An Economic Interpretation of the Constitution of the U. S. New York, 1936, гл. VII.

Окончательное решение по делу Hepburn v. Griswold, вынесенное 1 мая 1870 г., признало конституционность принудительного курса бумажных денег лишь в условиях «общественного бедствия».

В 1878 г. конгресс – уже в мирное время – разрешил новые выпуски бумажных долларов, неразменных на звонкую монету. В связи с этим Верховный суд США (по делу Julliard v. Greenman, 1884 г.) признал, что подобная эмиссия и в мирное время не противоречит ни букве, ни духу конституции и вся последующая практика базируется на этом решении[1].

В американской судебной практике XX в. принцип номинализма не подвергается сомнению, но в обосновании его нет уже той ясности, которую мы находим в legal tender cases семидесятых годов в XIX в. Так, в решении Верховного суда США по делу Ling Su Fan v. U. S., 1910 г.[2] говорится: «…публичное право дает монетам цену, которая не является простым следствием цены металла. Монеты, поэтому, имеют знаки суверенной власти, которая закрепляет их цену, дает право употреблять их в обороте». В этом решении платежная сила денег по номиналу связана с давно отжившей свой век доктриной о valor impositus.

В деле Deutsche Bank v. Humphreys, 1926 г.[3] председатель Верховного суда Oliver Holmes сазал: «Очевидно, что фактически доллар и марка могут иметь различную стоимость (values) в разные моменты времени, но с точки зрения закона, устанавливающего денежную единицу, стоимость остается неизменной». Здесь получила свое отражение доктрина правовой фикции «неизменности стоимости денег» (Rechtliche Konstanz des Geldwertes), которую формулировал Knies (в своей работе: Geld u. Kredit, 1885) и которая внесла столько неясности в вопрос об исчислении убытков.

В данном вопросе, как и во многих других, обнаруживается оскудение юридической мысли буржуазии в эпоху империализма, иногда возврат ее к отжившим доктринам.

Как бы то ни было, принцип номинализма как принцип денежной политики сам по себе здесь не подвергается спору. После девальвации доллара в 1934 г., снизившей его золотое содержание до уровня 59,06% прежнего паритета, не возникало, насколько нам известно, судебных спо-

---

[1] По вопросу о конституционности Legal Tender Acts см.: Warren. The Supreme Court in U. S. History, Boston, 1924, vol. 3, chap. 31; Nussbaum. Money, стр. 201 и сл.; Bouvier. verbo: «legal tender cases»; American and English Encyclopaedia of Law, XXII, 539, verbo: «payment». О роли бумажно-денежной эмиссии для северных штатов в их борьбе с рабовладельческим Югом в эпоху гражданской войны см.: Beard and Beard. History of the United States. New York, 1941, стр. 394.

[2] См.: Mann, стр. 68.

[3] Mann, ibid.

ров о номинальной платежной силе денег США. В судебных процессах 1934 – 1939 гг. речь шла лишь о силе золотой оговорки. Оговорка эта была аннулирована актом конгресса – так называемой Соединенной резолюцией 1933 г., установившей, что все обязательства в золотых долларах подлежат погашению по номиналу «доллар за доллар». Из этого можно вывести a fortiori законодательное подтверждение принципа номинализма в отношении денежных обязательств, заключенных «просто в долларах».

§ 5. Доктрина «valor impositus»

Принцип, согласно которому содержание денежного обязательства, выраженного в определенной сумме неденежных единиц, определяется по номинальной сумме этих единиц, иногда, как мы видели из приведенных решений, формулируется так, что платежная сила денежных знаков определяется по их наименованию («по номиналу»), т. е. по числу обозначенных на них денежных единиц определенного наименования и не изменяется с изменением покупательной силы или металлического содержания денег. Неизменность наименования знаменует собой неизменность платежной силы денег – именно в это смысле следует понимать афоризмы «марка равна марке», «франк равен франку» и т. д.

Вопрос о содержании денежного обязательства здесь ставится как вопрос о *юридическом значении* наименования денежной единицы.

Мы должны рассмотреть вопрос о том значении, которое в правовой доктрине придавалось наименованию денежной единицы, ибо ряд заблуждений и извращений в этой области <…> имели решающее значение в законодательстве и судебной практике.

Наименование, обозначенное на монете, долгое время – в течение веков – понимали как valor impositus (нарицательную цену монеты), т. е. как фиксированную законом стоимость содержащегося в монете металла, как «монетную цену» этого металла.

Исходя из принципа королевской монетной регалии, т. е. из исключительного права короля на чеканку и выпуск в обращение монет, и стремясь подвести легальный фундамент под практику «ухудшения монеты», т. е. снижения ее металлического содержания при одновременном сохранении ее прежнего наименования, монархи Европы (в особенности во Франции с XIV в.) отстаивали свое право произвольно – независимо от металлического содержания – определять «цену монеты». Так, Филипп Красивый в своих lettres patentes от 16 января 1346 г. говорит, что никто не должен сомневаться в праве короля «de faire telles monnaies et donner tel cours pour tel prix, comme il nous plait et bon nous semble»[1]. Однако эта доктрина долгое время встречалась с решительным сопротивлением со стороны канонического права, которое в лице епископа Николая Орезма (1325 – 1382 гг.) характеризовало практику ухудшения монеты как фальсификацию. Орезм, отражая интересы феодалов и церкви, боровшихся против растущего значения королевской власти, пишет, что государь, изменяя вес монеты или количество содержащегося в ней металла, при сохранении прежнего наименования поступает «постыдно и несправедливо», так как «superscriptio in numismate per principem ponitur ad designandam certitudinem ponderis et materiae quantitatem»[2].

Но первая четкая формулировка доктрины valor impositus связана с именем крупнейшего французского юриста XVI в. Dumoulin (он же Molinaeus), учение которого было подхвачено многими сторонниками абсолютной монархии в других странах, в частности, как мы видели, было использовано британским судом в деле 1604 г. «Джильберт против Брэтт».

Любопытно отметить, что в России аналогичные условия вызвали такую же доктрину: Иван Посошков в 1724 г.[3] пишет: «Мы не иноземцы, не меди цену исчисляем, но имя царя своего величаем; нам не медь дорога, но дорого его царское именование. Того ради мы не вес в них числим, но счисляем начертание на ней… У нас толь сильно его пресветлого величества слово, ащеб повелел на медной золотниковой цате положить рублевое начертание тобы она за рубль в торгах ходить стала во веки веков неизменно…»

У юристов XVIII в. понимание денежной единицы как обозначения неизменной стоимости монеты, фиксированной законом, не вызывает ни малейших сомнений, несмотря на резкую критику этой теории со стороны физиократов. Так, Potier[4], говорит: «Notre jurisprudence est fondée sur ce principe que dans la monnaie on ne considère pas les corps et pièces de monnaie, mais seulement la valeur que le prince y a attachée… Il suit de ce principe que ce ne sont point les pièces de monnaie, mais la valeur qu'elles signifient qui fait la matière du prêt ainsi que des autres contrats».

Эта доктрина получила резкую отповедь в речи Дюпона (одного из представителей школы физиократов) в Национальном собрании 15 апреля

---

[1] Цит. у M a t e r , стр. 114.

[2] Tractatus de natura, origine, jure et mutationibus monetarum, Fischer Verlag, Jena, 1937, стр. 54 – 56.

[3] В своей книге «О скудости и богатстве», изд. М. Погодина, 1824.

[4] Traité du prêt de consomption, изд. Bugnet, t. V, p. 55; ср. также t. III, p. 173; Traité du contrat de vente.

1790 г.: «Есть вещи, в отношении которых государство бессильно: к таким вещам относится стоимость. Стоимость денег никогда не зависит от наименования, но везде лишь от конкуренции и товаров. «Шесть ливров» – это не обозначение стоимости». В декрете Национального собрания от 6 февраля 1791 г. доктрина физиократов («деньги есть товар») противопоставляется старой теории valor impositus как официальная доктрина революционного правительства[1].

Однако пережитки старой доктрины сохранились во французской юриспруденции и поныне (см. гл. II, § 13).

Несмотря на эти пережитки старой доктрины и несмотря на то, что некоторые буржуазные экономисты и юристы говорят еще о «номинальной цене» денег[2], было бы все же неправильно утверждать, что ныне кто-либо серьезно допускает возможность закрепления стоимости денег на определенном уровне путем обозначения на денежных знаках определенной суммы денежных единиц.

Значение наименования денежной единицы как денежного названия весовых частей металла[3] полностью раскрывается в марксистском учении о деньгах.

Маркс[4] объясняет также сущность той иллюзии, которая породила представление о монетной цене золота: «Так как золото в качестве масштаба цен выступает в тех же самых счетных названиях, как и товарные цены, – напр., унция золота, как и тонна железа, выражается в 3 ф. 17 ш. $10^1/_2$ п., – то эти счетные названия золота назвали монетною ценою золота. Отсюда возникло представление, будто золото оценивается в своем собственном материале и, в отличие от всех других товаров, получает от государства твердую цену. Фиксацию счетных названий для определенных весовых количеств здесь принимали за фиксацию стоимости этих весовых количеств».

Это объяснение полностью приложимо к теории valor impositus, родившейся задолго до возникновения золотого обращения и в течение ряда веков служившей одним из политических принципов абсолютной монархии.

---

[1] Mater, стр. 33 – 34.

[2] «Nennwert» y Helfferich'a. Das Geld, стр. 333; «il valore nominale» y Scaduto, стр. 24.

[3] Маркс, стр. 58.

[4] Там же, стр. 60.

§ 6. Учения Кнаппа и Нусбаума. Критик этих доктрин

Нынешние номиналисты говорят не о цене денег, закрепленной законом, а о том, что денежная единица, определяющая счетное отношение денежных знаков и служащая единицей исчисления денежных сумм, не может быть определена как весовое количество металла, что она является «идеальной», лишенной вообще каких-нибудь физических и ценностных свойств и как таковая вообще не поддается определению[1]. В своем последовательном развитии это понимание существа денежной единицы (вернее – это отрицание ее «существа») привело к государственной теории денег Кнаппа, которая вовсе отрицает за деньгами качество стоимости (Wert), признавая за ними лишь платежную силу (Geltung), присвоенную им законом.

Кнапп в своей Staatliche Theorie des Geldes[2] ставит вопрос о сущности денег, но его государственная теория денег в юридической литературе была использована для весьма серьезных выводов по теории денежных обязательств; поэтому мы остановимся подробнее на этой теории.

«Государственная теория денег, – говорит Кнапп, – есть догматическое выражение ряда историко-правовых фактов, которые в течение XIX в. обнаружились в области денежного обращения важнейших культурных государств. В настоящее время платежный механизм всюду регулируется нормами административного права, которые и являются основным материалом для исследования».

Ныне действующий порядок есть результат долгого исторического развития. Некогда платежи производились путем взвешивания металла – единица ценности в ту пору определялась с помощью единицы этого металла. Затем появляются монеты, которые содержат определенное количество металла. Чеканка монет становится государственной прерогативой. Теперь государство предписывает: долг в один фунт серебра будет уплачиваться не посредством взвешивания металла, а путем передачи монет – 240 пфеннигов. С этого момента каждая монета становится «хартальным» платежным средством (от слова «charta», означающего «документ» в противоположность материальным благам). Далее государство уменьшает вес монеты; но, несмотря на это, монеты нужно только считать, а не взвешивать. Платежная сила (Geltung) каждого денежного знака

---

[1] N u s s b a u m . Geld, стр. 3; N u s s b a u m . Money, стр. 5 – 6; M a n n , стр. 15.

[2] Мюнхен, 1923, 2-е издание, см. его же статью в русском переводе в сборнике «Деньги», изд. «Плановое хозяйство», 1926, стр. 189, и критический очерк И. Трахтенберга, там же, стр. 213.

ныне определяется првовым порядком и уже не зависит от того материала, из которого сделан денежный знак (поэтому возможны денежные знаки из бумаги). Денежная единица, выражающая платежную силу денег, стала номинальной (от nomen – название). Марка, крона, рубль не могут быть определены как известные весовые количества металла: все это исторически определившиеся понятия нашего правопорядка. Определение нынешней германской денежной единицы возможно лишь путем установления обратной связи ее с предшествовавшей денежной единицей (rekurrenter Anschluss): марка есть третья часть существовавшей до нее денежной единицы – талера. При выборе материала, из которого изготовляются денежные знаки, государство ничем не связано; если монеты понижаются в весе, то для внутригосударственного обращения это не представляется существенным: всякий житель данного государства находится в роли получающего и платящего, и кто должен принимать боле легкие монеты, тому разрешено и платить такими же монетами.

Государственная теория денег является ошибочной в своих исходных положениях и выводах.

Прежде всего неправильным является исходное положение: «Деньги – создание правопорядка». Это положение Кнапп выводит из того, что когда государство объявляет определенные предметы законным платежным средством и фактически расплачивается ими со своими контрагентами, то предметы эти становятся всеобщим средством обращения. Однако превращение законного платежного средства в знак стоимости проистекает из самого процесса обращения и это признается даже многими номиналистами – от епископа Беркли до Нусбаума включительно[1]. Будет ли вещь, объявленная государством в качестве законного платежного средства, принята оборотом в качестве знака стоимости, исполняющего функцию средства обращения, это в конечном счете зависит не от государства, а от оборота. Следовательно, деньги создаются не в порядке закона, не являются созданием правопорядка.

По Кнаппу, первичной и даже единственной функцией денежной единицы является то, что она определяет степень платежной силы денежных знаков; денежная единица, полагает он, выражая степень платежной силы денежных знаков, изготовленных из разных металлов, может быть лишь идеальной единицей; в отличие от других вещей, определенных родовыми признаками, денежные знаки определяются не какими-либо материальными качествами, не ценностным субстратом, а исключительно только отношением данного знака к определенной идеальной единице.

---

[1] См.: Маркс, стр. 103; см.: Nussbaum. Money, стр. 147.

«Концепция доллара на каждый данный момент также мало поддается определению, как, например, понятие синего цвета», – говорит Нусбаум[1].

Идеальный характер денежной единицы, по мнению номиналистов, явствует из того, что она определяет счетное соотношение денег, изготовленных из разного материала.

Представление об идеальной денежной единице, лишенной материальных и ценностных свойств, не является новым: в этом отношении концепции Кнаппа и Нусбаума ничем не отличаются от теорий епископа Беркли (1685 – 1753 гг.) и Джемса Стюарта (1712 – 1780 гг.), которые подверглись уничтожающей критике Маркса[2].

Маркс указывает на то, что представление об идеальной денежной единице основано на смешении, «с одной стороны, меры стоимостей с масштабом цен, а с другой стороны, золота и серебра в качестве меры стоимости и в качестве средства обращения. Из того, что в акте обращения благородные металлы могут быть замещены знаками, Беркли заключает, что эти знаки в свою очередь не представляют *ничего*, т. е. представляют только абстрактное понятие стоимости». Когда же Стюарт утверждает, что «деньги – только *идеальный масштаб* с равными делениями», то он «ограничивается только *проявлением* денег в обращении в качестве *масштаба цен и счетных денег*… не понимая превращения меры стоимостей в масштаб цен».

Таким образом, вопреки Кнаппу, если пользоваться его терминологией, надо сказать, что переход от пензаторных платежей (при которых деньги взвешивались) к платежам путем счета денежных знаков по их отношению к денежной единице вовсе не означал, что денежные знаки стали хартальным платежным средством и что денежная единица утратила свои материальные свойства.

Наоборот, хотя «денежные названия весовых частей металла исторически отделялись от их общих весовых названий»[3], но денежная единица в результате этого не перестала быть определенным весовым количеством золота; иначе она не могла бы быть единицей измерения стоимости. Только из марксовой теории денег становится понятным, каким образом знаки стоимости, изготовленные из разного материала, могут получить и фактически получают одинаковое наименование, отражающее отсутствие между ними качественных и наличие одних количественных различий. Это оказывается возможным именно благодаря тому, что все знаки стои-

---

[1] Money, стр. 5 – 6.
[2] *Маркс*, стр. 64 – 67.
[3] Там же, стр. 58.

мости служат представителями различных идеальных количеств одного и того же металла – золота.

Попытка номиналистов объяснить номинальный характер денежного обязательства «идеальным» характером денежной единицы, в которой исчислена сумма обязательства, оказывается, таким образом, полностью несостоятельной.

Вопреки Кнаппу и другим номиналистам[1] вопрос о влиянии на денежные обязательства изменений в покупательной силе денег не разрешается тем, что государство при переходе от одной денежной единицы к другой устанавливает между ними соотношение, которое Кнапп называет обратною связью. Эта обратная связь имеет, конечно, большое значение при перечислении денежных сумм, выраженных в старой денежной единице, на новую денежную единицу, но она сама по себе не может считаться выражением принципа номинализма.

Прежде всего необходимо отметить, что соотношение старой и новой денежных единиц обычно устанавливается государством не авторитарно, а применительно к действительному фактическому положению вещей. История большинства денежных реформ показывает, что установлению названной обратной связи между старой и новой денежными единицами обычно предшествует период параллельного обращения денежных знаков, выраженных в соответствующих денежных единицах. В течение этого периода времени принимаются меры к стабилизации фактического курсового соотношения, которое затем закрепляется законодателем. По этому курсу совершаются не только расчеты по денежным обязательствам, но и выкуп старых, изымаемых из обращения, денежных знаков.

Таким образом, обратная связь лишь закрепляет фактическое отношение старой и новой денежных единиц на момент демонетаризации денег, выраженных в старой денежной единице, и замены их новыми деньгами. Отсюда ясно, что отношение «обратной связи» само по себе не отвечает и не может ответить на вопрос о содержании денежных обязательств, выраженных в старой денежной единице, в условиях, когда установлению обратной связи предшествовало изменение покупательной силы денег.

Например, если в 1913 г. совершен был договор, по которому должник обязан в 1925 г. уплатить 10 000 марок, то установленная по закону обратная связь между маркой и рейхсмаркой (один биллион марок равен одной рейхсмарке) сама по себе не является основанием для того, чтобы должник в 1925 г. мог возразить, что он по этому долгу обязан уплатить

---

[1] См.: М а н н , стр. 64, 192.

лишь 10 000 биллионных долей рейхсмарки, т. е. ничего. Для того, чтобы должник мог сделать этот вывод, он сперва должен доказать, что марка, как она существовала в 1924 г. на момент изъятия ее из обращения, по своей платежной силе равнялась марке 1913 г., т. е. что платежная сила марки, невзирая на ее катастрофическое обесценение, еще до реформы 1924 г. (т. е. до установления названной обратной связи) определялась по номиналу: а это заключение, очевидно, не может быть выведено из обратной связи, установленной между маркой и рейхсмаркой.

Таким образом, номиналистический принцип расчета по денежным обязательствам не стоит ни в какой связи с тем, что Кнапп называет «обратною связью»[1].

Государственная теория денег в целом вопреки утверждению Кнаппа не есть «догматическое выражение ряда историко-правовых фактов, которые в XIX в. обнаружились в денежном обращении важнейших государств». Теория эта, напротив того, противоречит этим фактам и исходит из чисто априорных положений. Учение Кнаппа не может также служить базою для разрешения вопросов о содержании денежных обязательств.

<…>

§ 7. Выводы по вопросу о содержании денежного обязательства

Деньги не являются и не могут быть созданием правопорядка, но содержание и порядок исполнения денежных обязательств могут быть определены и по необходимости определяются правом.

Закон, который предписал бы, чтобы франк Пуанкаре, по содержанию золота равнявшийся одной пятой франка жерминаля, был бы равен по своей покупательной силе этому последнему – такой закон остался бы мертвой буквой, не мог бы иметь эффекта.

Но закон, который предписывает, чтобы кредитор по денежному обязательству, заключенному до 1914 г. (в период существования франка жерминаля) и выраженному во «франках», принял бы в полное погашение этого обязательства франки Пуанкаре, не требуя при этом увеличения суммы долга, т. е. чтобы франк, несмотря на снижение своего металлического содержания и падение покупательной силы, сохранил платежную силу по номиналу – такой закон является вполне эффективным, ибо государство располагает всеми средствами для того, чтобы этот закон проводить в жизнь. Принцип «номинализма» как принцип, регулирующий содержание денежных обязательств, выработался, главным образом, в связи с мероприятиями правительства

[1] Ср.: Eckstein, стр. 23 сл.

по снижению металлического содержания монет или по выпуску в обращение бумажных денег; эти мероприятия имели целью финансирование бюджетных расходов; предпосылкою их финансовой эффективности всегда было то, чтобы денежные знаки сохраняли прежнюю платежную силу.

Один из участников работ по составлению Кодекса Наполеона Maleville с большой ясностью формулировал сущность этого принципа[1]. Он говорит, что должник, заключивший заем в шестифранковых монетах, номинальная цена которых после совершения займа была эдиктом (без новой чеканки) повышена до 12 франков, должен уплатить половину полученных им монет; быть может, это и несправедливо, но государственные интересы (raison d'état) этого требуют. Если в этой формулировке исключить выражение «номинальная цена» (которое отражает доктрину valor impositus) и заменить его словами «номинальная сумма денежных единиц», то получится откровенное выражение правового начала, определяющего в капиталистических странах содержание денежных обязательств и вместе с тем отражающего определенный принцип денежной политики.

«Номинализм» денежных обязательств может иметь различные формы своего выражения. Он может получить свое выражение в законе[2], либо в судебной практике (прецедент по делу Джильберт против Брэтт в англо-американском праве). Но наличие соответственной нормы в действующем праве всегда усматривалось в том, что государство, изменяя металлическое содержание денежной единицы, одновременно сохраняло прежнее наименование. Такая форма выражения этого номиналистического принципа освящена многовековой традицией всех государств и широко используется в условиях бумажно-денежного обращения.

При широко развитом кредите, когда имеется большое количество сделок, по которым исполнение отсрочено, роль денежной единицы как единицы исчисления отсроченных платежей особенно велика и в соответствии с этим усиливается значение нормы права, определяющей законную платежную силу денег по номиналу; когда имеется большое число сделок, по которым момент исполнения не совпадает с моментом возникновения денежного обязательства, то нормы, определяющие порядок и средства платежа, получают более широкую область применения. Однако одновременно с этим углубляется и противоречие между ролью денег как меры стоимости и функцией средства платежа: изменение покупательной

---

[1] Analyse raisonnée, т. IV, стр. 39 приведено у С а в и н ь и . Обязательственное право, стр. 342.

[2] Ф.Г.К., ст. 1895.

силы денег при неизменности их платежной силы затрагивает самые широкие круги кредиторов и должников по самым разнообразным видам денежного обязательства.

§ 8. Денежные обязательства в иностранной валюте, их содержание

Принцип номинализма получил в праве капиталистических стран признание в качестве основы денежных платежей и расчетов. (О ревалоризации в Германии, Польше и некоторых других государствах в период инфляции после первой мировой войны будет сказано ниже.)

Принцип этот применяется также к обязательствам с «иностранным элементом», в частности к обязательствам, в которых одна или обе стороны являются лицами, проживающими за границей. Вследствие этого отход от золотого доллара США в 1933 г. был источником больших выгод для европейских (в большинстве своем – германских) должников США. По данным на конец 1933 г. выгоды эти для Германии составили до 5 миллиардов рейхсмарок[1].

Во французском законодательстве была сделана попытка лишить иностранных должников тех выгод, которые могли для них возникнуть вследствие девальвации франка в 1936 г., путем введения специального указания, что снижение золотого паритета франка не распространяется на обязательства по так называемым международным расчетам; но ст. 6 закона 1936 г., содержавшая такое указание, вскоре была отменена.

Нынешняя практика проводит также в жизнь принцип номинализма в отношении обязательств, выраженных в иностранной валюте. Если в промежуток времени между моментом возникновения такого обязательства и моментом платежа произошли какие-либо изменения в ценностном или металлическом субстрате той иностранной денежной единицы, в которой исчислена сумма долга, то номинальная сумма денежного обязательства остается неизменной. Так как все возможные изменения данной иностранной валюты определяются экономикой соответственного государства, то можно сказать, что «ценностное содержание» обязательства в иностранной валюте зависит от факторов, определяющих эту экономику; и если капиталист (например, банк) оказывает клиенту кредит, исчисляя сумму долга в валюте иностранного государства, то это значит, что он (кредитор) рассчитывает на устойчивость экономического положения в этом государстве в течение срока кредита, спекулирует на эту устойчивость.

---

[1] N u s s b a u m . Money, стр. 417, прим. 17.

Номиналистический принцип в отношении обязательств, выраженных в иностранной валюте, нашел свое отражение в многочисленных решениях буржуазных судов.

В практике США он базируется на старом прецеденте 1796 г. – решении Верховного суда США по делу Searight v. Calbraith[1]. Иск был заявлен по требованию из векселя на сумму 150 000 livres tournois с платежом в Париже; к моменту наступления срока платежа во Франции законным платежным средством были ассигнаты, в то время значительно обесценившиеся, и истец отказался их принять. Судья сказал: «Решение всецело зависит от намерения сторон, которое должно быть установлено присяжными. Если имелась в виду уплата определенным видом монет, то предложение уплатить ассигнатами неосновательно. Но если имелось в виду платить деньги, имеющие хождение во Франции (the courtent money of France), то предложение ассигнат было вполне правомерным».

В британской практике имеется одно решение, давно забытое, согласно которому долг в иностранной валюте не подлежит действию соответственного иностранного закона, направленного на снижение металлического содержания монеты. В деле Du Costa v. Cole, 1689 г. речь шла о требовании по векселю, выданному в Лондоне в сумме 1000 португальских мильрейс с платежом в Португалии. До наступления срока векселя король Португалии снизил на 20% металлическое содержание мильрейса. Судья решил, что «вексель должен быть оплачен по его первоначальной цене, ибо король Португалии не может изменять имущественного положения подданного Англии»[2]. Но решение это не создало прецедента и в настоящее время имеет лишь исторический интерес.

В многочисленных решениях, вынесенных судами «общего права» в период времени между первой и второй мировыми войнами, принцип номинализма был применен к долгам в обесценившихся марках, австрийских кронах, рублях, франках и других валютах стран континентальной Европы[3].

Из британских решений можно привести дело 1921 г. по иску British Bank for Foreign Trade v. Russian Commercial and Industrial Bank[4]. Решение это неоднократно комментировалось в юридической литературе.

Истец в июне 1914 г. получил ссуду у ответчика в сумме 750 000 рублей под обеспечение ценных бумаг, которые были депонированы в

[1] M a n n , стр. 64, прим. 1.
[2] Там же, стр. 196.
[3] N u s s b a u m . Money, стр. 416 и M a n n , стр. 196, где приведены перечни решений судов Англии и США.
[4] T. L. R., 1921, vol. 38, p. 65.

Бельгийском банке в Брюсселе. Вопрос о погашении ссуды возник лишь по окончании первой мировой войны, так как до этого времени ценные бумаги, депонированные в оккупированном немцами Брюсселе не могли быть возвращены истцу; со стороны последнего не было виновной просрочки. Поверенный ответчика утверждал, что долг может быть погашен лишь золотыми рублями. Суд признал, однако, возможным погашение долга в номинальной его сумме рублями образца, служивших законным платежным средством в Советской России в момент постановления решения («довоенный рубль» по курсу Народного комиссариата финансов на 1 ноября 1921 г. был определен в сумме 60 тысяч рублей денежными знаками 1921 г.[1]

См. решения по делам: Chesterman Trust (1923), где тот же принцип был применен к займу в марках[2]; Anderson v. Equitable Life Assurance Co, 1926 г.[3] об обесценении страхового полиса в марках; Hopkins v. Compagnie Internationale des Wagon Lits, 1927 г.[4] об обесценении облигации в бельгийских франках; Franklin v. Westminster Bank, 1931 г.[5] об обесценении чека в марках, и много других.

В ряде решений французских судов за тот же период денежные обязательства в старых рублях и в марках были признаны полностью обесценившимися. Практика эта, в частности, была использована французским страховым обществом Урбэн, которое отказалось платить по полисам, выданным в России до первой мировой войны и валютированным в рублях[6].

В отношении векселей и чеков, выписанных в иностранной валюте, Женевские конвенции[7], а также британский закон 1882 г. о векселях[8] предусматривают уплату по курсу на день наступления срока платежа, а не по курсу на день составления векселя или чека.

Из этого вытекает, что при любых изменениях валюты, в которой исчислена сумма векселя или чека, эта сумма остается неизменной.

Всеобщее признание принципа номинализма нашло свое выражение также и в том, что международное публичное право не знает ответственности государства за обесценение его собственных денег.

---

[1] См.: Л у н ц . Деньги и денежные обязательства, 1927, стр. 64.
[2] Там же, стр. 97.
[3] T. L. R., vol. 42, p. 302.
[4] Прилож. к книге М а n n а 'а , стр. 313.
[5] Там же, стр. 314.
[6] См.: Л у н ц , назв. соч., стр. 97; также Clunet, 1927, стр. 1060 – 1069.
[7] Ст. 41 конвенции о векселях и ст. 36 конвенции о чеках.
[8] Ст. 72, п. 4.

В этой связи интересно отметить решение смешанной комиссии, учрежденной по Вашингтонскому договору от 8 мая 1871 г. в составе представителей США и Англии для рассмотрения претензий англичан за убытки, связанные с гражданской войной 1861 – 1865 гг. Комиссия рассматривала, между прочим, претензию к Соединенным Штатам британского подданного Вильяма Адама, домицилированного в Англии, о возмещении ему убытков, которые он потерпел в качестве держателя облигаций американской железнодорожной компании. Последняя на основании американского закона расплатилась с ним обесцененными долларами по номиналу. Претензия Адама была отклонена единогласно не только американскими, но и английскими членами комиссии[1].

§ 9. Вопрос о «валютном» статуте

Рассмотренная нами практика по вопросу об обязательствах в иностранной валюте была использована Nussbaum'ом для построения теории о «валютном статуте» или «валютной привязке»: «Тот, кто заключает договор в определенной валюте, тем самым в вопросах валюты подчиняется правопорядку валютного статута». Währungsstatut в этих вопросах идет впереди Vertragsstatut[2].

Концепция валютной привязки является прямым выводом из учения номиналистов об идеальном характере денежной единицы, лишенной якобы металлического и ценностного субстрата и могущей получить определение лишь путем закрепления ее обратной связи с предшествовавшей ей денежной единицей. Если к этому прибавить доктрину Кнаппа о том, что эта обратная связь определяется, будто бы, только законом, то отсюда ясен вывод номиналистов, что содержание денежного обязательства, сумма которого исчислена в иностранной денежной единице, определяется законом того государства, к которому относится эта денежная единица. Но если, как показано выше, учение о номинальном характере д е н е ж н о й е д и н и ц ы является ложным, то отпадает предпосылка для теории валютной привязки. Хотя отношение денежной единицы к золоту для каждого данного государства определяется его законом и хотя при смене денежных единиц обратная связь также закрепляется законом, но эти законы сами по себе (как мы видели) не отвечают на вопрос о том, каково влияние на денежное обязательство изменений в денежной едини-

---

[1] М о о r е. History and Digest of International Arbitration, 1899, p. 3066; М. П е р г а м е н т. Обесценение бумажных денег, 1926, стр. 15.

[2] N u s s b a u m. Deutsches internat. Privatrecht, стр. 252; е г о ж е. Money, стр. 414. Ср.: M a r t i n W o l f. Private Internat. Law, Oxford, 1945, § 449 – 450.

це. Из того, что обязательство выражено в иностранной валюте, вовсе не вытекает, что вопрос о влиянии ф а к т а о б е с ц е н е н и я этой валюты на денежные обязательства должен быть решен по закону государства, к которому относится данная валюта, если содержание обязательства не подчинено правопорядку этого последнего государства.

Учение о валютном статуте отвергается Schnitzer'ом[1], который считает, что в «международном» торговом праве вообще нет места для этого статута. Употребление иностранной денежной единицы как валюты долга имеет такое же значение, как употребление иностранной меры веса для определения количества товара.

Другими словами: исчисление суммы обязательства в иностранной валюте с а м о п о с е б е с точки зрения права не рассматривается как иностранный элемент в составе данного правоотношения. А из этого ясно, что вопрос о влиянии на эти обязательства факта обесценения данной иностранной валюты нет оснований решать по иному закону, нежели lex causae.

Но имеет ли весь этот вопрос практическое значение? Mann[2] полагает, что так как все законодательства стоят на точке зрения номинализма, то нет почвы для коллизии и для постановки коллизионной проблемы (lex monetae или lex causae). Однако, как мы увидим ниже, вопрос о том, существует ли или нет «валютный статут», приобрел существенное значение в связи с ревалоризационной практикой в Германии, Польше и некоторых других странах.

Применение номиналистического принципа к обязательствам в иностранной валюте было перенесением на эти обязательства тех начал, которые выработались в практике по отношению к обязательствам в собственной валюте. Старая доктрина, которая из королевской монетной регалии выводила право государя «определять цену монеты», ограничивала это право территориальными рамками или по признаку подданства. Отсюда приведенное выше заключение судьи Holt'a (1688 г.), что снижение металлического содержания португальской монеты не может влиять на права англичанина, являющегося кредитором по векселю в португальской валюте[3].

Ныне, однако, это ограничение номиналистического принципа, вытекающее из доктрины valor impositus, отпало вместе с этой последней доктриной.

---

[1] Стр. 293 – 294, 310.

[2] Стр. 192 – 193, прим. 3.

[3] Ср. аналогичную теорию P a r d e s s u s'a. Cours de droit commercial, 1826, т. 5, стр. 271, приведенную у N u s s b a u m'a. Money, стр. 415.

Можно даже сказать, что принцип номинализма применяется в настоящее время к обязательствам в иностранной валюте (связанным, большей частью, с международной торговлей) с бóльшим ригоризмом, нежели к обязательствам в собственной валюте: попытка немцев (1932 – 1934 гг.) распространить свою ревалоризацию на такого рода обязательства рассматривалась как нарушение прочности договорных отношений, как стремление подчинить права иностранцев произволу германских судей и вызвала энергичные протесты за пределами Германии (см. ниже, стр. 212).

§ 10. «Старые» обязательства и «новая» денежная единица

От случаев изменений в данной денежной единице следует отличать случаи замены одной денежной единицы другой. Если в период времени между возникновением данного обязательства, выраженного в иностранной валюте, и его исполнением, государство, к которому относится данная валюта, введет у себя новую денежную единицу и установит между этими двумя единицами «обратную связь», то имеет ли такое отношение экстерриториальное действие? На этот вопрос практика отвечает утвердительно.

В настоящее время вопрос об экстерриториальном эффекте «обратной связи» не вызывает сомнений в практике.

Однако вопрос этот еще в последней четверти XIX в. считался в литературе спорным и вызвал большие разногласия в связи с рядом решений Reichsoberhandelsgericht'a и Reichsgericht'a в период 1878 – 1887 гг. по делам об оплате облигаций австрийских железнодорожных обществ[1].

До германской денежной реформы 1871 – 1873 гг. ряд австрийских железнодорожных обществ выпустил на германском фондовом рынке облигации, на которых значилось «200 гульденов австрийской серебряной валюты равных $133^1/_2$ талерам талеровой валюты» (талеры были серебряными монетами, имевшими тогда хождение в Германии). Облигации были подчинены австрийскому праву.

После перехода Германии к золотому обращению и демонетизации там серебра цена на серебро повсеместно упала, что вызвало также снижение курса австрийской серебряной валюты. Австрийские железнодорожные общества отказались платить германским держателям в новой германской валюте – в марках – по установленному в германском законе отношению 1 талер = 3 маркам, ссылаясь: 1) на то, что облигации выра-

---

[1] См.: Hartmann. Internationale Geldschulden, 1883; Bekker. Couponprozesse der oesterreichischen Eisenbahngesellschaften, 1881.

жены в австрийской валюте, указание же в них паритета на германскую валюту имеет значение лишь «справки» (включено informationis causa), но не обязательства платить определенную сумму германской валюты; 2) на то, что для австрийских железнодорожных обществ во всяком случае необязательно то счетное отношение старых серебряных талеров и новых золотых марок (3 марки = 1 талеру), которое было установлено по германскому закону 1873 г. при переходе Германии от серебряного обращения к золотому.

Суды признали, что облигации предоставляют держателю право выбора (опцион) между определенной суммой гульденов и определенной суммой талеров и что, следовательно, германские держатели имеют право требовать платежа из расчета той суммы талеров, которая обозначена в облигации. Далее суды признали, что хотя облигации подчинены австрийскому праву, но при перечислении талеров на марки соотношение 3 талера = 1 марке, установленное по германскому закону, является обязательным для должников.

Из британских решений можно привести дело Franklin v. Westminster Bank, 1931 г.[1], где обсуждался вопрос о чеке, выданном в Германии в период инфляции в сумме 9 миллионов марок. Суд признал, что в 1926 г. сумма чека выразилась в $^{9}/_{1000}$ рейхсмарки, и сослался на «обратную связь» марки и рейхсмарки, установленную германским законом 1924 г.

В подобных случаях также нельзя видеть применения валютной привязки, как это хочет доказать Nussbaum (ibid.); здесь нет вообще коллизии законов и коллизионной проблемы: указания на соотношение между талером и маркой, маркой и рейхсмаркой можно было искать лишь в германском законе, так же как только в этом законе можно было бы искать официального указания на соотношение старых германских мер веса и длины и новых мер метрической системы.

Nussbaum сам указывает на то, что при отсутствии официально установленной обратной связи применяется перечисление по фактическому курсу денег, выраженных в старой и новой денежных единицах на момент введения новой единицы[2].

Отсюда ясно, что вопрос о применении обратной связи, закрепленной в иностранном законе, не есть коллизионная проблема.

Возражения австрийских железных дорог по искам облигационеров и доводы истца в деле Franklin v. Westminster Bank вовсе не заключались в противопоставлении германскому закону об «обратной связи» каких-

---

[1] Напечатано полностью в приложении у M a n n 'a, стр. 313.

[2] N u s s b a u m. Deutsches internationales Privatrecht, стр. 254.

либо иных законов, в которых бы на других основаниях была установлена такая обратная связь. Такого противопоставления не могло быть.

Возражения эти по существу сводились не к оспариванию применения обратной связи, а к оспариванию применения номиналистического принципа.

Австрийские железные дороги пытались извлечь для себя выгоду из обесценения серебра после германской денежной реформы 1871 – 1873 гг. и в этих целях выдвинули теорию, согласно которой содержанием обязательства уплатить определенную сумму талеров является определенное количество серебра в виде монет. Bekker в названной своей брошюре развил из этого свою общую теорию о содержании денежного обязательства в духе учений «металлистов». Он утверждал, что если сделка была заключена в то время, когда денежная система была основана на серебре, то после перехода к золотому обращению (ввиду исчезновения серебряных монет), строго говоря, наступает невозможность исполнения. Однако Bekker признал здесь своеобразную конверсию: предметом долга взамен серебряных монет становится ценность этих монет, выраженная в золоте.

Но теория Bekker'а ввиду полного ее несоответствия современным концепциям о денежном обязательстве имела лишь переходящий интерес и не оказала какого-либо влияния на практику.

§ 11. Действие юридических принципов, определяющих содержание денежного обязательства

Действие рассмотренного нами номиналистического принципа заключается в том, что содержание обязательства, сумма которого исчислена в денежной единице, лежащей в основании денежной системы данной страны, подчинено всем возможным в будущем изменениям в этой единице, так что номинальная сумма остается неизменной, невзирая на эти изменения.

В современном праве считается, что принцип номинализма денежного обязательства носит не императивный, а диспозитивный характер. В ряде судебных решений XIX в. принцип номинализма выводится как презумпция воли сторон[1].

В юридической литературе еще и поныне подчеркивается диспозитивный характер номинализма: так, Mann[2] отмечает, что «номинализм

[1] См. выше, стр. 167 и 181 решения Верховного суда США по делам Searight v. Calbraith, 1796 г.; Knox v. Lees, Barker v. Davis, 1870 г.

[2] Стр. 63 – 64.

находит свое оправдание в намерении сторон, поскольку последнее принимается во внимание правом».

Диспозитивный характер номиналистического принципа видят в том, что стороны вольны в качестве единицы исчисления долга избрать не денежную единицу данной страны, а определенное весовое количество золота или иностранную валюту – поскольку на то нет особого запрета в действующем праве. Запрещение подобных «гарантийных валютных оговорок» ныне не считается выводом из принципа номинализма как такового.

Но надо иметь в виду, что допустимость «гарантийных валютных оговорок» и диспозитивный характер правила о номинальном характере денежных обязательств были одним из проявлений «договорной свободы» эпохи промышленного капитализма и довоенного империализма.

Во Франции, например, в течение многих веков короли стремились к тому, чтобы не допустить заключения сделок в реальной золотой, серебряной или медной монете определенного веса и пробы. Ливр и его подразделения «sous» и «denier» уже с XII в. были только «счетными деньгами» (moneta imaginaria): действительные деньги (реальные монеты) были вычеканены по иному масштабу[1].

Ряд эдиктов (в частности, эдикт 1602 г.) был направлен на то, чтобы принудить к заключению сделок только в ливрах[2]. Эта практика получила «теоретическое обоснование» в литературе в качестве прямого вывода из рассмотренной нами выше доктрины valor impositus. Pothier[3], изложив эту доктрину, ставит вопрос: можно ли считать предметом займа «не определенную сумму денег, а определенное количество монет в шесть ливров каждая с тем, чтобы должник вернул то же количество монет того же веса и пробы»? Pothier подчеркивает «большую трудность допустить такое соглашение, ибо (говорит он) государь распределяет свои монеты между подданными для того, чтобы они могли служить знаком ценности всех вещей и отсюда следует, что монеты принадлежат подданным лишь в этом своем качестве и, следовательно, могут быть предметом гражданских сделок, таких, как заем, лишь в этом качестве. Нельзя поэтому дать в заем монету как таковую, но лишь как знак той суммы, которую она обозначает по усмотрению государя; поэтому нельзя обязать заемщика вернуть что-либо иное, как эту сумму, и всякое соглашение, противное этому, должно быть отвергнуто как противоречащее публичному порядку и

---

[1] Ср.: Маркс, стр. 60.
[2] Hubrecht, стр. 54, 61.
[3] Op. cit., стр. 55.

тому назначению, которое государь дал монете».

К концу XVIII в. доктрина valor impositus и выводы из нее, формулированные у Pothier, отпали. «Гарантийные валютные оговорки» стали допускаться и получили в некоторых странах весьма широкое распространение, а принцип номинализма, как уже отмечено, стал принципом диспозитивным.

Но после 1914 г. – с умалением начала договорной свободы – некоторые из гарантийных оговорок были во многих странах объявлены недействительными, аннулированными и запрещенными на будущее время, а после 1931 г. разного рода валютные ограничения привели к тому, что золотая оговорка в большинстве стран вовсе отпала, а исчисление долговых сумм в иностранной валюте подверглось сильным ограничениям.

Процесс этот будет мною подробно освещен в главе III.

Здесь же отмечу, что в условиях подобных ограничений принцип номинализма вновь приобретает в странах капитализма тот принудительный характер, который был ему присущ до XIX в.

Можно, конечно, утверждать, что принцип номинализма и по настоящее время сохранил диспозитивный характер, что недействительность гарантийных оговорок вытекает не из этого принципа, а из специальных запрещений, выраженных в законах или судебных прецедентах.

Однако если рассматривать действующее право о денежных обязательствах как единое целое, то надо прийти к заключению, что номинализм во внутреннем праве капиталистических стран вновь приобретает принудительный характер; диспозитивный характер номиналистического принципа сохранился лишь там, где он не получил отражения в практике, т. е. лишь в тех странах, где гарантийные валютные оговорки не получили сколько-нибудь широкого распространения[1].

Проводя в жизнь принцип номинализма в качестве общего начала денежной политики, суды капиталистических стран по некоторым видам обязательств отступают от этого принципа или ограничивают его действие.

Сюда относятся обязательства, имеющие своим предметом предоставление кредитору определенной «покупательной силы» для достижения определенной цели, а также обязательства по выплате содержания.

Далее: номиналистический принцип может иметь лишь ограниченное действие по отношению к обязательствам, направленным на уплату денег в порядке возмещения убытков, возникших вследствие правонару-

---

[1] См. об этом в главе III.

шений или неисполнения либо ненадлежащего исполнения неденежных обязательств.

Затем: учет изменения покупательной силы денег по некоторым правовым системам допускается в порядке возмещения убытков, возникших в результате просрочки платежа по обыкновенным денежным обязательствам.

Наконец: влияние изменений покупательной силы денег иногда принимается во внимание по двухсторонним договорам, по которым ни одна из сторон еще не приступила к исполнению (clausula rebus sic stantibus).

Рассмотрим указанные категории случаев, когда номиналистический принцип не получает действия или ограничивается в своем действии. Начнем с вопроса о том, какое вообще значение имеет номиналистический принцип при денежном возмещении убытков.

§ 12. Определение суммы денежного возмещения убытков (в связи с вопросом о влиянии на денежное обязательство изменений в покупательной силе денег)

По всем капиталистическим правовым системам деньги служат средством возмещения убытков, что вытекает из их функций всеобщего эквивалента и средства обращения.

Различия в правовых системах по этому вопросу заключаются в том взаимоотношении, которое установлено между обязанностью уплатить денежное возмещение убытков и обязанностью должника исполнить в натуре.

По Г.Г.У. должник, не исполнивший своего обязательства, должен в первую очередь восстановить то положение, которое существовало бы, если бы не было обстоятельства, в силу которого возникла обязанность возместить ущерб (§ 249, предл. 1). Другими словами, должник в первую очередь может быть принужден к реальному исполнению, лишь если такое исполнение стало невозможным в силу обстоятельств, за которые отвечает должник (а также в случае некоторых других оснований, указанных Г.Г.У.[1]), кредитор имеет право требовать взамен исполнения в натуре денежного возмещения убытков.

По Ф.Г.К.[2] право кредитора на возмещение убытков возникает в момент, когда должник допустил просрочку выполнения своего договорного обязательства или в момент совершения правонарушения. В тот же момент для кредитора возникает право использования мер, направленных на

[1] § 249, предл. 2, 250, 251.
[2] Ст. 1142 – 1147, 1382.

реальное исполнение, в частности, путем системы astreintes, т. е. посредством назначения судом сроков для исполнения в натуре с тем, что если исполнения в срок не последует, то должник платит кредитору штраф за каждый период (день или неделю и т. д.) просрочки.

Вопрос о том, какое средство удовлетворения будет в конкретном случае предоставлено кредитору, зависит от суда.

В англо-американском праве принуждение должника к реальному исполнению (specific performance) допускается в виде особой льготы для кредитора[1]. По общему же правилу всякое правонарушение (tort) и нарушение договора (breach of contract) влекут за собой обязанность должника к денежному возмещению убытков.

Обобщая сказанное, можно заключить, что по континентальному праву одной из гражданско-правовых санкций и по англо-американскому праву основной санкцией является денежное возмещение убытков.

При определении суммы такого возмещения все правовые системы исходят из следующего: в порядке возмещения убытков кредитор имеет право получить сумму денег, которая поставила бы его в такое имущественное положение, в котором он находился бы, если бы данное правонарушение не было совершено или если бы обязательство из договора, о котором идет речь, было бы надлежащим образом и в срок исполнено (принцип полного возмещения)[2].

Обязательство возместить убытки есть денежное обязательство, сумма которого остается неопределенной (но определимой) до тех пор, пока суд не установит эту сумму в соответствующем решении: в установленной судом сумме возмещения покупательная сила денег получит свое отражение, ибо сумма возмещения должна быть эквивалентом определенных имущественных ценностей. Но с того момента, как состоялось судебное решение, фиксирующее сумму убытков, налицо денежное обязательство, выраженное в определенной сумме денежных единиц, к которому на общих основаниях применяется принцип номинализма.

Для того, чтобы по возможности сочетать этот последний принцип с принципом полного возмещения убытков, необходимо приурочить исчисление этого возмещения к надлежащему моменту.

---

[1] Дженкс, § 285, 298 сл., 819; ср.: Restatement of the Law of Contracts, § 326 сл.

[2] Ср.: Planiol. Traité élémentaire de droit civil, II, § 221 сл., 895, 896; Oertmann. Kommentar z. BGB, § 249 – 252; Дженкс, § 285, 820; Restatement of the Law Contracts, loc. cit.

Континентальные правовые системы сумели в этом вопросе найти более последовательное разрешение вопроса, нежели англо-американская судебная практика. В германском праве[1] исчисление убытков производится с учетом всех обстоятельств дела по рыночной цене товаров или услуг на момент вынесения судебного решения; но если в какой-либо момент за период времени от возникновения требования и до вынесения решения стоимость соответственных товаров, услуг и т. д. была более высокой, то кредитор может требовать, чтобы исчисление убытков было приурочено к этому моменту, если только он докажет, что при своевременном и надлежащем исполнении он мог бы извлечь выгоды из этой более высокой цены. Французская практика приурочивает исчисление убытков к моменту вынесения решения[2].

В «общем праве» действует процессуальное правило, согласно которому убытки исчисляются на момент нарушения договора (breach day rule) или на момент совершения правонарушения (wrong day rule). Этот принцип выражен, в частности, применительно к договору купли-продажи в британском законе 1893 г. о продаже товаров (ст. 51, п. 3) и в американском Единообразном законе о продаже 1926 г. (ст. 64, п. 3); ст. 51 п. 3 названного британского закона, как и весь этот закон, является кодификацией того, что было выработано ранее в судебной практике[3].

Тот же принцип применяется в отношении определения убытков из правонарушения (tort). В британском деле The Volturno, 1921 г.[4] суд отмечает, что в случае присвоения коров истец имел бы право на «убытки» (damages) по стоимости коров на момент присвоения и не мог бы претендовать, чтобы было учтено повышение стоимости коров на рынке с момента присвоения по момент вынесения решения.

Строго формальное применение этого принципа в английском праве не дает возможности, следовательно, учитывать изменения в ценах товаров или изменения в покупательной силе денег после нарушения договора или после совершения правонарушения. Иногда такой метод приводит к несправедливой выгоде для потерпевшего, так что он извлекает выгоду из факта правонарушения[5]. Но чаще всего принцип этот находится в противоречии с принципом полного возмещения убытков и приводит к расширению номиналистического начала, так как все изменения фунта стер-

---

[1] Enneccerus, § 237, III.

[2] Planiol-Ripert. № 682; Recueil de jurisprudence, Sirey, 1928, 1 – 239. Ср.: H. Mazeaud et L. Mazeaud. Traité théorique et pratique de la résponsabilité civile, 1934, т. III, n. 2420.L.

[3] См. дело Rice v. Baxendale, 1861 г., приведенное у Манна, стр. 85.

[4] Манн, стр. 86.

[5] См. ниже, стр. 303 – 304 о деле Banco de Portugal, 1932 г.

лингов после момента нарушения договора и после момента правонарушения при этом вовсе не учитываются.

Американская практика, более доступная влияниям континентального права, допускает существенные отступления от обсуждаемого начала «общего права»[1]. В эпоху бумажно-денежной инфляции, созданной условиями гражданской войны 1861 – 1865 гг., американские суды после некоторых колебаний склонились к тому, что при исчислении убытков на момент нарушения договора следует вместе с тем вносить поправки на обесценение доллара после этого момента и что суды не должны закрывать глаза на факт такого обесценения денег. «Почему суд должен быть единственным местом, где люди должны притворяться, что не знают того, что известно всем?» – замечает по этому поводу судья штата Нью-Йорк в деле Simpkins v. Low, 1873 г. По договорам купли-продажи суды отдельных штатов неоднократно отступали от принципа исчисления убытков по ценам на момент нарушения договора и исчисляли иногда убытки на базе «высшей цены товара между этим моментом и моментом окончания судебного разбирательства»[2].

В некоторых случаях американские суды, исходя из цен на момент причинения убытков, затем вносили в это исчисление поправки на последующее изменение покупательной силы денег. Например, в деле Hurst v. Chicago B.Q.R.Co, 1920 г. Верховный суд штата Миссури заметил, что в исчисление суммы компенсации за увечье (потерю ноги) следует внести поправку на снижение покупательной силы доллара с момента правонарушения. Суд указывает на необходимость такой поправки ввиду «радикальных, существенных и, по-видимому, длительных изменений в социальных и экономических условиях» (имеется в виду изменение в уровне цен после первой мировой войны). Вместе с тем суд подчеркивает, что «обычные изменения» в покупательной силе денег не должны учитываться[3].

Однако и радикальные изменения при определении компенсации за увечье далеко не всегда учитывались: в деле Palmer v. Security Trust Co, 1928 г. суд штата Мичиган отказался внести поправку в сумму компенсации за утрату трудоспособности вследствие увечья, причиненного автобусом. Истец требовал удвоения суммы компенсации в соответствии с ростом индекса цен, но ему было отказано. Nussbaum[4], комментируя это решение, подчеркивает правильность конечного вывода, ибо, де, ничем не доказано, что заработная плата истца возросла бы в соответствии с

---

[1] М а н н , стр. 83 – 85; N u s s b a u m . Money, стр. 255 – 257.
[2] См. судебную практику: Bouvier, т. II, стр. 2178, verbo: «measure of damages».
[3] М а н н , стр. 85.
[4] Money, стр. 257.

обесценением доллара. Такое обоснование является откровенным признанием того, кто в капиталистических условиях в конечном счете несет бремя номиналистической политики, бремя «эмиссионного налога»: принцип номинализма становится средством снижения реальной заработной платы.

Решение это вместе с тем объясняет, почему суды мало склонны отступать от обсуждаемого принципа (wrong day rule) по искам из правонарушений.

В настоящее время, как известно, огромная масса дел по взысканию убытков из правонарушений относится к случаям ущерба, причиненного предприятиями, эксплуатирующими железные дороги, источники электроэнергии и т. п., – словом, предприятиями, которые (если пользоваться терминологией нашего закона) эксплуатируют источники «повышенной опасности». <…>

§ 13. Вопрос о возмещении убытков вследствие просрочки платежа

Как влияет на ответственность по денежным обязательствам просрочка должника? Может ли кредитор в случае такой просрочки требовать возмещения убытков от обесценения валюты долга с момента просрочки? Вопросы эти нами ставятся как в отношении обязательств в местной, так и в отношении обязательств в иностранной валюте.

Разрешение этих вопросов зависит от того, допустимо ли вообще при просрочке по денежным обязательствам взыскание возмещения за убытки сверх суммы процентов (законных или договорных) или возмещение в этом случае ограничено суммой означенных процентов.

Прежде чем ответить на этот вопрос, необходимо установить соотношение понятий «процентов» и «возмещения убытков».

Проценты есть периодически начисляемое на должника вознаграждение за пользование «чужим» (т. е. подлежащим возврату управомоченному лицу) денежным капиталом в размере, не зависящем от результатов использования капитала (в отличие от дивиденда, размер которого зависит от этих результатов). Обязанность платить проценты устанавливается наряду с обязанностью вернуть капитал, и поэтому тот, кто платит проценты, не погашает задолженности по капиталу.

Обязанность платить проценты возникает из закона или договора. При этом закон иногда предписывает начисление процентов на подлежащие возврату суммы денег независимо от того, потерпел ли должник убыток вследствие того, что он лишен был возможности пользоваться причитающейся ему капитальной суммой и независимо от того, приобрел ли должник какие-либо выгоды от пользования «чужим капиталом»[1].

Таким образом, обязанность платить проценты может возникнуть в силу таких оснований, которые вообще не вызывают обязанности возместить убытки. Но те основания, которые по неденежным обязательствам создают обязанность возмещения убытков, как правило, – применительно к денежному обязательству – создают обязанность платить проценты[2].

Однако вопреки тому, что сказано в некоторых решениях судов «общего права» (см. ниже), было бы неправильным утверждать, что проценты, причитающиеся кредитору в случае просрочки должника, являются формою возмещения убытков, ибо проценты и в этом случае причитаются кредитору независимо от наличия или отсутствия убытков у кредитора.

Таким образом, обязанность платить проценты всегда остается вознаграждением за пользование чужим капиталом.

Тем самым, однако, не разрешается вопрос, идут ли проценты в случае просрочки должника в счет или взамен возмещения убытков.

Как мы увидим – по германскому и швейцарскому и, отчасти, австрийскому праву – проценты идут в счет возмещения убытков, а по французскому и англо-американскому праву – взамен возмещения убытков.

По Г.Г.У. (§ 288) и Швейцарскому кодексу обязательственного права (ст. 106), а также согласно австрийской практике по торговым делам[3] кредитор в случае просрочки по денежному долгу – во всяком случае без представления каких-либо доказательств со своей стороны – может требовать уплаты процентов, но убытки, поскольку они не покрыты суммою процентов, могут быть взысканы на общих основаниях, установленных для требований о возмещении убытков в случае просрочки должника. В отношении убытков, вытекающих из обесценения валюты долга, возникает вопрос, может ли кредитор исчислить такие убытки абстрактно, указав на объективный факт понижения курса валюты долга или на факт падения покупательной силы этой валюты, или он должен исчислить эти убытки конкретно (применительно к условиям данного конкретного случая). Вопрос здесь не только в способе исчисления, но и в распределении бремени доказывания убытков: в случае абстрактных убытков наличие последних предполагается в пользу кредитора, если установлен факт понижения курса или падения покупательной

[1] Примеры: Г.Г.У., § 347, 452, 641, абз. 2; Enneccerus, § 233, III.
[2] Г.Г.У., § 288, Ф.Г.К., ст. 1153.
[3] Nussbaum. Geld, стр. 150.

силы валюты долга; но такой презумпции нет в отношении «конкретных» убытков, наличие которых должно быть установлено истцом.

Германская практика стояла на точке зрения абстрактных убытков в отношении долгов в германских марках, а также в отношении долгов в обесцененной иностранной валюте; но по обязательствам в иностранной валюте только германскому кредитору присуждались абстрактные убытки, иностранный же кредитор мог в этом случае рассчитывать лишь на конкретные убытки. Так, если французский кредитор по долгу, исчисленному во французских франках, требует возмещения убытков от обесценения франка, то он должен представить доказательства, что действительно понес такие убытки; практика в подобных случаях исходила из того, что подобный кредитор в случае своевременного платежа сохранил бы на своем текущем счету франки, и, следовательно, его убытки не имеют причинной связи с просрочкой. Австрийская же и швейцарская практика в виде общего правила стояла на точке зрения присуждения лишь конкретных убытков. Точка зрения германской практики (допущение абстрактных убытков) развилась в эпоху ревалоризации и соответствовала общей тенденции в тот период к переоценке денежных долгов[1].

Французский Г.К. (ст. 1153) стоит на точке зрения крайнего номинализма:

«По обязательствам, которые ограничены уплатою определенной суммы денег, убытки, вытекающие из просрочки в исполнении, должны всегда лишь выражаться в присуждении к уплате процентов, определенных законом; это не касается особых правил, относящихся к торговле и поручительству». Что касается «особых правил, относящихся к торговле», то речь здесь идет о возможности определения размера процентов по торговым сделкам по усмотрению сторон, а не о допустимости взыскания убытков от обесценения суммы долга[2].

В абзаце четвертом той же ст. 1153 говорится: «Кредитор, которому просрочивший должник недобросовестно причинил ущерб, независимый от этой просрочки, может получить возмещение убытков отдельно от получения процентов за просрочку в исполнении требования». Таким образом, при наличии просрочки платежа по небрежности должника кредитор не имеет [права] требовать на возмещение убытков сверх суммы процентов и, в частности, не может требовать возмещения убытков от обесценения валюты долга. Этот ригоризм Ф.Г.К. в вопросе о номинальном характере денежных обязательств является пережитком доктрины о «нарица-

---

[1] См.: N u s s b a u m . Geld, 149 сл.; M a н н , стр. 78 сл., 213 сл.; решение Рейхсгерихта, J.W., 1926, 1323; 1927, 980; 1928, 2841.

[2] См. Ф.Г.К., перевод И. С. Перетерского, подстрочное примечание к ст. 1153.

тельной цене денег» (valor impositus): с точки зрения этой доктрины все последствия обесценения денег могут быть исправлены только законодателем, а не судьей.

В вопросе о применении принципа ст. 1153 Ф.Г.К. к обязательствам в иностранной валюте французская практика не выработала твердой линии; по-видимому, итог судебных решений сводится к тому, что прямого возмещения убытков практика не допускает, но косвенно такое возмещение происходит путем перечисления суммы долга на местную валюту то по курсу дня просрочки, то по более позднему курсу, смотря по тому, какой курс дает кредитору наиболее полное удовлетворение[1].

Англо-американская судебная практика пришла к аналогичным выводам, что и французское право, но исходит при этом из другого обоснования. В решении Верховного суда штата Нью-Йорк по делу Revillion v. Damme, 1920 г., где речь шла об обязательстве во французских франках, было признано, что потери вследствие обесценения французской валюты не входят в состав убытков, подлежащих взысканию и что единственные убытки, которые могут быть взысканы в случае неплатежа денег, – это проценты[2].

В британском решении по делу Di Fernando v. Simon Smits and Co, 1920 г. лорд Scrutton, считающийся в Англии авторитетом по торговому праву, формулировал аналогичную точку зрения, указав, что убытки (damages) вследствие изменения курса иностранной валюты, в которой был выражен долг, не могут быть взысканы, так как «подобные убытки слишком отдаленны» (those damages are too remote). «Изменения курса не в достаточной мере связаны с нарушением договора так, чтобы они были в пределах предвидения сторон»[3]. Scrutton исходил из того, что проценты в случае просрочки имеют значение возмещения того ущерба, который причинен кредитору при нормальных условиях денежного рынка и что всякие иные убытки как не предвиденные сторонами не подлежат возмещению. Этот вывод является частным случаем применения доктрины, согласно которой возмещение убытка, вытекающего из нарушения договора, «может быть взыскано лишь, если он является естественным и прямым следствием нарушения, либо находится в пределах предвидения обеих сторон в момент заключения договора как возможный результат нарушения договора»[4].

---

[1] См. ниже, стр. 298.

[2] Nussbaum. Geld, стр. 151.

[3] Mann, стр. 214.

[4] Формулировка судебной практики, данная у Дженкса, назв. соч., § 287.

Принцип, выраженный в деле Di Fernando, формулирован Дженксом[1] следующим образом: «Всякое нарушение договора порождает иск об убытках; однако в случае нарушения обязательства из договора об уплате определенной суммы денег никакие убытки, кроме суммы долга и – в подлежащих случаях – процентов, не подлежат взысканию». Этот принцип приводит к тому, что убытки, проистекающие от обесценения валюты долга с момента просрочки, падают на кредитора и возмещение их не может быть взыскано с должника. Однако вывод этот в отношении обязательств в иностранной валюте смягчается тем, что суды «общего права» обычно перечисляют суммы в иностранной валюте на moneta fori по курсу дня нарушения договора (или дня правонарушения), о чем подробнее будет сказано ниже, в главе, посвященной вопросам исполнения денежных обязательств.

Иначе разрешается по всем правовым системам вопрос об убытках в случае просрочки исполнения в а л ю т н ы х с д е л о к (где иностранная валюта фигурирует не как средство платежа, а как предмет купли-продажи – как товар). В деле Richard v. American Union Bank Верховный суд штата Нью-Йорк обсуждал иск профессионального торговца девизами к Нью-Йоркскому банку, допустившему просрочку в предоставлении истцу румынских лей, которые он должен был зачислить на его счет по заранее обусловленному курсу; леи с момента просрочки упали в курсе на доллар и суд признал, что так как речь идет о п р о д а ж е румынской валюты, то истец имеет право не на проценты (как по денежному долгу), а на разницу в курсе в порядке возмещения убытков от несвоевременного исполнения; принцип «лея=лее» к валютной сделке неприменим[2].

§ 14. Изменения покупательной силы денег и двухсторонние обязательства

Вопрос о влиянии изменений в покупательной силе денег приобретает особое значение применительно к двухсторонним договорам, по которым ни одна из сторон еще не исполнила своего обязательства. Можно ли, например, принудить подрядчика к выполнению строительных работ или продавца к поставке товара на тех условиях оплаты, которые предусмотрены в соответственном договоре, если после заключения договора стоимость рабочих рук, материалов и товаров значительно повысилась? Вопрос этот возник перед судами в 1916 – 1917 гг. в условиях первой мировой войны, вызвавших резкие изменения экономической конъюнктуры.

[1] § 284.
[2] M a n n , стр. 215; N u s s b a u m . Money, стр. 413, прим. 12.

Вопрос о влиянии подобных изменений на обязательства является частным случаем более широкой юридической проблемы о влиянии изменившихся обстоятельств на силу договорных обязательств[1].

Практика Рейхсгерихта сначала реагировала на эти изменения конъюнктуры расширением доктрины о невозможности исполнения: в 1917 г. было признано, что от поставщика медной проволоки нельзя требовать поставки товара при отсутствии его на рынке, так как поставщик не обязан для исполнения договора построить плавильные печи и скупать медный лом[2]; здесь к невозможности исполнения отнесена и крайняя затруднительность, вызванная чрезвычайными обстоятельствами. Дальнейшей стадией было возрождение старой доктрины о clausula rebus sic stantibus – учения о том, что предпосылкой всякого договора является «неизменность обстоятельств», при которых заключаются договоры. Krückmann[3], был главным проповедником самого широкого применения этой доктрины в Германии. Однако учение это вскоре было всецело поглощено практикой ревалоризации долгов, которая развилась в условиях катастрофического обесценения марки в 1922/23 г. и которая ниже будет нами подвергнута специальному изучению.

Во Франции гражданские суды, невзирая на изменения конъюнктуры, настаивали на том, что pacta sunt servanda и лишь законы Faillot (1918 и 1920 гг.), касаясь торговых сделок, заключенных до 1 августа 1914 г., предоставили каждой из сторон по двухсторонним договорам право отсрочить исполнение или отступиться от договора, если будет доказано, что вследствие войны выполнение договорных условий было бы для нее более обременительным, чем это можно было предусмотреть при заключении договора. Тот же порядок ревизии старых договоров был распространен в 1925 г. на договоры аренды городской недвижимости, а в 1927 г. – на договоры аренды сельской недвижимости[3]. В основу этого законодательства положена «теория непредвиденных фактов» (théorie de l'imprévision), которая до этого была детально разработана во французской административной юстиции. Высший орган этой юстиции – Государственный совет – развил названную теорию применительно к концессионным договорам, признав в 1916 г. по делу газовой компании г. Бордо, что такие непредвиденные

---

[1] См. историю и современное положение доктрины clausula rebus sic stantibus в статье М. М. Агаркова «К вопросу о договорной ответственности» в сборнике «Вопросы советского гражданского права», изд. Академии Наук СССР, 1945, стр. 143 сл.

[2] K r ü c k m a n n . Clausula rebus sic stantibus, 1918, стр. 191 сл.

[3] Op. cit.

[3] Hubrecht, 219 сл.

обстоятельства, как рост цен на рабочие руки и материалы, служат основанием для изменения тарифа на пользование газом[1].

В английском праве проблема невозможности исполнения ставится как вопрос толкования воли сторон; в порядке «толкования» этой воли суд привносит в договор условия, определяющие ответственность должника, руководствуясь при этом «политикой права». В основном прецеденте (1863 г.) по делу Taylor v. Caldwell[2] суд установил, что данный договор надлежит трактовать как заключенный под тем «предполагаемым условием», что к моменту исполнения «определенная вещь или о п р е д е л е н н о е   п о л о ж е н и е   в е щ е й будет существовать». Здесь дана довольно широкая формулировка доктрины clausula rebus sic stantibus. Однако до сего времени практическое использование этой доктрины развивалось в довольно узких пределах. Во время и после первой мировой войны Палата лордов применяла эту доктрину к договорам строительного подряда и длящимся поставкам товаров, когда исполнение было задержано в силу военных обстоятельств и когда по миновании этих обстоятельств условия конъюнктуры стали существенно иными для подрядчика или поставщика. Так, в деле Metropolitan Water Board v. Dick, Kerr and Co[3] ответчик обязался соорудить для истца водохранилище; работы были приостановлены на все время войны по распоряжению военного ведомства; по окончании же войны условия производства подобных работ (цены на материалы и рабочие руки) настолько изменились, что, как отметил суд, принудить ответчика к выполнению старого договора в этих новых условиях означало бы принудительно создать совершенно новое обязательство, вовсе не предусмотренное сторонами. В решении особо подчеркнуто, что речь о идет работах, которые производятся по смете (measure and value contract) и что в отношении таких работ задержка, вызванная войной, и изменившаяся конъюнктура должны быть учтены.

На аналогичных основаниях был прекращен договор поставки в решении 1921 г. по делу Acetylene Corporation of Great Britain v. Canada Carbide Co[4].

С другой стороны, в решении Палаты лордов по делу Tennants v. Wilson, 1917 г., было отмечено, что простое повышение цены, хотя бы оно было значительным и даже разорительным для поставщика, не освобождает последнего от контракта, и то же было высказано в ряде других

[1] B o n n a r d . Précis de droit administratif, 1935, стр. 567 сл.

[2] M c. E l r o y . Impossibility of performance, 1941, стр. 22.

[3] Там же, стр. 165.

[4] Там же, стр. 190.

решений (например, в деле Larrinaga v. Société Franco-Americaine, 1924 г.[1]). «Commercial impossibility» («экономическая невозможность») не принимается во внимание.

Формулируя выводы английской практики по вопросу о влиянии изменений экономической конъюнктуры на договорную ответственность, английский юрист Gutteridge в 1937 г. заметил, что здесь гораздо легче нащупать эмпирически правильное решение, нежели формулировать абстрактный принцип[2]. Это замечание, весьма характерное для британского юридического мышления, отражает стремление британского суда в наиболее важных вопросах права по возможности избегать точных формулировок, которые связывали бы практику на будущее время.

Американский Restatement of the Law of Contracts[3] в данном вопросе формулирует положения, являющиеся сочетанием германской доктрины и доктрины «общего права»; с одной стороны, невозможность исполнения трактуется широко как крайняя затруднительность, требующая чрезвычайных затрат; но вместе с тем подчеркивается, что должник не освобождается вследствие таких обстоятельств, которые требуют от него бóльших усилий и затрат, чем того ожидали стороны при заключении договора.

Однако эти принципы, равно как и принцип номинализма, отступают перед интересами крупных монополистических организаций.

Вопрос об изменении покупательной силы денег в практике получил особенное значение применительно к тарифам на снабжение газом, электроэнергией и водой. Предприятия, владеющие источниками этого рода снабжения, находятся в руках крупнейших концернов. Вопрос о тарифах на подобные услуги, вернее, вопрос об изменении этих тарифов в соответствии с ростом индекса товарных цен, вверен особым правительственным комиссиям, постановления которых могут быть обжалованы в судебном порядке. «Суды весьма озабочены тем, чтобы охранять интересы лиц, вложивших свои капиталы в такие предприятия, от того, что суды называют конфискацией», – говорит Nussbaum[4]: оказывается, что «конфискацией», или «конфискационными тарифами», в американской практике именуются такие тарифы на снабжение газом, электроэнергией или водой, которые ввиду изменившихся обстоятельств перестали быть «справедливой ценой» или не обеспечивают «справедливой прибыли» или не соответствуют затратам на капитальное строительство.

---

[1] См.: M c. E l r o y , стр. 195 – 196.

[2] La Révision des contrats par le juge, Travaux de la Semaine internationale de droit, Paris, 1937.

[3] § 454, 467.

[4] Money, стр. 267.

Таким образом, падение покупательной силы доллара отражается на увеличении названных тарифов, которое постоянно утверждается судом.

Так, проведение в жизнь «договоров присоединения» обеспечивается эффективными мерами гражданского процесса (о договоре присоединения см. ниже, стр. 225).

§ 15. Обязательства по выплате содержания

По одной категории дел суды весьма склонны отступать от строгих принципов номинализма в порядке толкования воли сторон. Сюда относятся соглашения о периодической выплате содержания, а также (иногда) завещательные отказы.

В германской и итальянской литературе особенно подчеркивалось, что обязательства, вытекающие из таких сделок, не могут быть обсуждаемы по началам строгого номинализма, так как они направлены на предоставление кредитору определенной, выраженной в деньгах, ценности – «покупательной силы» для достижения определенных целей[1]. Французская судебная практика также усвоила особое отношение к делам такого рода. Примером может служить решение Коммерческого суда Сены от 25 ноября 1926 г. и Парижского суда от 28 ноября 1927 г. по иску Вандер-Хагена к Анонимному обществу французской ваксы[2]. Ответчик в 1911 г. обязался за продолжительную службу в одесском филиале общества выплачивать истцу пожизненно 2400 рублей в год. Несмотря на полное обесценение старых русских рублей суд присудил истцу 6.360 франков в год. Эта последняя сумма была установлена путем перечисления дух тысяч четырехсот рублей на франки по курсу дня совершения договора (1911 г.), но при этом суд отказался учесть падение курса и покупательной силы франка, который на момент вынесения судебного решения снизился до одной пятой своего прежнего золотого паритета. Суд заключает, что такое решение (основанное на валоризации иностранной валюты и проведении номиналистического принципа в отношении франка) является «une saine interprétation de la volonté des parties».

Аналогичные решения были вынесены по завещательным отказам в марках французским Кассационным судом 19 ноября 1930 г.[3] и американскими судами[4]. Сюда же относится британское решение по делу Kornatzki

[1] S c a d u t o , стр. 192; N u s s b a u m . Geld, стр. 148.

[2] См.: C l u n e t , 1928, стр. 119; также Л у н ц . Деньги и денежные обязательства, стр. 113, прим. 15а.

[3] Clunet, 1931, стр. 691.

[4] N u s s b a u m . Money, стр. 260, прим. 50.

v. Oppenheimer, 1937 г.[1], о ревалоризации обязательства выплачивать аннуитеты в марках (впрочем, в последнем случае суд сослался на то, что обязательство подчинено германскому праву).

Но суды всех капиталистических стран решительно отклоняли ревалоризацию претензий к страховым обществам из договоров личного страхования, несмотря на то, что эти договоры имеют такой же целевой характер, как и «частные» договоры о выплате содержания. Принцип номинализма по страховым полисам проводился со всей строгостью: британский суд в деле Anderson v. Equitable Assurance Society, 1926 г., и др., французский суд по искам к обществу Урбэн, американские суды по искам к обществу Эквитебль неизменно признавали полностью обесценившимися претензии на выплату страховых сумм в старых рублях и марках[2]. Nussbaum[3] оправдывает эту позицию судов по договорам личного страхования тем, что претензии по договорам личного страхования обеспечиваются резервами страховых премий и исчисляются по определенным математическим принципам; но эти резервы являются «обеспечением» в интересах полисодержателей и не могут рассматриваться как единственный источник удовлетворения требований по полисам.

<…>

§ 16. Германская ревалоризация и теория Савиньи (и его последователей) о содержании денежного обязательства

Отдельному рассмотрению необходимо подвергнуть ревалоризационную практику Германии, вызванную полным крушением германской марки в 1923 – 1924 гг. Такое изучение имеет не только исторический интерес; оно необходимо для более глубокого понимания сущности и содержания денежных обязательств в условиях «катастрофического» обесценения денег.

Из всех валют капиталистических стран германская марка после первой мировой войны подверглась наибольшему обесценению. 4 августа 1914 г. был введен принудительный курс бумажных марок; процесс их обесценения вначале не был заметен и обнаружился с полной отчетливостью лишь в 1918 г.; до этого времени склонны были приписывать падение покупательной силы денег факторам, лежавшим на стороне товаров. В ноябре 1918 г. 1 000 марок бумажными деньгами = 571 марке золотою монетою; к концу 1919 г. 1 000 марок бумажных денег = 90 марок золо-

---

[1] М а n n , стр. 207.
[2] Л у н ц , назв. соч., стр. 97; М а n n , стр. 204.
[3] Money, стр. 260.

том. Колебания курса держались приблизительно на этом уровне до середины 1920 г., дальнейшее же усиленное падение началось в середине 1922 г., так что к середине 1923 г. марка обесценилась до 0,27 марки золотом за 1 000 марок бумажными денежными знаками. Со второй половины 1923 г. начинается «катастрофическое» падение, достигшее к 20 ноября 1923 г. положения: 1 000 миллиардов марок = 1 золотой марке. На этом уровне удалось достигнуть стабилизации.

30 августа 1924 г. введена была новая денежная единица – рейхсмарка, которая по закону приравнена была 1 000 миллиардов марок[1].

Несмотря на обесценение марки, германская судебная практика долгое время держалась точки зрения номинализма. Допускалась ссылка заинтересованной стороны на изменившиеся вследствие обесценения денег обстоятельства (clausula rebus sic stantibus), но ссылка эта, по общему правилу, приводила не к изменению условий договора, не к переоценке суммы денежных долгов, а к признанию всего обязательства утратившим силу.

Поворотный пункт наступил после решения Рейхсгерихта от 28 ноября 1923 г., которое признало необходимым ввиду падения марки повысить сумму обеспеченного ипотекой долга. После этого решения наступил период полнейшей и ничем не ограниченной свободы судейского усмотрения, вернее, свободы судейского произвола. В порядке судебных решений производилась переоценка сумм денежных долгов применительно к условиям каждого конкретного случая; суды иногда вовсе отказывали в переоценке, иногда же допускали ее в размере, превышающем «золотую ценность» долга.

То обесценение марки, которое обнаружилось к 1920 г., считалось достаточным основанием для переоценки; принятие платежа в обесцененной валюте по номиналу, а также наличность вступившего в законную силу старого судебного решения, установившего расчет по номиналу, не препятствовали тому, чтобы кредитор мог вновь потребовать переоценки долга; при этом уплаченная по номиналу сумма считалась как бы частичным платежом.

Сотни тысяч судебных дел в низших инстанциях и до двух тысяч решений Рейхсгерихта были вынесены в период этой ревалоризационной горячки, причем практика Рейхсгерихта также представляла картину хаоса и произвола. Но любопытно отметить, что среди этого потока решений нет случаев переоценки банковских вкладов. Интересы монополистического капитала требовали того, чтобы пассивы банков не были возрожде-

---

[1] M ü g e l . Das gesamte Aufwertungsrecht, 1925, стр. 33 – 41.

ны в порядке переоценки. Ревалоризация не связана была также с вопросами заработной платы и, таким образом, рабочий класс от нее ничего не получил. Она была подачкой средним классам, рантье, – подачкой, сделанной за счет, разумеется, пролетариата.

С правовой стороны ревалоризационная практика обосновывалась следующим образом: а) при двухсторонних договорах выдвигался принцип эквивалентности тех действий, которыми должны обменяться стороны; эта эквивалентность нарушается обесценением денег, последовавшим после заключения договора: исполнение (Leistung) и плата за исполнение (Gegenleistung) более неравноценны; б) указывалось на то, что ценность денег относится к фактическим обстоятельствам, которые служили для сторон предпосылкой заключения договора (Geschäftsgrundlage); в) приводилась ссылка на принцип доброй совести, который необходимо соблюдать при толковании договора и при его исполнении[1], строгое соблюдение номинализма в условиях обесценившейся валюты создает для должника положение крайней затруднительности, «экономической невозможности» исполнения договора (Unzumutbarkeit d. Leistung)[2].

Все эти основания не выдерживали критики.

Равноценность исполнения и платы за исполнение не является требованием буржуазного права, и капиталистический оборот основан на противоположном начале: «Деньги обмениваются на товар для того, чтобы этот же товар снова обменять на большее количество денег, так что [в формуле Д – Т – Д][3] крайние члены Д и Д различаются, если не качественно, то количественно. Такая количественная разница предполагает о б м е н н е э к в и в а л е н т о в ... »[4]. Все разговоры об обмене эквивалентами в капиталистических условиях – крайняя степень лицемерия.

Переоценка денежного обязательства в порядке толкования воли сторон и рассмотрения фактических предпосылок этой воли была основана на фикции, что стороны при заключении договора имели в виду стабильность ценностного содержания обязательства; однако привнесение судом в договор подобных фингированных условий считается допустимым лишь при наличии соответственных пробелов в праве и недопустимым, когда оно противоречит действующей норме права. Так как номиналистический принцип, определяющий содержание денежных обяза-

---

[1] § 157 и 242 Г.Г.К.

[2] M ü g e l , op. cit., 92 сл.; Сборник «Die Geldentwertung in der Praxis d. deutschen Rechtslebens», 1923; O e r t m a n n . Aufwertungsfrage bei Geldforderungen, Hypotheken u. Anleihen, 1924; N u s s b a u m . Bilanz d. Aufwertungstheorie, 1926.

[3] Слова, взятые в скобки, вставлены автором.

[4] М а р к с , стр. 108.

тельств, лежал в основе действующего права и в основе всей системы денежных расчетов, то отступления от него могли иметь место лишь в силу прямого предписания закона. Поэтому должник, ссылаясь на этот принцип, не совершал ничего, что противоречило бы доброй совести – он ссылался на начало, которое выражено в действующем праве: принцип доброй совести не мог служить основанием для решений contra legem.

К вышеизложенным основаниям Enneccerus[1] прибавил еще одно начало: кредитору, пострадавшему от обесценения денег, должен быть дан против должника, выигравшего от этого обесценения, иск из неосновательного обогащения.

К неосновательному обогащению Эннекцерус относит, между прочим, случаи, когда результатом данного закона являются такие «имущественные сдвиги» (Vermögensverschiebungen) между лицами, которые не составляют цели этого закона. По Эннекцерусу обесценение марки явилось результатом факторов, в числе которых выдающуюся роль играли приостановка размена банкнот на золото, присвоение банкнотам законной платежной силы и аннулирование золотой оговорки. Эти законы имели в виду нужды государства – предоставление правительству денежных средств без необходимости рсходовать золото; но они не имели в виду обогащения одного частного лица за счет другого. Следовательно, такое обогащение является «неосновательным».

Не останавливаясь на оценке теории Эннекцеруса о неосновательном обогащении, отметим, что теория эта не основывает тех выводов, к которым пришел Эннекцерус по вопросу о правовых последствиях обесценения марки. Обесценение марки было результатом не законов, на которые указывает Эннекцерус, и вообще не было результатом каких-либо законов, а было результатом, главным образом, бумажно-денежной инфляции, вызванной тем, что выпуск бумажных денег служил средством финансирования бюджета; законы же, о которых говорит Эннекцерус, были правовою предпосылкою для такого финансирования государственных расходов. Но кроме этих законов предпосылкою бумажно-денежной эмиссии, вернее, предпосылкою ее финансовой эффективности, служил принцип номинализма[2]. То обстоятельство, что обесценение марки привело к обесценению кредиторских требований в марках, было прямым выводом из принципа номинализма, т. е. из выраженной в праве политики игнорирования изменений покупательной силы денег при расчетах по денежным обязательствам. А из этого как рефлекс вытекало «обогащение» должника, вытекал тот «имущественный сдвиг», о котором говорит

[1] § 116, IV, § 442, III.
[2] См. выше, стр. 179.

Эннекцерус. Можно ли при таких условиях признать обогащение должника «неосновательным»? Признавать такое обогащение «неосновательным» означало бы отказаться от принципа номинализма, усвоенного правом.

В отношении указанных Эннекцерусом законов нельзя утверждать, что их целью было обогащение должников за счет кредиторов. Ведь предпосылкою такого обогащения был факт обесценения марки, а государственная власть в тот момент не стремилась к обесценению денег; напротив, обесценение неудержимо шло вопреки государственной власти. Однако из всей совокупности этих законов (и – в частности – из закона об аннулировании золотой оговорки) вытекало намерение государственной власти в сфере долговых отношений по возможности игнорировать факт обесценения марки, а тем самым игнорировать и факты тех «имущественных сдвигов», которые были вызваны крушением германской валюты.

Теория Эннекцеруса могла иметь значение не как принцип для руководства суду, а как политико-правовой принцип, обосновывающий известные требования к законодателю о перераспределении налогового бремени, вызванного эмиссией, путем частичной переоценки денежных обязательств.

Вступая на этот путь, закон создает новый порядок расчетов по старым юридическим титулам, с о з д а е т   н о в ы е   ю р и д и ч е с к и е   т и т у л ы .

Насколько нам известно, переоценка долгов в законодательном порядке всегда была связана с переходом от обесценившихся денег к новой стабильной валюте[1].

В Америке в эпоху войны за независимость были выпущены бумажные деньги с принудительным курсом, так называемые Continental bills, которые претерпели весьма значительное обесценение; в период 1780 – 1783 гг. состоялся постепенный возврат к серебряному обращению, и было (в марте 1780 г.) установлено соотношение старой (бумажной) и новой (серебряной) денежных единиц – 40:1, но это соотношение не послужило основанием для ликвидации старых долгов, так как законом была предписана полная их переоценка по особой таблице: закон преследовал цель полной валоризации денежных долгов применительно к «реальной имущественной ценности», полученной должником при совершении договора.

На аналогичных основаниях был разрешен вопрос о денежных обязательствах в эпоху французской революции в связи с аннулированием

---

[1] См.: H a r g r e a v e s . Restoring Currency Standards, London, 1926, исследование о переоценке денежных обязательств в Америке, Франции и Австрии в конце XVIII и начале XIX в. О французской ревалоризации в конце XVIII в. см.: С м и р н о в . Кризис денежной системы французской революции, 1921, стр. 108.

бумажных денег («ассигнат» и «территориальных мандат») и переходом к металлическому обращению (1795 – 1798 гг.).

В Австрии в 1811 г. приступлено было к замене банкнот (получивших с 1800 г. принудительный курс) новыми неразменными бумажными деньгами (Einlösungsscheine). На основании Финансового патента от 20 февраля 1811 г. был определен контингент эмиссии и производился обмен старых дененг на новые по соотношению 5:1; однако долги, совершенные в период обесценения банкнот (1799 – 1810 гг.), подлежали ревалоризации на основании особых паритетов.

Во всех рассмотренных случаях переоценка долгов была связана с денежною реформою и составляла элемент этой последней: старые денежные единицы были заменены новыми, но в соотношении тех и других произошло как бы «раздвоение»: обмен старых денег на новые происходил на основании «обратной связи» между соответственными денежными единицами, ликвидация же долгов совершалась по особым «расчетным паритетам», которые были определены законом в соответствии со степенью обесценения денег в период инфляции.

Ревалоризационные законы, изданные в период 1924 – 1925 гг. в Германии, Данциге и Польше, носили такой же характер, с тою существенной разницей, что в Германии законы эти не только не приостановили, но, наоборот, санкционировали параллельную судебную ревалоризацию[1].

В двух германских законах (1) «О переоценке публичных займов» (Anleiheablösungsgesetz) и (2) «О переоценке ипотечных долгов и других требований» (Aufwertungsgesetz), изданных 16 июля 1925 г., был определен порядок ревалоризации лишь некоторых видов денежных обязательств. В первом из названных законов речь шла о переоценке облигационных займов германского государства, земель (Länder), а также общин и общинных объединений. Во втором законе регулировалась переоценка ипотечных долгов, рентных доходов, промышленных облигаций, закладных листов, претензий по долговым документам публично-правовых хозяйственных организаций, вкладов в разного рода сберегательных кассах, претензий по страховым договорам и некоторых других денежных требований. Закон особо оговаривает, что банковские вклады не переоцениваются[2]. Вместе с тем подчеркнуто, что денежные требования, переоценка которых не предусмотрена законом, ревалоризируются «на общих осно-

[1] Mügel, op. cit.; Kuratow-Kuratowski. Les problèmes de la baisse du mark polonais dans le domain du droit privé, Bull. de la Société de législation comparée, 1925.

[2] § 66 второго из названных законов.

ваниях»[1], что практически означало ревалоризацию по § 242 Г.Г.У., т. е. полную свободу судейского усмотрения[2].

Для характеристики юридической природы ревалоризации рассмотрим в качестве примера постановления двух названных законов о порядке переоценки облигационных займов.

Была предусмотрена переоценка государственных облигационных займов, а также займов земель и общин путем обмена старых облигаций на облигации нового займа, причем по общему правилу за каждые 1 000 марок старыми облигациями полагалось новых облигаций на 25 рейхсмарок. Но по новым облигациям начисление процентов было обещано лишь после окончания «репарационных платежей», а погашение капитала вовсе не предусматривалось. Лицам, владевшим старыми облигациями до 1 июля 1920 г., так называемым «старым держателям», обещаны были льготы: в случае их нуждаемости они (если состояли в германском подданстве и проживали в Германии) могли получить ренту в сумме не свыше 800 рейхсмарок на одно лицо в год.

В отношении других облигационных займов также был предусмотрен обмен старых облигаций на новые долговые требования. Сумма нового долгового требования определялась в процентном отношении к номинальной сумме долга, если облигация приобретена была до 1 января 1918 г. Если же облигация приобретена была после означенного срока, то сумма нового требования определялась в процентном отношении к «золотой стоимости» долга; эта золотая стоимость долга устанавливалась путем перечисления суммы, уплаченной в свое время за облигацию, на золотые марки по курсу для ее приобретения согласно особой таблице.

Ипотеки и ренты подлежали переоценке по общему правилу из 25 % золотой стоимости старого долга; срок погашения подлежал пролонгации. Облигации промышленных предприятий переоценивались из 15 % золотой их стоимости, причем «старые держатели» этих облигаций должны были получить сверх того дивидендные бумаги в сумме 10 % золотой стоимости долга (но размер выплаты дивиденда был ограничен 5 % суммы выданной дивидендной бумаги). В случае «чрезмерности» такой степени переоценки Aufwertungsstelle по ходатайству должника снижала процент валоризации.

Один из комментаторов рассмотренных нами законов определяет понятие ревалоризации следующим образом: в порядке Aufwertung происходит не увеличение ценности долга, а лишь новое числовое его выра-

---

[1] § 62 ibid.

[2] N u s s b a u m . Bilanz d. Aufwertungsthéorie, 14, 24.

жение, соответственно падению покупательной силы денег[1]. Если отнести и это определение к ревалоризационному законодательствуу и практике в целом, то оно несомненно ошибочно. Прежде всего оно не соответствует большинству судебных решений и содержанию ревалоризационных законов, которые устанавливали лишь частичную переоценку (иногда в относительно небольшом проценте к «золотой стоимости» долга) и в ряде случаев связывали эту переоценку с дополнительными условиями (пролонгация срока, приостановка начисления процентов). Размер переоценки для облигаций зависел от времени их приобретения, от имущественного положения сторон. Самая природа денежного долга в некоторых случаях изменялась (например, выдача дополнительных дивидендных бумаг «старым держателям» индустриальных облигаций).

Ревалоризационная практика Германии представляла собой сложный конгломерат постановлений и мероприятий, которые не могут быть сведены к какому-либо единому принципу; происходило перераспределение того бремени, которое создано было эмиссионным налогом; в некоторых случаях все это бремя оставлялось на кредиторах (например, по банковским вкладам, которые, как правило, не переоценивались); в других случаях происходило распределение этого бремени между кредитором и должником (при частичной переоценке); иногда же старые обязательства признавались погашенными, а взамен них создавались новые – иного содержания и иной природы.

В общем, тот компромисс, который усвоили суд и закон в деле переоценки долгов, никого не удовлетворил: некоторые круги высказывались за необходимость разрешения вопроса путем референдума, пока, наконец, возможность такого референдума была исключена особым законом, объявившим, что вопросы ревалоризации не будут предметом всенародного голосования[2].

Ревалоризационное законодательство и судебная практика Германии выдвинули ряд коллизионных проблем, разрешение которых было тесно связано с природой ревалоризации.

То обстоятельство, что ревалоризационные законы были связаны с введением новой денежной единицы – рейхсмарки – и что нормы переоценки принимали форму дифференцированных расчетных паритетов между маркой и рейхсмаркой, дало повод Nussbaum'у[3] утверждать, что и по существу здесь речь идет о соотношениях денежных единиц, наподобие тому соотношению, которое было установлено законом 1871 г.

---

[1] M ü g e l . стр. 81.
[2] Mügel. Die Volksbegehren zur Aufwertung, Deutsche Juristenzeitung, 1926, стр. 694.
[3] Bilanz d. Aufwertungstheorie, стр. 34 – 36.

при переходе от серебряного обращения к золотой валюте (1 талер = 3 маркам). Отсюда Nussbaum заключает, что германские суды должны применять эти нормы ревалоризации ко всем обязательствам в марках независимо от того, подчинено ли данное обязательство германскому или иностранному праву (к этой точке зрения примыкает Lewald, § 53).

Другая группа авторов[1] полагала, что ревалоризация есть принцип, определяющий содержание денежного обязательства, а не соотношение старой и новой денежной единиц; отсюда они заключали, что германское право ревалоризации должно применяться судами ко всем обязательствам, подчиненным германскому праву, независимо от того, в какой валюте выражено обязательство.

Понятие дифференцированных расчетных паритетов есть contradictio in adjecto: множественные соотношения между старой денежной единицей и новой денежной единицей столь же немыслимы, как множественные соотношения между аршином и метром; по существу за такими дифференцированными расчетными паритетами с к р ы в а л а с ь р а з л и ч н а я с т е п е н ь п е р е о ц е н к и д л я р а з н ы х в и д о в д е н е ж н ы х о б я з а т е л ь с т в, т. е. нормы, относящиеся к определению содержания денежных обязательств, а не к определению соотношения денежных единиц. Теорию Nussbaum'а трудно также согласовать с тем фактом, что ревалоризация происходила с конца 1923 г. – т. е. до введения рейхсмарки. Учитывая этот факт, Nussbaum[2] выдвигает совершенно искусственную и внутренне противоречивую концепцию «antizipierte Umrechnungsnorm».

Судебная практика не приняла ни одной из двух изложенных точек зрения: она подвергала переоценке (1) все обязательства в марках, хотя бы подчиненные иностранному праву (см., например, решение Гамбургского суда от 30 октября 1928 г. о ревалоризации долга в марках, подчиненного праву Чехословакии, и другие решения, приведенные в Répertoire de droit international[3]; (2) обязательства в иностранной валюте, подчиненные германскому праву, если валюта долга подверглась катастрофическому обесценению (см. приведенную у Манна[4] практику переоценки долгов в австрийских кронах и отказа в ревалоризации долгов во франках, голландских гульденах и фунтах стерлингов в 1925 – 1933 гг.).

Эта практика осложнялась еще различной трактовкой односторонних обязательств (например, займа) и взаимных обязательств (например,

---

[1] M e l c h i o r, стр. 294; M. W o l f f. Int. Privatrecht, стр. 99; M a n n, стр. 202 – 203.

[2] Bilanz, стр. 35.

[3] T. VII, стр. 308 – 309.

[4] Стр. 211 – 212.

обязательства покупателя или заказчика уплатить цену товара или цену заказа); в последнем случае производился Ausgleich; так например, после отхода фунта стерлингов и доллара от прежних золотых паритетов цены по старым сделкам, выраженные в этих валютах, повышались судами в целях «восстановления эквивалентности»[1].

Объясняется это совершенно произвольное различение тем, что суды стремились обеспечить своим экспортерам выгоды «переоценки» и вместе с тем дать возможность многочисленным германским должникам по займам, совершенным в Англии и США, использовать обесценение фунта и доллара.

Однако попытки применить ревалоризацию в области «международных расчетов» встретились с решительным и единодушным осуждением со стороны «деловых кругов» за границей[2].

Свою ревалоризационную практику германские экспортеры пытались применить также к расчетам с советским торгпредством.

Значительная часть наших закупок в Германии, совершенных накануне наступления кризиса 1929 – 1930 гг., предусматривала платежи в британской валюте; это было сделано по настоянию германских фирм, которые не доверяли собственной валюте. Часть векселей, выписанных в фунтах стерлингов, была представлена к платежу после падения фунта, и векселя эти были оплачены в марках по курсу фунта в Берлине на срок платежа в строгом соответствии с § 244 Г.Г.У. и § 376 Германского вексельного устава. В этой связи надлежит отметить, что долги, причитавшиеся в фунтах нашим торговым организациям как в Германии, так и в Англии, оплачивались нами также в фунтах по номиналу. Один и тот же принцип надлежало применять как в отношении наших пассивов, так и в отношении наших активов, выраженных в фунтах стерлингов. Кампания, поднятая некоторой частью германских поставщиков против нашего торгпредства, попытки их применить к этим расчетам переоценку встретила с нашей стороны решительный отпор. Французский коммерсиалист Lambert, посвятивший этому случаю объемистое исследование[3], указал, что если бы германские суды распространили свои принципы ревалоризации на расчеты по международной торговле, то это сделало бы невозможным совершение сделок с немецкими фирмами, ибо расчеты по таким сделкам оказались бы подчиненными произволу германских судов.

История германской ревалоризации весьма поучительна, она показывает, что когда буржуазное право вступает на путь «учета покупатель-

[1] См. сводку соответственной практики и заметку F r e u n d 'a . Clunet, 1936, стр. 415 сл.
[2] Financial News, 23 июня 1934 г.
[3] Dettes contractées en monnaie étrangère, 1934.

ной силы денег» при исполнении денежных обязательств, то это приводит всегда к произволу.

Германская ревалоризационная практика заслужила упреки и в самой Германии: ее здесь, однако, осуждали с иных позиций – позиций так называемого «валоризма». Один из наиболее видных представителей этого течения Eckstein[1] указывал, что германская ревалоризационная практика, нарушив определенность в номинальной сумме долга, вместе с тем не обеспечивала определенности в ценностном содержании долгов. Eckstein и его сторонники предлагали провести в жизнь «курсовую теорию» денежных обязательств Савиньи, изложенную последним в его «Обязательственном праве»[2]. Учение Савиньи исходило из того положения, что всякий денежный долг есть обязательство предоставить определенную ценность (Wertschuld), выраженную в неопределенной сумме денежных единиц. Эта сумма в каждом отдельном случае подлежит исчислению по «курсовой цене» денег, т. е. по цене содержащегося в монете благородного металла, смотря по тому, какой металл положен в основу «монетной системы» – золото или серебро. Вопрос о содержании денежного обязательства, по мнению Савиньи, не может быть разрешен по правилам об обязательствах, имеющих своим предметом родовые вещи, а лишь по принципам толкования воли сторон, которые можно вывести из природы денег. Так как в «курсовой цене» выражается отношение к деньгам со стороны общественного мнения, то она и должна быть масштабом для определения предмета денежного долга: должник должен вернуть кредитору полученную от него «экономическую власть».

Продолжая мысль Савиньи, германские валористы говорили, что законодательство о денежном обращении устанавливает лишь, к а к и е з н а к и могут быть передаваемы кредитору в погашение долга, количество же этих знаков в каждом отдельном случае определяется их покупательной силой в порядке толкования воли сторон[3]. При таком понимании денежного обязательства число денежных единиц, выражающих это обязательство, не распределяет более содержания последнего – точка зрения, которая не соответствует ни одной из правовых систем. Если бы проводить эту теорию в жизнь, то счет на деньги должен был бы прекратиться. Кредитная система, вся система денежных платежей, контокоррентные отношения, бухгалтерский учет – все это основано на предпосылке, что

---

[1] Стр. 64.

[2] См. русский перевод, изд. 1876 г., § 40 – 48.

[3] E c k s t e i n , op. cit.; также H e n l e . Mark gleich Mark, 1923; Arch. für d. civ. Praxis, 1924, Bd. 2, H. 1; J. G o l d s c h m i d t . Aufwertungskriese, 1926, стр. 11; J u n g . Das privatrechtliche Wesen des Geldes, 1926.

содержание денежного обязательства определяется в номинальной сумме денежных единиц, невзирая на изменения в покупательной силе денег.

Теория валористов отражала интересы рантье, не связанных крупным капиталом и не имевших возможности превратить свои денежные «авуары» в реальные ценности; она не оказала влияния на практику денежных расчетов.

За пределами Германии ревалоризация в общем не получила признания: в США суды не признавали ее действия даже в тех случаях, когда речь шла о денежных обязательствах в марках, подчиненных германскому праву. На такую же точку зрения встал и Французский кассационный суд. (См. решение Верховного суда США по делу Deutsche Bank v. Humphreys, приведенное выше на стр. 170, и решение 12 апреля 1927 г. Французского кассационного суда, приведенное у N u s s b a u m 'a[1]; в решении 19 апреля 1928 г., на которое ссылается N u s s b a u m[2], апелляционный суд Парижа отказал в признании действия польского ревалоризационного закона ввиду его «строго территориального характера»). Особняком стоит решение Швейцарского федерального суда от 21 марта 1931 г.[3], в котором признана переоценка полиса в германских марках, выданного швейцарским страховым обществом и подчиненного швейцарскому праву; суд применяет здесь валютный статут, указывая, что по обязательству в германской валюте следует принять во внимание германское законодательство по денежному обращению.

В противоположность американской и французской практике, судебная практика Англии признала действие германских законов о переоценке долгов, выраженных в марках, когда германское право было the proper law of the contract.

В деле Anderson v. Equitable Assurance S-ty, 1926[4], речь шла о страховом полисе, выданном в 1887 г. в Петербурге в германских марках, но подчиненном expressis verbis английскому праву. Истец ссылался на германскую ревалоризационную практику, но эта ссылка была отвергнута в силу того, что обязательство подчинено британскому праву. В решении говорится о том, что германская ревалоризация касается «не валюты, но отдельных контрактов», «речь идет о переоценке денежного обязательства, а не валюты».

В решении по делу Kornazki v. Oppenheimer, 1937 г.[5] обсуждается долг, вытекавший из обязательства о предоставлении пожизненного со-

---

[1] Bilanz d. Aufwertungstheorie, стр. 30, прим. 3.

[2] Money, стр. 294.

[3] См.: Clunet, 1932, стр. 227.

[4] T.L.R., т. 42, стр. 302; см. также: М а н н , стр. 204.

[5] М а н н , 207; N u s s b a u m . Money, 294.

держания в сумме 8 000 марок в год. Суд определил сумму пожизненного содержания в размере 500 фунтов ст. в год, т. е. допустил ревалоризацию, исходя из того, что правоотношение подлежало действию германского права.

Рассмотренная судебная практика приводит к заключению, что действующее право капиталистических стран по вопросу о содержании денежных обязательств в иностранной валюте в основном не руководствуется валютной привязкой. Вопрос о влиянии изменений в «ценностном» и «металлическом» субстрате иностранной денежной единицы на денежные обязательства, выраженные в иностранной валюте, разрешается не по lex monetae, а по lex causae. При этом, однако, практика США и Франции не признавала (очевидно, по мотивам ordre public[1]) правового эффекта иностранных правовых норм, допускавших отступления от принципа номинализма и направленных на переоценку денежных обязательств, тогда как из британской практики вытекает возможность применения иностранного закона о ревалоризации, если к нему отсылает lex causae. Таково было положение в этом вопросе накануне второй мировой войны.

§ 17. Установление валюты долга

Мы рассмотрели вопрос о влиянии на денежное обязательство различных изменений в той денежной единице, в которой исчислена сумма долга. Вопрос о том, в какой именно денежной единице исчислена эта сумма – вопрос об установлении валюты долга – обычно настолько ясен, что сомнений не вызывает.

Бывают, однако, случаи, когда вопрос этот не является столь простым и когда установление валюты долга связано со значительными трудностями. Трудности эти могут быть разрешены лишь в порядке толкования воли сторон, что дает судам в этом вопросе значительную свободу усмотрения.

С коллизионной точки зрения вопрос об установлении валюты долга разрешается всегда по закону, которому подчинено содержание обязательства.

Этот коллизионный вопрос возник в деле Adelaide Electric Supply Co v. Prudential Assurance Co, 1934 г., в котором Палата лордов обсуждала, как толковать слово «pound» при исчислении дивиденда общества, которое первоначально было инкорпорировано в Англии, здесь выпустило

[1] Nussbaum. Money, стр. 294.

свои акции, а позднее – в 1921 г. – перенесло свое правление в Австралию, где с самого начала сосредоточена была вся эксплуатационная деятельность общества; надлежит ли дивиденды за время до 1921 г. выплачивать из расчета британского или австралийского фунта. Палата, признавая, что обязательство с коллизионной точки зрения подчинено британскому праву, решила путем толкования этого обязательства по английскому праву, что дивиденды подлежат выплате в австралийских фунтах. Конечный вывод в этом решении был основан на смешении валюты долга и валюты платежа, но разрешение коллизионного вопроса не вызвало возражений[1].

По существу неясности в вопросе о валюте долга могут быть сведены к трем группам случаев:

(1) В сделке указана валюта платежа, но нет прямого указания на валюту долга. Так, в деле Oppenheimer v. Public Trustee, 1926/1927 г., английский суд в двух инстанциях обсуждал завещательный отказ, совершенный британским консулом во Франкфурте-на-Майне; завещатель оставил каждому из своих сыновей, проживавших в Англии, по 12 тыс. фунтов, а двум дочерям в Германии – по 240 тыс. марок (что по курсу на момент составления завещания равнялось приблизительно по 12 тыс. фунтов). Суд признал, что обесценение германской марки не отражается на завещательных отказах в пользу дочерей, так как завещатель явно намеревался оставить каждому из своих детей – в том числе и каждой из дочерей, – по 12 тыс. фунтов; указание же суммы марок надо толковать как валюту, в которой предполагалась выплата долей дочерям[2].

(2) В сделке нет ясного указания на валюту долга; в частности, в ней употреблено наименование денежной единицы, которое могло быть отнесено к валютам нескольких стран. Так, слово «pound» является наименованием денежных единиц Великобритании, Южно-Африканского союза, Австралийского союза, Новой Зеландии, Палестины. Некогда «фунт» был денежной единицей Великобритании, ее доминионов и колоний; накануне первой мировой войны «фунты» Великобритании и ее доминионов были уже самостоятельными денежными единицами, имевшими, однако, одинаковые золотые паритеты; ныне – это различные бумажные валюты с неодинаковой степенью отклонения в отношении прежних золотых паритетов. Наиме-

[1] См.: Mann, стр. 169 – 179; Nussbaum. Money, стр. 438, прим. 3; Dicey, стр. 663.

[2] Полные тексты решений – в приложении в книге Манна, стр. 320 сл.

нование «франк» относится к денежным единицам Франции, Бельгии, Швейцарии и Люксембурга, ранее входивших в Латинский монетный союз. Доллары бывают американские (США), канадские, мексиканские, шанхайские. Наименование «крона» может относиться к валютам Швеции, Норвегии, Дании, Чехословакии (а также к старой австро-венгерской денежной единице).

Судебная практика различных стран посвящена была по преимуществу тем случаям неясности в валюте долга, которые относились к облигационным займам, причем каких-либо устойчивых критериев здесь не только не было установлено, но суды явно избегали в этом вопросе того, чтобы связать себя на будущее время каким-либо прецедентом.

Так, Нью-Йоркский Верховный суд по делу Levy v. Cleveland, 1921 г., решил, что по облигациям американского железнодорожного общества, выпущенным в 1910 г. во франках с оплатою купонов по выбору держателя в Париже, Бельгии или Швейцарии, можно платить в Швейцарии из расчета французских франков, так как слово «франк» в ряде словарей определяется как «французская монета» – аргументация, которая даже и в буржуазной литературе вызвала резкое осуждение[1]. Мотивом того, что суд отказал держателю в платеже из расчета швейцарских франков, было, конечно, то, что швейцарский франк тогда стоял на довоенном паритете, французская же валюта обесценилась. В приведенном выше решении по делу общества «Аделаида» Палата лордов, допустив смешение валюты долга и валюты платежа, решила, что общество обязано уплатить дивиденд из расчета австралийских фунтов; здесь, следовательно, валюта долга была определена по признаку места платежа. Но в деле De Bueger v. Ballantine and Co Ltd, 1938 г.[2], Тайный совет решил, что по договору, заключенному в Лондоне в фунтах стерлингов, валютой долга является британский фунт, хотя платеж был обусловлен в Новой Зеландии; и это на том основании, что прибавление к слову «pound» слова «sterling» является ясным указанием на британскую денежную единицу; однако в практике были случаи, когда обозначение «фунты стерлингов» было отнесено к валютам доминионов[3].

В ряде судебных процессов в 1925 г. в Каире, Александрии и Париже по искам облигационеров Общества Суэцкого канала к названному обществу обсуждался вопрос о валюте долга по облигациям во «франках» без обозначения места платежа; облигационеры настаивали на том, что

---

[1] N u s s b a u m , op. cit., стр. 461.
[2] М а н н , стр. 164.
[3] N u s s b a u m . Money, стр. 440 – 441.

местом платежа является Египет, где одной из употребительных счетных единиц (moneta imaginaria) служил золотой франк, и Смешанный трибунал в Александрии в 1925 г. с этим согласился ввиду того, что «общество домицилировало в Египте». Здесь, следовательно, был принят за основу признак «национальности» общества, эмитировавшего облигации. Но по таким же облигациям гражданский суд округа Сены в том же году решил, что валютой долга является французский франк, так как по мнению суда местом платежа следует считать Париж[1].

Французский кассационный суд 14 января 1931 г.[2] по делу о займе города Токио, размещенном в Лондоне, Париже и Нью-Йорке, решил, что по облигациям, находящимся в руках французов, за единицу расчета надо принять британский фунт, хотя облигации «французской части» займа были валютированы только во франках; в обоснование такого «вывода» приведено то, что общая сумма всей французской части была обозначена в 100 800 000 франков, равных 4 000 000 фунтов стерлингов.

В совершенно аналогичном деле Верховный суд Штата Онтарио (1938) по иску Derwa v. Rio de Janeiro Tramway Light and Power Co из займа, выпущенного на общую сумму 3 500 000 фунтов = 88 060 000 франков, признал, что валютой долга является только франк, так как облигации и купоны выражены только во франках.

Во всех этих случаях различие в выводах и правовых позициях находит свое объяснение в полном единообразии мотивов, которыми руководствовались суды: в стремлении охранить интересы своих банков, финансовых концернов, которые в одних случаях (например, по займу г. Токио) выступали на стороне облигационеров, а в других случаях (например, по облигациям Суэцкого канала) – на стороне эмитента облигаций.

В области личного страхования интересы крупного капитала всегда на стороне страхового общества – должника по обязательству уплаты страховой суммы. Поэтому в отношении такого рода обязательств могла выработаться бóльшая устойчивость правовых принципов, нежели в отношении облигационных займов; вопрос об установлении валюты долга здесь решался по тому признаку, где был выдан полис и в какой валюте оплачивались страховые премии. Так, Французский кассационный суд в решении 1932 г. признал, что полисодержатель, заключивший договор страхования со швейцарским страховым обществом в Париже и там же оплачивавший премии, имеет право на страховую суму из расчета французских франков, а в 1933 г. вынес решение, по которому держатель полиса того же общества, заключивший договор страхования в Швейцарии

---

[1] Revue de droit bancaire, 1925, № 3, 11 и 12.

[2] Clunet, 1931, стр. 126.

и плативший премии в швейцарских франках, имеет право на страховую сумму из расчета этих последних[1].

В вопросе о валюте векселя и чека банки и биржа заинтересованы в полной определенности. Поэтому капиталистические страны согласились на условия ст. 41 Женевской вексельной конвенции и ст. 36 Женевской чековой конвенции, где предусмотрено, что «если сумма переводного векселя (чека) обозначена в валюте, имеющей в стране выдачи и стране платежа одинаковое наименование, но разные курсы, то предполагается, что имелась в виду валюта места платежа».

Манн[2], который указывает на невозможность установления какого-либо неизменного критерия по вопросу определения валюты долга и на необходимость принимать во внимание весь фактический состав сделки (место заключения договора; место платежа; поведение сторон; местонахождение проданного имущества; местонахождение имущества, служившего обеспечением по долгу и др.), вместе с тем утверждает, что презумпция в пользу валюты места платежа, указанного в договоре (moneta loci solutionis), действует как общее правило для всех денежных обязательств по всем правовым системам. Но, как видно из приведенных примеров, утверждение это не соответствует практике.

(3) Вопрос о выборе валюты долга возникает в тех случаях, когда долг выражен в нескольких валютах (множественные паритеты).

Этот способ выражения суммы денежного обязательства был весьма распространен до первой мировой войны в сфере «международных займов», когда займы эти принимали облигационную форму[3]. Однако вопрос не лишен практического значения и в настоящее время[4].

Дореволюционная Россия, Австро-Венгрия, Греция, Турция, государства Латинской Америки и другие страны, а также городские муниципалитеты провинций и крупные компании этих государств при размещении своих внешних займов устанавливали для иностранных держателей облигаций гарантии расчета в нескольких валютах. Обращаясь сразу к нескольким кредитным рынкам, и притом к рынкам тех государств, которые в то время были богаты свободными капиталами, искавшими помещения за границей, эмитенты облигаций обозначали на выпускаемых ими облигациях твердые паритеты валют тех государств, где займы выпускались, и уста-

---

[1] Clunet, 1934, стр. 133, 373.

[2] Стр. 168, 179.

[3] См.: Лунц. Валютный вопрос в практике международных расчетов по облигационным займам, «Вестник финансов», 1926, № 4.

[4] Nussbaum. Money, sec. 35.

навливали для каждого из этих государств определенное место обслуживания займа (место оплаты купонов и погашения капитала).

Так например, правительства южно-американских государств до 1914 г. выпустили внешние займы, облигации и купоны которых были выражены в долларах, фунтах стерлингов, франках, гульденах и марках по твердым паритетам с условием оплаты в Нью-Йорке долларами, в Лондоне – фунтами, в Париже – франками, в Амстердаме – гульденами и Берлине – марками. Мог ли каждый держатель по своему усмотрению выбирать место платежа и валюту долга? До первой мировой войны вопрос не имел особого практического значения, так как валютные курсы весьма незначительно отклонялись от паритетов, обозначенных на облигациях и купонах. После первой мировой войны ввиду различной степени обесценения указанных валют вопрос о правовом значении паритетов, обозначенных на займах, получил большое практическое значение. Различные ассоциации держателей иностранных займов настаивали на буквальном толковании подобных условий и утверждали, что условия эти предоставляют каждому держателю опцион места платежа и валюты долга. Должники по займам в большинстве случаев не отрицали того, что при буквальном толковании право опциона может быть выведено из текста облигаций, но «надо иметь в виду действительные намерения сторон», которые заключались в том, чтобы обеспечить каждому держателю уплату в определенной сумме его национальной валюты. Правда, близкие к банкам и бирже круги держателей до войны прибегали к купонному арбитражу (посылали за границу на инкассо свои купоны в целях использования незначительных тогда курсовых колебаний), но это не являлось нормальным способом получения платежей и «не входило в намерения сторон».

Спорные вопросы между правительством и ассоциациями держателей по этим займам либо вовсе не были урегулированы, либо получили компромиссное разрешение[1]. Судебная практика стран-кредиторов в большинстве случаев в этом вопросе держалась «твердой линии» буквального толкования договора, т. е. высказывалась в пользу права опциона места платежа и валюты долга[2].

Однако в целом ряде случаев те же суды изменяли этой точке зрения.

Так, в приведенном выше деле Levy v. Cleveland, 1921 г., Верховный суд штата Нью-Йорк отказал держателю в праве получить платеж в швейцарских франках, хотя из текста облигации вытекало право держа-

---

[1] См.: Лунц. Валютный вопрос в практике международных расчетов по облигационным займам, «Вестник финансов», 1926, № 4.

[2] Nussbaum. Money, стр. 451, прим. 18.

теля представить ее к оплате в Швейцарии и там получить швейцарскую валюту.

В ряде решений по облигациям турецкого общества Héraclée, снабженных условием о платеже в Турции в золотых турецких пиастрах, а в Париже и Швейцарии – во франках, французские и швейцарские суды признали, что держатели даже в случае предъявления облигаций к платежу в Париже или в Швейцарии могут требовать применения золотой оговорки[1].

В этих делах на опцион места платежа, которое предопределяет валюту долга, ссылались уже не истцы, а ответчики, но здесь суд в интересах истцов признал необходимым исходить из «действительных намерений сторон» и отошел от буквального текста облигаций.

Вопрос о юридическом значении множественных паритетов, как видно из изложенного, так и не получил единообразного разрешения, несмотря на то, что с правовой стороны он никаких особых трудностей не представляет: на пути к ясному и простому его разрешению стояли противоречивые интересы держателей облигационных займов.

---

[1] Clunet, 1932, стр. 403; М а н н , стр. 94.

ГЛАВА III

«ЗОЛОТАЯ ОГОВОРКА» И ДРУГИЕ ДОГОВОРНЫЕ УСЛОВИЯ, НАПРАВЛЕННЫЕ НА СТАБИЛИЗАЦИЮ «ЦЕННОСТНОГО СОДЕРЖАНИЯ» ДЕНЕЖНОГО ОБЯЗАТЕЛЬСТВА

§ 1. Виды «гарантийных валютных оговорок»

Неопределенность «ценностного содержания» денежного обязательства, выраженного в определенной сумме денежных единиц, служит издавна основанием для введения в эти обязательства договорных условий, направленных на то, чтобы по возможности «стабилизировать» содержание такого обязательства.

Договорная практика в иностранных государствах выдвинула различные типы таких «гарантийных валютных оговорок».

Из них основными являются:

(1) исчисление суммы долга в иностранной валюте, которая, по мнению сторон, является устойчивой, или исчисление суммы долга альтернативно в нескольких валютах;

(2) исчисление платежа на базе рыночной (биржевой) цены какого-либо товара;

(3) исчисление платежа по индексу товарных цен;

(4) так называемая «золотая оговорка», которая из всех указанных методов получила в практике капиталистических стран до 1933 г. наибольшее значение и потому вызвала массу законодательных мероприятий, обширную судебную практику и почти необозримую юридическую литературу.

Вопрос об исчислении денежного долга в иностранной валюте относится к вопросам о денежных обязательствах в иностранной валюте, о которых говорится в главах II и IV.

Здесь мы рассмотрим вторую, третью и четвертую из названных гарантийных валютных оговорок. Характерной особенностью обязательств, снабженных какой-либо из таких оговорок, является то, что здесь единица исчисления долга отделяется от валюты платежа: сумма денежного обязательства исчислена в иных единицах, нежели те денежные знаки, на уплату которых направлено обязательство, за исключением лишь одного вида золотых оговорок, а именно обязательств, направленных на уплату золотых монет в натуре. Отсюда возникает необходимость в момент платежа определить отношение между этими двумя единицами. Поэтому сумма денежных знаков, подлежащих уплате по таким обязательствам, в момент их возникновения является не определенной, а лишь определимой.

Изучение этих оговорок представляет не только практический, но и большой теоретический интерес: оно показывает, что неопределенность ценностного содержания денежного обязательства, вытекающая из противоречия между платежной силой денег (которая фиксируется законом) и их покупательной силой (которая зависит от стихии рынка) есть явление, которое лишь в очень незначительных пределах может быть ослаблено, но не может быть преодолено какими-либо договорными условиями, исходящими от участников гражданского оборота.

Рассмотрим отдельные виды гарантийных валютных оговорок.

§ 2. Исчисление суммы денежного обязательства на базе рыночной цены какого-либо товара

В статье М. М. Агаркова «Договоры по экспорту советских нефтепродуктов»[1] дано детальное описание порядка определения цены нефтепродуктов, который был принят в нашей торговле по экспорту таких продуктов и который может служить примером исчисления платежей на базе рыночной цены товара.

Отметив невыгоды, которые возникают при определении цены в твердо фиксированной сумме в случаях сильных и непредвиденных изменений конъюнктуры, М. М. Агарков продолжает: «Для того, чтобы застраховать себя от таких последствий, прибегают к заключению договора или на базе так называемой м и р о в о й ц е н ы или на б а з е в н у т р е н н и х ц е н того рынка, на котором покупатель будет производить реализацию купленных им нефтепродуктов».

В случае продажи на базе мировой цены за основу берется одна из котировок мировой цены (которой считается цена «фоб», Мексиканский залив), обычно либо по котировкам журнала «National Petroleum News» (США), либо по котировкам «Рейтера». Для определения способа установления цены по этим котировкам необходимо: (1) указать в договоре тот наиболее близкий к продаваемому советскому нефтепродукту товар, котировка которого дается «Рейтером» или NPN, а также точно перечислить рубрики и заголовки котировки; (2) указать, на какую дату берется

---

[1] См.: Мировая нефтяная торговля, Внешторгиздат, 1936, стр. 204 и сл.

котировка (например, последняя котировка на дату, предшествующую погрузке); (3) если на одну и ту же дату дается несколько котировок, то указать, берется ли высшая, низшая или средняя между ними; (4) указать коэффициент, посредством умножения на который котировка дает цену продаваемого по договору советского нефтепродукта, или же накидку или скидку с журнальной цены.

В тех случаях, когда договор заключается с покупателем, который производит розничную реализацию купленных им нефтепродуктов на каком-либо внутреннем рынке, часто приходится идти на определение цены на базе внутренних цен. В таком случае в договоре должно быть указано: какие именно цены, на какой товар и способ публикации цен принимаются за базу (например, цены бензиновых колонок).

Из приведенного описания порядка определения цены на нефтепродукты видно, что данный способ применим лишь в отношении сделок по поставке товаров, имеющих биржевую или рыночную котировку.

Вторым условием применения такого способа определения цены товара является платеж против сдачи товара, ибо в случае предоставления кредита последний обычно оформляется в порядке получения продавцом векселя, который может быть выражен лишь в определенной сумме денежных единиц[1]. Таким образом, с момента выдачи векселя гарантия «стабильности ценностного содержания» долга уже не будет иметь места.

Указанные два момента (необходимость наличия «котировки» на данный товар; реквизиты векселя) в значительной мере ограничивают сферу использования обсуждаемого метода исчисления суммы долга на базе стоимости какого-либо товара. Именно благодаря тому, что метод этот не может получить широкого распространения, он не вызывает возражений даже со стороны тех правовых систем, которые в условиях принудительного курса бумажных денег объявляют недействительными всякого рода «гарантийные валютные оговорки»[2].

§ 3. Исчисление суммы платежа по индексу товарных цен

Этот метод также не встречал возражений со стороны законодательства и судебной практики. Он широко применяется по договорам с предприятиями по снабжению газом, электроэнергией и другими коммуналь-

[1] Женевская вексельная конвенция, ст. 1; The Bills of Exchange Act 1882 г., sec. 3; The Uniform Negotiable Instruments Law, sec. 1, п. 2; N u s s b a u m . Money, стр. 407.

[2] См. решения Французского кассационного суда от 18 февраля 1929 г. и 18 марта 1929 г., приведенные у N u s s b a u m 'а. Money, стр. 404, в которых допущены оговорки об исчислении денежного платежа на базе товарных цен; суд здесь прямо подчеркивает, что такой способ выражения суммы долга не представляет опасности для денежного обращения.

ными услугами. Метод этот не применим в отношении векселей, чеков и англо-американских оборотных документов по указанным выше основаниям. Но главное препятствие к его широкому распространению связано не с какими-либо правовыми запретами, а с тем недоверием, которое этот метод встречает со стороны участников гражданского оборота: с юридической точки зрения здесь речь идет о том, что содержание денежного обязательства определяет третье лицо – то учреждение, которое ведает становлением индексов товарных цен; участники же гражданского оборота обычно предпочитают, чтобы содержание денежного обязательства определялось стихией рынка, нежели третьим лицом, как бы авторитетно оно ни было. Поэтому индексный метод принят главным образом в некоторых из тех договоров, содержание которых диктуется монополистическими организациями, так что лица, вступающие в сделки с этими организациями, лишь «присоединяются» к стандартным условиям, которые предлагаются им этими организациями (contrat d'adhésion). Отрицательное отношение к индексному методу в свое время проявилось в той жестокой критике, которою был встречен проект Ирвинга Фишера о стабилизации доллара[1]. По существу этот проект сводился к предложению перейти к системе расчетов на основании чисел-показателей: золотые монеты должны были быть изъяты из обращения и заменены сертификатами в долларах с тем, чтобы количество золота, соответствующее одному доллару, не составляло постоянной величины, а определялось особым государственным учреждением по индексу товарных цен; таким путем Фишер надеялся добиться того, чтобы покупательная сила сертификата в отношении определенного комплекса товаров оставалась всегда неизменной. Проект встретил энергичный отпор не только со стороны экономистов, но и юристов[2].

§ 4. Золотая оговорка. Понятие и виды

Как уже было указано, долгое время наиболее распространенным способом была стабилизация ценностного содержания денежных обязательств путем золотой оговорки. Детальное изучение ее является необходимым, так как без такого изучения многие вопросы, связанные с содержанием денежных обязательств, остались бы неясными, неразрешенными.

Золотой оговоркой (Clause or, Gold clause, Goldklausel) является (а) договорное условие о платеже в известной сумме определенных золо-

[1] Fisher I. Stabilising the dollar, 1920; о проекте Фишера см.: Лунц. Деньги и денежные обязательства, 1927, § 17.

[2] Критику проекта Фишера см.: Лунц, loc. cit.

тых монет или (б) условие об уплате денежных знаков, которые будут иметь хождение в момент платежа в сумме, эквивалентной на момент платежа определенному весовому количеству золота или известному числу определенных золотых монет.

Все многочисленные варианты золотой оговорки можно свести к двум указанным видам, т. е. либо (а) к условию, согласно которому определенная золотая монета является «валютой платежа» (Clause monnaie or, Gold coin clause), либо (б) к условию, согласно которому определенная золотая монета или определенное весовое количество золота служит «валютою долга», т. е. единицей исчисления долга; сумма денежных знаков, подлежащих в этом случае уплате, должна определяться в момент исполнения обязательства по стоимости в этот момент известного количества золота; в момент же совершения договора сумма эта является еще неопределенной, но определенным до известной степени является ценностное содержание денежного обязательства; этот вид золотой оговорки именуется Clause valeur or, Gold value clause.

Примером Clause monnaie or можит служить формула «1 000 долларов, подлежащих уплате золотыми монетами США нынешнего (1931 г.) стандарта веса и пробы».

Примером Clause valeur or может служить формула: «уплата долларами, имеющими хождение в момент платежа, в сумме, эквивалентной на момент платежа одной тысяче долларов золотыми монетами США нынешнего (1931 г.) стандарта веса и пробы».

Отметим, что так называемая «Gold clause proper» – золотая клаузула в чистом виде, т. е. условие, направленное на предоставление золота в слитках (а не в монете), не составляет здесь предмета нашего рассмотрения, так как в этом случае налицо обязательство, на которое законодательство капиталистических стран не распространяет правил о денежных обязательствах.

Учение о золотой оговорке может быть сведено к следующим вопросам:

(1) когда признается наличие золотой оговорки и в какой форме она должна быть выражена;

(2) вопрос о толковании золотой оговорки, т. е. о ее квалификации либо как условия платежа в золотой монете, либо как условия об исчислении платежа в золотой монете или в весовых единицах золота;

(3) вопрос о действии золотой оговорки.

Вопрос о наличии золотой оговорки в денежном обязательстве осложняется многообразием форм ее выражения; стороны далеко не всегда прибегали к тем развернутым формулировкам, которые указаны выше. На континенте Европы были употребительны такие выражения, как: «500 франков, уплачиваемых золотом» или «500 золотых франков», или «500 франков звонкою монетою».

В подобных случаях практика обычно признавала наличие золотой оговорки (например, в решениях от 12 июля 1929 г. Постоянного международного трибунала в Гааге по делам сербских и бразильских займов, размещенных во Франции[1]).

В некоторых случаях суды выводили золотую оговорку из обстоятельств, сопутствовавших заключению договора, или путем распространительного толкования каких-либо других условий договора. Например, если в проспекте о выпуске облигаций займа говорилось о то, что заем является золотым, то золотая оговорка признавалась, хотя бы в самой облигации о золоте не было никаких указаний[2]. Если в облигации введена альтернативная валютная оговорка с правом для кредитора выбрать платеж по одному из нескольких валютных паритетов (причем только один из этих паритетов снабжен золотой оговоркой), то весь заем в целом признавался золотым[3]. Уплата долга в течение ряда лет «на базе турецкого золотого фунта» послужила основанием для британского Тайного совета к признанию наличия золотой оговорки, хотя обычно британские суды весьма сдержанно относятся к признанию этой оговорки и требуют, чтобы она была выражена expressis verbis[4].

Германская практика (1933 – 1934 гг.) в интересах германских кредиторов по сделкам внешней торговли и в интересах германских банков по внутренним сделкам обнаруживала склонность признавать наличие золотой оговорки, мотивируя одной только ссылкой на скрытые намерения сторон и на пресловутый принцип «доброй совести»[5]. Германские фирмы, не доверявшие собственной валюте и обычно до 1931 г. требовавшие в экспортных и импортных сделках выражения цены в фунтах или долларах, после отхода этих валют от золота (1931 и 1933 гг.) настаивали на платеже из расчета «полноценного» фунта или доллара, мотивируя тем, что стороны якобы исходили при заключении договоров из представления о равнозначности «фунтовой» или «долларовой» оговорок зо-

---

[1] Cour Permanente de Justice Internationale, Recueil des Arrêts, Série A 20/21, стр. 29 – 32.

[2] См. названное решение Постоянного международного трибунала от 12 июня 1929 г.; также решение Французского кассационного суда по делу Ипотечного франко-аргентинского банка: Clunet, 1934, стр. 1202.

[3] См. решение Французского кассационного суда от 7 февраля 1931 г.: Clunet, 1932, стр. 403.

[4] М а н н , стр. 96; см. также приведенную ниже, гл. III, § 6, практику Палаты лордов.

[5] Г.Г.У., § 157, 242.

лотой оговорке[1]. Германские банки разослали циркуляр своим клиентам, в котором было выражено требование возврата кредитов, исчисленных в фунтах или долларах по курсу для предоставления кредита[2].

Та же точка зрения в 1933 – 1934 гг. была выдвинута рядом германских фирм в отношении сделок с советским торгпредством, заключенных в фунтах стерлингов[3].

Юридическая литература решительно осудила эти домогательства. Указывалось, что если стороны при заключении договора доверяли стабильности определенной иностранной валюты, то они тем самым связали ценностное содержание долга с последующей судьбой этой валюты; убеждение в стабильности валюты договора не равносильно намерению выразить сделку в золотых единицах. В отношении векселей и чеков такая точка зрения может быть прямо опровергнута ссылкою на Женевский вексельный и чековый уставы и на британский закон о векселях[4].

Таким образом, надо прийти к заключению, что, не требуя определенной формы выражения золотой оговорки, практика все же исходит из того, что намерение связать содержание денежного обязательства с ценою золота в монете или слитке должно быть так или иначе выражено – иначе нет золотой оговорки.

В условиях денежного обращения после первой мировой войны и вплоть до второй мировой войны большое практическое значение имел вопрос о квалификации золотой оговорки (как условия платежа золотом или как условия об исчислении платежа в золоте).

Золотые монеты после начала первой мировой войны (по США – до весны 1933 г.) везде исчезли из обращения. В тех странах, где после окончания первой мировой войны золотую валюту на время удалось восстановить (Англия – 1925 – 1931 гг., Франция – 1928 – 1936 гг.), возврат к ней происходил в форме так называемого золотослиткового стандарта (т. е. без выпуска в обращение золотых монет, без восстановления размена банкнот на монету, а в форме обязательства центрального банка отпускать золото для целей внешних расчетов по определенной, зафиксированной в законе цене). Валютное регулирование во всех странах связано было с сосредоточением сделок с золотом в центральном банке каждой данной страны, так что продавать золото можно было лишь этому банку, а покупать золото – лишь у этого банка.

---

[1] Clunet, 1936, стр 423 и сл.

[2] Berliner Tageblatt, 1931 г., 17 октября.

[3] См. выше, стр. 212.

[4] См. стр. 182.

Все это привело к фактической и юридической невозможности эффективного платежа в золоте. Оговорка о платеже золотыми монетами или золотом в слитках наталкивается на невозможность исполнения. Остается место лишь для оговорки об исчислении платежа в весовых единицах золота или в золотых монетах определенного стандарта веса и пробы. Этот вид золотой оговорки имеет своей предпосылкой наличие «цены» на золото; отсутствие свободного золотого рынка в капиталистических странах ограничивает экономическую базу этого вида золотой оговорки, но не устраняет ее вовсе.

Судебная практика, исходя из того, что всякая золотая оговорка выражает намерение сторон создать гарантию стабильности и ценностного содержания денежного обязательства, пришла к заключению, что Gold coin clause implicite содержит в себе и Gold value clause; если невозможен платеж эффективным золотом, то надо платить денежными знаками, имеющими хождение в момент платежа, в количестве, равноценном сумме золотых монет или весовых единиц золота, указанных в договоре. Такое толкование золотой оговорки, признанное первоначально в названном выше решении Постоянного международного трибунала по делам сербских и бразильских займов в 1929 г., позднее было усвоено практикой всех стран[1]. Таким образом, ныне всякая золотая оговорка, независимо от формы ее выражения, получает значение условия об исчислении платежа в золоте (а не о платеже золотом). Различие между двумя указанными видами золотых оговорок (оговорки о платеже золотом и оговорки об уплате стоимости золота) сохранило значение лишь в договорах и расчетах между государствами.

Третий из поставленных вопросов – о действии золотой клаузулы – необходимо рассмотреть особо по отдельным странам.

Такое изучение практики капиталистических стран по вопросам о золотой оговорке покажет, что в области гражданско-правовых обязательств, подчиненных внутреннему праву (мы не касаемся здесь обязательств между государствами), золотая оговорка не является надежным средством гарантии интересов кредиторов от обесценения валюты долга. Опыт большинства стран обнаруживает, что как раз в тот период, когда оговорки эти могли бы проявить свое действие, защищая кредиторов от невыгодных для них последствий обесценения денег в условиях девальвации или инфляции, действие их обессиливается в порядке закона или судебной практики. Это в особенности имеет место в тех странах, где оговорка в период, предшествовавший инфляции или девальвации, полу-

[1] Примеры см. ниже.

чила широкое распространение – ибо сохранение в силе золотой оговорки при этих условиях означало бы допущение двух параллельных денежных единиц.

Мы рассмотрим практику о золотой оговорке во Франции, Англии и США и золотую оговорку по Г. Г. У.

§ 5. Золотая оговорка во французском праве

Обесценение ассигнат и территориальных мандат в эпоху Французской революции конца XVIII в. и инфляция 1848 – 1850 гг. – вот основные факты, воспоминание о которых обусловило склонность французского гражданского и торгового оборота пользоваться золотой оговоркой при долгосрочных кредитных операциях, в частности, при ипотечных займах. Распространению этой оговорки способствовало во Франции также и то обстоятельство, что де-юре там, вплоть до девальвации 1928 г., действовал биметаллизм: по закону 17 жерминаля XI г. Республики франк был определен как 5 граммов серебра 0.900 пробы, и наряду с этим устанавливался выпуск золотой монеты в 20 франков, весом в 6,45161 граммов пробы 0.900.

Хотя фактически денежная система Франции после франко-прусской войны базировалась на золоте, но легальная возможность перехода к серебряному стандарту и те невыгоды, которые были бы созданы этим для кредиторов, усилили стремление последних к введению в долгосрочных сделках условий о платеже в золотых франках.

Большое значение получила золотая оговорка во французских внешнекредитных операциях. Французский экспорт капиталов происходил в значительной мере в порядке размещения на парижском кредитном рынке займов иностранных государств и иностранных городов.

Из этих займов значительная часть была выражена в золотых франках.

Большое распространение золотой оговорки во внутреннем обороте создало условия, при которых введение принудительного курса на банкноты (в эпоху франко-прусской войны и в первую мировую войну) экономически трудно было совместить с сохранением в силе договорных золотых клаузул; ибо при сохранении в силе этих клаузул создалось бы положение, фактически равносильное параллельной валюте.

С другой стороны, наличие в руках французских держателей облигаций иностранных золотых займов на очень значительные суммы обусловило стремление французских правящих кругов сохранить в силе эту оговорку в области так называемых международных расчетов.

Таковы были предпосылки французского законодательства и судебной практики по вопросу о золотой клаузуле.

Когда с началом франко-прусской войны по закону 12 августа 1870 г. банкноты Банка Франции превратились в бумажные деньги с принудительным курсом, перед судебной практикой возник вопрос о юридическом значении в этих условиях гарантийных клаузул, направленных на обеспечение кредиторам «полноценных» платежей.

К разрешению этого вопроса французская юриспруденция привлекла старую французскую доктрину valor impositus.

С точки зрения этой доктрины, золотая монета и неразменная банкнота, обладающие по закону одинаковой платежной силой, должны рассматриваться как р а в н о ц е н н ы е, и всякое соглашение, направленное на дискриминацию между денежными знаками, обладающими, с точки зрения закона, одинаковой «стоимостью», противоречит публичному порядку и является юридически недействительным.

Эта доктрина была использована французским кассационным судом в его решении 11 февраля 1873 г.

Здесь формулирован принцип, согласно которому условие о золотой оговорке с введением в действие принудительного курса бумажных денег становится недействительным.

Рассматривалось дело по сделке, в которой должник обязался уплатить капитал и проценты по долгу «в золотых или серебряных монетах и ни в какой иной валюте, а также не в бумажных деньгах, хотя бы таковые были введены во Франции с принудительным курсом, в силу закона или декрета правительства; от ссылок на такого рода законы или декреты должник заранее отказывается по совести своей и по чести».

Кассационный суд признал это условие недействительным, указав, что законы о денежном обращении, которые направлены на предотвращение угрожающего кризиса, вводящие принудительный курс бумажных денег, являются законами принудительного характера, в которых заинтересован общественный порядок. Поэтому они относятся к тем законам, от которых не может быть отступлений в порядке частных соглашений. Кредитор не может, поэтому, отказаться принять в платеж бумажные деньги, которым закон присвоил обязательную стоимость, равную стоимости металлических монет (une valeur obligatoirement équivalente à celle des espèces métalliques[1]).

Золотая оговорка, будучи действительной и обязательной для должников, при отсутствии или после отмены законов, устанавливающих принудительный курс денежных знаков, платеж которыми она стремится исключить, становится не подлежащей выполнению с того момента, ко-

---

[1] H u b r e c h t, op. cit., стр. 254 – 255.

гда законодатель установил принудительный курс на все время действия этой меры.

Надо признать, что эта модернизация старой теории отнюдь не является ее усовершенствованием. Старая теория (как она изложена у Потье) исходила из того, что поскольку денежные знаки с точки зрения закона равноценны, постольку и всякое соглашение, направленное на дискриминацию между ними, ничтожно. Новая теория выводит запрещение такой дискриминации из двух совокупных моментов – обязательной платежной силы банкнот плюс их неразменности на золото: право объявляет банкноту и золото равноценными именно в тот момент, когда они перестают быть таковыми, и допускает их различную оценку тогда, когда они фактически равноценны!

После того, как закон 5 августа 1914 г. вновь ввел принудительный курс на банкноты, французским судам приходилось уже неоднократно высказываться по вопросу о действии золотой оговорки.

7 июня 1920 г. Кассационный суд[1] рассматривал дело по иску французского страхователя к американскому страховому обществу «Нью-Йорк» (претензия по полису страхования жизни, снабженному золотой оговоркой). Суд признал золотую клаузулу действительной, «так как это соглашение, заключенное с иностранцем, исполнение которого будет иметь результатом приток во Францию золотой монеты, ни в коем случае не противоречит законам публичного порядка, которые обязывают кредитора принимать во Франции платежи бумажными деньгами, снабженными принудительным курсом. Платеж золотыми монетами, напротив того, полностью соответствует цели, которую преследует закон; ибо публичный порядок направлен полностью на осуществление национальных интересов и этот порядок заинтересован в принудительном курсе лишь постольку, поскольку речь идет о платежах, совершаемых во Франции между французами; иностранный же должник, обязанный по договору платить монетой, не может ссылаться на льготу, вытекающую из установленного во Франции принудительного курса».

***

Из сопоставления этого решения 1920 г. с приведенным выше решением 1873 г. видно, что во французской юриспруденции наметилось различное отношение к золотой оговорке в зависимости от того, является ли платеж по обязательству чисто внутренним или же он связан с притоком из-за границы валютных ценностей.

---

[1] Hubrecht, стр. 256.

Общее правило гласит, что в условиях принудительного курса бумажных денег золотая оговорка недействительна. Последующей практикой, как мы увидим ниже, принцип этот был значительно расширен. Было признано, что принудительный курс бумажных денег порождает недействительность не только золотой оговорки всех видов, но также и недействительность условия о платеже в иностранной валюте или по курсу на иностранную валюту, ибо все подобные «гарантийные» – на случай обесценения бумажных денег – условия по существу направлены к обходу действия закона о принудительном курсе бумажных денег.

Другая цепь судебных прецедентов, идущая от приведенного выше решения 1920 г., направлена на то, чтобы выработать принцип, который должен уточнить круг изъятий из приведенного выше общего правила.

Нельзя было по вопросу об этих изъятиях остановиться на принципе, формулированном в решении 1920 г., согласно которому соглашение о платеже в золотой монете, заключенное с должником-иностранцем, исполнение коего имеет своим результатом приток во Францию золота, не противоречит публичным интересам, а потому считается действительным. Односторонний характер этого принципа нельзя было выдержать до конца. Усилия французских судов под самым непосредственным воздействием исполнительной власти в лице прокуроров [при] апелляционных судах, действовавших на основании циркулярных распоряжений министра юстиции, направлены были на то, чтобы выработать такую формулировку понятия «международных расчетов», которая формально носила бы характер двусторонней, но по существу приводила бы к сохранению действия гарантийной клаузулы по возможности лишь в тех случаях, когда это вызывалось интересами французских кредиторов.

Практика эта встретила, особенно в период 1920 – 1924 гг., резкую оппозицию со стороны большинства французских теоретиков права, указывавших, что аннулирование золотой оговорки нарушает принцип верности договорам, что теория о «международных расчетах» не может дать какого-либо определенного критерия для суда и по существу приводит к судебному произволу.

Эта точка зрения отражала стремление определенной части деловых кругов в условиях постоянно падающей покупательной силы бумажных денег найти твердую единицу для исчисления платежей: золотая оговорка, казалось, давала такую возможность.

Уступая этому течению, Сенский трибунал 31 июля 1923 г.[1] по договору долгосрочной аренды, заключенному в 1880 г., признал действительность золотой оговорки, указав на отсутствие прямого законодательного запрета такой оговорки и отметив, что закон от 5 августа 1914 г., который ввел принудительный курс банкнот (т. е. приостановил размен банкнот на золото), касается лишь права держателей этих банкнот, но не затрагивает договорных отношений, о которых идет речь.

Но решение это было отменено второй инстанцией – парижским апелляционным судом 22 февраля 1924 г. на основе «заключения», представленного представителем прокуратуры[2].

В этом решении повторены все доводы изложенного выше решения 1873 г. и, в частности, подчеркивается принцип равенства (с точки зрения закона) франка, представленного банкнотой, и франка, представленного золотой монетой: «...банковые билеты, платежная сила коих является принудительной во всех платежах внутри Франции и не зависит от металлической монеты, не могут быть поставлены в каком-либо отношении ниже металлической монеты».

С этого момента принцип, согласно которому золотая оговорка во внутренних платежах несовместима с принудительным курсом бумажных денег, более не подвергался сомнению во французской судебной практике и был, как уже отмечено, распространен на другие виды гарантийных клаузул.

Практика эта была подытожена в циркуляре 1926 г. министра юстиции генеральным прокурорам при апелляционных судах[3], в котором подчеркивается, что во внутренних платежах в условиях принудительного курса бумажных денег недействительны следующие виды гарантийных оговорок:

(1) условие «payable en or ou en espèces métalliques»;

(2) условие о платеже в иностранной валюте;

(3) условие о платеже деньгами, имеющими законное хождение «sur la base de l'or ou d'une monnaie étrangère», ибо все подобные условия направлены на то, чтобы «ограничить значение французских банковых билетов лишь ролью расчетного знака, лишенного самостоятельной стоимости»;

(4) условие о платеже не деньгами, а купонами четырехпроцентной французской ренты 1925 г., выраженными в фунтах стерлингов.

---

[1] См.: H u b r e c h t , стр. 258.

[2] Clunet, 1924, стр. 691.

[3] Clunet, 1927, стр. 256.

Как уже было показано выше, первое из приведенных условий признано при наличии принудительного курса банкнот недействительным в решении кассационного суда 1873 г.; второй и третий виды гарантийных условий признаны недействительными в решении кассационного суда от 17 мая 1927 г.[1], о котором будет сказано ниже.

Что же касается условия о платеже французской рентой 1925 г., то оно было признано недействительным по решению Сенского трибунала 21 января 1928 г[2].

В циркуляре поставлен вопрос о действительности договорного условия, по которому сумма платежа исчислена в индексе товарных цен или цена товара определена не твердо, а по каким-либо рыночным или биржевым показателям.

В отношении подобной гарантийной клаузулы циркуляр выражает лишь сомнение в ее действительности. Однако в последующем[3] практика допускала подобные условия также и при наличии принудительного курса бумажных денег.

Наконец, в циркуляре 1926 г. поставлен вопрос о действительности гарантийных клаузул применительно к обязательствам, связанным с международными расчетами. В циркуляре подчеркнуто, что перед французской судебной практикой возникает задача уточнить, что следует понимать под «международнорасчетными» обязательствами. При этом определенно указывается на то, что национальность сторон и место платежа не имеют в этом отношении значения, ибо, де, нельзя допустить, чтобы путем произвольного введения в договор какого-либо иностранного элемента можно было создавать обход закона о принудительном курсе бумажных денег. В частности, не относятся к обязательствам, по которым можно было бы допустить золотые и валютные оговорки, отношения (хотя бы с участием иностранцев) по продаже и найму недвижимости во Франции, не связанные с «каким-либо движением ценностей из страны в страну».

Но принудительный курс бумажных денег не должен приводить к аннулированию гарантийных клаузул в договорах, «относящихся к операциям, которые имели место на территориях двух государств и которые заканчиваются путем требования денежного перевода из одного государства в другое государство»; это по преимуществу – сказано в циркуляре – касается договоров в области международного оборота.

---

[1] Clunet, 1928, стр. 419.

[2] См.: Revue du droit bancaire, 1928 г., стр. 463.

[3] См.: N u s s b a u m . Money, стр. 408, примечание 18.

Можно сказать, что последующая французская практика по вопросу о гарантийных оговорках является в значительной мере развитием тех положений, которые установлены в циркуляре от 16 июля 1926 г. Если в этом отношении имели место какие-либо отступления, то вытекали они опять-таки из новых «заключений» представителей министерства юстиции.

В решении Кассационного суда от 17 мая 1927 г.[1] судебная практика решительно отказалась от критерия иностранного гражданства сторон как основания для определения международнорасчетного характера обязательства. Истцом в этом деле выступила английская компания, которая в 1869 г. арендовала в Алжире у городского муниципалитета земельный участок на 90-летний сок, а в 1883 г. сдала этот участок в субаренду на 61 год французскому гражданину с условием взноса арендной платы в фунтах стерлингов (9 400 в год), подлежащей уплате в Лондоне или Алжире по выбору английской компании.

Кассационный суд признал, что английское общество не может требовать уплаты в иностранной валюте или по курсу иностранной валюты, ибо нет обязательства, связанного международными расчетами.

После этого апелляционный суд в городе Ниме, куда дело было передано на новое рассмотрение, 9 января 1928 г.[2] в полном согласии с решением Кассационного суда признал, что в данном деле нет никаких элементов d'une transaction extérieure ou internationale, что речь идет о «внутреннем договоре», направленном на аренду недвижимости на французской территории, и что валютная оговорка вследствие этого лишена силы; мало того, суд решил, что так как арендатор в течение ряда лет производил взносы из расчета 9 400 фунтов стерлингов в год, произошла уплата недолжного и возможно обратное взыскание уплаченного излишка.

Решения Кассационного суда и апелляционного суда по делу аренды недвижимости в Алжире вынесены под прямым воздействием циркуляра министерства юстиции 1926 г. Иностранное гражданство истца и заграничное место платежа не приняты во внимание. То обстоятельство, что иностранное общество инвестировало в данном случае средства во Франции и стремилось путем введения в договор валютной клаузулы и иностранного места платежа вернуть себе инвестированные средства, оставлено без всякого внимания[3].

---

[1] Clunet, 1928, стр. 419.
[2] Ibidem, стр. 1201.
[3] См. заметку по поводу этого решения Перру: Clunet, 1928, стр. 1212.

В другом деле, по иску Bret к оттоманскому обществу Société Heraclée, основанному на облигации, Кассационный суд решением от 7 июля 1931 г.[1] формулировал новую теорию обязательства, связанного с международным платежом.

Суд вынес свое решение после заслушания заключения генерального прокурора Маттера и в буквальном соответствии с этим заключением как в отношении мотивов, так и в отношении выводов, указал на то, что «международным платежом» считается лишь платеж, связанный с «двойным переводом денежных ценностей из страны в страну».

Речь шла об облигациях, выпущенных в период 1909 – 1913 гг. турецким обществом на условиях уплаты купонов: 25 французских франков в Париже или Женеве, или 110 золотых пиастров в Константинополе.

Вследствие того, что турецким законом 1914 г. были аннулированы золотые оговорки, общество отказалось от соблюдения этой оговорки при расчетах в Константинополе. Держатели облигаций предъявили купоны к платежу в Женеве и Париже, настаивая на том, чтобы им уплачено было из расчета не 25 французских франков по номиналу (франки к тому времени потеряли $^4/_5$ своего прежнего золотого содержания), а 110 золотых пиастров.

В Швейцарии федеральный суд[2] признал, что налицо не альтернативное обязательство (с правом выбора золотых пиастров в Константинополе или франков в Париже и Женеве), а гарантийная оговорка по договору в целом, направленная на то, чтобы обеспечить держателя, независимо от места предъявления купона к платежу – в Константинополе, Париже или Женеве – от возможности падения курса бумажных денег.

Суды первых двух инстанций во Франции вынесли по этому делу иное решение, они признали, что формулировка облигаций прямо указывает на то, что имелась в виду гарантия облигационеров лишь на случай обесценения турецкой валюты, а не на случай обесценения франка: в момент выпуска облигаций в период 1909 – 1913 гг. стороны едва ли предвидели возможность обесценения франка. Однако Кассационный суд на основе заключения генерального прокурора занял иную позицию.

---

[1] Clunet, 1932, стр. 403.

[2] Clunet, 1931, стр. 510.

В своем заключении генеральный прокурор высказывает два положения:

а) если в международном займе с множественными валютными паритетами хотя бы один из валютных паритетов снабжен золотой оговоркой, то весь заем следует считать золотым;

б) в данном деле речь идет о международном платеже, ибо имело место перемещение валютных ценностей из Франции за границу (в момент подписки на облигацию); затем последовало использование этих ценностей в Турции, и, наконец, происходит возврат денег во Францию в виде уплаты процентов и погашения капитала; такое двойное перемещение ценностей из Франции за границу и обратно (или в другом направлении – из-за границы во Францию и обратно) и является признаком «международнорасчетного» характера обязательства, по которому допускается сохранение в силе гарантийной клаузулы.

Кассационный суд в решении от 7 июля 1931 г.[1] полностью повторяет заключение генерального прокурора, отменяет решение предшествующих инстанций и дело переходит на новое рассмотрение в апелляционном суде в городе Амьене, который 27 января 1932 г.[2] вновь повторяет все мотивы и выводы генерального прокурора Маттера.

По вопросу о золотой оговорке Амьенский суд говорит: «Если намерение сторон явно, то вовсе не требуется, чтобы золотая оговорка была выражена».

Можно полагать, что решение проблемы о «международнорасчетном» обязательстве найдено и что дальнейшая практика будет применять лишь уже найденную формулу.

Однако в дальнейшем оказалось, что теория двойного перевода из страны в страну толкуется по возможности ограничительно, когда речь идет о силе гарантийной клаузулы, в которой заинтересован иностранный кредитор.

В решении от 2 ноября 1932 г.[3], о котором французский его комментатор Перру сказал, что в нем есть quelque chose de choquant[4], Кассационный суд обсуждает следующий фактический состав: английское общество инвестировало в виде займа свои капиталы во французское предприятие и затем за счет инвестированных средств приобрело облигации того же предприятия, специально (в особом соглашении) оговорив, что сумма, причитающаяся по этим облигациям, будет выплачена в

[1] Clunet, 1932, стр. 403.
[2] Clunet, 1933, стр. 118.
[3] Ibidem, стр. 1197.
[4] Ibidem, стр. 1200.

фунтах стерлингов по курсу: один фунт стерлингов за каждые 25 французских франков. Кассационный суд приходит к заключению, что приведенная гарантийная валютная клаузула не может иметь силы в условиях принудительного курса франка, ибо приобретение облигаций имело место за счет средств английского общества, которые ранее были инвестированы во Франции, но не специально переведены из-за границы во Францию.

Решение от 2 ноября 1932 г. содержит ссылку на статью 2 закона от 23 июня 1928 г., которым была произведена девальвация франка: закрепление его золотого содержания на уровне 65,5 миллиграммов золота 0.900 пробы; этот новый франк – франк Пуанкаре – равен приблизительно $^1/_5$ прежнего франка – франка жерминаля; в той же статье 2 закона 1928 г. подчеркивается, что новое определение франка не применяется к международным платежам, которые до опубликования настоящего закона заключены в золотых франках. З д е с ь   в п е р в ы е   в   п о р я д к е   з а к о н а   апробирована была практика признания золотой оговорки в области «международных платежей» и a contrario – общий принцип недействительности золотой оговорки в условиях принудительного курса бумажных денег. Понятие международных платежей, однако, не было определено.

Закон 23 июня 1928 г. ввел во Франции золото-слитковый стандарт, но не обращение золотых монет; размена банкнот на золото в том смысле, в котором он существовал до первой мировой войны, закон не восстановил, но Банк Франции производил (на основе статьи 3 того же закона) продажу золота по фиксированной законом цене для целей международных расчетов и платежей по внешней торговле.

Таким образом, де-юре принудительный курс банкнот остался силе, а следовательно, остались в силе и запрещения гарантийных клаузул во внутренних платежах и сохранила свое значение проблема обязательства по международным расчетам, по которым допускаются такие клаузулы (ибо, как уже отмечено, закон 1928 г. не дал определения понятия такого обязательства).

В практике ряда лет (1928 – 1936 гг.) исходной была теория Маттера о двойном переводе валютных ценностей из страны в страну, но она явно не покрывала всех случаев международных платежей, и Кассационный суд часто выходил за пределы этой теории. Так, в решении Кассационного суда от 2 мая 1932 г.[1] признана была действительность условия об исчислении в иностранной валюте цены товара, проданного на условиях

[1] Clunet, 1933, стр. 380.

«сиф»; речь шла об импорте зерна из-за границы, и суд признал здесь наличие d'une opération d'ordre international, хотя и не было двойного перевода валютных ценностей из страны в страну.

Более того, в сделке перепродажи импортного товара, заключенной между французами, было допущено подобное же условие[1].

Наконец, Кассационный суд в решении 14 января 1934 г. провозгласил, что облигационный заем, выпущенный во Франции французским обществом и являющийся источником для кредитов, предоставленных этим обществом за границей под обеспечение находящейся там недвижимости (причем французские подписчики на облигации этого займа были уведомлены, что источником платежа по этим облигациям являются доходы от инвестированных за границей средств), есть заем, носящий характер операции по международным расчетам, заем, по которому, следовательно, допускается гарантийная клаузула. Ибо «международный характер операций зависит не от домициля сторон или места платежа, а от природы и совокупности различных элементов операций, которые должны быть учтены и с которыми связано движение валютных ценностей, придающих этой операции черты, выводящие ее за пределы внутренней экономики»[2].

Это, насколько мне известно, последняя формулировка доктрины об обязательстве «международнорасчетного» характера, по которому допускаются гарантийные оговорки. Здесь нет уже ни единого момента права; все сводится к экономическому анализу операций, связанных или могущих быть связанными с данным обязательством, к анализу, который возлагается на суд и при котором суду предоставляется широкая свобода усмотрения.

***

1 октября 1936 г. был принят закон, покончивший с франком Пуанкаре и определивший, что «золотое содержание франка не может быть ниже 40 миллиграммов и выше 49 миллиграммов золота, 0.900 пробы».

При обсуждении проекта этого закона в парламенте[3] многие члены палаты ссылались на то, что в свое время (1928 г.) девальвация, произведенная Пуанкаре, причинила большие убытки французским держателям иностранных займов. Выставлено было требование, чтобы новое сниже-

---

[1] Кассционный суд, 2 июля 1935 г., Clunet, 1936, стр. 625.

[2] Решение Кассационного суда от 14 января 1934 г.; см. B. I. J. I., 1935, XXXIV, 1, стр., 76; см. также: Clunet, 1934, стр. 1202.

[3] См. Journal Officiel от 29 сентября 1936 г., Débats Parlementaires, № 82, стр. 2806.

ние золотого содержания франка не коснулось держателей иностранных займов независимо от того, имеется в этих займах золотая оговорка или нет. Один из членов парламента указал при этом на то, что общая сумма иностранных займов, в которые вложены французские сбережения, вчера еще (т. е. на 28 сентября 1936 г.) при действии франка Пуанкаре доходила до 550 миллиардов франков. «В результате того, что мы не получили процентов в нормальном франке (франке жерминаля), французское государство, т. е. французское казначейство, за период 1920 – 1933 гг. потерпело ущерб в размере 54 млрд.» «В результате того же факта французские семьи, инвестировавшие свои сбережения в эти займы, потеряли за время с 1920 г. 216 млрд. франков.» «Таково, – заключил оратор, – великое значение этого вопроса».

Это и другие выступления были поддержаны большинством, в результате чего в закон 1 октября 1936 г. введена была статья 6, которая, в отступление от всех традиций в области международных расчетов, в отступление от принципа номинализма, выраженного во французском законодательстве и практике, оставила в силе прежнее золотое содержание франка (65,5 миллиграмма золота) для так называемых международных платежей, создав, таким образом, две денежные единицы: одну с пониженным золотым содержанием для платежей по «внутренним» обязательствам и другую с повышенным золотым содержанием для старых обязательств по международным расчетам.

Кроме того, статья 6 содержала определение понятия международного платежа – указание, что такой платеж связан двойным переводом валютных ценностей из страны в страну (формула, в свое время предложенная генеральным прокурором Маттером, см. выше).

До тех пор, пока подобное определение понятия международного платежа (хотя и выраженное в ряде решений Кассационного суда) оставалось доктриной судебной практики, оно допускало отступления и, как мы видели, не очень связывало суды. Но введенная в закон доктрина эта не могла не создать значительного сужения в содержании и объеме понятия «международнорасчетного» обязательства.

Так, руководствуясь этой доктриной, гражданский трибунал в городе Бетюме 28 декабря 1936 .[1] вынес решение, из которого прямо вытекало, что к обязательствам «международнорасчетного» характера не могут быть отнесены платежи по экспорту или по импорту товаров, так как с ними, де, не связано двойных переводов ценностей из страны в страну, а лишь однократный перевод валюты за границу или из-за гра-

[1] Clunet, 1937, стр. 761.

ницы. Получалось, что обязательства по внешней торговле не могли быть выражены в иностранной валюте, а лишь во франках, и что лишь чисто денежные операции, вытекающие из иностранных займов в виде облигаций или в иной форме, допускают гарантийные (золотые или валютные) оговорки.

Это вызвало возражения с разных сторон. Кроме того, беспрецедентный дуализм денежной единицы создал неблагоприятную реакцию со стороны иностранных деловых кругов. Но главное обнаружилось, что сохранение франка Пуанкаре в области международных расчетов в конечном счете не отвечало и французским интересам, так как заграничные обязательства французского фиска на очень крупную сумму, срочные в 1937 г., были выражены во франках без золотой оговорки. На это указал министр финансов Винцент Ориоль в речи своей в палате 9 февраля 1937 г.[1]

По совокупности этих соображений, статья 6 закона 1 октября 1936 г. была в целом отменена законом от 18 февраля 1937 г[2]. Она была заменена общим указанием (повторившим соответственное указание закона 1928 г.) на то, что новое определение франка не применяется к международным платежам, которые до опубликования закона от 1 октября 1936 г. были законно установлены в золотых франках.

Определение понятия обязательства, с которым связан международный платеж, было, таким образом, из закона исключено, и дело вернулось к исходному положению, т. е. к отсутствию законодательного определения понятия обязательства, с которым связаны международные расчеты.

Подводя итоги тому, к чему в этом вопросе пришла судебная практика, можно сказать следующее: ни иностранное место платежа, ни иностранное гражданство сторон, ни подчинение обязательства иностранному праву не имеют значения в вопросе о признании «международнорасчетного» характера сделки.

Суду предлагается исследовать всю совокупность платежных операций, связанных исполнением договора, для того, чтобы решить, выходит ли сделка «за пределы внутренней экономики».

Во французской юридической литературе эта доктрина Кассационного суда подвергалась ожесточенной критике, главным образом с позиций международного частного права. Указывалось на то, что взамен неясного экономического критерия следовало бы заимствовать из области коллизионного права твердый правовой принцип, по которому и разрешался бы вопрос о подчинении сделки французскому или иностранному

[1] Journal Officiel, Débats Parlementaires, 1937, стр. 408.
[2] Journal Officiel, Lois et Décrets, от 19 февраля 1937 г., стр. 2274.

праву и – в зависимости от этого – и вопрос о действительности или недействительности гарантийных клаузул.

Каковы бы ни были недостатки кассационной практики по данному вопросу, надо признать, что критика этой практики с позиций коллизионного права ошибочна. Вопрос о том, следует ли признать данную сделку относящейся к таким, с которыми связаны международные платежи, или нет, не есть вопрос коллизионного права, ибо здесь нет речи о выборе между французским и «иностранным» законами, а речь идет о «выборе между двумя режимами, установленными французским правом, и двумя различными категориями денежных обязательств. Capitant[1] указывает на то, что речь идет о различии между денежным обращением во Франции и денежным обращением между Францией и заграницей. «Всякий платеж, который в конечном счете приводит к ввозу или вывозу денег, относится к международному обороту. Он связан с переводной операцией. Такой платеж подчиняется совершенно иным законам, нежели те, которые устанавливают законную платежную силу и принудительный курс билетов Банка Франции. Эти последние законы касаются лишь внутреннего денежного обращения».

Этот критерий, данный Капитаном еще в 1926 г., формулировал те задачи, которые в данном вопросе ставила перед собой французская юриспруденция. Задача оказалась, однако, чрезвычайно трудной для разрешения. Французской юриспруденции не удалось найти юридического критерия, который соответствовал бы экономическому понятию обязательства, связанного с международными расчетами.

Юридические формы движения капиталов из страны в страну крайне разнообразны. Иногда они принимают вид двух или нескольких чисто внутренних сделок. Например, уступка имущества во Франции между A и B может иметь эквивалентом уступку имущества за границей между C и D, если между A и C и B и D ранее существовали долговые отношения.

Кроме того, французская юриспруденция поставила, как уже отмечалось, перед собой задачу дать такое определение обязательств, связанных с международными расчетами, которое только по форме носило бы двусторонний характер, по существу же – по возможности – приводило бы к сохранению в силе гарантийных условий лишь тогда, когда в этом заинтересованы французские кредиторы (представители крупного капитала). Расплывчатые, неопределенные формулировки обеспечивали достижение этой цели, так как оставляли за судом свободу усмотрения в этом, важном для французских банкиров и финансистов, вопросе.

---

[1] См.: D a l l o z . Recueil hebdomadaire, 1926, стр. 34.

§ 6. Золотая оговорка в английском праве

В английской практике гарантийные валютные оговорки – в частности золотая оговорка – до отхода фунта стерлингов от золота в 1931 г. встречались весьма редко. Некоторые авторы[1] объясняют это традиционным доверием англичан к своей валюте. Но эта «традиция» – явление относительно недавнего происхождения. История денежного обращения в Англии знает ту же борьбу правительства с гражданским оборотом, отказывавшим в принятии «порченой» монеты, то же принуждение под страхом уголовной ответственности принимать обесценившиеся денежные знаки по их номиналу, что и континентальная история денежного обращения[2]. Когда в период банковской рестрикции (1797 – 1821 гг.) распространились сделки, в которых золотая монета расценивалась выше своего номинала, то подобные сделки были объявлены незаконными Актом лорда Ливерпуля 1816 г.[3], причем в этом Акте было прямо сказано, что «не может быть никакой цены на эту монету, нежели та истинная законная цена, которую такая монета выражает по своему наименованию». (Возрождение доктрины valor impositus после того, как она под влиянием Джона Локка и его последователей казалась окончательно сданной в архив.)

Этот акт был отменен лишь в 1870 г.[4] и, таким образом, можно сказать, что до этого времени золотая оговорка была формально запрещена.

Неизменность золотого паритета фунта в течение всего периода 1821 – 1914 гг. и то значение, которое имел Лондон в течение этого периода как центр международных расчетов, привели к тому, что английский буржуа рассматривал инфляцию 1914 – 1919 гг. и дефляцию 1920 – 1925 гг. как явления случайные, преходящие. Финансовые заправилы Сити еще долгое время после первой мировой войны пребывали в убеждении, что Лондон вернет себе то доминирующее в капиталистическом мире положение финансового центра, которое он в результате первой [мировой] войны утратил окончательно и принужден был уступить Нью-Йорку.

Только этой инерцией сознания можно объяснить тот любопытный факт, что даже в Версальском договоре представители Великобритании не прибегли к золотой оговорке при исчислении причитавшихся им платежей от Германии: ст. 262 этого договора предусматривала, что «денеж-

---

[1] Манн, стр. 91; Nussbaum. Vertraglicher Schutz gegen Schwankungen des Geldwertes, Berlin, 1928, стр. 36.

[2] Feavearyear, стр. 187 – 193.

[3] Манн, стр. 110 – 111.

[4] Coinage Act 1870 г.; Манн, стр. 111.

ные обязательства Германии, вытекающие из настоящего договора и выраженные в золотых марках, будут уплачиваться по выбору кредитора в фунтах стерлингов, подлежащих уплате в Лондоне, в золотых долларах США, подлежащих уплате в Нью-Йорке, в золотых франках, подлежащих уплате в Париже, в золотых лирах, подлежащих уплате в Риме».

Аналогичные формулировки даны в ст. 214 Сен-Жерменского, ст. 197 Трианонского и ст. 146 Нейиского договоров. Не было золотой оговорки также в британской части облигаций, выпущенных по плану Юнга.

Ввиду этого вопрос о золотой оговорке во внутреннем обороте Великобритании далеко не имел того значения, которое он приобрел во Франции, Германии и в особенности в США.

В 1928 г. Nussbaum[1] пишет: «Нет английских решений о золотой оговорке, так как по английскому представлению считается предосудительным выражать сомнение в полноценности фунта стерлингов и для этого прибегать к употреблению золотой клаузулы».

Вопрос о допустимости золотой оговорки в условиях принудительного курса бумажных денег впервые рассмотрен был в решении Палаты лордов от 15 декабря 1933 г. по делу Feist v. Société Intercommunale Belge d'Electricité[2].

Ответчик в сентябре 1928 г., т. е. после возврата Англии к золотому стандарту (1925 г.) и до отхода от этого стандарта в 1931 г., выпустил на лондонском рынке облигации с оговоркой платежа «в золотой монете Соединенного Королевства, равной по весу и пробе той, которая существует на 1 сентября 1928 г.».

В облигациях сказано, что они будут подлежать толкованию и права сторон будут регулироваться по законам Англии и в качестве договора, совершенного в Англии.

Суды первой и второй инстанций интерпретировали названную оговорку буквально как условие платежа золотыми монетами и заключили, что условие это не может отменить действия закона, согласно которому золотой фунт и бумажный фунт на одинаковых основаниях являются legal tender по номиналу; отсюда суды эти пришли к заключению, что кредитор не мог отказаться от принятия по этим облигациям платежа бумажными фунтами по номиналу.

Палата лордов отвергла это буквальное толкование текста облигации, которое сводило на нет действие гарантийной клаузулы.

---

[1] Op. cit., стр. 36.
[2] Plesch, стр. 7.

Палата указала на то, что необходимо принять во внимание обстоятельства того времени, когда была выпущена облигация. В силу закона 1925 г. Англия вернулась к золотому стандарту, и на Банк Англии была возложена обязанность продавать золото по определенной цене, но банкноты не стали разменными на золото, и золотые монеты не были введены в обращение. Из этого ясно, что стороны в данном деле не могли иметь в виду реального платежа в золотой монете и что золотая оговорка была введена в облигацию как гарантия против возможного в будущем нового отхода английской валюты от золотого стандарта.

Таким образом, Палата признала, что действительное намерение сторон было направлено на уплату стоимости золота, содержащегося в той сумме золотых монет, которая указана в облигации.

Формула, имеющая вид Gold coin clause, получила толкование как формула, по существу обозначающая Gold value clause.

Золотой фунт определяет здесь лишь меру долга. Самый платеж должен быть совершен в той сумме бумажных фунтов, которая достаточна для того, чтобы в день платежа «купить в Лондоне весовое количество золота, содержащегося в сумме золотых фунтов, обозначенных в облигации».

Решение это признало действие золотой оговорки, в которой золотая монета или определенное весовое количество золота является единицей исчисления платежа. Действие этой оговорки было признано в условиях принудительного курса бумажных фунтов.

Из этого же решения вытекает (a contrario), что золотая оговорка, имеющая по существу (а не только по форме) значение Gold coin clause, по английскому праву не может быть приведена в действие, ибо должник взамен указанной в договоре суммы золотых монет может предложить уплату бумажных фунтов по номиналу.

Такое заключение подтверждается решением по делу облигаций канадской железнодорожной компании New Brunswick Railway Co v. British and French Trust Co[1].

Истец был держателем облигаций, выпущенных ответчиком в 1884 г. В этих облигациях было указано на право держателя получить «сумму в 100 фунтов стерлингов золотыми монетами Великобритании нынешнего веса и пробы, либо в агентстве общества в Лондоне, Англия, с процентами из расчета 5 фунтов стерлингов в год, подлежащих уплате по полугодиям в том же городе Лондоне или – по выбору держателя – в главной конторе общества в Нью-Брунсвике, Канада».

[1] См. B.I.J.I., 1939, XL, 2, стр. 238.

Апелляционный суд по этому делу решил, что в условиях 1884 г. стороны не могли предвидеть возможности отхода фунта стерлингов от золотого стандарта и что поэтому в тогдашних обстоятельствах гарантийные клаузулы не имели бы никакого смысла. Отсюда был сделан вывод, что обязательство платежа золотыми монетами Великобритании не имеет значения гарантийного условия и что, следовательно, облигация может быть погашена бумажными фунтами по номиналу[1].

Палата лордов 3 декабря 1938 г. решила иначе. Она признала наличие гарантийной золотой клаузулы в отношении капитальной части долга, но не в отношении процентов, ибо в этой части «нет ясно выраженной золотой оговорки». Поэтому в отношении уплаты капитала признано действие прецедента по делу Feist, а в отношении процентов присуждены бумажные фунты по номиналу – вывод, извращающий сущность процента как доли капитала.

Из приведенного анализа английской судебной практики надо заключить, что английское право в условиях, когда бумажные деньги являются legal tender по номиналу (1), признает действие Gold value clause, но не признает действия Gold coin clause и что (2) английская практика признает наличие золотой оговорки лишь тогда, когда она выражена expressis verbis.

§ 7. Золотая оговорка в праве США

Обесценение «greenbacks» (бумажных денег) в эпоху гражданской войны 1861 – 1865 гг., господство строго номиналистического принципа в американской судебной практике и биметаллизма в законодательстве США в течение почти всего XIX в. и, наконец, пропаганда сторонников «дешевого доллара» в начале XX в. – вся совокупность этих явлений привела к необычайному распространению в США золотой оговорки, которая здесь обычно принимала следующую формулировку: «Платеж в золотых долларах нынешнего (т. е. на момент заключения договора) стандарта веса и пробы».

В отличие от рассмотренной нами практики английских судов, отвергнувшей действие Gold coin clause как противоречащей принципу номинальной платежной силы фунта стерлингов, выраженного в монете и в бумажных деньгах, Верховный суд США в ряде решений (по делам Bronson v. Rodes, 1868; Butler v. Horwitz, 1868) признал, что оговорка о платеже золотыми монетами в принципе не отличается от договора, направ-

[1] W o r t l e y . The Gold clause, British Yearbook of International Law, 1936, стр. 128.

ленного на поставку определенного весового количества золота в слитках, а потому является действительной[1].

При этом судебная практика шла так далеко, что даже допускала исполнение в натуре (specific performance) по договорам, снабженным этой оговоркой[2].

Признание золотой оговорки всех видов после этого в США утвердилось, как казалось, «окончательно». Высказывалось мнение, что признание золотой оговорки вполне в духе американской психологии, которая в договорной гарантийной клаузуле усматривает одно из проявлений принципа «Help yourself»[3].

Правильнее будет сказать, что золотая оговорка в США получила особое распространение ввиду отсутствия там в течение долгого времени системы эмиссионного центрального банка и ввиду стремления вследствие этого «деловых кругов» взять в свои руки стабилизацию «ценностного содержания» денежных долгов.

Но и после укрепления денежного обращения золотая оговорка сохранила в США самое широкое распространение. Накануне мероприятий Франклина Рузвельта в области денежного обращения (1933 г.) общая сумма обязательств, снабженных этой оговоркой, составляла (по заявлению председателя Верховного суда США, высказанному в решении по делу Norman v. The Baltimore and Ohio Railroad, 1935 г.[4] до 75 миллиардов долларов. Можно без преувеличения сказать, что и в других обязательствах долгосрочного характера золотая оговорка, как правило, всегда была налицо.

Акт Конгресса (Join Resolution) 5 июня 1933 г. об аннулировании и запрещении на будущее время золотых оговорок был одним из целой серии мероприятий, предпринятых Франклином Рузвельтом в период 1933 – 1934 гг., в которых делались попытки выйти из затруднений, созданных длительным экономическим кризисом[5].

6 марта 1933 г. президент, констатируя наличие значительных и неоправданных требований к банкам на выплату золота и серебра, в целях тезаврирования, объявил закрытие банков до 9 марта 1933 г.

Актом того же дня Конгресс предоставил президенту право «исследовать, регулировать и запрещать… всякого рода сделки в иностранной

---

[1] См.: Bouvier, verbo: «Gold», т. I, стр. 1357.

[2] L a u g h l i n , стр. 432, 485.

[3] См.: N u s s b a u m . Vertraglicher Schutz gegen Schwankungen des Geldwertes, 1928, стр. 35 – 36.

[4] American Journal of Internat. Law, 1935, p. 300.

[5] См.: Federal Reserve Bulletin, 1933, March, p. 115 – 118; ibid., 1934, Febr., p. 34, 63 – 69, 76 – 79.

валюте, трансферт кредитов или платежей, производимых банками… экспорт, хранение, плавление, клеймение золотых и серебряных монет и слитков».

Акт этот предоставил также секретарю казначейства право требовать от всех лиц в США сдачу казначейству золотых монет, золотых слитков и золотых сертификатов, им принадлежащих, с уплатой соответственного эквивалента.

Рядом последующих исполнительных распоряжений президента и секретаря казначейства все эти полномочия были осуществлены и золото, по существу, стало res extra commercium.

Двумя актами 1933 и 1934 гг. президенту было предоставлено право произвести девальвацию доллара на уровне не ниже 50% его первоначального золотого содержания, а затем по второму из названных актов – на уровне не ниже 60% этого содержания. Основываясь на этих актах, Рузвельт 31 января 1934 г. зафиксировал золотое содержание доллара на уровне 59,06% прежнего золотого паритета.

В условиях полного запрета сделок с золотом и изъятия его из обращения и был принят Акт 5 июня 1933 г. о запрещении золотой оговорки. Акт этот, как видно из его наименования, имел целью «обеспечить одинаковую ценность монет и других денежных знаков в США».

В вводной части акта подчеркивается, что золотая оговорка всех видов «создает затруднения для Конгресса в регулировании ценности денег США и несовместима с объявленной политикой Конгресса – навсегда обеспечить равенство всякого доллара США в монете и в бумажных знаках как в отношении покупательной силы, так и в отношении его платежной силы». Исходя из этого, Конгресс аннулирует все включенные в уже существующие обязательства золотые оговорки, а на будущее время объявляет противными публичному порядку всякие договорные условия, «имеющие целью предоставить кредитору право требовать платежа в золоте или в специальном виде монет или денежных знаков, или в сумме денег США, исчисленной по цене золота или по цене определенного вида монет». «Всякое обязательство, до сего времени заключенное, или которое будет заключено в будущем, независимо от того, содержится ли в нем подобное условие или нет, – должно быть погашено платежом доллар за доллар в любой монете или денежных знаках, которые в момент платежа являются законным платежным средством (legal tender) по публичным и частным долгам». Аннулируются также золотые оговорки в публичных займах.

Таким образом, закон от 5 июня 1933 г. аннулирует все виды золотых оговорок: они становятся на будущее время недействительными. Расчеты происходят по номиналу так, как если бы в данной сделке не было вовсе золотой оговорки.

Судебная практика США признала, что акт об аннулировании золотой оговорки не противоречит конституции, и засим в порядке распространительного толкования значительно расширила область применения этого акта.

Объединенным решением от 18 февраля 1935 г. по ряду дел – Norman v. The Baltimore and Ohio Railroad Co и др.[1] – Верховный суд США признал, что названный акт вытекает из «права Конгресса регулировать ценность денежных знаков США». Речь шла об облигациях, выпущенных в период 1903 – 1930 гг. и снабженных золотой оговоркой по обычной в США форме (платеж золотыми монетами США нынешнего, т. е. на момент выпуска облигаций, стандарта веса и пробы).

Истец-держатель облигаций оспаривал конституционность акта от 5 июня 1933 г., ссылаясь главным образом на пятую поправку к конституции США, запрещающую изъятие частной собственности без справедливого возмещения.

Верховный суд США подробно анализирует решения о золотой оговорке эпохи гражданской войны 1861 – 1865 гг., которые признавали действительными условия о платеже золотыми монетами. Суд указывает на то, что подобные условия в ту пору, когда существовали две денежные единицы и когда золото даже при наличии бумажных денег фактически не выходило из обращения, имели существенно иное значение, нежели в настоящее время, когда платеж золотыми монетами вследствие изъятия золота из обращения наталкивается на юридическую и фактическую невозможность исполнения. Золотые оговорки, о которых идет речь, в рассматриваемых делах направлены по существу не на то, чтобы обеспечить кредитору получение определенного вида монет или определенного весового количества золота, а на то, чтобы предоставить кредитору гарантию от невыгодных для него последствий обесценения золота.

Золотой доллар здесь имеет значение определенной единицы исчисления платежей.

Таким образом, формуле, которая при буквальном ее толковании выражает обязательство уплатить золотые монеты in specie, в порядке интерпретации придается значение Gold value clause.

Далее, суд переходит к вопросу конституционности акта от 5 июня 1933 г. При обсуждении этого вопроса Верховный суд США исходит из того, что, Конгресс, безусловно, имеет право регулировать денежное об-

[1] American Journal of Internat. Law, 1936, стр. 300 – 311.

ращение страны независимо от того, причиняют ли соответственные мероприятия ущерб частной собственности или нет. Верховный суд США подчеркивает, что из права Конгресса регулировать денежное обращение вытекает ряд возможных ограничений в отношении права собственности на золото и серебро – ограничений, которые вызываются общими интересами и которые коренятся в роли этих металлов как законного платежного средства и орудия обращения. Ограничения эти вытекают из того факта, что «закон придает монете ценность, которая вовсе не связана с внутренней ее ценностью». Свойство монет как законного платежного средства определяется законом независимо от ценности содержащегося в них металла. Право чеканить монету включает в себя также право запрещать ее порчу, плавление, вывоз золота и серебра, словом, включает права, направленные на ограничение права собственности на золото и серебро.

Изложенная здесь доктрина является не чем иным, как модернизацией тех учений «о праве собственности государя*» на находящиеся в обращении монеты, которые получили четкую догматическую разработку у французских юристов XVII и XVIII вв.

Из сказанного Верховный суд выводит, что Конгресс, безусловно, имеет право вносить изменения в существующие договоры и аннулировать условия договоров, которые противоречат его политике в области денежного обращения, хотя бы такие акты Конгресса и являлись вмешательством в уже возникшие по договорам имущественные права, и что, поэтому, если золотая оговорка, о которой идет речь, препятствует Конгрессу в регулировании денежного обращения и в установлении единства денежной системы, то она не может сохранить силу.

Верховный суд в данном решении не ограничился юридической стороной дела, но дал экономический анализ действия золотой оговорки в условиях девальвации доллара для того, чтобы показать, что Конгресс, принимая акт 5 июня 1933 г., действовал целесообразно.

Золотая оговорка, рассматриваемая как обязательство уплатить определенное количество золота или определенное количество золотых монет, явно, как говорит суд, противоречила бы политике Конгресса в области денежного обращения, так как действие ее увеличило бы спрос на золото, поощрило бы его тезаврацию и стимулировало бы вывоз золота за границу.

Сохранение в силе золотой оговорки, в которой золотая монета служит лишь единицей исчисления платежей, также противоречило бы политике денежного обращения. Приказом президента от 31 января 1934 г.

* Так в первоисточнике. – *Ред.*

золотое содержание доллара было снижено. Девальвация доллара поставила экономику на новый базис.

«Штаты и города будут взимать налоги из расчета нового доллара. Железнодорожные и иные тарифы также основаны на новой денежной единице. Общеизвестно, что штаты, города, железные дороги и другие предприятия выпускали облигации, по общему правилу содержащие золотую оговорку. Не требуется острого экономического анализа или глубоких экономических исследований для того, чтобы понять ту ступень потрясения национальной экономики, которая была бы создана подобным различием в условиях, при которых названные организации в качестве должников по золотой оговорке платили бы 1,69 доллара в новой валюте, а получали бы налоги, доходы и прочие поступления на базе 1 доллара в той же валюте».

Суд заключает, что вся сумма мероприятий Конгресса в области денежного обращения, проведенная в 1933 – 1934 гг., является конституционной и что акт об аннулировании золотой оговорки, будучи одним из элементов этой политики, также является актом, не противоречащим конституции.

В тот же день Верховный суд США вынес второе решение, по делу Perry против Соединенных Штатов Америки, в котором жалобщик ссылался на неконституционность аннулирования золотой оговорки и требовал возмещения убытков, которые он якобы потерпел вследствие того, что по облигации займа США, выпущенному в 1917 г. и снабженному золотой оговоркой, правительство США предложило ему платеж в девальвированных долларах по номиналу[1].

Верховный суд признал, что применение акта 5 июня 1933 г. к собственным долгам правительства США противоречит конституции, ибо Конгресс не может использовать свое право по регулированию денежного обращения для того, чтобы аннулировать обязательства, принятые на себя правительством США в силу предоставленного ему права совершать займы за счет кредита США. Однако, говорит суд, отсюда еще не вытекает право жалобщика на возмещение ему убытков. Истец исчислил свои убытки, приняв за основу разницу между весовым содержанием доллара до девальвации 1933 г. и после этой девальвации. Однако нет основания утверждать, что девальвация доллара причинила ущерб истцу. Положение существенно отличается от того, которое имело место в эпоху Legal Tender Acts 1862 – 1864 гг. Тогда золотые монеты остались в обращении. Ныне, до девальвации 1934 г., золотые монеты были изъяты из обраще-

[1] Am. Journal, 1936, p. 316.

ния, был запрещен их вывоз и ограничены сделки по переводу за границу. Поэтому истец, утверждая, что он потерпел убытки, не может исходить из того, что он мог бы использовать золотые монеты для целей экспорта или приобретения иностранной валюты. Надо исходить лишь из положения внутри страны в момент заключения договоров. Во внутренних сделках оценка золотых монет может быть произведена лишь исходя из того, что они являются законным платежным средством и орудием обращения по номиналу. Надо принять во внимание также, что девальвация не изменила покупательной силы доллара. Поэтому уплата истцу какой-либо суммы сверх номинальной означала бы неосновательное обогащение. (Это последнее утверждение было правильным лишь на момент решения; позже оно не отвечало бы действительному положению вещей.)

В ответ на это решение Конгресс, в порядке акта 27 августа 1935 г., объявил, что все облигации правительства США, снабженные золотыми оговорками, оплачиваются по номиналу до 1 июля 1936 г. с тем, что после этого срока приостанавливается начисление процентов[1].

Изложенные решения Верховного суда США показывают, что суд не останавливается перед вторжением в сферу частной собственности, когда это вызывается интересами крупного капитала. Аннулирование золотой оговорки не признается противоречащим конституции, ведь оно означало снижение задолженности монополистических организаций, выпустивших золотые займы. (Но несколькими месяцами позднее, 27 февраля 1935 г., Верховный суд США признал, что акты Франклина Рузвельта, направленные на некоторое облегчение задолженности фермеров банкам, являются недопустимым нарушением принципа частной собственности.)

Последующая американская судебная практика значительно расширила сферу применения акта от 5 июня 1933 г.

19 ноября 1935 г. апелляционный суд штата Нью-Йорк рассмотрел дело по иску Южно-Американской компании к Финляндскому обществу, выпустившему в 1924 г. свои облигации в США с платежом в Нью-Йорке в золотых долларах (золотая оговорка в обычной форме). Суд признал, что истец обязан принять платеж в девальвированных долларах по номиналу[2].

Суд подчеркивает, что облигация подчинена действию американского права, но что это не является основным моментом, в силу которого платеж подчинен акту 5 июля 1933 г.; долги иностранцев в США подчинены закону от 5 июня 1933 г. на общих основаниях, иначе бы получился

[1] См.: N. I. L. J. 4 июля 1938 г. – решение Верховного суда США от 13 февраля 1937 г., которое признало этот последний акт не противоречащим конституции.

[2] B. I. J. I., 1936, т. XXXIV, стр. 84 – 90.

дуализм в денежном обращении (появилась бы особая денежная единица для расчетов с иностранцами), что явно противоречило бы целям названного закона, направленного на сохранение единства денежного обращения США. Цель эта относится к области публичного подряда. Стороны в договоре не могут избежать действия такого принудительного закона. По этому делу Верховный суд США 8 января 1936 г. отказал в разрешении на обжалование (не дал writ of certiorari), вследствие чего решение это имеет значение судебного прецедента.

Из данного решения видно, что суд считает закон от 5 июня 1933 г. применимым ко всем обязательствам, выраженным в долларах, независимо от того, подчинено ли данное обязательство американскому праву или нет, и независимо от того, кто является кредитором или должником по обязательству (американский гражданин или иностранец).

§ 8. Золотая оговорка в германском гражданском уложении

Вопрос о золотой оговорке в германском праве осложняется построениями априорного характера, нашедшими свое отражение в Г. Г. У.[1]

Германская доктрина[2] проводит различие между обязательствами, направленными на поставку известного рода денежных знаков (монет) как вещей, определенных родовыми признаками (Münzsortenschuld или Geldgattungsschuld), и обязательствами, направленными на уплату денег как таковых. В последнем случае налицо денежные обязательства в собственном смысле слова (Geldschuld), которые в свою очередь делятся на простые денежные обязательства, имеющие своим содержанием уплату денег в определенной сумме денежных единиц (Geldsummenschuld), и «квалифицированные» денежные обязательства, по которым предусмотрен платеж определенным видом денежных знаков, входящих в состав данной денежной системы (Geldsortenschuld); одним из видов последних является долг с оговоркой платежа золотыми монетами (Golmünzklausel).

Различие между Münzsortenschuld (debito monetario) и Geldsortenschuld (debito pecuniario), воспринятое и итальянской доктриной[3], в том, что в первом случае речь идет о поставке данных денежных знаков как вещей, определенных родовыми признаками, и если денежных знаков данного рода не окажется в обращении, то наступает объективная невозможность исполнения, освобождающая должника на общих основаниях, установленных для

---

[1] § 245.

[2] E n n e c c e r u s. B. I. Abt. 2, § 231; N u s s b a u m. Geld, § 9.

[3] S c a d u t o , § 30 сл.

обязательств, имеющих своим предметом genus[1]; во втором же случае оговорка об уплате определенного вида денег носит характер простого, «дополнительного» договорного условия о способе исполнения, не изменяющего природы обязательства как обязательства денежного, по которому не может быть невозможности исполнения; поэтому если предусмотренный модус платежа стал «объективно невозможным» (вследствие исчезновения или изъятия из обращения данного рода монет), то обязательства надо исполнить так, как если бы названной оговорки вовсе не было. На этой именно концепции базируется § 245 Г.Г.У.:

«Если денежное обязательство подлежит оплате в монете определенного рода (in einer bestimmten Münzsorte), каковая в момент платежа не находится более в обращении, то платеж должен быть совершен так, как если бы данный род монеты не был определен». Данный случай, следовательно, мыслится как изъятие из общего правила[2], устанавливающего, что объективная невозможность исполнения всегда освобождает должника (impossibilium nulla obligatio). Такое разрешение вопроса, формулированное в § 245 Г.Г.У., некоторые юристы (Enneccerus) считают вытекающим из существа денежного обязательства и настолько несомненным, что если бы даже в Г.Г.У. не было нынешнего § 245, то практика все равно должна была бы применить тот же принцип. И только Нусбауму[3] удалось вскрыть необоснованность положения, формулированного в § 245, несоответствие его потребностям оборота. Нусбаум отметил[4] (и это подтверждается тем, что сказано в «Motive zum BGB»), что составители Г.Г.У. в § 245 имели в виду предусмотреть гипотетический случай замены одних видов денежных знаков другими в условиях устойчивой марки – случай, едва ли имеющий сколько-нибудь практическое значение; они вовсе не предусматривали случая выпадения монет из обращения в условиях падения покупательной силы и курса германской марки. Вследствие своего слабого знакомства с экономическими вопросами составители Г.Г.У. не учли, что обещание платить определенным видом денег в современных условиях может иметь значение лишь как оговорка гарантийного характера, направленная на то, чтобы по возможности стабилизировать ценностное содержание долга. В результате получилось, что оговорка о платеже, например, золотыми монетами в случае исчезновения этих монет из обращения, просто зачеркивается, и должник согласно § 245 присуждается к уплате по номиналу, тогда как

[1] Г.Г.У., § 275 – 279.
[2] Г.Г.У., § 275, 279.
[3] Geld, стр. 84.
[4] Т. II, стр. 14.

следовало бы – в соответствии с целью золотой оговорки – в этом случае обеспечить кредитору уплату стоимости этих монет.

С критикой Нусбаума нельзя не согласиться, но она является недостаточной. В своей теории денежного обязательства Нусбаум сохраняет категорию Geldsortenschuld и отсюда рассматривает Goldmünzklausel и Goldwertklausel как совершенно различные и самостоятельные виды денежных обязательств (он даже трактует о них в различных главах[1]). На самом деле из гарантийного характера золотой оговорки вытекает, что всякая такая оговорка в условиях, когда золото выпадает из обращения, может иметь действие лишь как Goldwertklausel и что применение в этих условиях § 245 Г.Г.У. означает «аннулирование золотой оговорки».

История золотой оговорки в Германии в период 1914 – 1924 гг. показывает, что § 245 Г.Г.У. остался мертвой буквой и вовсе не получил какого-либо применения. Так, в начале первой мировой войны, когда Германия перешла к бумажно-денежному обращению и германское правительство сочло необходимым аннулировать золотую оговорку – это было сделано в порядке специального закона (от 28 сентября 1914 г.). Когда же вследствие катастрофического падения марки (1923 – 1924 гг.) последняя не могла уже более служить единицей исчисления платежей, то прибегают к внедрению в оборот «золотой марки» в качестве счетной единицы также при полном игнорировании § 245 Г.Г.У.: начиная с закона 23 июня 1923 г. об ипотечных займах, издается ряд актов, которые имеют целью ввести практику исчисления платежей в золотых марках с платежом в бумажных марках по курсу на золото; золотая марка (moneta imaginaria) служила также единицей счета при составлении балансов, установлении сумм акционерных капиталов, исчислении платежей в казну и др. В зависимости от способов определения курса на бумажные марки и от целей, для которых применялись эти счетные единицы, различали: Feingoldmark равную $^{1}/_{2790}$ кг золота (эта счетная единица потреблялась для исчисления ипотечных долгов); Dollargoldmark, равную $^{10}/_{24}$ доллара США (употреблялась в сфере краткосрочного кредита) и Steuergoldmark (налоговая золотая марка).

Порядок установления курса и сфера применения этих счетных единиц регулировались административными актами[2]. Но и после введения новой денежной единицы – рейхсмарки (1924 г.) Dollargoldmark еще долго была в ходу как единица исчисления денежных платежей в контрактах, так как германские торговые круги не верили в устойчивость своей новой валюты и денежной системы: еще в 1934 – 1935 гг. встречаются судебные

---

[1] См. его: Vertraglicher Schutz gegen Schwankungen des Geldwertes, 1928, стр. 30, 38.

[2] N u s s b a u m . Geld, § 12.

споры, в которых идет речь о Dollargoldmark[1] несмотря на то, что гитлеровские заправилы стремились изгнать золотую оговорку из гражданского оборота.

§ 9. Коллизионные вопросы

Анализ законодательства и судебной практики капиталистических стран по вопросу о золотой оговорке и других гарантийных клаузулах показывает значительные расхождения в вопросе действия таких оговорок по отдельным странам. Эти различия придают особое значение рассмотрению гарантийных оговорок (главным образом золотой оговорки) в плоскости коллизионного права.

Прежде всего возникает вопрос о том, действует ли в отношении золотой оговорки так называемая в а л ю т н а я п р и в я з к а; другими словами: можно ли сказать, что вопрос о действительности условия о платеже в иностранной золотой монете (или в сумме денег, эквивалентной определенному количеству иностранных золотых монет) разрешается по закону той страны, к которой относится данная золотая монета, если сделка в целом не подчинена закону этой страны.

Вопрос этот в практике Австрии, Чехословакии, Польши и Германии имел особую остроту вследствие того, что в этих странах до 1933 г. весьма распространен был способ исчисления платежей в золотых долларах, золотых фунтах и золотых швейцарских франках.

Еще в 1930 г. австрийский верховный суд вынес решение, по которому было признано, что на денежное обязательство, подчиненное австрийскому праву, но выраженное в золотых марках, распространяется действие германского закона 28 сентября 1914 г. об аннулировании золотой оговорки[2], а в 1937 г. в Австрии был издан закон, установивший применение валютной привязки в отношении к денежным обязательствам, выраженным в иностранной золотой монете[3].

В Польше 12 июня 1934 г. был издан закон «Об обязательствах в иностранной валюте»[4].

По параграфу третьему этого закона «действие оговорки об уплате обязательств в иностранной золотой валюте либо по эквиваленту золота в иностранной денежной единице рассматривается по законодательству той страны, в валюте которой обязательство выражено». Руководствуясь вы-

---

[1] Clunet, 1936, стр. 411 – 412.
[2] Z. A. I. P., 1930, стр. 969.
[3] Clunet, 1937, стр. 643; J. W., 1938, стр. 2598.
[4] Dzennik Ustav, 1934, № 509.

раженным в законе принципом валютной привязки, польские суды на различных основаниях решали вопрос о действии золотой оговорки по обязательствам в золотых долларах и по обязательствам в золотых фунтах, отвергая силу оговорки в первом случае и признавая силу ее во втором случае.

Однако в других странах такое разрешение вопроса о валютной привязке было отвергнуто.

Юридическая теория признает, что если сумма долга выражена в иностранной золотой монете, то это обстоятельство само по себе не должно рассматриваться как такой иностранный элемент в составе данного правоотношения, который может служить основанием для применения к сделке соответственного иностранного закона[1].

Период 1924 – 1929 гг. был временем крупных американских капиталовложений в странах континентальной Европы. Вложения эти совершались по преимуществу в порядке выпуска европейскими государствами, городами и частными компаниями облигационных займов на американском (главным образом нью-йоркском) кредитном рынке. В соответствии с требованиями американских капиталистов облигации эти были всегда выражены в американских долларах и снабжены золотой оговоркой обычного в США типа[2] и указанием, что местом платежа процентов и погашения капитала является город Нью-Йорк, США, точнее, контора какого-либо из крупных нью-йоркских банков. Часто к этому присоединялось указание на то, что права и обязанности сторон по облигации shall be governed by the law of the state of New-York USA[3].

Многие из таких облигаций осели на руках у европейских держателей (приобретены были французскими, германскими, голландскими, бельгийскими, швейцарскими капиталистами), которые рассматривали их как надежное помещение капитала.

Акт Конгресса США об аннулировании золотой оговорки 1933 г. в значительной мере снизил задолженность европейских должников в отношении американских держателей займа. Но должники по такого рода облигациям ссылались на упомянутый американский закон 1933 г. также и в отношении европейских держателей указанных займов. В результате возникло множество судебных процессов, в которых ставились самые сложные вопросы коллизионного права. Процессы эти в значительной мере инспирировались различными ассоциациями держателей «междуна-

---

[1] S c h n i t z e r , стр. 293; N u s s b a u m . Deutches Internationales Privatrecht, стр. 257.
[2] См. выше, стр. 247.
[3] См. примеры таких формулировок: M. D o m k e . La Clause «Dollar or», 1935, стр. 43 – 44.

родных» займов, образовавшими в 1938 г. в Базеле международный комитет по борьбе с аннулированием золотой оговорки[1].

Возникла необозримая юридическая литература (журнальная, газетная, брошюрная) по обсуждению вопросов международного частного права, связанных с теми последствиями, которые в европейских странах возникли в результате американского закона 1933 г.

Но почти вся эта литература лишена научного значения, так как носит явно выраженный «конъюнктурный» характер; по существу это скорее заключения адвокатского характера, вязанные с отстаиванием тех или иных позиций в судебных спорах.

Однако самые вопросы, которые здесь ставились и обсуждались, имеют большой интерес, так как связаны с одной из труднейших проблем международного частного права, а именно с вопросом о значении автономии воли при применении иностранных правовых норм.

По коллизионному праву любой из капиталистических стран не вызывает сомнений право сторон подчинить свой договор и вытекающие из него обязательства действию иностранного закона. Законодательство капиталистических стран по общему правилу не содержит норм, регулирующих коллизии по договорным обязательствам. Исходя из того, что гражданские законы, относящиеся к договорам, носят по преимуществу диспозитивный характер, судебная практика во главу угла ставит автономию воли сторон: явно или молчаливо выраженная воля сторон, заключивших договор с «иностранным элементом», указывает суду, какая из коллидирующих правовых систем призвана регулировать данный договор.

Такова точка зрения судебной практики большинства капиталистических стран.

Эта доктрина автономии воли имела бурный успех в эпоху так называемого «свободного капитализма». Но к концу прошлого века против нее ополчился ряд буржуазных коллизионистов и в настоящее время против нее возражает значительная часть буржуазных теоретиков права[2]. Основные возражения их против доктрины автономии воли сводятся к следующему.

Доктрина, согласно которой верховным коллизионным принципом является lex voluntatis (закон воли сторон), создает широкую возможность для обхода национальных запретительных законов. Доктрина эта теоретически не оправданна, так как всякая автономия воли в праве предполагает наличие определенного правопорядка, в пределах которого она только

---

[1] D o m k e , op. cit., стр. 30.

[2] См.: B a t i f f o l . Les Conflits de lois en matière de contrats, Paris, 1938, стр. 11, прим.

и может быть допущена и запретительные законы которого она нарушать не может.

Казалось бы, что такое отрицательное отношение к принципу автономии воли в международном частном праве вполне соответствует нынешней эпохе усиленного вмешательства капиталистических правительств в область хозяйственной жизни и должна была быть воспринята практикой. На деле, однако, оказывается, что автономия воли не только не потерпела умаления в с у д е б н о й п р а к т и к е капиталистических стран, но, напротив того, еще более утвердилась в практике судов этих стран после 1918 г.

Это, по нашему мнению, объясняется тем, что доктрина эта дает возможность банкам, страховым обществам и другим монополистам еще более расширять сферу применения «договоров присоединения», расширить свою практику навязывания клиентуре готовых формуляров, перенести такого рода практику из сферы внутреннего оборота в область международных расчетов. Но главное – принцип автономии воли открывает широкую сферу для судейского усмотрения: в сочетании с учением о так называемых «скрытых договорных условиях», теория автономии воли превращается в один из многочисленных каучуковых параграфов буржуазного права эпохи империализма.

В вопросах денежных обязательств так же, как и в других вопросах, принцип автономии воли использовался судами для того, чтобы привносить в договоры новые элементы, видоизменять в порядке судебного решения субъективные права, вытекающие из денежных обязательств.

В английской практике суд пользуется принципом договорной автономии как юридико-техническим приемом не столько для установления действительных намерений данных конкретных сторон, сколько для того, чтобы путем отыскания предполагаемой воли «разумного человека» установить некоторые «объективные начала». Этот прием именуется отысканием «закона, свойственного данному договорному обязательству» (the proper law of the contract)[1].

«Здесь, как и в других областях гражданского права, исследование намерений сторон на деле является исследованием не действительных намерений X и A, ибо таких намерений, возможно, на деле вовсе не существовало, а исследованием воли, которую выразили бы разумные люди, если бы они находились в положении X и A и если бы внимание таких разумных людей было обращено на обстоятельства, на которые X и A не обратили внимания»[2]. При отнесении правоотношения к праву опреде-

---

[1] D i c e y , стр. 666; C h e s h i r e , стр. 252 – 253.

[2] D i c e y , ibid.

ленной страны «неразумная воля, хотя бы и прямо выраженная, не может быть приписана сторонам»[1]; Cheshire[2] приводит решение апелляционного суда 1932 г. по делу парохода The Torni, в котором суд, исходя из указанного критерия, подчинил коносамент палестинскому праву, несмотря на то, что в нем expressis verbis было предусмотрено, что он «будет толковаться по английскому праву».

Пользуясь описанным методом, практика установила принцип: если стороны подчинили свое правоотношение закону данного иностранного государства, то надо считать, что они тем самым согласились подчиниться и всем будущим изменениям в соответственном законодательстве[3]. На этой точке зрения для английского права стоят и сторонники принципиально неограниченной автономии воли, например, M. Wolff[4], который подчеркивает, что «подчинение договорного обязательства определенной правовой системе означает не подчинение правилам, действующим на момент заключения договора, а подчинение живому и изменяющемуся организму права».

Исходя из этого, Палата лордов в деле Rex v. International Trustee for protection of bondholders, 1937 г.[5] признала, что облигации британского правительства в золотых долларах, выпущенные в 1917 г. в США на условиях их обслуживания в США и обеспеченные залогом ценностей в США, должны считаться «американскими договорными обязательствами», т. е. подчиненными праву США с последующими его изменениями; поэтому на них распространяется действие американского закона 1933 г. об аннулировании золотой оговорки[6].

Другого рода концепция автономии воли принята в германском праве. Корни этой концепции – в учении Савиньи, по которому каждый договор имеет свою связь с определенным местом (Sitz), связь, которая обычно определяется по закону места исполнения. Но стороны могут автономно определить этот Sitz[7]. Если договор ввиду выраженной воли сторон подчинен, например, американскому праву, то он как бы переносится в США во всем том, что касается его толкования, действия и способов исполнения; отсюда вытекает, что такой договор подчинен

---

[1] C h e s h i r e , стр. 253.

[2] Стр. 252 – 253.

[3] Ibid., стр. 254.

[4] Op. cit., § 405.

[5] C h e s h i r e , стр. 271 – 272.

[6] Подробно об этом решении см. ниже, стр. 268.

[7] S a v i g n y , стр. 108; L e w a l d , стр. 199.

также и всем последующим изменениям в этом праве[1]. Стороны не могут подчинить договор действию америанского права и вместе с тем как-либо ограничить действие этого права, например, исключить применение к такому договору каких-либо будущих американских законов; они не могут «стать в положение законодателя» и устанавливать какие-либо поправки на случай будущих законодательных изменений. Но толкование воли сторон и здесь определяется не стремлением установить действительные намерения, а абстрактными критериями[2].

Эта концепция по вопросу о действии золотой оговорки приводила к тому же выводу, что и изложенная выше английская доктрина: по договорам, признанным имеющими свой Sitz в США, оговорка эта после американского закона 1933 г. не могла остаться в силе. Однако, как мы увидим ниже, гитлеровские «судьи» не пошли по этому легальному пути, так как стремились провести дискриминацию между германскими и иностранными кредиторами.

К иным выводам могло привести то учение об автономии воли, которое принято было в странах Французского гражданского кодекса. Эта концепция применительно к вопросу о действии золотой оговорки выражена в решении Брюссельского апелляционного суда от 14 февраля 1936 г. по делу о займе города Антверпена[3], где сказано: «Принимая во внимание, что в области международных взаимоотношений – воля сторон (если исключить вопрос о публичном порядке) определяет тот закон, которому подчинено договорное обязательство; что, пользуясь этим правом, стороны в данном случае сослались на законы штата Нью-Йорк; что стороны сделали эти законы условиями договора, включив их в состав своего соглашения; что эти постановления, таким образом, изменяют свой характер и из постановлений закона становятся условиями договора; принимая во внимание, что соглашения, законно заключенные, занимают место закона для тех, кто их заключил[4]», – суд пришел к заключению, что американский закон 1933 г. об аннулировании золотой оговорки должен быть в данном случае применен.

Изложенное учение, по которому стороны, подчинив свое правоотношение иностранному закону, тем самым «освоили этот закон» так, что иностранная правовая норма «изменила свой характер, превратившись в

[1] R a b e l , см. Z.A.I.P., 1936, стр. 513 – 514; K o n r a d W o l f f . Clunet, 1936, стр. 963.
[2] R a b e l , ibid., стр. 493.
[3] Clunet, 1936, стр. 967.
[4] См. ст. 1134 Гражданского кодекса.

соглашение», формулировано с особенной отчетливостью у Weiss'а в его Manuel'de droit international prive[1].

С точки зрения такого понимания автономии воли, признающей соглашение сторон первичным источником разрешения коллизии, отсылка к иностранному праву – к праву определенной страны – с а м а п о с е б е в о в с е н е о з н а ч а е т , ч т о с т о р о н ы п о д ч и н и л и с ь в с е м п о с л е д у ю щ и м и з м е н е н и я м в э т о м п р а в е . Ссылка на иностранное право есть не более как форма договорного условия, и все зависит от его толкования. Поэтому такая концепция вполне допускала тот вывод, что стороны, выразив обязательство в золотых долларах и подчинив его праву США, сделали это в целях стабилизации содержания долга, а потому применение к обязательству последующего американского законодательства, аннулировавшего золотую оговорку, не может иметь места[2].

Но в порядке буквального толкования договора возможно было прийти и к прямо противоположному выводу: применить американский закон об аннулировании золотой оговорки, как это сделал Брюссельский суд по делу об облигациях города Антверпена в приведенном выше решении.

Огромные размеры задолженности европейских капиталистов в отношении США привели к тому, что действие американского закона от 5 июня 1933 г. в конечном счете получило признание везде за пределами США.

При этом были преодолены те правовые возражения, которые выдвигались представителями Международного комитета по борьбе с аннулированием золотой оговорки, и другие возражения, отражавшие интересы держателей золотых займов.

Из массы высказанных соображений, связанных с действием золотой оговорки, особый теоретический интерес представляют следующие.

(1) Означает ли золотая оговорка указание на способ исполнения обязательства или она определяет содержание обязательства? Если золотая оговорка предусматривает лишь модус исполнения и не относится к существенным условиям обязательства, то она, очевидно, будет обсуждаться всегда по закону фактического места платежа и применение к ней иного закона исключается. Если же она определяет содержание обязательства, а не только модус платежа, то очевидно, что при обсуждении ее

---

[1] 1925, стр. 571.

[2] См.: D o m k e . La clause «Dollar or», стр. 12 и 32; см. также: K o n r a d W o l f f . Clunet, 1936, стр. 963.

действия не исключается применение закона иного, нежели закон места фактического платежа.

В отношении условия о платеже по цене золота (clause valeur or) нет спора, что оно обсуждается по lex causae данного обязательства, ибо «что может быть более существенным в денежном обязательстве, нежели его сумма»[1]. В отношении же clause monnaie or высказывалось мнение[2], что она сводится лишь к определению средства платежа, и как таковая должна обсуждаться по закону места платежа.

Эта точка зрения подробно обсуждена в решении Постоянного международного суда в Гааге 12 июля 1929 г. по делу сербских займов и решительно отвергнута судом: условие «francs or» не может быть сведено к одному только указанию, какими монетами платить, оно имеет значение гарантии кредитора против обесценения денег[3].

Таким образом, в отношении любой золотой оговорки действует lex causae, регулирующий вопросы содержания обязательства, а не закон места фактического платежа, определяющий вопросы модуса исполнения, не относящиеся к содержанию долга.

(2) Отрицание экстерриториального действия американского закона от 5 июня 1933 г. в странах Французского гражданского кодекса базировалось главным образом на концепции, выведенной из статьи 3, абз. 1 этого кодекса. Ход мысли был таков: (а) по ст. 3, абз. 1 Ф.Г.К. «законы, касающиеся благоустройства (police) и безопасности (sureté), обязывают всех, кто проживает на территории Франции» (речь здесь идет о гражданских правовых нормах особого рода, а не о нормах публичного права); (б) отсюда выводится коллизионный принцип двухстороннего характера: законы, касающиеся благоустройства и безопасности, не имеют экстерриториального действия; (в) американский акт от 5 июня 1933 г., направленный на устройство денежного обращения в США, относится к категории таких законов, о которых говорится в абз. 1 ст. 3 Ф.Г.К. (здесь американский закон получает квалификацию на базе французского права).

Такое именно рассуждение привело бельгийский суд города Антверпена в 1935 г. к решению по делу облигаций этого города, выраженных в золотых долларах и подчиненных законам штата Нью-Йорк, – к решению, по которому г. Антверпен должен платить своим облигационерам «полноценным» долларом, невзирая на акт 5 июня 1933 г. Но решение это, как и вся доктрина, основанная на ст. 3 Ф.Г.К., стоит в прямом противоречии

[1] N u s s b a u m . Money, стр. 380.
[2] Ibid.
[3] См. названное издание этого решения, стр. 32; см. также британское решение по делу Feist, приведенное выше, гл. III, § 6.

с изложенной выше теорией договорной автономии, базирующейся на ст. 1134 того же кодекса. Выше (стр. 262) мы уже подвергли анализу решение Апелляционного суда в Брюсселе 1936 г. по тому же делу[1], отменившее данное решение Антверпенского суда: ссылка на то, что американский акт 5 июня 1933 г. относится к законам «благоустройства и безопасности», была отвергнута, так как вследствие договорного условия о подчинении обязательства американским законам эти последние «изменяют свой характер и из постановлений закона становятся условиями договора». Таким образом, учение о «законах благоустройства безопасности» было – в вопросе о золотой оговорке – поглощено доктриной о договорной автономии.

(3) В литературе высказывалось мнение[2], что принудительные нормы, подобные актам, аннулирующим золотую оговорку, являются нормами публичного права и как таковые могут иметь лишь строго территориальное действие. С этой точки зрения американский закон от 5 июня 1933 г. неприменим за пределами США несмотря на отмеченную выше его «экстерриториальную интенцию». Он неприменим, с точки зрения этой теории, неамериканскими судами даже в отношении таких обязательств, которые в силу прямо выраженной воли сторон подчинены действию американского права, ибо иностранные публично-правовые нормы не могут иметь действия вне территории издавшего их государства.

Такая правовая характеристика законов, аннулировавших золотую оговорку, была отвергнута теорией и практикой[3]. Законы эти являются нормами принудительного характера, видоизменяющими гражданские права. То обстоятельство, что эти законы направлены на регулирование денежного обращения, что в основе их лежат соображения экономической политики, не превращает их в нормы публичного права: подобными же мотивами законодатель руководствуется в отношении большинства своих актов в области гражданского права как императивных, так и диспозитивных.

(4) В юридической литературе[4] высказывалось мнение, что американский закон об аннулировании золотой оговорки не может быть применен европейскими судами по мотивам ordre public, и эта точка зрения отразилась в нескольких судебных решениях.

---

[1] B.I.J.I., XXXIV, 2, 1936, стр. 963.

[2] E c k s t e i n , 1932, стр. 113 – 114.

[3] См.: D u d e n . Die Internationale Tragweise des Amerikanischen Gesetzes ueber Aufhebung der Goldklausel, ZAIP, 1935, стр. 622.

[4] M a r t i n   D o m k e . La clause «Dollar or», 1935, p. 12, 92.

Наиболее известными в этом отношении являются два решения Верховного суда Голландии по искам Амстердамского общества по торговле ценными бумагами к Нидерландской королевской компании по эксплуатации нефтяных источников в Нидерландской Индии (известной также под наименованием Royal Dutch) и к Батавской нефтяной компании[1]. Обе компании в 1927 – 1930 гг. выпустили облигации в долларах, снабженные золотыми оговорками обычного американского типа, условием о том, что местом платежа является Нью-Йорк США и что договор подчинен праву штата Нью-Йорк. Различие заключалось в том лишь, что облигации Royal Dutch были снабжены дополнительным указанием «collectible in Amsterdam», т. е. могли быть представлены на инкассо в Амстердаме с тем, что оплата в этом случае происходит в гульденах по курсу на Нью-Йорк.

В обоих случаях истец, добиваясь уплаты в полноценных долларах, характеризовал закон США 5 июня 1933 г. как чисто внутреннее американское мероприятие, не могущее получить действия в отношениях между голландцами в Голландии даже тогда, когда договор expressis verbis отсылает к американского праву и когда такая отсылка является действительной; ибо применение этого закона противоречило бы принципу pacta sunt servanda, означало бы «вторжение в приобретенные права» и умаление начала неприкосновенности частной собственности. В обоих случаях ответчики отвергали эту аргументацию, ссылаясь на то, что аннулирование золотой оговорки следует рассматривать как одно из валютных ограничений, получивших после 1914 г. широкое распространение во всех странах, повсеместно вносящих те или иные изменения в «приобретенные права», так что ныне подобные мероприятия нельзя рассматривать как противоречащие ordre public.

Суд в отношении облигаций Батавской компании стал на точку зрения ответчика, в отношении же Royal Dutch (облигации которой были collectible in Amsterdam) признал, что названный закон противоречит ordre public.

При сравнении этих двух решений бросается в глаза необоснованность дискриминации этих двух случаев. Как бы ни толковать условие «collectible in Amsterdam», оно не давало оснований к тому, чтобы допустить ссылку на ordre public в отношении закона, действие которого признано в другом решении того же суда.

Вопрос о дополнительном месте платежа в Амстердаме можно было бы рассматривать лишь как основание для разрешения коллизии между голландским и американским законами, но раз эта коллизия решена в

[1] B. I. J. I., 1936, XXXIV, 2, стр. 304 – 321.

пользу американского закона, то можно ли после этого, исходя из т о г о же к р и т е р и я (места платежа), разрешить вопрос о том, противоречит ли действие американского закона голландскому ordre public или нет.

Иначе поступил Рейхсгерихт в 1936 г. по делу Kreissparkasse Aachen v. Deutscher Sparkassen und Giroverband[1]. Нимало не смущаясь тем, что законы, подобные американскому акту 1933 г., действовали в Германии с начала первой мировой войны, решение по мотивам «публичного порядка» отвергает действие американского закона 5 июня 1933 г. во взаимоотношениях между немцами, ибо это, де, создало бы «неоправданное вторжение чужеродного фактора в германскую экономику». Но та же облигация в руках иностранца, по мнению «суда», подвержена действию американского акта об аннулировании золотой оговорки. Здесь полностью извращены как понятие ценной бумаги, так и концепция ordre public.

Судьба этого решения весьма любопытна. Гитлеровские заправилы в 1936 г. опасались, что такая грубая дискриминация вызовет нежелательную реакцию. Поэтому 27 мая 1936 г. был принят «закон»[2], провозгласивший, что «если заем, совершенный за границей и выраженный в ценной бумаге, гласит на иностранную валюту, независимо от того – с золотой оговоркой или без нее, то в случае обесценения соответственной валюты обязательство должно определяться этой валютой». Получилось беспрецедентное положение: в сфере внешних расчетов золотая оговорка аннулирована, если обязательство вытекает из займа, полученного за границей, в прочих же случаях золотая оговорка действует. «Закон» этот не имел признания за границей[3] как противоречащий публичному порядку суда.

Таким образом, ни квалификация золотой оговорки как «дополнительного» условия о способе платежа, ни квалификация иностранных законов об аннулировании этой оговорки как норм публичного права не могли выдержать критики. Равным образом действию американского акта 5 июня 1933 г. не могли быть противопоставлены ни французская доктрина о неприменении иностранных законов «благоустройства и безопасности», ни учение о публичном порядке.

Если не считать решений «случайного» характера и высказываний авторов, отражавших интересы держателей золотых займов[4], то надо прийти к заключению, что в общем возобладала точка зрения признания экстерриториального действия закона США от 5 июня 1933 г., аннулиро-

---

[1] B.I.J.I., 1936, стр. 385 – 391.

[2] Z.A.I.P., 1936, стр. 392 – 393.

[3] S c h n i t z e r , стр. 302, прим. 3.

[4] Jèze в Revue de Science et de Législation Financières. Clause «Dollar or», 1935; ср.: Л ю б и м о в . Международный государственный кредит, 1944, стр. 71 и сл.

вавшего золотые оговорки, точнее, признания того коллизионного принципа, что вопрос о действии этой оговорки решается по lex causae.

Однако практика пошла далее этого: для того, чтобы использовать те выгоды, которые вытекали для должников по займам в американских золотых долларах из закона от 5 июня 1933 г., суды всемерно стремились подчинить эти займы американскому праву даже тогда, когда для этого приходилось отступать от установившихся коллизионных принципов.

Особенно показательными являются в этом отношении те судебные решения, которые были вынесены в связи с расчетами по европейским государственным облигационным займам, выраженным в золотых долларах.

До 1936 г. в отношении государственных облигационных займов повсеместно господствовал следующий единообразный принцип: права и обязанности, вытекающие из подобных займов in dubio подчинены законам государства – эмитента, ибо гражданско-правовые обязательства суверена вообще не могут подлежать действию иностранного закона, поскольку на это не выражено прямого (expressis verbis) согласия со стороны этого суверена[1]. На этом основании постоянный Международный суд в Гааге в решении 12 июля 1929 г. по иску французских держателей сербских государственных займов к югославскому правительству признал, что права и обязанности по этим займам подчинены не праву Франции, где облигации были выпущены и обслуживались, а законам Югославии, ибо c'est dans l'espèce d'un Etat souverain, dui ne peut être présumé avoir soumis la substance de sa dette et la validité des engagements pris par lui à ce sujet à une loi autre que sa loi propre[2].

Та же точка зрения выражена была в решении британского Суда королевской скамьи 8 ноября 1935 г. по делу International trustee for protection of bondhalders v. The King[3]. Речь шла о займе британского правительства, выпущенном в 1917 г. в США на сумму всего 250 миллионов долларов; по условиям займа капитал и проценты подлежали по выбору держателя оплате в Нью-Йорке в определенной сумме золотых долларов стандарта и веса, и пробы, существовавших в 1917 г., либо по желанию держателя – в Лондоне в фунтах стерлингов по паритету 4. 86 ½ долл.= 1 фн. ст.; в обеспечение займа британское правительство депонировало в нью-йоркском банке свои ценности. Истец требовал уплаты суммы фунтов, равной той сумме девальвированных долларов, которая равноценна количеству «золотых долларов», указанных в облигации, с пересчетом долларов на фунты по

---

[1] C h e s h i s r e , стр. 271.

[2] См. стр. 42 назв. издания; аналогичное указание – в решении того же дня по делу облигаций бразильского правительства, выпущенных на парижском рынке, ibid., стр. 121.

[3] Am. Journal, 1936, стр. 324.

указанному паритету, т. е. он требовал платежа с соблюдением золотой оговорки и ссылался при этом на английский прецедент 1933 г. по делу Ferst, установивший признание в Англии золотой оговорки. Перед судом возник коллизионный вопрос: является ли заем «английским договором» или он должен рассматриваться как «американский договор».

Суд в своем решении подчеркивает, что если бы это был договор между частными лицами, то по всей совокупности обстоятельств дела пришлось бы прийти к заключению, что законом, свойственным данному обязательственному договору (the proper law of the contract), является закон США, но в данном случае речь идет «не о договоре между подданными, а о договоре между сувереном и подданным, вследствие чего… обычные критерии неприменимы». Судья приходит к заключению, что британский суд в данном деле должен руководствоваться законами Англии и что американский закон об аннулировании золотой оговорки неприменим. Однако, стремясь защитить интересы британского фиска, суд сводит на нет золотую оговорку путем буквального толкования текста облигации и заключает, что для платежа в Лондоне оговорка эта не имеет значения, так как здесь надо платить по одному фунту за каждые $4.86^{1}/_{2}$ доллара номинала облигации. Такая интерпретация золотой оговорки была решительно отвергнута во второй инстанции – апелляционном суде[1], который, исходя из того, что налицо «английский договор», полностью удовлетворил иск (признав, что единицей расчета является количество золота, содержащееся в золотом долларе 1917 г.).

Палата лордов в решении 15 марта 1937 г.[2] отступила от установившегося принципа, согласно которому суверен in dubio подчинен лишь собственному праву. Палата на общих основаниях разрешила коллизию в пользу американского закона, подчинив тем самым обязательства британской казны американскому акту 1933 г. об аннулировании золотой оговорки. Столь решительный отказ от общепризнанного принципа вызван был, конечно, лишь стремлением снизить задолженность по займу. В тех же целях Шведский верховный суд 30 января 1937 г.[3] и Норвежский верховный суд 8 декабря 1937 г.[4] подчинили свои, выраженные в золотых долларах, займы американскому законодательству.

В связи с этим швейцарский коллизионист Schnitzer в своем Handbuch des internationalen Handels-, Wechsel- u. Checkrechts[5] оспаривает док-

[1] См.: N u s s b a u m . Money, стр. 388.
[2] Ibid.
[3] B. I. J. I., 1937, стр. 327.
[4] B. I. J. I., 1938, стр. 71.
[5] 1938, стр. 295.

трину, в силу которой суверен in dubio подчиняется лишь собственному праву, и утверждает, что для такой презумпции в международном частном праве нет будто бы никаких оснований. Мы полагаем, что принцип, выраженный в решениях Постоянного международного суда по делам сербских и бразильских займов, остается незыблемым, так как он вытекает из идеи государственного суверенитета. <…>

ГЛАВА IV

ИСПОЛНЕНИЕ ДЕНЕЖНОГО ОБЯЗАТЕЛЬСТВА

В главах II и III мы рассмотрели проблемы, связанные с единицей исчисления суммы денежного обязательства, т. е. вопросы валюты долга.

В настоящей главе мы рассмотрим вопросы, касающиеся исполнения денежного обязательства и – в связи с этим – вопросы валюты платежа.

§ 1. Эволюция концепции законного платежного средства

Основным средством исполнения денежного обязательства являются денежные знаки, снабженные по закону платежной силой. Эти денежные знаки считаются предметом всякого денежного обязательства, поскольку не обусловлен платеж каким-либо специальным видом денег.

Общее определение понятия законного платежного средства дано нами в первой главе. Но понятие это в законодательстве каждой из капиталистических стран отличается известными особенностями. Мы рассмотрим (1) англо-американскую доктрину о legal tender, (2) французские концепции: cours légal и cours forcé и (3) понятие gesetzliches Zahlungsmittel в германском праве.

До XVIII в. в Англии все монеты, выпущенные в обращение королевским монетным двором, тем самым получали «обязательное хождение» без какого-либо специального предписания закона: «…the being of legal tender was an implied quality of all lawful money»[1].

«Legal tender» понималось не только как средство исполнения денежного обязательства, установленное государством, но как обязательное для подданных орудие обращения, и отказ в принятии такого денежного знака по номиналу рассматривался как уголовное преступление, как нарушение королевской монетной регалии, как «оскорбление величества». Legal tender – это была монета, которая выпускалась монетным двором для того, чтобы «иметь хождение по определенной цене» (to go in payment at a certain price)[2]. Старая концепция о legal tender была таким образом неразрывно связана с учением о valor impositus и «представитель новой буржуазии»[3] в XVIII в. Джон Локк, подвергая жестокой критике это

---

[1] L a u g h l i n , стр. 440.
[2] F e a v e a r y e a r , стр. 27.
[3] М а р к с , стр. 63.

последнее учение, тем самым подготовлял крушение и средневековому представлению о legal tender.

Однако новое понятие о legal tender развилось только в связи с вопросом о хождении банкноты Банка Англии, которая со второй половины XVIII в., не будучи обязательной к приему, все же была признана денежным знаком. Судья Мансфильд (Mansfield), другой представитель новой буржуазии, в своих многочисленных решениях осуществил слияние «коммерческих обычаев» с common law и вообще сыграл выдающуюся роль в приспособлении средневекового common law к нуждам английской торговли. В деле Miller v. Race, 1758 г., он признал, что на банкноты распространяются те же правила о защите прав добросовестного приобретателя, что и на монеты, а в решении 1790 г. (по делу Wright v. Reed) судья Kenyon сказал, что «банкноты для многих целей рассматриваются как деньги»[1].

Таким образом, признание за банкнотой свойства денег при отсутствии ее законной платежной силы заставило отказаться от старого представления, что legal tender есть свойство денег вообще.

Но когда позднее качество законного платежного средства (legal tender) было присвоено банкнотам, то самое понятие о legal tender совершенно видоизменилось.

Акт 1811 г.[2] установил, что если кредитор отказывается принять банковые билеты по номиналу, то суд присуждает ему монеты, но вместе с тем возлагает на него судебные издержки. В 1812 г. был издан новый акт[3], которым было предложено шерифам при исполнении судебных решений принимать от должника банкноты по номиналу.

Далее Bank of England Act 1833 г. постановил, что банкноты Банка Англии являются legal tender до тех пор, пока этот банк будет разменивить их на золото. И, наконец, Currency and Bank Notes Act 1928 г. отменил обязанность Банка Англии разменивать банкноты на золото, сохранив их свойство legal tender[4].

Параллельно с этим шло законодательство по регулированию законной платежной силы монет: Coinage Act 1870 г. определил, что золотые монеты являются legal tender на любую сумму, серебряные же монеты не должны быть предлагаемы в один платеж на сумму, бóльшую

---

[1] M a n n, стр. 6.

[2] См. выше, стр. 166.

[3] F e a v e a r y e a r, стр. 192.

[4] M a n n, стр. 27; F e a v e a r y e a r, стр. 354.

чем £ 2, а бронзовые монеты – на сумму, бóльшую, нежели один шиллинг[1].

Таким образом, в актах, изданных с начала XIX в., понятие legal tender хотя и не получило прямого определения, но во всяком случае из этих актов ясно, что все законодательство о legal tender направлено на то, чтобы определить, какие деньги должник имеет право предложить кредитору в погашение долга; отказ же кредитора в принятии legal tender не имеет уже характера уголовно наказуемого деяния.

Последствия такого отказа носят по нынешнему англо-американскому праву чисто гражданско-правовой и гражданско-процессуальный характер[2]. Должник, надлежащим образом предложивший кредитору платеж деньгами, имеющими силу legal tender, приобретает действительное возражение (a good defence) против иска о неплатеже; он в этом случае имеет право на покрытие судебных издержек (costs); надлежащим образом сделанное предложение уплаты приостанавливает дальнейшее начисление процентов.

Какой порядок предложения платежа является надлежащим? Практика на этот вопрос отвечает следующим образом: (а) деньги должны быть доставлены кредитору, если нет иных условий, (б) за этим – в случае отказа принять платеж – должна следовать «длящаяся готовность уплатить»; должник должен «keep tender good», т. е. держать деньги в готовности для кредитора и не пользоваться ими, так как «continuance of offer» (т. е. «длящееся предложение уплаты») является предпосылкой процессуального возражения (plea) против иска кредитора; в случае предъявления иска со стороны кредитора должник должен внести долг в депозит суда[3].

Когда должник предлагает уплату суммы, превышающей долг, то такое предложение является действительным в отношении суммы долга, но кредитор по общему правилу не обязан произвести размен.

Из изложенного видно, что в вопросе о принятии исполнения денежное обязательство находится в особом положении; здесь не применяется общее правило common law о том, что по обязательствам из договора принятие надлежащим образом предложенного исполнения составляет обязанность кредитора, нарушение которой дает право должнику считать договор нарушенным и требовать возмещения убытков. Таким образом, по англо-

---

[1] Feavearyear, loc. cit.

[2] См.: Дженкс, § 250 – 254; Mann, стр. 26 и сл.; Nussbaum. Money, стр. 37 сл.

[3] Однако «простое предложение» (tender) без последующего «длящегося предложения» является достаточным для прекращения долга, вытекающего из документов, относящихся к категории securities (Nussbaum. Money, стр. 37 – 38).

американскому праву нельзя определить legal tender как вид денег, которые кредитор обязан принять: такой обязанности кредитора в отношении принятия денег действующее англо-американское право не знает.

Во Франции[1] при старом режиме основной темой королевских ордонансов по вопросу о деньгах были всякого рода запреты, направленные против заключения сделок в реальных золотых и серебряных монетах; законодательство было направлено на то, чтобы оборот пользовался лишь официальной денежной единицей – ливром для исчисления суммы платежей. Когда в эпоху Французской буржуазной революции XVIII в. появился лаж на бумажные «ассигнаты», то Национальное собрание прокламировало, что лаж – это законное явление, ибо «деньги, как неоднократно уже указывалось, есть товар», который может быть продан собственником по его усмотрению.

В условиях борьбы с контрреволюцией Конвент должен был прибегнуть к мерам принуждения: 11 апреля и 1 августа 1793 г. была объявлена обязательность приема ассигнат по номиналу под страхом суровой кары. Но это были временные меры, не имевшие целью возродить средневековое представление о valor impositus: концепция физиократов о том, что «деньги – товар» оставалась официальной доктриной. Тем не менее уголовно-правовые санкции за отказ в принятии денег, которым закон сообщил свойство cours légal, сохранились, хотя и в сильно смягченном виде, в действующем французском законе[2] и судебной практике: Французский кассационный суд, например, 13 июня 1860 г. признал, что кредитор, отказавшийся принять медные монеты на сумму 1 франк 25 сантимов, подлежит наказанию, так как медная монета по закону является платежным средством на сумму до 5 франков[3].

Что касается гражданско-правовых последствий отказа кредитора принять в погашение долга деньги, которые имеют cours légal, то вопрос этот по Французскому гражданскому и Гражданско-процессуальному кодексам разрешается следующим образом[4]: должник для того, чтобы освободиться в этом случае от последствий неплатежа, должен совершить offres réelles, т. е. сделать предложение кредитору принять платеж; такое предложение делается через посредство нотариуса, судебного исполнителя или другое должностное лицо; при отказе кредитора он должен внести деньги в депозит соответствующего государственного органа (Caisse des dépôts et consignations). В результате такого депозита при-

---

[1] См.: H u b r e c h t , стр.52 сл., 70 – 71; M a t e r , стр. 33, 36 – 37.
[2] Ст. 475 Code Penal; ср. ст. 693 Итальянского уголовного кодекса.
[3] См.: N u s s b a u m . Money стр. 39.
[4] Ф. Г. К., ст. 1257 – 1264; Французский гражданско-процессуальный кодекс, ст. 812 и сл.

останавливается начисление процентов. Но при продолжающемся отказе кредитора принять депонированную сумму для освобождения должника нужно вошедшее в законную силу судебное решение о признании долга погашенным (такое решение может быть вынесено по ходатайству должника).

Германское гражданское уложение (§ 293 – 304) усвоило римско-правовое понятие «просрочки кредитора», которое по существу является внутренне противоречивым, так как Г.Г.У. не знает общей обязанности кредитора принять исполнение (кредитор, не принимая исполнения, по общему правилу не использует своего права, но не нарушает какого-либо своего обязательства). Просрочка кредитора (mora accipiendi) наступает, когда он не принимает надлежащим образом предложенного ему исполнения по денежному долгу, т. е. когда он не принимает предложенные ему в надлежащем месте, в надлежащее время и пр. денежные знаки, являющиеся законным платежным средством (gesetzliches Zahlungsmittel). С момента такой просрочки прекращается начисление по долгу процентов не только законных, но и договорных[1]. Однако если кредитор затем докажет, что должник после его (кредитора) просрочки фактически получил доход от использования причитающихся кредитору денежных средств, то доход этот подлежит выдаче кредитору на общих основаниях, установленных § 302 Г.Г.У.[2]

В случае просрочки кредитора, а также в случае, если должник не может исполнить своего обязательства по причинам, лежащим на стороне кредитора (например, недееспособность кредитора при отсутствии у него представителя, неизвестность местонахождения кредитора), должник может депонировать деньги на имя кредитора в порядке, указанном § 372 – 386 Г.Г.У. Такой депозит является поклажей в пользу третьего лица[3]. Депонирование происходит за счет и на риск кредитора. С момента депонирования должник освобождается от долга.

При всех различиях понятий legal tender, cours forcé и Gesetzliches Zahlungsmittel они по своему содержанию носят родственный характер: можно даже сказать, что здесь налицо варианты единого понятия «законного платежного средства», ибо деньги, являющиеся законным платежным средством, по всем рассмотренным нами правовым системам могут служить средством погашения денежных обязательств независимо

[1] Г.Г.У., § 301; см.: Oertmann. Kommentar zum BGB.
[2] Enneccerus, § 281, прим. 3; Oertmann.
[3] Enneccerus, § 290.

от согласия кредитора принять их в платеж. Далее: отказ со стороны кредитора в принятии таких денег, надлежащим образом ему предложенных, влечет за собой (по всем правовым системам) некоторые невыгодные для кредитора последствия, указанные в законе. Наконец, по всем правовым системам депонирование денег, обладающих законной платежной силой, в порядке и с соблюдением условий, указанных в законе, влечет за собой погашение обязательства.

Сказанное относится ко всем видам денежных обязательств независимо от оснований их возникновения (договор или закон), в частности, к тем случаям, когда реальное исполнение заменяется уплатою денежного эквивалента.

Исходя из того, что законное платежное средство может быть использовано для погашения всякого денежного долга независимо от согласия кредитора и что по всякому обязательству реальное исполнение при наступлении известных условий заменяется уплатою денежного эквивалента[1], некоторые (по преимуществу немецкие) юристы определяли законное платежное средство как крайнее и принудительное средство исполнения обязательств.

Авторство этой концепции принадлежит Hartmann'у, который определил деньги, как «das letzte zwangsweise Mittel der Solutio von Obligationen[2]. Martin Wolff[3] говорит о деньгах, что они «allgemein ersetzendes Schuldobjekt»[4].

Концепция эта принята была мною в моей книге «Деньги и денежные обязательства»[5].

Такое определение законного платежного средства является, однако, неправильным. Не всегда крайнее средство исполнения обязательств было законным платежным средством. Законное платежное средство есть вид денег, но история знает много случаев, когда должникам давалась возможность освободиться от долга путем предоставления таких предметов, которые не исполняли и не могли исполнять какой-либо денежной функции. Так например, Юстиниан[6] предоставил должникам возможность освободиться от долгов путем передачи кредиторам не-

[1] См. выше, гл. II, § 12.
[2] Стр. 50.
[3] Стр. 569.
[4] Ср. также: S c a d u t o, стр. 17; Д е р н б у р г. Обязательственное право, § 26.
[5] 1927, стр. 8.
[6] Nov. 4, c. 3.

движимостей, на которые нельзя было найти покупателей. Сюда же относятся законы французской революции, по которым арендные платежи при известных условиях могли быть заменены частичной уплатой зерном[1]. Во всех этих случаях создавалась принудительная замена исполнения – datio in solutum necessaria, создавалось крайнее и принудительное средство исполнения, которое не было законным платежным средством.

В тех случаях, когда закон предписывает должнику реальное исполнение, не допуская замены последнего денежным эквивалентом, такое реальное исполнение является также «крайним», но не является «законным платежным средством». Законное платежное средство есть вид денег, и как таковое оно является средством исполнения только денежных обязательств. Для того, чтобы по неденежному обязательству законное платежное средство могло быть предложено кредитору, необходимо, чтобы велением закона (или соглашением сторон) это обязательство превратилось в денежное обязательство[2].

Законное платежное средство всегда мыслится как «надлежащее» средство исполнения денежного обязательства, хотя бы оно фактически не исполняло роли средства обращения.

Знаки, которым присвоена по закону платежная сила, могут утратить роль средства обращения или вовсе не приобрести эту функцию. Так, в начале первой мировой войны в огромном большинстве стран был приостановлен размен банкнот на золотую монету, и последняя исчезла из обращения, но законы о платежной силе этих монет не были отменены. Какое юридическое значение в этом случае имеет законная платежная сила золотой монеты? Тот же вопрос (но на практике весьма редко) возникает тогда, когда денежный знак, которому закон присвоил платежную силу, фактически в обороте не получил функции средства обращения; это случилось, например, с английскими юбилейными монетами в 5 фн., выпущенным в 1887 г.; они были объявлены legal tender, но вследствие ограниченного контингента выпуска в обороте оценивались выше номинала и потому из монет сразу же превратились в медали.

Являются ли такие денежные знаки, выпавшие из обращения или вовсе не получившие обращения, деньгами вследствие того, что они снабжены законной платежной силой?

---

[1] N u s s b a u m. Money, стр. 49; там же приведены другие подобные примеры из истории Америки в колониальный период.

[2] Ср. выше, гл. II, § 12.

Апелляционный суд г. Дрездена 19 января 1922 г. ответил на этот вопрос утвердительно, признав, что добросовестный приобретатель похищенных золотых германских монет, исчезнувших из оборота с осени 1914 г., но по закону сохранивших платежную силу, защищается против виндикационного иска на общих основаниях, установленных для денег по § 935 Г. Г. У.

Британский суд в деле Moss v. Honcock, 1889 г., признал, что владелец похищенных пятифунтовых монет выпуска 1887 г. не имеет против иска собственника защиты, которую право предоставляет добросовестному приобретателю денежного знака; монеты эти были признаны медалями, которые не являются «оборотными движимостями» (negotiable chattels).

В литературе эти дела вызвали оживленные споры. Nussbaum[1], исходя из своей «социальной теории» денег, осуждает названное германское решение и одобряет британский прецедент. В этой связи он приводит одно решение американского суда (по штату Виргиния, по делу Vick v. Howard, 1923 г.), в котором суд, подчеркнув различие между деньгами, являющимися legal tender и не являющимися legal tender, заключает: «…все, что является legal tender есть деньги, но не всякие деньги являются legal tender». Nussbaum разделяет лишь вторую часть афоризма, но отвергает первую.

Манн, напротив, исходя из государственной теории денег, сторонником которой он является, отрицает значение британского решения как прецедента[2].

Данный спор является чистым схоластическим упражнением: авторы стремятся установить соотношение понятий законного платежного средства и средства обращения, не замечая внутреннего противоречия между этими категориями буржуазного денежного обращения. Налицо несоответствие меду фактом и законом: закон продолжает рассматривать данную вещь как «надлежащее» средство погашения денежного обязательства (и в этом смысле – как деньги), а оборот отказывается пользоваться данной вещью как орудием обращения и в этом смысле отрицает за ней качество денежного знака.

Выход из данного противоречия диктуется только соображениями денежной политики (и с этой точки зрения оба решения, дрезденское и британское, одинаково правомерны): вопрос получает то или иное решение в зависимости от того, намерено ли государство в лице суда поддерживать фикцию золотого обращения.

---

[1] Money, стр. 50 – 51.

[2] Стр. 55.

Но как бы ни был решен вопрос о праве виндикации «монет», не являющихся средством обращения, законная платежная сила их приводит к тому, что «монеты» эти при исполнении денежных обязательств будут рассматриваться как деньги. Вопрос этот может получить практическое значение при принудительном исполнении судебных решений.

Как известно, при обращении взыскания на имущество должника, обнаруженные в составе этого имущества деньги передаются судебным исполнителем непосредственно кредитору в погашение его требований по исполнительному листу[1]. Вправе ли судебный исполнитель при передаче кредитору золотых монет, найденных им в имуществе дебитора, зачесть в погашение долга не только номинальную сумму их, но и лаж, который приобрели эти монеты в отношении бумажных денег?

Отрицательный ответ на этот вопрос дает практика США. В связи с бумажно-денежной инфляцией 1861 – 1865 гг. Верховный суд США в деле Thompson v. Butler 1877 г. решил, что для «целей исполнения денежного долга доллар в монете стоит не более, чем доллар», и это несмотря на то, что сделки с золотыми монетами в то время не были запрещены (Другие решения американских судов, исходившие из того же принципа, приведены у Манна[2].)

В германской литературе разрешение этого вопроса связывалось, однако (без достаточных оснований), с вопросом о том, признается ли законность лажа на монеты, другими словами, разрешены ли сделки с золотой монетой.

В Германии законом 23 ноября 1914 г. были запрещены сделки на разницу с германской золотой монетой, но судебная практика периода инфляции просто перестала считаться с этим запретом[3].

Исходя из того, что лаж на германскую золотую монету стал (по крайней мере в 1922 – 1923 гг.) рассматриваться как явление законное, многие авторы считали, что в приведенном выше случае (когда судебный исполнитель обнаруживает эти монеты в имуществе должника) монеты эти подлежат передаче кредитору не по номиналу, а по курсу, и это несмотря на то, что их номинальная платежная сила по закону 1 июня 1909 г. продолжала действовать. В этом смысле высказывался Martin

[1] Zivilprozessordnung, § 815.

[2] Стр. 19.

[3] W a r n e y e r. Geldentwertung und Vertragserfüllung, 1923, стр. 80 приводит решение Рейхсгерихта от 23 марта 1922 г., в котором суд несмотря на законы, направленные против сделок на разницу с золотой монетой, руководствуется «курсовой» ценой этой монеты при исчислении штрафа за незаконный ее вывоз.

Wolff[1] и, по-видимому, высказывания эти соответствовали тогдашней практике. Но надо иметь в виду, что то была практика contra legem также, как и одновременная с нею практика судебной ревалоризации и пересмотра долгов на базе доктрины о rebus sic stantibus.

Свойство законного платежного средства денежный знак получает в силу предписания закона: один лишь факт выпуска в обращение определенных денежных знаков государством не создает законного платежного средства.

Платежную силу денежного знака закон обычно устанавливает по номиналу, т. е. в определенном числе денежных единиц. Государство, однако, может объявить платежную силу денежного знака по курсу на какой-либо другой вид денег. Такой прядок был у нас установлен в отношении ассигнаций в 1812 г. До этого ассигнации, выпуск коих начался при Екатерине II, не были обязательны к приему в платежи. Между частными лицами и в казну они принимались, считая 4 рубля ассигнациями за один серебряный рубль. Мирясь с этим фактом, манифест 9 апреля 1812 г. предписал, чтобы «все счеты и платежи в казну, из казны и между частными лицами основывались на ассигнациях». В то же время манифест предоставил всякого рода обязательства и сделки между частными лицами на волю их заключать и писать на ассигнации или серебро по добровольному согласию; но платеж по ним не может быть отринут ассигнациями по промену на серебро в день платежа. Обязательным сделан «ходячий промен» ассигнаций на серебро: биржевой курс, где есть биржа, а где ее нет – иные способы «промена». Вследствие относительной устойчивости курса совместное обращение серебряной монеты и ассигнации, потерявшей около ¾ своей нарицательной стоимости, было равносильно тому, как если бы произведена была девальвация ассигнаций на ¾ их достоинства. Правительство могло бы совершенно безболезненно произвести формальную девальвацию ассигнаций, но оно предпочло политику дефляции путем их скупки, что, наряду с другими факторами, создало неустойчивость курса. «Денежный счет на ассигнации стал мудреным делом: положение было такое, как если бы пуд или аршин стали неуловимыми величинами, непрерывно меняющимися, в различных местах различные». Наконец, манифестом 1 июля 1839 г. об устройстве денежной системы была произведена девальвация по курсу 3 руб. 50 коп. ассигнациями за один серебряный рубль. Было объявлено, что «серебряная российского чекана монета отныне впредь устанавливается главною государственною платежною

[1] Op. cit., стр. 605.

монетою... ассигнации (же) остаются вспомогательным знаком ценности с определением им отныне единожды навсегда постоянного непременяемого на серебро курса, считая серебряный рубль как в крупной, так и в мелкой монете в три рубля пятьдесят копеек ассигнациями»[1].

Возможность законного платежного средства без устойчивой платежной силы служит дополнительным опровержением точки зрения номиналистов, которые, выводя номинальный характер денежных долгов из сущности денег, не понимают того, что номинализм есть лишь принцип денежной политики буржуазных государств. Виднейший из номиналистов Nussbaum[2] полагает, что законная платежная сила возможна лишь по номиналу, и утверждает, что все кажущиеся случаи отклонения от этого правила (территориальные мандаты французской революции, прусские казначейские билеты в эпоху наполеоновских войн) на самом деле сводились к периодическому пересмотру твердого курса в административном порядке; в отношении прусских казначейских билетов, например, происходило установление твердого курса на полумесячный срок; такой порядок Nussbaum называет «скользящей номинальной платежной силой». История русских ассигнаций лежит, однако, серьезным возражением против этой искусственной конструкции.

Но установление законной платежной силы по курсу возможно и помимо прямого предписания правительства. Это имеет место в тех случаях, когда сделки заключаются в другой денежной единице, нежели та, в которой выражены денежные знаки, обладающие законной платежной силой. Исторические примеры такого рода явлений многочисленны, и мы приведем лишь некоторые из них.

В 1663 г., когда обращение в Англии было основано на серебре, правительство выпустило золотую монету – гинеи, которые принимались в платеже по курсу на серебро[3]. В Германии в 1923 г. – в порядке подготовки к денежной реформе – был открыт Рентный банк, выпускавший «рентные марки», которые получили хождение параллельно с марками; только последние были законным платежным средством, но рентные марки – вследствие своей относительной устойчивости – сразу же получили значение счетных денег, а марка служила законным платежным средством по курсу на рентную марку[4]. Еще до выпуска в обращение «рентной марки» в период инфляции в 1922 – 1924 гг. в Германии существовал офици-

---

[1] К а у ф м а н И. Серебряный рубль в России, 1910, стр. 184.

[2] Geld, стр. 25.

[3] F e a v e a r y e a r , стр. 89 сл.

[4] P a l y i u. Q u i t t n e r . Handwörterbuch des Bankwesens 1933, verbo: «Rentenmark».

альный счет на золотые марки, которые не были овеществлены в каком-либо денежном знаке; марки же превратились в платежное средство по курсу.

Маркс[1] обращает внимание на многочисленные исторические примеры такой moneta imaginaria: «…деньги как счетные деньги могут вообще существовать лишь идеально, в то время как действительно существующие деньги вычеканены по совершенно иному масштабу».

При всеобщем распространении счета на золотые доллары в США накануне отхода доллара от золота весной 1933 г. доллар (бумажный доллар) после приостановки размена банкнот на золото превратился бы в законное платежное средство по курсу на золото, если бы президент Ф. Рузвельт не провел закона об аннулировании и запрещении золотых оговорок.

Все приведенные примеры показывают, что законная платежная сила денег не по номиналу, а по курсу есть широко известное явление в истории денежного обращения.

***

В эпоху золотого стандарта, когда существовала свободная чеканка золота и в обороте циркулировали золотые монеты, неограниченной платежной силой могли обладать лишь такие монеты и разменные на золото банкноты. В этих условиях заместители золота (незолотые монеты) могли быть законным платежным средством лишь на ограниченную сумму. Но золотой стандарт был денежной системой эпохи расцвета промышленного капитализма и довоенной стадии империализма, и ныне в условиях повсеместной неограниченной платежной силы бумажных денег постановления формально еще действующего британского закона о том, что серебряная монета обязательна к приему на сумму до 2 фн., а бронзовая – на сумму до 1 шиллинга[2], являются полнейшим анахронизмом. Поэтому, например, американский закон 5 июня 1933 г. устанавливает, что все виды денег США являются legal tender по всем денежным обязательствам без ограничения суммы.

***

Все рассмотренные нами нормы, определяющие законную платежную силу денег, носят характер норм гражданского права, так как они

[1] Стр. 60.
[2] Coinage Act, 1870 г.; F e a v e a r y e a r, стр. 354.

определяют порядок исполнения денежных обязательств. Неправильными поэтому являются утверждения Gerber'a[1] и Melchior'a[2], относящие эти нормы к публичному праву. Верно, однако, что эти нормы, будучи нормами гражданского права, относятся к законам по регулированию денежного обращения, к законам, определяющим свойство денег и характер денежной системы. В этом смысле нельзя не согласиться с Nussbaum'ом[3], который отмечает, что «в законодательстве законную платежную силу денег обычно связывают с деньгами, а не с контрактами». Вопрос этот имеет конституционное значение в США, где Конгрессу США не предоставлено право регулировать договоры, но предоставлено право регулировать денежное обращение. В знаменитых Legal Tender[4] Верховный суд США признал конституционность выпуска бумажных денег с принудительным курсом, исходя именно из того, что присвоение деньгам законной платежной силы относится к регулированию денежного обращения, которое принадлежит Конгрессу США.

Законы, определяющие платежную силу денег, в буржуазной теории рассматриваются везде как нормы диспозитивного характера, ибо сами по себе, без дополнительных запрещений, они не препятствуют введению в договоры условий об эффективных платежах в каком-либо определенном виде монет и денежных знаков иных, нежели те, которые снабжены законной платежной силой.

Однако эти дополнительные запреты в настоящее время получили столь широкое распространение, что нормы о законной платежной силе денег приобретают повсеместно принудительный характер. Как мы видели, официальная французская доктрина выработала понятие «принудительного курса» банкнот, вытекающего из соединения их законной платежной силы с приостановкою их размена на золото (cours forcé). Английская практика вообще не допускает действия золотой монетной оговорки как таковой. Закон США 1933 г., аннулировавший всякие гарантийные валютные оговорки, запретил вместе с тем и золотую монетную оговорку.

§ 2. Действие иностранных законов о платежной силе денег

Какое значение может иметь иностранный закон о платежной силе тех или иных денежных знаков?

---

[1] Geld u. Staat, 1926.
[2] § 184.
[3] Money, стр. 40.
[4] См. гл. II, § 4.

Вопрос этот возникает в отношении обязательств в иностранной валюте и здесь решается практикой в том смысле, что содержанием такого обязательства (валютой долга и валютой платежа) считаются те денежные знаки, которые в момент платежа являются законным платежным средством в соответствующем иностранном государстве. В этом смысле иностранный закон о платежной силе денег может иметь экстерриториальный эффект. По этому вопросу недавно высказался британский Тайный совет в двух своих решениях: (1) по делу Pyrmont Ltd. v. Schott, 1939 г.[1] и (2) по делу Marrache v. Ashton and Same v. Onos, 1943 г.[2] Оба решения вынесены по апелляции на соответственные решения Верховного суда Гибралтара.

Сущность первого дела в следующем.

Истец в мае 1935 г. получил от ответчика в Гибралтаре чек, выписанный на банк ответчика в сумме 500 тысяч испанских пезет, и против чека выдал обязательство, по которому он принял на себя долг в сумме 500 тысяч испанских пезет, подлежавших уплате в Гибралтаре 22 мая 1936 г. Хотя испанские пезеты в Гибралтаре не являются законным платежным средством, однако они часто в ходу при коммерческих сделках.

Декретом испанского республиканского правительства от 16 марта 1936 г. вывоз банкнот испанского банка был запрещен, за исключением тех пезет, которые были снабжены разрешением, именуемым «сертификат», причем после опубликования названного декрета стал незаконным также ввоз банкнот, не снабженных соответствующим сертификатом. В результате этого декрета в Гибралтаре обращались банкноты как снабженные названными сертификатами, так и не снабженные ими.

Возник вопрос о том, обязан ли ответчик погасить свой долг предоставлением пезет, снабженных сертификатом, или он может освободиться от долга, заплатив пезетами, не снабженными сертификатом. Вопрос представлял материальный интерес для ответчика, так как курс пезет, не снабженных указанными сертификатами, стоял значительно ниже.

Тайный совет признал, что слово «пезета» означает денежную единицу Испании и что обязательство направлено на уплату денег, которые к моменту платежа были законным платежным средством и законным орудием обращения в той стране, деньги которой были даны взаймы, т. е. в Испании. Должник обязался уплатить 500 тысяч денежных единиц Испании, а не 500 тысяч банкнот. Банкноты, предложенные к платежу должником, к моменту платежа, по мнению суда, не являлись

---

[1] T.L.R., т. 55, стр. 178.

[2] T.L.R., т. 59, стр. 142.

валютой Испанской республики и, поэтому, их предоставление не является исполнением долга.

Во втором деле ставился аналогичный вопрос. Испанским декретом 1938 г. запрещен был полностью вывоз и ввоз банкнот испанского банка. Испанские таможенные власти обменивали фунты стерлингов на пезеты по курсу – 53 пезеты за фунт стерлингов, но в Гибралтаре и Лондоне сделки с банкнотами испанского банка совершались по курсу 132 пезеты за фунт стерлингов. Аштон и Онос являются кредиторами Марраче по займам в испанских пезетах, обеспеченным залогом недвижимости в Гибралтаре. Марраче не уплатил в срок, вследствие чего наступило нарушение договора, дающее право кредиторам требовать возмещения убытков, которые в данном случае определяются в сумме фунтов стерлингов, эквивалентной той сумме пезет, которая указана в договоре. По какому курсу исчислять этот эквивалент? Тайный совет решил, что курс пезет в Гибралтаре и Лондоне (132 за фунт) должен служить основанием для исчисления эквивалента, ибо испанские банкноты, являющиеся предметом сделок, которые совершаются по этому курсу, хотя и запрещены к ввозу в Испанию, но не перестали быть там legal tender. В решении подчеркивается различие между данным делом и делом Pyrmont Ltd. v. Schott, где речь шла о банкнотах, не только запрещенных к ввозу, но и утративших свойство законного платежного средства.

Решения эти исходят из двух положений:

(1) валютою иностранного государства являются те денежные знаки, которые по закону этого государства служат там законным платежным средством;

(2) не имеет значения, если денежные знаки данного иностранного государства, находящиеся за границей, запрещены к ввозу в страну своей эмиссии, если только они не лишены там законной платежной силы.

Во втором из названных решений обращает на себя внимание то, что Тайный совет обсуждает акты «правительства» Франко «на общих основаниях» так, как он сделал бы в отношении дружественного правительства. Это особенно знаменательно, если учесть, что речь идет об актах правительства, фактически участвовавшего в войне на стороне гитлеровцев, и что решение британского Тайного совета вынесено во время этой войны. Вместо того, чтобы в этих условиях признать «валютные мероприятия» Франко лишенными юридической силы как акты врага, вместо ссылки на public policy, которая была бы здесь вполне уместной, Тайный совет исходит из общего принципа игнорирования в о о б щ е иностранных валютных ограничений.

Но можно ли в виде общего правила утверждать, что иностранные денежные знаки, хотя формально и не лишенные платежной силы, но не могущие быть ввезенными в данную страну под страхом конфискации и, следовательно, не могущие быть использованными в этой стране в качестве средства обращения и платежа, могут считаться валютой этого иностранного государства?

Вопрос этот в литературе считается спорным: Cohn[1] и Nussbaum[2] отвечают на этот вопрос отрицательно. Положительный ответ на него дает Mann[3].

Вопрос этот связан с общей проблемой об отношении к иностранным валютным рестрикциям, которая будет нами рассмотрена в главе V.

Здесь же отметим, что несмотря на убедительность аргументов тех, которые утверждают, что «денежные знаки», запрещенные к ввозу в данную страну, не могут считаться элементом ее денежной системы и не являются ее валютой, противоположная точка зрения, исходящая из игнорирования иностранного валютного законодательства en bloc, по-видимому, является господствующей в буржуазной практике.

Французский суд накануне второй мировой войны во всяком случае стоял на той позиции, что и британская практика[4].

§ 3. Банкнота и бумажный денежный знак как средства платежа по денежным обязательствам

Одним из важнейших платежных средств в капиталистических странах в течение XIX в. и вплоть до первой мировой войны (а в США – до весны 1933 г.) был банковый билет (банкнота); анализ его роли как средства платежа по денежным обязательствам представляет большой интерес для юридической теории. Банковый билет есть выпущенная банком в порядке его активных операций денежная ценная бумага на предъявителя – документ, по предъявлении которого банк обязуется уплатить держателю определенную сумму звонкой монеты (золотом – при золотом стандарте, серебром – при серебряном стандарте). При известных условиях такой документ может передаваться от лица к лицу без того, чтобы когда-либо было заявлено банку вытекающее из него требование; таким путем доку-

---

[1] Currency Restrictions and Conflict of Laws, L. Q. R., 1939, стр. 552 – 564.

[2] Money, стр. 501.

[3] Problems of the Rate of Exchange, M.L.R., 1945, Nov., стр. 177 и сл.

[4] См. решение Гражданского трибунала Сены 8 июля 1938 г. и 16 ноября 1938 г., приведенные у D o m k e. Le contrôle des changes en matière de conflits des lois Revue Trimestrielle de l'Institut Belge de droit comparé, vol. 25/1939, стр. 9 и сл.

мент этот может сам исполнять одну из функций денег – функцию средства обращения и в этом смысле заменять собой монеты, на получение которых он направлен. Возможность такой функциональной замены объясняется тем, что «потребительная стоимость денег как средства обращения есть само их обращение»[1].

Банкноты – документы массовой эмиссии и стандартного типа на круглые суммы – так что при передаче их не приходится как-либо индивидуально оценивать, а приходится только считать, что является одним из условий исполнения этими документами функции средства обращения.

Из этого вытекает, что к ним по всем законодательствам применяются нормы, установленные для денежных знаков. Свойство ценной бумаги отступает на второй план, основное значение приобретает их свойство «денег». Это прежде всего вызвало распространение на банкноту тех норм, которые установлены для защиты прав добросовестного приобретателя денежных знаков[2]. Затем это отразилось на характере вытекающего из нее права требования: притязание на размен хотя по своей форме и было требованием гражданского права, но все же носило своеобразный характер: ни один суд не допустил бы, например, чтобы против этого требования мог быть заявлен зачет, вытекающий из претензии банка-эмитента к держателю банкноты[3].

В англо-американском праве, которое знает векселя на предъявителя, банкнота подходит под определение простого векселя[4].

В отношении банкноты, так же, как и в отношении векселя, требовалось для ее действительности, чтобы она была «выдана» первому приобретателю банком-эмитентом, а не вышла из кладовой банка без такой передачи, и поэтому украденная из кладовой до ее выпуска «банкнота» не является банкнотой[5].

Но банкнота не только «chose in action», она также материальная вещь. Из многочисленных прецедентов приведу решение Верховного суда штата Виргинии от 6 июня 1945 г. по делу Walton et al. v. Melton[6], где признано, что банкноты в противоположность деньгам, числившимся на счетах в банке, подлежат передаче тому наследнику, которому отказана

---

[1] М а р к с, стр. 86.

[2] См. выше, § 1.

[3] О юридической природе обязательства размена см.: Л у н ц. Деньги и денежные обязательства, 1927, § 23; H a r t m a n n, op. cit., стр. 57 – 62; M. W o l f f, стр. 606 и 609 – 610; S c a d u t o, § 16, 18 и N u s s b a u m. Money, стр. 80 и сл.

[4] Ср.: The Bills of Exchange Act, 1882 г., sec. 83.

[5] Реш. Палаты лордов по делу Banco de Portugal v. Waterlow and Sons, 1932; N u s s b a u m. Money, стр. 93 сл.; M a n n, стр. 8, прим. 6.

[6] N.J.L.J. от 20 июля 1945 г.

tangible personal property. Отсюда вытекает также, что если принятие кредитором векселя взамен наличных денег не производило даже новации долга, то принятие банкноты погашало этот долг, ибо тот, кто принимает банкноту, приобретает наличные деньги (ready money)[1]. Принятие банкноты имеет, таким образом, своим результатом платеж, а не замену платежа (payment, а не accord and satisfaction).

Другой вопрос – является ли принятие банкноты обязательным? То обстоятельство, что банкноты могли выпускаться банками лишь с особого разрешения правительства, само по себе не делало ее законным платежным средством: всякое законное платежное средство есть деньги, но не все деньги – законное платежное средство. Поэтому шериф, который при исполнении судебных решений должен рассматривать как деньги лишь то, что является legal tender, должен был найденные им в составе имущества ответчика банкноты представить к размену банку-эмитенту с передачею затем выручки истцу[2] – правило, которое было отменено лишь в 1936 г. (после того как банкноты стали неразменным на золото законным платежным средством).

В отличие от рассмотренной нами англо-американской доктрины официальная французская концепция гласит, что банковый билет не является денежным знаком, пока ему не присвоен принудительный курс. Эта точка зрения была изложена в «Мотивах» к закону 24 жерминаля XI года Республики и в ряде решений французских судов[3] и объяснялась она стремлением подчеркнуть, что банкнотная эмиссия Банка Франции не должна быть использована для целей финансирования бюджета. Некоторые авторы идут еще дальше: Mater[4] не считает возможным признавать денежную функцию банкноты даже тогда, когда ей присвоен принудительный курс, – закон не может превратить нематериальную вещь в вещь материальную, каковой является монета. Приравнять банкноту, в которой содержится обещание уплатить деньги (обязательство, хотя бы и приостановленное), к монете нельзя так же, говорит он, как нельзя «сделать доверие предметом торговых сделок». Это замечание, может быть, делает честь чувствам автора (хотя нельзя согласиться с тем, чтобы оно правильно отображало буржуазную действительность), но оно никак не обнаруживает в нем остроты юридического анализа. Вопрос ставится так: распространяются ли на банкноты нормы

---

[1] C h a l m e r s. Bills of Exchange, стр. 395. Судебная практика приведена у B o u v i e r, op. cit., verbo «bank note».

[2] New-York Civil Practice Act, § 687.

[3] M a t e r, § 65 и сл.

[4] Op. cit., § 70.

права, установленные для денег, или только нормы, установленные для ценных бумаг на предъявителя?

Надо признать, что французская практика в полном противоречии с приведенной выше официальной доктриной установила для банкноты ряд норм, вытекающих из ее функции средства обращения[1].

Обязательство размена банкноты на звонкую монету до формальной отмены этого размена не подлежало действию исковой давности в изъятие из ст. 2220 Ф. Г. К., по которой нельзя заранее отказываться от использования давности. Практика не допускает виндикации даже украденной или потерянной банкноты. Практика Кассационного суда (решение 8 июля 1867 г.) не допускает восстановления уничтоженной банкноты, рассматривая ее, следовательно, как chose corporelle. Не подлежит сомнению, что передача кредитору банкноты является уплатою долга, а не заменою платежа.

К тому же заключению пришла и германская практика[2], но лишь в решениях XX в. после того, как она в течение всего XIX в. относилась отрицательно к применению к банкнотам норм, установленных для денег[3].

С приостановкой обмена банкнот на золото, присвоением им законной платежной силы и использованием их для финансирования государственного бюджета они вовсе утратили свойство денежных ценных бумаг (monnaie papier) и превратились в чистого типа бумажные деньги (papier monnaie).

§ 4. Платежи посредством векселей и чеков

Рассмотрев платежи при помощи денежных знаков, выпускаемых правительством и эмиссионным банком, мы теперь должны перейти к рассмотрению платежей при помощи векселей, чеков и безналичных расчетов.

Особенное значение имеет циркуляторная функция чека, роль которого иногда выходит за пределы торгового оборота. В Англии до первой мировой войны почти весь гражданский оборот (кроме мелких бытовых платежей и заработной платы) обслуживался чеками; непосредственная уплата монетой или банкнотами встречалась редко; благодаря этому пла-

---

[1] См.: Lyon Caen et Renault. Manuel de droit commercial, 1928, № 770 – 772; Lacour et Bouteron. Précis de droit commercial, 1925, № 1436 – 1437.

[2] Nussbaum. Money, стр. 77.

[3] Ср.: Goldschmidt. Handbuch des Handelsrechts, стр. 1218, Regelsberger, Pandekten, стр. 397; в германской юридической литературе XIX в. либо вовсе отрицалось, что банкноты – деньги, либо говорилось о том, что это – «несовершенные деньги».

тежные средства могли создаваться не только эмиссионными, но и депозитными банками: банки открывали клиентам кредиты в определенных суммах и предоставляли им право выписывать в этих пределах чеки; в результате банковские ссуды порождали средства платежа.

Циркуляторная функция векселя имеет особое значение в сфере международного торгового оборота благодаря развитию платежей по безотзывным аккредитивам.

По безотзывному аккредитиву банк выдает продавцу обязательство, по которому принимает на себя оплату тратт, выписанных и представленных к платежу на определенных условиях. Такая форма расчета по внешнеторговой купле-продаже расширила сферу употребления векселя именно как с р е д с т в а п о л у ч е н и я п л а т е ж а[1].

Но можно ли отсюда заключить, что вексель и чек, подобно банковому билету, могут иметь значение денежных знаков и что платеж посредством векселя и чека можно юридически приравнять к платежу деньгами? Как мы выяснили на примере банкноты, денежный документ при известных условиях может получить значение средства обращения и в этом качестве исполнять функцию той суммы денег, на получение которой он направлен, т. е. может стать настоящим денежным знаком. Возникает вопрос: может ли такая функциональная замена в случае векселя и чека иметь такое же значение, какое она имеет в случае банкноты? На этот вопрос следует ответить отрицательно: вексель и чек несмотря на их циркуляторную роль остаются прежде всего ценными бумагами, воплощающими в себе право на получение денег, право, реализация которого обусловлена известным сроком и местом исполнения и зависит от платежеспособности обязанных по этим документам лиц. Вещи (в том числе и документы), которые при передаче от одного лица к другому приходится индивидуально оценивать, а не просто считать, не могут быть приравнены к денежным знакам даже в том случае, если им присуща некоторая циркуляторная роль.

По всем правовым системам вексель и чек передаются либо взамен денежного платежа, либо для получения денежного платежа, но н и к о г д а н е в к а ч е с т в е д е н е ж н о г о п л а т е ж а. Германская практика исходит из того, что принятие чека и векселя не предполагает новации долга, вследствие чего долг может считаться погашенным лишь в момент оплаты принятого чека или векселя[2].

---

[1] T h a y e r . Irrevocable credits and international commerce, C. L. R., Nov. 1936, стр. 1031 – 1060.

[2] Это выводится из § 364 и 788 Г. Г. У. См.: K l a u s i n g. Zahlung durch Wechsel u. Scheck, 1919, и судебную практику, приведенную в Bankarchiv, 1935, № 7.

Таково же положение во французском праве[1].

В английском, а также и американском праве платеж посредством векселя или чека всегда предполагается не окончательным, а условным; другими словами, принятие такого «оборотного документа» погашает долг лишь после оплаты этого документа[2].

Вопрос о денежной функции векселя и чека имеет особое значение в связи с погашением долга несостоятельному должнику: принятие таким должником векселя или чека «взамен платежа» (в порядке datio in solutum) по французскому и германскому праву может быть оспорено кредиторами, если оно совершено в течение десяти дней, предшествовавших моменту прекращения платежей[3].

§ 5. Правовые основания безналичных расчетов

В области торгового и неторгового оборота капиталистических стран важную роль играют «безналичные расчеты» путем перечисления денег с текущего счета должника (в банке или сберегательной кассе) на текущий счет кредитора по распоряжению первого и с согласия последнего. Такой порядок платежей первоначально требовал, чтобы оба контрагента имели свои ткущие счета в одном и том же банке. Однако благодаря «жирообъединениям» в некоторых странах возможны безналичные расчеты и между лицами, имеющими счета в различных банках или сберегательных кассах[4].

Каковы правовые предпосылки такого порядка платежей?

В результате зачисления денежной суммы на свой текущий счет кредитор вместо наличных денег получает требование к банку, но это требование подвержено риску, связанному с платежеспособностью банка. Ясно, что без согласия кредитора такой платеж не погашает долга.

С точки зрения Ф.Г.К.[5], платеж путем перечисления или зачисления денег на текущий счет кредитора является «делегацией», в силу которой должник дает кредитору вместо себя другого должника в лице – в данном случае – банка; но делегация по ст. 1275 является «совершенной» (parfaite) лишь в том случае, если кредитор не только дал согласие на такую «замену должника», но прямо заявил, что он имеет в виду освободить от обязательства должника, совершившего делегацию. Такое требование

---

[1] См.: L a c o u r et B o u t e r o n, 1231.

[2] C h a l m e r s. Bils of Exchange, 1927, стр. 362; Brannan's Negotiable Instruments Law, Cincinnati, 1932, стр. 1038.

[3] Французский торговый кодекс, ст. 446, п. 3; Konkursordung, § 30, п. 2.

[4] P a l y i - Q u i t t n e r. Handwörterbuch des Bankwesens, 1933, verbo «Bargeldloser Zahlungsverkehr».

[5] Ст. 1275.

закона, если бы его проводить в жизнь, сильно препятствовало бы развитию безналичных расчетов; поэтому практика, в порядке «толкования» свела это требование на нет и довольствуется для освобождения должника согласием кредитора на перечисление[1].

Большей степени разработки достиг вопрос о безналичных расчетах в англо-американском и германском праве.

Согласно практике этих стран считается, что обозначение наименования банка и номера текущего счета на бланке письма, исходящего от контрагента по данной сделке, является выражением согласия на получение платежей в порядке безналичных расчетов.

Более того, если в рекламе или газетной публикации, исходящей от торговой фирмы, указан номер текущего счета этой фирмы и наименование соответственного банка, то такое «публичное объявление» считается выражением общего согласия на получение платежей путем перечислений на данный счет.

При этом долг считается погашенным уже в тот момент, когда банк произвел зачисление денег на текущий счет кредитора; для погашения долга не требуется, чтобы кредитор был уведомлен о состоявшемся перечислении[2].

Платеж путем безналичных расчетов, если он совершается с согласия кредитора, есть настоящий платеж, а не «замена исполнения». Следовательно такому платежу не препятствуют правила конкурсного производства. Отсюда также оплата акций путем безналичного расчета является «денежным платежом», а не «апортом»: такой платеж есть Barzahlung в смысле § 186 Германского торгового уложения.

§ 6. Действие платежей посредством денежных суррогатов

В периоды социальных кризисов (революция, война), а также в других чрезвычайных экономических и политических условиях существенное значение в обороте приобретали иногда «частные» средства обращения или так называемые «денежные суррогаты».

---

[1] Ср. решение брюссельского суда 28 июня 1922 г. в Revue de droit bancaire, 1922, стр. 534, в котором говорится, что «перечисление со счета на счет (virement) не является легальным способом ни исполнения, ни констатации исполнения обязательства... Тот, кто ссылается на такое перечисление как на способ платежа, должен доказать... не только, что он уплатил, но что кредитор согласился на такой способ платежа».

[2] По германскому праву см.: Nussbaum. Geld, стр. 68; по английскому праву см. решение по делу Bodenham v. Purchas 1818 г. в Hart's Law of Banking, стр. 774, 780.

Так, в начальный период развития английских колоний в Новом Свете (XVI – XVII вв.) там имели хождение «деньги», выпускавшиеся иммигрантскими компаниями, собственниками золотоносных рудников, банкирами. В Англии в XVI в. и позднее в периоды острого недостатка в мелкой разменной монете некоторые группы торговцев выпускали мелкие знаки из олова, получившие широкое обращение. В период франко-прусской войны в некоторых городах Франции имели хождение так называемые «осадные деньги» (monnaie obsidionale), выпускавшиеся без санкции правительства. Во время первой мировой войны и после нее многие германские города, торговые палаты, индустриальные предприятия выпускали так называемые «чрезвычайные деньги» (Notgeld) без разрешения правительства[1].

Вопрос о денежной функции таких «чрезвычайных денег» разработан в германской практике, которая признавала, что платежи, которые совершены были такими деньгами до того, как был издан формальный запрет их циркуляции, были настоящими денежными платежами, а не заменою исполнения. Отсюда, в частности, вытекало, что «чрезвычайные деньги» (до издания закона, запретившего циркуляцию таких денег) можно было использовать для погашения долгов в отношении конкурсной массы, по заработной плате и по другим обязательствам, в отношении которых предусмотрены обязательные платежи «наличными деньгами»; отсюда вытекало также распространение на такие чрезвычайные деньги правил о защите добросовестного приобретателя Г. Г. У., § 935[2].

В юридической теории природа таких «частных» денег вызвала разногласия: Манн[3] – сторонник государственной теории денег – полагает, что поскольку государство «терпит» обращение подобных знаков, они являются просто видом государственных денег. Фрике (на которого ссылается Нусбаум[4]), наоборот, полагает, что даже при наличии законодательного запрещения выпуска и обращения подобных денег они являются настоящими деньгами в юридическом смысле; это их свойство он выводит из обычая, который, как известно, в германской доктрине и практике признается источником права, равносильным закону.

---

[1] См.: Mater, стр. 11, 57; Nussbaum. Geld, стр. 19; Feavearyear, стр. 157, 192, 296. В связи с этим см.: Scaduto, § 19, где проводится различение между «il denaro statale e non statale»; ср. также: Лунц. Деньги и денежные обязательства, 1927, § 30.

[2] M. Wolff, стр. 623; Nussbaum. Geld, стр. 19 и сл.

[3] Стр. 11 – 12.

[4] Назв. соч., стр. 19.

Точка зрения Манна должна отпасть вместе с государственной теорией денег (см. выше). Точка зрения Фрике исходит из неправильного представления о возникновении знака стоимости, который «возникает из самого процесса обращения, а не из какого-нибудь соглашения или вмешательства государства»[1]. Возникновение закона стоимости вообще не может быть выведено из правовой нормы (ни из закона, ни из обычая). Но государство, опираясь на свой аппарат принуждения (суд), имеет возможность воспретить использование «денежных суррогатов» в качестве средства обращения, рассматривать выпуск таких суррогатов как уголовное преступление и во всяком случае не признавать погашенными денежные обязательства даже в тех случаях, когда «платеж» при помощи таких частных денег состоялся с согласия кредитора.

Не подлежит сомнению, что «частные деньги», или «денежные суррогаты», обращение которых запрещено по закону, не могут считаться деньгами в юридическом смысле – и в частности – не служат средством погашения денежных обязательств.

§ 7. Злоупотребление правом при совершении платежей

Наблюдение над ролью различных средств исполнения денежных обязательств в гражданском обороте позывает, что платежи посредством денежных знаков, обладающих по закону платежной силой, фактически обслуживают главным образом лишь сферу так называемого бытового оборота, в области же крупных торговых сделок платежи совершаются при посредстве векселей, чеков, безналичных расчетов. Эти торговые обыкновения не создают нормы права, делающей такие способы платежа «обязательными» для кредитора в том смысле, в каком для него является «обязательным» принятие денег, снабженных законной платежной силой. Но, с другой стороны, такие торговые обыкновения не могут не иметь юридического значения: если бы, например, кредитор отказался от принятия чека на банк, предложенного ему в соответствии с принятой в данной отрасли торговли практикой расчетов, не указав при этом оснований своего отказа, и затем сослался бы на просрочку должника в качестве основания для отказа от двустороннего договора (купли-продажи или поставки), то подобные действия при известных условиях, с точки зрения континентального права, можно было бы признать шиканою или злоупотреблением правом, направленным на то, чтобы избежать поставки или производства работ, ставших невыгодными для продавца или подрядчика вследствие изменившейся конъюнктуры.

---

[1] М а р к с, стр. 101.

Таково же по существу разрешение вопроса в американском праве, хотя оно и не знает учения о злоупотреблении правом.

В § 305 Restatement of the Law of Contracts сказано, что «если исполнение обязательства (одной стороны) обусловлено платежом денег (другой стороны) и (последняя) предлагает действительный чек или какие-либо денежные знаки, не являющиеся законным платежным средством, а кредитор отвергает такое предложение, не указав, однако, что он требует платежа посредством законного платежного средства, то он потом не может ссылаться на неуплату денег...».

§ 8. Исполнение обязательств в иностранной валюте. Французское и германское право

Обращаясь к вопросам, связанным с исполнением обязательств в иностранной валюте, следует отметить, что речь идет о денежных обязательствах в иностранной валюте, а не о валютных сделках[1].

Далее необходимо различать:

(1) денежные обязательства, направленные на уплату местной валюты в сумме, равной стоимости определенной суммы определенной иностранной валюты;

(2) денежные обязательства, направленные на уплату иностранной валюты.

В первом случае иностранная валюта не составляет валюты платежа, она лишь служит единицею исчисления суммы долга, направленного на уплату местной валюты; исчисление суммы долга в иностранной валюте здесь не вытекает из каких-либо международных расчетов, оно вызвано только недоверием сторон к стабильности собственной валюты. Подобный метод исчисления суммы долга по чисто «внутренним» сделкам пользовался широким распространением в Германии не только в эпоху инфляции 1919 – 1924 гг., но и после введения новой денежной единицы – рейхсмарки; кредитор в этом случае не имел права требовать платежа в иностранной валюте, а должник не имел права платить в такой валюте.

Настоящими денежными обязательствами в иностранной валюте являются лишь те, которые относятся к группе «б»; как правило, такие обязательства связаны с международными расчетами по внешней торговле и по заграничным кредитным операциям.

Однако различие между двумя видами обязательств в иностранной валюте в значительной мере ослабляется – хотя и не устраняется вовсе –

[1] См. гл. I, § 7.

тем, что по обязательствам, относящимся к группе «б», должнику (при отсутствии выраженного в договоре иного условия) предоставлено право субституции, т. е. право заменить иностранную валюту уплатою соответствующего эквивалента в местной валюте. Это право субституции есть льгота для должников по обязательствам в иностранной валюте, которая ведет свое происхождение от ярмарочной торговли в средние века, откуда она была перенесена в вексельные законодательства большинства стран[1].

Оно сохранилось в действующем вексельном и чековом праве, получив свое выражение в ст. 41 Женевской вексельной конвенции и ст. 36 Женевской чековой конвенции[2].

Из вексельного права указанная льгота была перенесена в гражданские кодексы некоторых стран: Г. Г. У., § 244 и Швейцарский кодекс обязательственного права ст. 84, абз. 2. Во французской доктрине вопрос о названном праве субституции представляется спорным. Thaller[3] высказывается против наличия такой льготы, поскольку она не предусмотрена данным договором, а Lacour et Bouteron[4] полагают, что право субституции исключается при наличии условия об эффективном платеже в иностранной валюте.

Во французском законе такое право в виде общего принципа нигде не формулировано. Статья 143 Французского торгового кодекса, говоря о векселях, подчеркивает: «La lettre de change doit être payée dans la monnaie qu'elle indique», а ст. 338 того же кодекса предусматривает, что при морском страховании, если страховая сумма выражена в иностранной валюте, то последняя (при исчислении суммы страхового вознаграждения) переводится на французскую валюту по курсу дня подписания полиса. Обе статьи касаются специальных случаев и не дают оснований для разрешения общего вопроса о праве субституции ни в положительном, ни в отрицательном смысле. Судебная практика к концу первой мировой войны склонилась к тому, чтобы признать за должником это право. Кассационный суд в решении 1 июля 1917 г. установил, что в принципе всякий платеж во Франции должен происходить во французской валюте, поскольку из договора не вытекает иное; однако вместе с тем Кассационный суд неоднократно подчеркивал, что вопрос о том, есть ли в договоре условие эффективного платежа в иностранной валюте или нет, относится к вопросам факта, которые решает juge de fond[5].

---

[1] М а у е r. Weltwechselrecht, т. I, стр. 290.

[2] Ср. также ст. 72, п. 4 британского закона о векселях 1882 г.

[3] № 1252.

[4] № 1312.

[5] См. решения, приведенные у Hubrecht'a, стр. 310.

Экономические предпосылки права должника ясны: государство стремится по возможности уменьшить спрос на иностранную валюту в целях поддержания курса собственной валюты. Для должника такая субституция связана с экономией: он экономит на «комиссии», которую банк взимает при продаже девиз; эти расходы он перелагает на кредитора, который, кроме того, несет также риск возможных изменений курса до момента приобретения иностранной валюты.

Таким образом, указанная субституция есть льгота для должников, вызванная интересами денежного обращения. Льгота эта не создает альтернативного обязательства с правом выбора для должника предмета исполнения; она создает лишь альтернативное правомочие (facultas alternativa). Обязательство, направленное на уплату иностранной валюты, остается в силе; иностранная валюта находится in obligatione; местная же валюта, которою должник вправе заменить предмет исполнения, находится только in solutione[1].

По курсу на какой день происходит перечисление иностранной валюты на местную валюту в случаях, когда должник зявляет о своем желании использовать предоставление ему права субституции? Германское гражданское уложение предусматрвает на этот случай применение «курса дня платежа»[2]; однако несмотря на полную ясность в этом отношении формулировки, практика и комментаторы долгое время толковали этот абзац в том смысле, что речь идет о курсе «на момент наступления срока платежа» (Oertmann) и понадобилось специальное решение пленума Рейхсгерихта 1921 г., чтобы разъяснить, что речь идет о курсе дня фактического платежа[3]. Швейцарский кодекс обязательственного права[4] на этот случай прямо предусматривает применение курса дня наступления просрочки. Если местная валюта стабильна, а иностранная валюта, в которой исчислен долг, с момента просрочки обесценивается, то принцип Г. Г. У. переносит риск такого обесценения на кредитора и поощряет кредитора к задержке платежа. К таким же результатам приводит изложенный «швейцарский» принцип, если местная валюта находится в процессе обесценения, а иностранная валюта, в которой исчислен долг, стабильна. Nussbaum[5] полагает, что практически обе точки зрения приводят к одинаковым результатам, ибо разница в курсе покрывается в порядке дополнительного возмещения убытков за просрочку. Однако та-

---

[1] O e r t m a n n, op. cit., § 244; T u h r. Schweizerisches Obligationenrecht, стр. 54, прим. 14.
[2] § 244, абз. 2.
[3] S c a d u t o, стр. 44; N u s s b a u m. Geld, стр. 212.
[4] Ст. 84, абз. 2.
[5] Money, стр. 424.

кое возмещение возможно лишь в случае виновной просрочки должника и в этом случае требует обычно доказательства конкретных убытков.

Французская практика в этом вопросе принимает за основу то курс дня, когда кредитор формально потребовал платежа, то курс дня годности обязательства ко взысканию, то курс дня судебного решения, то курс дня фактического платежа; но общая тенденция ее направлена к тому, чтобы избрать курс, который в данном конкретном случае является «наименее благоприятным для должника, допустившего виновную просрочку»[1]. Такой подход не обеспечивает определенности в праве. Наиболее последовательным разрешением данного вопроса в условиях той неустойчивости курсов, которая господствует в настоящее время, является сочетание ряда принципов в ст. 41 Женевского вексельного и ст. 36 Женевского чекового уставов: (1) за основу принимается курс на день наступления срока платежа; (2) если должник просрочил платеж, то кредитор может по своему усмотрению требовать, чтобы сумма была ему выплачена в местной валюте по курсу либо на день наступления срока платежа, либо на день платежа.

Таким путем должник не получит выгоды от своей просрочки.

От вопроса об альтернативном правомочии должника заменить иностранную валюту соответствующим эквивалентом в местной валюте следует отличать вопрос о том, при каких обстоятельствах к р е д и т о р по обязательству в иностранной валюте может требовать уплаты эквивалента в местной валюте.

Французская практика предоставляет кредитору такое право как нечто само собою разумеющееся, стирая таким образом всякую границу между двумя рассмотренными выше видами денежных обязательств в иностранной валюте[2].

Германская практика допускает требования кредитора на конвертирование иностранной валюты в местную, как правило, лишь в случае, когда платеж в данной иностранной валюте становится невозможным, исходя из того, что обязательство в иностранной валюте есть вид денежного обязательства вообще и что по денежному обязательству не может быть освобождения должника вследствие невозможности исполнения[3].

Право должника предложить кредитору местную валюту взамен иностранной отпадает, если стороны expressis verbis обусловили эффек-

---

[1] Комментарий Perroud к решению Касс. суда 16 июля 1929 г., Clunet, 1931, стр. 646; P l a n i o l - R i p e r t , № 1161.

[2] Clunet, 1924, стр. 683.

[3] N u s s b a u m. Geld, стр. 72 – 73, 191.

тивный платеж в иностранной валюте, что обычно имеет место путем оговорки «effectiv» или «et non autrement»[1].

При наличии такой оговорки, а также в случае, если должник не использовал своего права субституции, германские суды выносили решения, гласящие на иностранную валюту; но если должник добровольно не совершит исполнения, то судебный исполнитель взыщет с него по исполнительному листу такую сумму германской валюты, которая на момент взыскания эквивалентна сумме иностранной валюты, указанной в исполнительном листе; характерно, что германская практика в этом случае не применяет мер, предусмотренных в Z.P.O., § 887 и сл. и направленных на то, чтобы побудить должника исполнить в натуре[2]; однако в порядке исполнения решения принимаются меры к тому, чтобы кредитор получил полный эквивалент по официальному курсу (amtlicher Kurs). Так, если вследствие повышения курса соответствующей иностранной валюты вырученная судебным исполнителем сумма оказалась недостаточной, то возможно дополнительное обращение взыскания на имущество должника в общем порядке, установленном для исполнения решения по взысканию денежных сумм[3].

Французские суды по сделкам об эффективном платеже в иностранной валюте выносят решения, направленные не на уплату иностранной валюты in specie, а на уплату франков в сумме, эквивалентной указанной в решении сумме иностранной валюты.

Таким образом, требования на иностранную валюту, вытекающие из денежного обязательства, в процессе своей реализации через судебные органы подвергаются трансформации.

Нормы гражданского процесса, имеющие целью обеспечить для истца исполнение в натуре, в данном случае не получают применения. Очевидно, считается, что для принятия подобных мер в отношении обязательств в иностранной валюте нет достаточно серьезных хозяйственных оснований; ведь лица, получающие иностранную валюту по сделкам внешней торговли или по иностранным кредитным операциям, как правило, превращают эту валюту в местные деньги. Поэтому считается достаточным, если порядок принудительного исполнения обеспечивает истцу получение по таким обязательствам эквивалента в местной валюте.

---

[1] Г. Г. У., § 244; Швейцарский кодекс обязательственного права, ст. 84; Женевский вексельный устав, ст. 41 и чековый устав, ст. 36; британский акт о векселях 1882 г., 72, 4.

[2] M e l c h i o r, стр. 291.

[3] Z.P.O., § 803 и сл.; N u s s b a u m. Geld, стр. 195 и сл.

§ 9. Исполнение обязательств в иностранной валюте. Англо-американское право

Мы рассмотрели вопросы об исполнении и о принудительном исполнении денежных обязательств в иностранной валюте по континентальному праву; при этом мы элиминировали из поля нашего зрения весь тот нормативный материал по этому вопросу, который вытекает из валютных ограничений, начавшихся в странах капитализма в 1931 г. Вопрос о влиянии этих ограничений на договорную ответственность будет рассмотрен нами особо в главе V.

Нам необходимо теперь рассмотреть тот же вопрос об исполнении денежных обязательств в иностранной валюте по англо-американскому праву. Мы увидим, что в «общем праве» весь вопрос из сферы материального права переносится в область гражданского процесса.

Как уже отмечалось выше, в англо-американском праве omnis condemnatio pecuniaria est: принуждение должника к реальному исполнению допускается лишь в прядке исключения. Всякое судебное решение об уплате денег (если только оно не ограничивается признанием долга) может быть выражено лишь в форме приказа уплатить определенную сумму британской (в США – американской) валюты. Вследствие этого по иску, вытекающему из обязательства в иностранной валюте, суд не может вынести решения, обязывающего к уплате определенной суммы иностранной валюты in specie или обязывающего к уплате британской (в США – американской) валюты в сумме, эквивалентной определенной сумме иностранной валюты: суд сам должен перечислить долг в иностранной валюте на moneta fori так, что шерифу дается приказ взыскать с ответчика точно определенную сумму фунтов стерлингов (в США – долларов).

Этот давнишний принцип common law получил в отношении обязательств в иностранной валюте наиболее четкую формулировку в решении британского суда 1898 г. по делу Manners v. Pearson, где было сказано: «Британские суды не имеют права предписать уплату денег иначе как в британской валюте. Идет ли речь о приказе уплатить капитал, проценты или о возмещении убытков – сумма, подлежащая плате, всегда должна быть выражена в британской денежной единице, – иначе судебный приказ не может быть обращен к принудительному исполнению в порядке обычного writ of execution»[1].

Тот же принцип повторен в британских решениях по делу Di Fernando v. Simons Smith and Co, 1920 г.[2], где речь шла о взыскании убытков,

---

[1] Приведено у N u s s b a u m'a. Geld, стр. 218 – 219.

[2] Clunet, 1921, стр. 611; D i c e y, стр. 730.

которые покупатель (итальянская ферма) потерпел вследствие непоставки товара английским продавцом, и по делу The Volturno[1], где ставился вопрос о взыскании с виновного судна убытков, причиненных столкновением судов на море и выразившихся в том, что потерпевшее судно недополучило фрахта; в обоих случаях убытки, выраженные в лирах, были конвертированы судом в фунты стерлингов.

Американское право усвоило, как уже отмечено, то же процессуальное начало «общего права»[2]. Принцип этот был формулирован еще в американском монетном законе[3], где сказано: «All proceedings in the court shall be kept and had in dollars».

Таким образом, в странах «общего права» судебное решение об уплате денег, вытекающее из обязательства в иностранной валюте, по необходимости связано с перечислением суммы долга на «валюту суда» (moneta fori).

Спорным представляется происхождение этого правила гражданского процесса. Высказано было предположение, что оно вытекает из новирующей силы судебного решения по английскому праву[4]. Действительно «общее право» рассматривает судебное решение об убытках, оцененных в деньгах, как «contract of record», как квазиконтракт, заменяющий собой первоначальное правоотношение: создается как бы «mérger», укрепляющий правовую позицию кредитора[5]. Но почему merger связан с принудительной конверсией долга – перечислением его суммы на местную валюту – это остается неясным.

Указывалось на то, что здесь налицо результат эволюции исковых формул общего права. Некогда посредством исковой формулы, носившей наименование «action of detinue», истец мог требовать вещи, которые несправедливо удерживал ответчик.

В частности, этот иск мог быть использован также для требования выдачи иностранных денег. Обычный же иск, вытекающий из debt (action of debt) был направлен лишь на возмещение убытков в фунтах стерлингов. С выходом из употребления формулярных исков отпала первая аль-

---

[1] Clunet, 1922, стр. 436; M a n n, стр. 289 и сл.

[2] См. многочисленные решения: M a n n, стр. 282 – 287 г. и в особенности решение Верховного суда США по делу Deutsche Bank v. Humphrey.

[3] Coinage Act, 1792 г., ст. 20.

[4] Голландский автор V a n P r a a g, цитируемый у N u s s b a u m'a. Geld, стр. 219.

[5] Bouvier, verbo «iudgement», стр. 1722 – 1723.

тернатива (action of detinue) и сохранилась лишь вторая – возможность искать убытки в британской валюте на общих основаниях[1].

Несомненно, что «старые исковые формулы хотя и похоронены, но все же из могил своих управляют британскими судами»; несомненно также, что в интересующем нас вопросе сказалось принципиально отрицательное отношение «общего права» к тому, чтобы понуждать ответчиков к реальному исполнению. Но правовые отношения не могут быть поняты из самих себя. По поводу старых форм права один из членов судебного присутствия Палаты лордов Аткин недавно сказал: «Когда духи прошлого стоят на пути правосудия, звеня своими средневековыми цепями, то суду надлежит бесстрашно пройти мимо них»[2], и мы видели, что действительно британский суд в последнее время особенно легко отступал от своей пресловутой приверженности к традициям прошлого, когда это диктовалось интересами господствующего класса.

Сохранение в силе старого принципа common law в его применении к обязательствам, выраженным в иностранной валюте, отвечает, очевидно, этим интересам. Судебное решение в определенной сумме фунтов стерлингов (в США – долларов) с р а з у ж е (еще до приведения его в исполнение) делает долг «ликвидным», приспособленным для погашения путем зачета, удобным для того, чтобы составить статью актива или пассива в наследственной или конкурсной массе; взыскание по исполнительному листу, выраженному в определенной сумме местной валюты, значительно упрощает задачу шерифа. То обстоятельство, что права сторон при этом могут значительно видоизмениться (вследствие изменения курса местной или иностранной валюты после вынесения решения), до недавнего времени не могло служить для британского суда серьезным аргументом: «Английская торговля велась преимущественно в английской валюте. Это значит, что, выступая покупателем заграничных товаров, Англия предлагала в уплату свою валюту, выступая продавцом, она требовала уплаты также своей валютой»[3]. Вследствие этого весь вопрос об обязательствах в иностранной валюте далеко не имел в Англии того значения, что на континенте Европы. Ныне, когда Лондон уступил свое первенство в капиталистическом мире Нью-Йорку, инерция сознания все еще препятствует изменению правовых начал, выработавшихся при совершенно иных условиях.

---

[1] Ср.: N u s s b a u m. Money, стр. 427; он же ранее в Geld, стр. 219 выводил рассматриваемую нами практику в отношении обязательств в иностранной валюте из отрицательного отношения общего права к реальному исполнению.

[2] Modern Law Review, 1945, Nov., стр. 186.

[3] Е л и н и Ц ы п к и н. Техника международных расчетов, 1936, стр. 23.

Совокупность всех указанных обстоятельств привела к тому, что до настоящего времени не получил также окончательного разрешения вопрос о том, к какому моменту суд должен приурочить перечисление иностранной валюты на собственную валюту (moneta fori).

Английская и американская практика в основном руководствуется курсом на день нарушения договора (breach day rule), а по обязательствам из правонарушений – курсом дня причинения ущерба. Руководящим британским решением по вопросу об исчислении убытков от правонарушения считается ныне решение по делу The Volturno[1], в котором сумма утраченного фрахта в итальянских лирах была перечислена на фунты стерлингов по курсу последнего дня задержки рейса, вызванной столкновением судов (т. е. по курсу на момент причинения ущерба); в отношении контрактов таким ведущим прецедентом считается решение по делу Di Fernando[2], где сумма убытков в той же валюте была перечислена на фунты по курсу дня, когда наступила просрочка в поставке товара. Практика британских судов по данному вопросу подытожена в таких авторитетных частных кодификациях, как «Свод английского гражданского права» Дженкса, § 258 и Dicey. Conflict of Laws[3]. Дайси при этом отмечает, что после некоторых колебаний британская практика усвоила этот принцип (breach day rule), так как противоположный принцип judgement day rule – перечисление по курсу на день вынесения решения – поощряет должника к затягиванию процесса для того, чтобы использовать выгоды от продолжающегося обесценения иностранной валюты.

Перечисление иностранной валюты на фунты стерлингов по курсу на день нарушения договора или на день правонарушения является по существу формой ревалоризации долга, выраженного в иностранной валюте. Принцип «breach day rule» стоит поэтому в прямом противоречии с принципом номинализма.

Это особенно ясно видно из дела Banco de Portugal v. Waterlow Sons, 1932 г. В решении по этому делу Палата лордов обсуждала вопрос об убытках, которые потерпел истец вследствие неосторожности ответчика. Последний в течение ряда лет исполнял заказы истца на изготовление для него банкнот с портретом Васко да Гамы. В 1925 г. группе преступников путем ловкого мошеннического маневра удалось побудить названную английскую фирму использовать сохранившиеся клише для изготовления

---

[1] См. выше, стр. 192.
[2] См. выше, стр. 197 – 198.
[3] 1932, стр. 728 – 729.

дополнительного количества «банкнот» и получить эти «банкноты» всего на сумму до 100 млн эскудо; все это количество преступникам удалось выпустить в обращение через специально организованный ими в Лиссабоне банк (в 1925 г.).

В декабре того же года преступление открылось, и Банк Португалии – во избежание денежной катастрофы – изъял из обращения все билеты с портретом Васко да Гамы как выпущенные им самим, так и выпущенные преступниками – в обмен на банкноты нового типа. После этого Банк Португалии предъявил в британском суде иск и к Waterlow Sons об убытках. При обсуждении этого дела в трех инстанциях возникло много сложнейших вопросов, но основной вопрос заключался в том, должен ли убыток Банка Португалии быть определен в номинальной сумме тех подлинных банкнот нового образца, которые пришлось выпустить банку в обмен на незаконно выпущенные банкноты (такова была позиция истца), или убыток истца ограничивался расходами на печатание банкнот нового выпуска и на организацию обмена их – такова была позиция ответчика, который при этом ссылался на то, что размен банкнот Банка Португалии на звонкую монету не производился с 1891 г., что «банкноты» эти – бумажные деньги чистого типа и что в руках эмитента эти знаки не имели стоимости более высокой, нежели расходы по их напечатанию. Палата лордов стала на точку зрения истца, признав, что он имеет право получить эквивалент 100 млн эскудо (вывод, который подвергся решительному осуждению в юридической литературе[1]).

Мало того, палата перечислила 100 млн эскудо на фунты стерлингов по курсу дня совершения правонарушения (по курсу 1925 г.) несмотря на то, что с того времени до дня вынесения решения (1932 г.) португальский эскудо стремительно падал в силу использования Банком Португалии бумажно-денежной эмиссии для финансирования бюджета. Таким путем Банк Португалии получил еще дополнительную выгоду, которую он не получил бы, если бы ответчик присужден был возместить ему израсходованные эскудо в натуре. Таким образом, перечисление суммы иностранной валюты на британскую валюту в данном случае привело к изменению содержания долга.

Суды США в общем придерживаются того же порядка, что и британские суды[2]. Однако в одном из руководящих решений Верховный суд отступил от «breach day rule» в пользу judgement day rule. В деле Deutsche Bank F., Nürnberg v. Humphrey, 1926 г., которое мы цитировали выше,

---

[1] См.: Nussbaum. Money, стр. 95.

[2] См. перечень многочисленных решений у Манна, стр. 285, прим. 3, где приведена практика по штату Нью-Йорка.

Верховный суд США в лице авторитетного своего тогдашнего председателя Oliver'a Holmes'a (автора известного труда «The Common Law», 1882) решил, что в случае, когда речь идет о долге, по которому платеж обусловлен за границей и фактически происходит в США, применяется перечисление по курсу дня, когда американский суд выносит свое решение, ибо в этом случае только решение американского суда превращает долг в иностранной валюте в долг, выраженный в долларах, тогда как по аналогичному обязательству с местом платежа в США нарушение договора ipso facto прекращает первоначальное обязательство, заменяя его обязательством возместить убытки в местной валюте; это обоснование справедливо оспаривается Nussbaum'ом[1], который указывает, что и после нарушения договора должник не лишается права предложить исполнение путем уплаты иностранной валюты в натуре. Однако принцип, формулированный верховным судьей Holmes'ом, принят в Restatement of the Law of Conflict of Laws, § 423, 424.

В настоящее время те соображения, которые легли в основу принципа перечисления по курсу на день срока платежа (стремление возложить на дебитора невыгоды от обесценения иностранной валюты долга с момента просрочки или с момента правонарушения), в значительной мере утратили смысл после того, как фунт стерлингов в 1931 г. отошел от золота и доллар в 1933 – 1934 гг. подвергся девальвации; в силу этих изменений доллара и в особенности фунта стерлингов принцип, именуемый breach day rule, приводит к полному игнорированию изменений в курсе местной валюты на иностранную валюту – тех изменений, которые могут иметь место со дня нарушения договора или со дня совершения правонарушения.

Ввиду этого указанная практика подвергается ныне ожесточенной критике в литературе: Mann[2] для Англии и Nussbaum[3] для США предлагают принять описанный выше французский метод определения суммы, подлежащей взысканию с ответчика. Насколько нам известно, критика эта еще не получила отражения в судебной практике, хотя, вообще говоря, за последнее время отмечается большая склонность судов общего права к заимствованию из континентального права.

[1] Money, стр. 433 – 434.
[2] Стр. 310.
[3] Money, стр. 431 сл.

§ 10. Правовые вопросы валютных курсов

Из предшествующего изложения вытекает, что исполнение обязательств в иностранной валюте в некоторых случаях, а принудительное исполнение всегда связны с перечислением данной иностранной валюты на местную валюту и что перечисление это совершается по соответствующему «валютному курсу».

Понятие валютного курса (или интервалютарного курса) определяется как «цена определенной суммы денежных знаков одной страны, выраженная в денежных единицах другой страны»[1] или как «цена валюты одной страны в валюте другой» страны[2].

Из сказанного ясно, что вопрос об основаниях исчисления валютного курса имеет не только экономическое, но и юридическое значение.

Валютные курсы вытекают из валютных сделок, т. е. из сделок по покупке и продаже орудий международных расчетов. В XIX в. основное значение в сфере международных расчетов имели переводные векселя в иностранной валюте с платежом за границей. Это были большею частью векселя частных экспортеров, выставленные на иностранного импортера. В XX в. такие «торговые векселя» вытесняются «банковскими акцептами», а после первой мировой войны – чеками, почтовыми и телеграфными переводами; основное значение имели телеграфные переводы, цена которых обычно выше, нежели цена других видов международных платежных средств, так как здесь элиминируются потери на процентах в течение периода времени, необходимого для пересылки почтового перевода или наличных денег, и расходы по пересылке наличных денег. Кроме курса телеграфных переводов, сохранил свое значение курс, определяющий цену иностранных монет, банкнот или казначейских знаков; этот курс вытекает из банковских сделок по продаже иностранных денежных знаков для целей главным образом туризма; однако в период инфляции после первой мировой войны наблюдался большой спрос на наличные денежные знаки США для целей сбережения, так что бывали моменты, когда курс банкнот США стоял выше нежели курс телеграфных переводов на Нью-Йорк.

Фиксация курса иностранных валют (называемая «котировкой» валютных курсов) производилась валютными биржами на основании главным образом сделок, совершавшихся крупнейшими банками, в руках ко-

[1] Ф р е й, стр. 113.

[2] З л о б и н. Паритет покупательной силы и валютный курс в условиях несвободных валют, «Советские финансы», 1945, № 6 – 7.

торых концентрировались спрос и предложение международных платежных средств. Эта концентрация привела к тому, что в Лондоне после первой мировой войны валютная биржа перестала функционировать и операции с международными платежными средствами сосредоточились только в крупных банках; последние по соглашению между собой публиковали еженедельные котировки с указанием высших и низших цен, в пределах которых были совершены сделки за предыдущий день. В Нью-Йорке также нет валютной биржи; котировки, публикуемые в газетах, носят частный характер и составляются на основании сведений, собираемых газетами. По способу установления курса котировки в Лондоне, Нью-Йорке, Париже и других центрах существенно отличались друг от друга, так что, например, курсы телеграфных переводов в Лондоне, Нью-Йорке и Париже на один какой-нибудь центр, например, на Токио, в один и тот же момент могли оказаться существенно различными[1].

Валютные ограничения, начавшиеся в странах капитализма в 1931 г., внесли важные изменения в валютные котировки – в особенности эти изменения имели существенное значение в период второй мировой войны. Ограничения эти привели к тому, что «золото, иностранная валюта и выраженные в ней ценные бумаги и платежные документы все более и более сосредоточиваются в руках государства … вместо рыночного валютного курса устанавливается твердо фиксированный валютный курс»[2].

Таким образом различают прежде всего виды котировок в зависимости от того, вытекают ли они из сделок с телеграфными переводами или с чеками, или с наличными иностранными денежными знаками. Во-вторых, существенное значение имеет место котировки («лондонский курс», «нью-йоркский курс» и т. д.).

«Поэтому при заключении сделок в одной валюте с уплатой в другой обычно всегда указывается, на основании какого курса должен производиться пересчет одной валюты на другую – телеграфного перевода или чека. Для Берлина надо было указывать курс покупателей или продавцов, или средний; для Лондона – высший или низший, или средний в течение или в конце дня; для Парижа – высший или низший, средневзвешенный или средний между двумя крайними курсами; для Нью-Йорка – высший или низший, или средний, или заключительный, публикуемый газетами или же публикуемый федеральным резервным банком в Нью-Йорке спра-

---

[1] Ср.: Ф р е й, стр. 117.

[2] З л о б и н, назв. соч., стр. 26.

вочный курс покупателей. Точность формулировок особенно важна в периоды значительных колебаний курсов»[1].

Когда в сделке нет подобных точных указаний, то перечисление валюты долга на местную валюту вытекает из толкования договора. При этом возникает вопрос о том, из каких презумпций суд должен исходить при выборе котировки по ее виду и месту.

По вопросу о том, какого вида котировки должны быть приняты за основу, британский закон о векселях 1882 г.[2] содержит прямое указание на курс «векселей сроком по предъявлении», что соответствовало роли, которую играл вексель в международных расчетах в XIX в. В настоящее время это правило является анахронизмом.

Американская практика склоняется к тому, чтобы за основу принимать курсы телеграфных переводов[3].

Казалось бы, что поскольку курсы телеграфных переводов во взаимоотношениях между странами капитализма единогласно признаются наиболее «показательными» с экономической точки зрения, они должны быть исходными во всех случаях, когда речь идет о перечислении суммы, выраженной в одной из валют капиталистических стран, на другую валюту такой же страны.

Однако в британской практике имеется тенденция ограничить значение курса телеграфных переводов и взамен него применять курсы, вытекающие из банковских сделок с наличными иностранными денежными знаками: эти курсы применяются для тех случаев, когда речь идет о договорном обязательстве платить иностранную валюту долга на фунты стерлингов. Судебная практика в этих случаях исходит из того, что денежное обязательство в иностранной валюте имеет своим предметом иностранные денежные знаки, которые на момент платежа являются законным платежным средством в стране их эмиссии, и что речь идет об исчислении эквивалента этих денежных знаков[4].

Более единообразно решается вопрос о выборе котировки по тому или иному месту. Статья 41 Женевской вексельной конвенции и ст. 36 Женевской чековой конвенции гласят: «Курс иностранной валюты определяется согласно обыкновениям, действующим в месте платежа». Аналогичную формулировку содержит и ст. 72, п. 4 британского закона о векселях. Речь здесь идет о месте платежа, указанном в векселе (или

[1] Ф р е й, назв. соч., стр. 118 – 119.
[2] Ст. 72, п. 4.
[3] N u s s b a u m. Money, стр. 128 – 129.
[4] См. решения Тайного совета по делам Pyrmont, 1939 г. и Marrache, 1943 г., приведенные выше; ср.: M a n n. Problems of the Rate of Exchange, M.L.R., Nov., 1945, стр. 181.

чеке). Mann[1] обобщает этот принцип и заключает, что следует руководствоваться не курсом места фактического платежа, а курсом места платежа, указанного в договоре, и ссылается при этом на obiter dicta в деле Manners v. Pearson, 1898 г., где указано, что британский суд, перечисляя сумму иностранной валюты на фунты стерлингов, должен исходить из цены иностранной валюты «at the appointed place of payment».

Этот вывод для германского права вытекает также из § 361 Германского торгового уложения, который в этом вопросе содержит более точную формулировку, нежели § 244 Г.Г.У.

Последний говорит о том, что замена иностранной валюты местной валютой совершается по курсу, который «für den Zahlungsort massgebend ist», а § 361 Германского торгового уложения говорит о том, что валюта определяется по месту «wo der Vertrag erfüllt werden soll».

<…>

§ 11. Коллизионные вопросы

Мы видели, что как материальные, так и процессуальные нормы, касающиеся вопроса исполнения денежных обязательств в иностранной валюте, по содержанию своему нередко расходятся. Отсюда возможны коллизии между этими нормами. Как разрешаются эти коллизии?

Все вопросы процесса (например, вопрос о том, может ли суд вынести решение в иностранной валюте или он должен перечислить последнюю на местную валюту) разрешаются по закону суда (lex fori).

Вопросы, которые касаются способа исполнения обязательства, разрешаются по закону места исполнения (lex loci solutionis), а не по lex causae[2]. Но какие именно вопросы относятся к содержанию обязательства и какие – к способам исполнения – это иногда представляется весьма спорным. Это особенно спорно в отношении следующих вопроов: (а) о праве должника на то, чтобы взамен иностранной валюты предложить кредитору эквивалент в местной валюте; (б) о праве кредитора взамен иностранной валюты потребовать эквивалент в местной валюте; (в) о действии оговорки «effectiv»; (г) о том, следует ли применить курс дня просрочки или курс платежа; (д) о выборе между курсом телеграфных переводов, курсом на чеки и курсом на банкноты; (е) о том, следует ли исходить из курса места платежа по закону или договору или из курса места фактического платежа.

---

[1] Op. cit., стр. 187.

[2] W o l f f M. Private International Law, Oxford, 1945, § 444.

Относительно всех этих проблем необходимо прежде всего установить, относятся ли они к содержанию обязательства или к способу его исполнения. И здесь мы встречаемся с большим разномыслием. Манн[1] считает, что так как от того или иного разрешения каждого из этих вопросов зависит ценностное содержание долга, то они подлежат действию «закона, свойственного данному правоотношению». По Nussbaum'у (который рассматривает этот вопрос в плоскости германского англо-американского права[2]) – подобные вопросы касаются способов исполнения и разрешаются по закону или обычаю места исполнения.

Оба автора не могут, однако, в обоснование своих точек зрения привести каких-либо судебных решений; ибо коллизионные вопросы, касающиеся замены иностранной валюты эквивалентом в местной валюте и оснований исчисления этого эквивалента, в нынешней практике не получают разрешения как таковые, а рассматриваются по преимуществу в плоскости так называемого «валютного регулирования».

Вопросы же валютных ограничений относятся к той сфере, где … суды стремятся по возможности все подчинить закону суда независимо от коллизионной привязки, применяемой для разрешения прочих вопросов данного обязательства[3].

---

[1] Стр. 251.
[2] См. его: Deutsches Internationales Privatrecht, стр. 259 и его же: Money, стр. 423.
[3] S c h n i t z e r, стр. 314.

ГЛАВА V

УЧЕНИЕ О НЕВОЗМОЖНОСТИ ИСПОЛНЕНИЯ В ЕГО ПРИМЕНЕНИИ К ДЕНЕЖНЫМ ОБЯЗАТЕЛЬСТВАМ

Настоящая глава посвящена вопросу о влиянии валютного регулирования в капиталистических странах на ответственность по денежным обязательствам.

Вопрос этот должен быть рассмотрен под углом зрения применения к денежным обязательствам общего учения о невозможности исполнения обязательств.

§ 1. Учение о невозможности исполнения и денежное обязательство

Прежде всего, возникает вопрос: можно ли вообще представить себе прекращение денежного обязательства вследствие невозможности исполнения?

Уплата денег, имеющих хождение в данной стране, всегда объективно возможна. Genera non pereunt – этот афоризм надлежит понимать буквально только в отношении денежных обязательств, в отношении же обязательств, имеющих своим предметом другие вещи, определенные родовыми признаками, афоризм этот не имеет абсолютного значения, ибо пределы обязательства должника, вообще говоря, определяются и вместе с тем ограничиваются тем принципом, что должник обязан применить заботливость, которую можно от него требовать по воззрениям оборота[1]. От него нельзя требовать того, что по этим воззрениям является необычным, того, что превышает «среднюю норму» усилий, соответствующих воззрениям буржуазного общества. Невозможность исполнения, вообще говоря, не означает абсолютной физической невозможности; она означает лишь невозможность исполнить обязательство теми средствами, которые применил бы в данных условиях bonus paterfamilias» – тот «type de comparaison» (Mazeaud), на которого обязан равняться должник.

Опыт первой мировой войны заставил судебную практику отказаться от старого принципа, приравнивавшего фактическую невозможность исполнения к абсолютной физической невозможности.

[1] Г.Г.У., § 276; Restatement of the Law of Contracts, § 454.

Иной характер имеют денежные обязательства. Деньги действительно всегда остаются в обороте и в этом смысле никогда «не погибают» (non pereunt).

Все денежные знаки, имеющие хождение в данной стране, составляют один род предметов и отличаются друг от друга лишь той степенью, в которой они могут исполнять платежную функцию; степень эта определяется для каждого денежного знака по его отношению к известной денежной единице, вследствие чего все денежные знаки страны объединены отношением к этой единице. Это соотношение бъединяет все денежные знаки в один род предметов, для которых характерным является их функция орудия обмена и средства платежа. Таким образом, платежное значение каждого знака на каждый данный момент может быть выражено в известном количестве счетных единиц и между этими денежными знаками существуют лишь количественные различия. При исчезновении или изъятии из обращения одних денежных знаков они заменяются другими, выраженными в той же или новой денежной единице; в последнем случае между новой и старой денежными единицами устанавливается числовое отношение, которое определяется законом. При отсутствии же закона отношение это определяется фактически по курсовому соотношению нового денежного знака к старому на момент изъятия или выхода последнего из обращения.

Таким образом, все прежние, настоящие и будущие денежные знаки объединены отношением каждого из них к данной денежной единице.

При таких условиях фактическая объективная невозможность исполнения могла бы наступить лишь в случае исчезновения денег без замены их новыми, т. е. в случае прекращения товарно-денежного хозяйства, – что с точки зрения ... права никогда не может наступить.

С точки зрения этого права, можно себе представить лишь временную фактическую невозможность платежа, когда, например, вследствие исключительных обстоятельств, вызванных военными действиями или неприятельской оккупацией, временно нарушается связь между кредитором и должником и в результате этого приостанавливается наступление просрочки должника. Но нельзя представить себе полную фактическую объективную невозможность исполнения, вовсе освобождающую должника от платежа.

Сказанное следует распространить также и на денежные обязательства, которые имеют своим предметом уплату в натуре какого-либо определенного вида денежных знаков, входящих в состав денежной системы данной страны (например, золотых монет), и на обязательства, выраженные в иностранной валюте. Подобные обязательства являются также денежными обязательствами, так как определенный вид денег данной страны или иностранная валюта исполняют здесь функцию средства платежа (Zahlung), а не являются предметом поставки (Lieferung) в отличие от так называемых «валютных сделок», направленных на продажу международных платежных средств.

Наступление объективной невозможности исполнения здесь поэтому исключается: данный вид денег или иностранная валюта могут быть заменены (и при невозможности их предоставления заменяются) эквивалентом в местных деньгах, имеющих законную платежную силу.

От невозможности исполнения в объективном смысле, которую мы рассмотрели выше, некоторые правовые системы отличают субъективную невозможность данного должника к исполнению. Различие объективной и субъективной невозможности исполнения, предложенное пандектистами (Фр. Моммсен, Виндшейд), воспринятое Г.Г.У.[1], а затем и всей континентальной практикой (в частности, французской), хотя и подверглось в литературе серьезной критике, но до сих пор упорно сохраняется в доктрине и практике континентального права; не так давно оно воспринято кодификацией, произведенной американским Институтом права[2], кодификацией, хотя формально и имеющей «частный» характер, но пользующейся большим удельным весом в судах США.

Г.Г.У. определяет «субъективную невозможность» как Unvermögen des Schuldners zur Leistung – отсутствие у должника средств к исполнению; объективная же невозможность исполнения – Unmöglichkeit der Leistung – понимается германской доктриной как «невозможность вообще совершить данное действие». По общему правилу оба вида невозможности, если они вызваны обстоятельствами, за которые должник не отвечает, освобождают последнего[3]; но должник отвечает за неисполнение обязательства, имеющего своим предметом вещи, определенные родовыми признаками, если доставление последних объективно возможно, – отвечает в этих случаях, следовательно, и при своей субъективной невозможности, хотя бы последняя не была вызвана его виною[4]. По названному американскому Restatement'у[5] субъективная невозможность исполнения освобождает должника лишь в том случае, если существенным условием обязательства является личное исполнение.

---

[1] § 275 и сл.
[2] Restatement of the Law of Contracts, § 455.
[3] Г.Г.У., § 276.
[4] Г.Г.У., § 279.
[5] § 455.

С у б ъ е к т и в н а я н е в о з м о ж н о с т ь и с п о л н е н и я, не принимаемая правом во внимание (как по концепции Г.Г.У., воспринятой на континенте, так и по американской концепции), п о с у щ е с т в у о г р а н и ч и в а е т с я т е м и с л у ч а я м и, к о г д а н е в о з м о ж н о с т ь и с п о л н е н и я в ы з в а н а о т с у т с т в и е м д е н е ж н ы х с р е д с т в у должника, ибо при наличии таких средств должник всегда может приобрести вещи данного рода или заменить себя другим исполнителем, если только такое приобретение или замена остаются объективно возможными. Другими словами, в с я к и й д о л ж н и к о т в е ч а е т з а н а л и ч и е у н е г о д о с т а т о ч н ы х д е н е ж н ы х с р е д с т в к и с п о л н е н и ю с в о е г о о б я з а т е л ь с т в а.

Принцип этот соответствует также началам английского common law, которое рассматривает всякое обещание, данное должником кредитору, как гарантию определенного результата, в частности, как гарантию в том, что должник к моменту исполнения будет обладать необходимыми денежными средствами. Пользуясь методом подразумеваемых договорных условий (implied conditions), британская практика установила ряд типовых случаев, составляющих изъятия из исходного принципа абсолютной ответственности, несмотря ни на какую невозможность исполнения; но к этим изъятиям, разумеется, не относятся случаи отсутствия у должника денежных средств.

Все изложенные концепции в условиях свободного перевода и перемещения валютных ценностей из страны в страну приводили к тому, что практика капиталистических стран вообще не знала случаев освобождения должника по денежному обязательству вследствие невозможности исполнения. Препятствия, которые встречались в тех условиях, носили временный характер (например, вследствие перерыва связи в условиях войны) и относились, поэтому, лишь к обстоятельствам, которые могут приостановить наступление просрочки должника, но не освободить его от долга.

§ 2. Валютные ограничения

Совершенно новая ситуация создалась после того, как разразился мировой экономический кризис 1929 г.

<...>

Глубокое расстройство денежного обращения и кредита, составлявшее одну из особенностей мирового экономического кризиса 1929 г., завершилось крушением всей системы международных расчетов в связи с валютными ограничениями, которые, начиная с 1931 г., ввело у себя огромное большинство капиталистических стран и которые продолжают действовать до сего времени.

Некоторые страны прибегли к всестороннему регулированию валютных операций лишь к началу второй мировой войны (Англия, Франция).

Германия и Италия использовали валютные мероприятия не для восстановления своей экономики, а для того, чтобы накопить валютные ресурсы в целях финансирования своей военной агрессии.

Валютные ограничения разнятся по отдельным странам как в отношении содержания соответствующих мероприятий, так и в отношении степени их интенсивности.

Система этих ограничений может быть – в схематическом виде – сведена к следующим положениям.

(1) Объектом валютного регулирования являются сделки с так называемыми валютными ценностями, к которым относятся золото, серебро, иностранная валюта наличная, а также чеки, векселя, аккредитивы и переводы в иностранной валюте, требования в иностранной валюте (в том числе текущие счета и вклады в банках), а в некоторых странах – также и иностранные фонды (акции и облигации).

(2) Операции с валютными ценностями сосредоточиваются в центральном эмиссионном банке, а также в нескольких других банках (так называемые «девизные банки»); это значит, что сделки с валютными ценностями, как правило, могут совершаться лишь в тех случаях, когда стороною в сделке является один из названных банков.

(3) Вывоз за границу валютных ценностей, денежные переводы за границу, платежи «иностранцам» и, в частности, зачисление с у м м на т е к у щ и е счета «иностранцев» в местных банках д о п у с к а ю т с я лишь с разрешения «девизного органа» (каковым в некоторых странах является центральный эмиссионный банк, а в других – министерство финансов), причем «иностранцем» для целей валютного регулирования считается физическое или юридическое лицо, пребывающее за границей, независимо от гражданства физического лица и независимо от «национальности» юридического лица (поэтому, например, с точки зрения английского валютного законодательства англичанин, живущий в США, считается «иностранцем», а филиал английской фирмы в Нью-Йорке – «иностранным» юридическим лицом).

(4) Устанавливается обязательная сдача девизному банку иностранной валюты, вырученной от экспорта товаров или иным путем, против уплаты эквивалента в местной валюте; объявляются реквизиции золота или других валютных ценностей, находящихся в руках частных лиц.

(5) Запрещается вывоз за границу местных денежных знаков и выписанных в местной валюте чеков, векселей и пр., а в некоторых странах запрещается и ввоз из-за границы местных денежных знаков.

(6) Особо регулируются счета «иностранцев» в местных банках; различаются счета «свободные» (на которые зачисляется выручка от продажи иностранной валюты и поощряемых к ввозу товаров и с которых возможны переводы за границу без особых разрешений), «внутренние счета» (используемые только для внутренних платежей) и «блокированные счета» (это обычно счета, на которые зачислены суммы до введения валютных ограничений и которые не могут быть использованы без разрешения девизных органов).

(7) Устанавливается запрещение экспорта товаров на местную валюту.

(8) Установление курса иностранной валюты производится в порядке административных актов (fiat rate), причем запрещается совершать валютные операции (или какие-либо определенные виды этих операций) по курсу иному, нежели «официальный курс» (обычно при этом параллельно с официальным курсом стихийно возникают курсы «вольного рынка» или так называемой «черной биржи»).

Валютные органичения, в схматическом виде изображенные выше, представляют собой совокупность мероприятий, направленных к ограничению трансфера за границу (или к ограничению операций, в конечном счете приводящих к такому трансферу) и к накоплению международных платежных средств (валютных ценностей) в девизных банках. При этом в валютном законодательстве создается понятие перевода, гораздо более широкое, нежели обычное понятие перевода в банковском праве.

Банковским переводом считается договор клиента с банком, по которому банк обязуется уплатить в другом месте через свой филиал или через своего корреспондента за счет своего клиента этому последнему или третьему лицу определенную сумму денег. Понятие же перевода для целей валютного регулирования охватывает всякого рода операции банковского и внебанковского характера, направленные на предоставление ценностей за границей в обмен на уплату эквивалента в данной стране. С этим иногда связывается запрещение местным жителям распоряжаться своими текущими счетами в заграничных банках без разрешения девизных органов.

Таким образом, местный должник может оказаться в положении юридической невозможности, с точки зрения местного закона, погасить свой долг иностранному кредитору не только путем перевода за границу, но и путем распоряжения своими «авуарами» в заграничных банках.

Однако при этом местный закон вовсе не освобождает должника от его обязательства в отношении иностранного кредитора; валютное законодательство направлено на то, чтобы не допустить платежа путем трансфера за границу или по возможности ограничить такой способ платежа. В некоторых случаях закон или судебная практика дают должнику право на то или обязывают его к тому, чтобы взамен перевода за границу внести эквивалент (по официальному курсу) в местной валюте на «внутренний» счет кредитора в местном банке; здесь валютное регулирование создает принудительную новацию или делегацию – ибо иностранный кредитор в лице местного банка, куда зачислена сумма долга, получает нового должника. В других случаях создается своеобразная императивная (обязательная для должника и кредитора) отсрочка – «валютный мораториум» – с тем, что за время этой отсрочки на должника начисляются проценты по особо установленной ставке.

Далеко не все названные ограничения полностью осуществлены в странах, в которых существует валютное регулирование. В разных странах объем их различен. Но свободу валютных операций к концу второй мировой войны сохранили только США, Португалия, Швейцария, Мексика и некоторые другие страны Латинской Америки.

Можно, таким образом, сказать, что валютные ограничения в той или иной степени охватили огромное большинство стран капиталистического мира.

§ 3. Вопрос о коллизионной отсылке к иностранным валютным ограничениям

Несмотря на большое сходство по содержанию валютного законодательства отдельных стран, ограничения эти приводят к самым сложным проблемам международного частного права. Применению норм валютного законодательства данной страны, разумеется, не препятствует то, что данная сделка подчинена иностранному праву, ибо валютные ограничения так же, как, например, и таможенные правила по ввозу и вывозу товаров, относятся к категории мероприятий, действие которых не может быть ограничено какими-либо отсылками к иностранному праву, содержащимися в коллизионных нормах[1].

Сложнее вопрос о правовом действии иностранных валютных ограничений.

---

[1] S c h n i t z e r, стр. 314; N u s s b a u m. Money, стр. 486, п. 62; Z. A. I. P., 1935, стр. 779.

Континентальные суды, как правило, не склонны признавать действия норм иностранного валютного законодательства даже в тех случаях, когда сделка подчинена праву того же государства, которое издало данное валютное ограничение.

Французский суд[1] признал действительной валютную сделку, заключенную «в России в нарушение русского права», которому подчинена была эта сделка, ибо «нарушенные законы, направленные на защиту собственной валюты иностранного государства, имеют лишь территориальное значение в пределах этого государства и не могут получить какого-либо действия в пределах французской юрисдикции». Здесь применен упомянутый выше принцип о территориальном действии законов, касающихся благоустройства и безопасности («lois de police et de sûreté»), выведенный французской судебной практикой из ст. 3 Ф.Г.К.

Такой же «территориальный» принцип служил основанием для решения австрийского Верховного суда от 5 сентября 1934 г.[2] отказать в признании действия венгерского валютного мораториума. Поскольку у венгерского должника имелось имущество в Австрии и поскольку за него поручилось лицо, находившееся в Австрии, было признано, что имущество это может быть предметом взыскания, а к поручителю можно предъявить требования независимо от того, подчинена ли сделка австрийскому или венгерскому праву. В отношении же главного должника, проживавшего в Венгрии, венгерский мораторий создавал, по мнению суда, объективную и, с точки зрения австрийского права, ф а к т и ч е с к у ю невозможность исполнения.

Вопрос о значении иностранного валютного законодательства как обстоятельства, создающего фактические препятствия к исполнению, мы рассмотрим ниже. Здесь же отметим, что, как видно из приведенных решений, французская и австрийская коллизионная практика отвергла действие иностранных валютных ограничений по мотивам территориального характера этих последних. Едва ли такое обоснование может быть признано убедительным. Запрещения по переводу денег за границу всегда имеют экстерриториальную интенцию, так как они направлены на то, чтобы воспрепятствовать платежам за границей; поэтому квалификация их как территориальных законов не может быть обоснована ни местным, ни соответствующим иностранным правом.

В названном австрийском решении поставлен, между прочим, вопрос: может ли австрийский суд отклонить действие иностранного ограничения путем применения оговорки о публичном порядке (ordre public).

---

[1] Cour de Paris, 30 июня 1933 г., Clunet, 1933 г., стр. 963.
[2] Z.A.I.P., 1935, стр. 779.

Суд отвечает на этот вопрос отрицательно, «поскольку внутреннее законодательство содержит такие же ограничения»[1]. Эти соображения исходят из того положения, что в основе оговорки о публичном порядке лежит представление о существенном несоответствии иностранного закона, к которому отсылает коллизионная норма, основным началам внутреннего материального права суда, применяющего эту оговорку[2].

Такая концепция ordre public лежит в основе решений Швейцарского федерального суда, который неизменно признавал иностранные валютные ограничения противоречащими швейцарскому публичному порядку. 8 октября 1935 г.[3] он обсуждал исковое требование одного швейцарского акционерного общества к германской фирме по обязательству из займа. Ответчик ссылался на то, что требование перешло к истцу в порядке цессии от первоначального кредитора без разрешения германских девизных органов, т. е. в нарушение германского валютного законодательства, что как само уступленное требование, так и акт его цессии подчинены германскому праву и что вследствие этого все требование наталкивается на юридическую невозможность исполнения, которая имеет своим последствием освобождение должника в силу § 275 Г.Г.У. Суд отверг доводы ответчика об освобождении его от ответственности, ибо, хотя швейцарская коллизионная норма в данном случае и отсылает к германскому праву, но германские валютные ограничения, «будучи захватническим насильственным вторжением в кредиторские права, противоречат основным принципам швейцарского публичного порядка» (oeffentliche Ordnung) и не могут быть приняты во внимание швейцарским судьей ни непосредственно, поскольку они изменяют содержание обязательства, ни косвенно, поскольку они создают невозможность исполнения. Столь же отрицательная позиция была занята Швейцарским федеральным судом в решении от 28 сентября 1937 г. в отношении австрийских валютных ограничений[4]. Для швейцарского суда здесь оказалось возможным использовать старую доктрину ordre public, так как Швейцария относится к тем немногим странам, которым в силу специфических условий удалось избежать введения у себя валютных ограничений. Но эта старая доктрина отвергается рядом континентальных цивилистов[5]. Nussbaum подчеркивал

---

[1] Z.A.I.P., 1935, стр. 782 – 783.

[2] L e w a l d, стр. 34; C h e s h i r e, стр 142.

[3] B.I.J.I., XXXIV, 1936, стр. 110 – 115.

[4] Clunet, 1939 г., стр. 192; другие швейцарские решения см.: S c h n i t z e r, назв. соч., стр. 319.

[5] N u s s b a u m 1932 г., W a h l e 1934 г. и S a l l é d e l a M a r n i è r r e 1935 г. – Z.A.I.P., 1935, стр. 783.

и в своей изданной в Америке в 1939 г. книге о деньгах[1] вновь повторяет, что публичный порядок носит «односторонний и самодовлеющий характер». «Нет никакой непоследовательности или лицемерия в том, что суды не будут признавать действия вредных для их интересов иностранных мероприятий, хотя сами применяли или будут применять подобные же меры, вредные для других. Концепция о публичном порядке не связана с какими-либо моральными или этическими категориями; речь идет лишь о том, что при столкновении публичных порядков суд будет применять свой, а не чужой публичный порядок». Это понимание ordre public, в котором идея права и правосознания полностью сводится на нет и заменяется идеей конкретного интереса, характерна для кризиса правосознания в эпоху империализм и в свое время пришлось особенно по вкусу германским и итальянским фашистским «судьям», отказывавшим по мотивам ordre public в признании правового действия норм иностранного валютного законодательства, несмотря на то, что наиболее жесткие валютные ограничения существовали в то время именно в Германии и Италии.

Как разрешали английские и американские суды вопрос о коллизионных проблемах, связанных с признанием действия иностранных валютных ограничений в отношении сделок, подчиненных, с точки зрения английского или американского коллизионного права, закону того иностранного государства, которое издало данное валютное ограничение? Прибегали ли они в этом случае к оговорке о публичном порядке или признавали действие иностранной нормы, содержавшей валютное ограничение? Нам не удалось найти ответа на этот вопрос в английской и американской судебной практике, так как, насколько нам известно, во всех решениях, в которых обсуждался вопрос о действии иностранного валютного ограничения, речь шла о правоотношениях, признанных подчиненными английскому или – соответственно – американскому праву. В литературе по этому поводу высказывались различные суждения.

Манн, исходя из того общего положения, что английское право не исключает признания действия иностранных законов, регулирующих торговлю, а исключает лишь признание действия иностранных уголовных, налоговых и «политических законов», приходит к заключению, что признание действия иностранных валютных ограничений не должно было бы встретить возражений с точки зрения британского public policy. Однако он тут же вносит в это положение такое ограничение, которое подрывает всю его концепцию: если компетентный, с точки зрения английской коллизионной нормы, иностранный закон, не аннулируя обязательства, соз-

[1] Стр. 489.

дает лишь препятствие к платежу (например, в виде запрещения перевода), то признание действия такого иностранного закона противоречило бы английскому правопорядку, согласно которому кредитор может предъявить требование к неисправному дебитору там, где он его найдет; если должник располагает имуществом в Англии, то наложение взыскания на это имущество обеспечено английскими правилами процесса, невзирая ни на какое иностранное валютное ограничение.

Как бы то ни было, английские суды отказывали в применении иностранных валютных ограничений, прибегая при этом к самым различным приемам юридической техники и нередко изменяя пресловутой британской традиционности.

Любопытным примером является неоднократно обсуждавшееся в юридической литературе дело о столкновении чилийского парохода «Bio-Bio» и голландского судна «The Baarn»[1]. Столкновение произошло в открытом море в 1931 г. по вине голландского судна, причем пострадавшим оказался чилийский пароход. Последний к концу 1931 г. закончил ремонт в Чили, стоивший 80 тыс. чилийских пезо. В январе 1932 г. в британском порту голландский пароход «The Baarn» был задержан чилийским «Bio-Bio» и через месяц собственник голландского судна признал свой долг. Основываясь на законе Чили, по которому любой долг иностранному кредитору может быть погашен уплатою чилийских пезо путем зачисления их на «внутренний» банковский текущий счет кредитора в Чили, собственник судна «The Baarn», имея свободную наличность в чилийском банке, распорядился о перечислении 80 тыс. пезо в кре́дит чилийского суда и заявил в британском суде, где к тому времени уже было возбуждено дело, что он считает свой долг погашенным. Британский суд первой инстанции в 1933 г. решил, что дело подчинено чилийскому праву и что платеж поэтому является действительным. Казалось бы, что по спору между иностранцами, когда дело шло о приведении в действие соглашения по возмещению расходов, понесенных в Чили в чилийской валюте, не было оснований прийти к иному выводу. Однако в исходе дела было заинтересовано английское страховое общество, которое покрыло убыток чилийского судна и которое не могло получить удовлетворения из денег, внесенных на счет в Чили, так как перевод оттуда был невозможен вследствие валютных рестрикций.

Вторая инстанция, рассмотрев дело по апелляционной жалобе, признала, что взнос чилийских пезо, о котором сказано выше, не был погашением долга. «Вопрос… заключался в том, являлся ли взнос пезо в чи-

[1] См.: М а н н, стр. 256; C h e s h i r e, стр. 661.

лийский банк таким актом, который по аналогии с внесением денег в депозит английского суда мог рассматриваться как погашение долга, вытекающего из английского судебного решения»[1]. При такой постановке вопроса все дело переносится в область процессуального права, где действует только lex fori и где исключается применение иностранного закона.

Однако внесение денег в чилийский банк вовсе не было актом, аналогичным взносу денег в депозит британского суда; это был платеж по долгу в порядке, установленном материальным законом Чили, и перед британским судом стоял вопрос об отсылке к этому материальному закону. Суд сослался также не то, что по английскому праву убытки могут быть присуждены лишь в английской, но никак не в иностранной валюте. Но перед судом стоял вопрос не о том, в какой валюте исчислить убытки, а о том, можно ли вообще говорить об убытках после того, как состоялся взнос денег на текущий счет в Чили.

Искусственная, не вытекающая из обстоятельств дела, постановка вопроса используется для того, чтобы избежать применения иностранного валютного закона.

В американском праве не склонны прибегать к публичному порядку в договорных обязательствах. В соответствии с этим американские суды в тех многочисленных случаях, когда речь шла о действии иностранных валютных ограничений, всегда стремились подчинить сделку американскому праву, используя для этого привязку к закону места платежа. Такой метод почти всегда давал возможность избежать коллизионной отсылки к иностранному валютному закону, так как американские фирмы в своих сделках с иностранцами обычно оговаривают, что платеж должен быть произведен в США (по преимуществу какому-либо из нью-йоркских банков).

§ 4. Иностранные валютные ограничения как фактические препятствия к платежу

Рассмотрев вопрос об иностранных валютных ограничениях в плоскости международного частного права, перейдем к рассмотрению вопроса о значении таких ограничений с точки зрения материального гражданского права. Для иностранного должника ограничения по трансферту создают во всяком случае многочисленные серьезные фактические препятствия к платежу или своевременному платежу по денежным обязательствам.

Как расцениваются подобные иностранные препятствия к трансферту с точки зрения материального гражданского права?

---

[1] C h e s h i r e, стр. 662.

Вопрос этот подвергся детальному рассмотрению в австрийской юриспруденции в связи с упомянутым выше решением австрийского Верховного суда от 5 сентября 1934 г., в котором было признано, что для проживающего в Венгрии должника венгерской валютный мораториум создает объективную невозможность исполнения, приостанавливающую наступление просрочки в отношении австрийского кредитора[1]. Но этот тезис встретил решительное осуждение в литературе[2]. Указывалось, что необходимо различать самое исполнение и приготовление к исполнению; невозможность для иностранного должника перевести деньги из-за границы для уплаты долга в Вене касается затруднений должника лишь в стадии «приготовления к исполнению и не может быть принята во внимание на тех же основаниях, как не принимается во внимание отсутствие вообще денежных средств у должника; право не интересуется тем, откуда должнику приходится доставать средства для исполнения; все затруднения, связанные с препятствиями к переводу из-за границы, носят, с точки зрения права, не «объективный», а «субъективный» характер. В результате этой критики австрийский Верховный суд в решении 10 декабря 1935 г.[3] изменил свою точку зрения и признал, что должник, проживающий в Югославии и обязанный уплатить гонорар адвокату в Вене, не может сослаться на югославское запрещение трансферта как на основание, приостанавливающее наступление просрочки (mora debitoris), ибо для него создалась лишь субъективная невозможность исполнения, которая не может быть принята во внимание.

На тех же основаниях германский апелляционный суд 27 октября 1932 г. признал, что венгерский должник по долгу, обеспеченному ипотекой в Германии, не может требовать отсрочки платежа на том основании, что венгерские валютные рестрикции создали для него «невозможность» своевременных взносов[4].

Американские суды неизменно отвергали возражения иностранных (по преимуществу германских) должников, стремившихся обосновать фактическую невозможность платежа в Нью-Йорке ссылками на то, что они не получили разрешения на трансферт от своих девизных органов.

Из многочисленных решений приведем здесь решение по делу Central Hannover Bank and Trust Co v. Siemens u. Halske A. G. (1936), прошедшее через две федеральные инстанции, причем принятие к рассмотрению апелляционной жалобы в третьей инстанции (Верховном суде

---

[1] В силу § 1447 Австрийского гражданского уложения.
[2] Z.A.I.P., 1935, стр. 782.
[3] Z.A.I.P., 1936, стр. 398 – 399.
[4] M a n n, стр. 276.

США) было отклонено. В этом решении судья подчеркивает, что валютные запрещения Германии препятствуют платежу в США, но, с точки зрения американского права, «нет ни невозможности, ни незаконности, ни какого-либо другого оправдания для неисполнения»[1].

В английском праве мы, насколько мне известно, находим прямой ответ на интересующий нас вопрос только в решении апелляционного суда по делу Kleinwort Sons and Co v. Ungarische Baumwollenindustrie A. G.[2], где также отвергаются ссылки на венгерское запрещение трансфера как на обстоятельство, могущее «извинить» (excuse) должника.

Является ли подобная позиция европейской континентальной и англо-американской практики оправданной с точки зрения соответствующих учений о невозможности исполнения. Мы видели, что в условиях свободной пересылки и свободного перевода валютных ценностей из страны в страну освобождение должника вследствие невозможности исполнения денежного обязательства вообще не могло иметь места. Но когда должник, проживающий за границей, не может в силу действующих там валютных рестрикций ни перевести, ни переслать, ни привезти деньги в данную страну (ни даже сделать распоряжение местному банку о выплате денег со своего текущего счета в этом банке), то надо заключить, что имеет место невозможность исполнения не в лице данного должника, а фактическая невозможность вообще для заграничных должников платить местным кредиторам, т. е. не субъективная, а объективная невозможность платежа.

Чтобы избежать такого вывода, континентальная судебная практика прибегает, как мы видели, к искусственному разделению процесса исполнения на две стадии: (а) стадия приготовления к исполнению и (б) стадия самого исполнения. Далее делается заключение: валютные рестрикции касаются лишь первой стадии, они создают объективную невозможность перевода и пересылки денег из-за границы, но не касаются самого исполнения. Таким путем вопрос о влиянии валютных рестрикций на исполнение, в сущности говоря, оказывается не разрешенным, а выкинутым за борт; вместо него остается другой вопрос (вовсе не вытекающий из фактического состава дела, взятого в целом): может ли вообще должник оправдываться отсутствием средств к исполнению в месте исполнения? В результате такой постановки вопроса положение иностранного должника, не могущего погасить долг в силу условий, созданных валютными ограничениями, приравнивается – без достаточных оснований – к положению должника, не распо-

[1] B. I. J. I., 1936, XXXV, стр. 136.
[2] Law Notes 1935, стр. 334.

лагающего денежными средствами для исполнения, т. е. объективная невозможность подменяется субъективной невозможностью.

Что касается судов «общего права» (т. е. судов Англии и США), то они в этом вопросе отходят от тех позиций, к которым в результате длительной эволюции пришла доктрина о тщетности договоров (frustration). Отправляясь от принципа, что должник отвечает не потому, что виновен в неисполнении, а потому, что гарантировал кредитору определенный результат (прецедент 1647 г.), английская доктрина установила, однако, ряд типовых случаев, когда должник освобождается от ответственности за нарушение договора. Эти изъятия из принципа абсолютной ответственности были установлены путем применения метода «подразумеваемых договорных условий» (суд привносит в договор известные ограничения гарантии). Метод этот оказался для британского суда весьма «плодотворным», он дал возможность приспособлять действующее право к меняющимся условиям в интересах господствующего класса. Пользуясь этим методом, британский суд создал, между прочим, ряд прецедентов, которые дали основание такому видному представителю британской юридической науки, как Энсон[1], формулировать следующее общее положение: должник освобождается, когда исполнение стало фактически невозможным в силу последующих изменений в праве. В числе прецедентов, из которых выведен означенный принцип, имеются также дела об освобождении должника ввиду невозможности исполнения, вызванной изменением в иностранном праве[2].

Казалось бы, что положение заграничного должника в условиях валютных запрещений вполне подходит под указанный принцип. Однако суды общего права не усмотрели здесь аналогии. Доктрина о frustrated contracts (о договорах, ставших тщетными) и метод implied condition (подразумеваемых условий) в данном случае не получили применения. В вопросе о влиянии иностранных валютных ограничений на договорную ответственность суды возвращаются к исходному принципу абсолютной ответственности.

Есть, однако, группа случаев, когда судам приходилось считаться с иностранными валютными рестрикциями как с фактическими препятствиями платежу. Это случаи, когда по условиям договора платеж должен быть совершен в той стране, где действует данное валютное запрещение в качестве внутреннего закона. Сюда относится решение Палаты лордов по делу De Beeche v. the South American and Chilean Stores, 1934. Истец,

---

[1] Principles of the Law of Contracts, p. 352.

[2] M c . E l r o y , стр. 44.

чилийский гражданин, сдал в аренду ответчику – лондонской фирме – недвижимость в Сант-Яго (Чили) с условием уплаты в Сант-Яго определенной суммы фунтов стерлингов векселями, трассированными на Лондон. После заключения договора был издан в Чили закон, установивший разрешительный порядок для выдачи и приема в платежи векселей, трассированных на заграничные пункты; ходатайство сторон о выдаче разрешения на подобный платеж было отклонено чилийскими девизными органами. Ответчик тогда внес на «внутренний» счет истца в Сант-Яго эквивалентную (по местному курсу) сумму чилийских пезо со скидкой в 20%, как того требовал новый чилийский валютный закон. Палата лордов признала, что договор подчинен английскому праву, что названный взнос чилийской валюты в Сант-Яго является юридически ничтожным и не погашает долга, но что на должника нельзя возложить ответственность за невыдачу векселя на Лондон, ибо это была бы ответственность за неисполнение того, что запрещено было законом, действующим в месте исполнения. Палата лордов здесь применила обычный для common law метод решения вопроса о препятствиях к исполнению путем привнесения в договоры «скрытого условия» (implied condition): обязательство платежа в Сант-Яго путем выдачи векселя на Лондон «ограничено», по толкованию палаты, тем подразумеваемым условием, что подобное действие будет дозволено чилийским законом. Прецедентное значение этого решения оспаривается в литературе: указывалось на то, что палата, по-видимому, не рассматривала данное обязательство как чисто денежное; что при толковании договора месту платежа было придано преувеличенное значение (намерению сторон более соответствовало бы, если бы суд при невозможности платежа в Сант-Яго перенес место платежа в Лондон, а не вовсе освободил должника от ответственности) и что при аналогичных обстоятельствах в случае чисто денежного обязательства изложенное решение Палаты лордов едва ли будет служить прецедентом, препятствующим обращению взыскания на находящееся к Англии имущество дебитора[1].

К той же группе относится одно любопытное французское судебное решение. Cour d'Appel de Paris, 26 марта 1936 г.[2] рассматривал дело по договору между двумя французскими банками, направленному на куплю-подажу 50 000 «внутренних» германских марок, причем продавец обязался передать эту сумму германских марок кредитору покупателя в Германии в погашение долга между последними. Такое использование «внут-

---

[1] N u s s b a u m. Money, стр. 500; M a n n, стр. 272; также: M a r t i n W o l f f. Private International Law, 1945, § 458.

[2] Clunet, 1936, стр. 931 – 936.

ренних» марок наталкивалось на требование предварительного разрешения германских девизных органов. Продавец сделал попытку внести платеж указанному покупателем лицу от имени фиктивного лица, якобы проживающего в Германии, но обход его был обнаружен, и деньги были конфискованы германскими девизными органами у представителя продавца в Германии. Апелляционный суд Парижа отказал французскому банку (продавцу «внутренних марок») в праве на получение покупной цены за конфискованные марки; продавец несет убытки от конфискации, так как он не выполнил своего обязательства, не добивался разрешения на платеж в соответствии с правилами, действующими в месте платежа, что входило в состав его обязанностей по договору.

В данном случае речь шла не столько о соблюдении иностранных валютных ограничений как таковых, сколько об исполнении определенных действий, которые по договору принял на себя один контрагент перед другим.

***

В области расчетов по внешней торговле до второй мировой войны весьма распространен был институт поручительства за иностранного должника. Иностранная фирма могла обычно рассчитывать на коммерческий кредит в данной стране лишь в том случае, если местный банк открывал ей так называемый гарантийный кредит, по которому этот банк соглашался принять на себя ручательство за данную иностранную фирму перед третьими лицами, с которыми эта фирма будет заключать торговые сделки.

В английском праве действует презумпция, что агент, совершающий сделки за счет иностранного принципала, считается del credere agent'ом: предполагается, что такой агент принял на себя поручительство за платеж, причитающийся от его иностранного принципала. Это еще более усилило значение института поручительства во внешней торговле с Англией[1].

В связи с повсеместно распространенными ограничениями по переводам за границу часто возникал вопрос: может ли местный поручитель защищаться против кредитора теми возражениями, которые принадлежат главному должнику, если эти возражения базируются на иностранном валютном законодательстве. Судебная практика различных стран может быть сформулирована следующим образом.

---

[1] Д ж е н к с, § 153, V.

Если главный долг, с точки зрения коллизионной нормы суда, подчинен праву иностранного государства, то это обстоятельство само по себе еще не служит основанием к тому, чтобы местный поручитель мог выставить против кредитора возражение, основанное на валютном ограничении, содержащемся в праве этого иностранного государства (если бы даже главный должник мог воспользоваться этими возражениями), ибо из характера поручительства как акцессорного обязательства вовсе не вытекает, что оно в области коллизионного права должно «следовать» за обязательством главного должника. Международное частное право большинства стран исходит из того, что вопрос о коллизионной привязке поручительства разрешается самостоятельно вне зависимости от того, праву какой страны подчинен главный долг[1].

В результате часто получалось, что поручительство за иностранного должника подчинено было местному праву, тогда как коллизионная норма в отношении обязательства главного должника отсылала к иностранному праву.

В условиях валютных ограничений это приводит к тому, что поручитель принужден нести бремя ответственности за главного должника не вследствие отсутствия средств у последнего, а вследствие объективной невозможности для главного должника, находящегося за границей, совершить платеж. Так например, швейцарский федеральный суд 18 сентября 1934 г.[2] указал швейцарскому банку, поручившемуся за иностранную фирму, что банк этот несет ответственность перед швейцарским кредитором, хотя неплатеж со стороны главного должника вызван иностранными валютными рестрикциями, ибо поручитель несет также риск, связанный с этими ограничениями.

Такое положение превращает поручителя в гаранта. Оно далее приводит к тому, что коллизионная привязка «главного долга» к иностранному праву (если такая привязка в конкретном случае имеет место) лишается всякой эффективности, ибо, как известно, банки обычно дают поручительство лишь при наличии у них депозита на имя главного должника, и затем – в порядке права удержания – покрывают уплаченные ими суммы из названных депозитов.

Валютные ограничения и практика их применения создавали ситуацию, полную противоречий. Противоречия эти пытались сгладить путем международных платежных и клиринговых соглашений. Являются ли эти

[1] N u s s b a u m. Deutch. intern. Privatrecht, стр. 268; L e w a l d, § 314 сл.; N u s s b a u m. Money, стр. 503.

[2] N u s s b a u m. Money, стр. 504.

соглашения действительным выходом из создавшегося положения в области так называемых «международных расчетов»?

На этот вопрос можно ответить лишь после детального анализа этих соглашений, что должно составить предмет специального исследования.

<...>

УКАЗАТЕЛЬ СОКРАЩЕННЫХ ОБОЗНАЧЕНИЙ

К. Маркс. К критике политической экономии (К. Маркс и Ф. Энгельс. Сочинения, том XII, ч. I, Москва, 1933), цитируется путем указания автора и страницы.

Так же цитируются следующие работы:

Bouvier's Law Dictionary Unabriged, 3-d ed.

Cheshire. Private International Law, 1938.

Dicey, Conflict of Laws, 1932.

Дженкс. Свод английского гражданского права (перевод Лунца), 1941.

Eckstein. Geldschuld u. Geldwert, 1932.

Enneccerus. Lehrbuch d. Bürgerl. Rechts, Allgemeiner Teil; Recht d. Schuldverhältnisse.

Feavearyear. The Pound Sterling, History of English Money, 1931.

Фрей. Международные расчеты и финансирование внешней торговли иностранных государств, вып. I, 1944.

Hartmann. Ueber den rechtlichen Begriff d. Geldes und den Inhalt v. Geldschulden, 1868.

Hubrecht. La dépreciation monétaire et l'exécution des contrats, 1928.

Laughlin. Principles of Money, 1919.

Lewald. Das deutsche internationale Privatrecht, 1930.

Mann. The Legal Aspect of Money, 1938.

Mater. Traité juridique de la monnaie et du change, 1925.

McElroy. Impossibility of performance, 1941.

Melchior. Die Grundlagen des deutschen internationalen Privatrechts, 1932.

Oertmann. Kommentar zum BGB.

Planiol – Ripert. Traité pratique de droit civil français. Obligations, два тома, 1930 – 31.

Plesch. The Gold Clause, два тома, 1936 (сборник решений).

Savigny. System des heutigen Römischen Rechts, Bd. VIII.

Scaduto. I debiti pecuniari e il deprezzamento monetario, 1924.

Schnitzer. Handbuch d. internat. Handels-, Wechsel- u. Checkrechts, Zürich, 1938.

Martin Wolff. «Geld» (Ehrenberg's Handbuch d. Handelsrechts, Bd. IV).

Кроме того, употреблены следующие сокращенные обозначения:

Nussbaum. Money – Nussbaum. Money in the Law, 1939.
Nussbaum. Geld – Nussbaum. Das Geld in Theorie u. Praxis des deutschen u. ausländischen Rechts.
Ф. Г. К. – Французский гражданский кодекс.
Г. Г. У. – Германское гражданское уложение.
Am. Journal – American Journal of International Law.
B. I. J. I. – Bulletin de l'Institut Juridique International.
Clunet – Journal du droit international (основанный Clunet).
C. L. R. – Columbia Law Review.
D. J. Z. – Deutsche Juristenzeitung.
J. W. – Juristche Wochenzchrift.
L. Q. R. – The Law Quarterly Review.
M. L. R. – The Modern Law Review.
N. Y. L. J. – New York Law Journal.
T. L. R. – The Times Law Reports.
Z. A. I. P. – Zeitschrift für ausländisches u. internationales Privatrecht.
Z. P. O. – Zivilprozessordnung.

Печатается по:
Л. А. Лунц. Денежное обязательство
в гражданском и коллизионном праве
капиталистических стран / Всесоюзный институт
юридических наук Министерства юстиции Союза ССР.
Ученые труды. Выпуск XIV. М.:
Юридическое издательство Министерства юстиции СССР, 1948.

ОЧЕРК ОБ УЧИТЕЛЕ

В 1999 г. исполняется 107 лет со дня рождения выдающегося российского ученого-юриста, доктора юридических наук, лауреата Государственной премии СССР, профессора Лазаря Адольфовича Лунца, внесшего большой вклад в развитие российской науки международного частного права.

Л. А. Лунц родился в 1892 г. в семье доцента А. Л. Лунца, преподававшего медицину в Дерптском университете (ныне – Тартуский университет, Эстония). В скором времени семья переехала в Москву, где Лазарь Лунц поступил в I Московскую гимназию, в которой преподавали лучшие педагоги. Выпускники этой гимназии отличались глубокими знаниями, прекрасной эрудицией, демократическими воззрениями. Члены семьи Л. А. Лунца также придерживались прогрессивных убеждений. Его отец был знаком и имел дружеские отношения со многими интересными людьми того времени. Адольф Лунц – полковник медицинской службы Российской Императорской Армии, дружил с другим доктором – А. П. Чеховым, который часто бывал в доме своего друга и помогал молодому Лазарю Лунцу править его первые произведения, которые затем обсуждались в молодежном литературном кружке, одним из членов которого был В. Я. Брюсов. До сих пор в семье Лунц бережно хранится фотография великого русского писателя Л. Н. Толстого с дарственной надписью доктору А. Л. Лунцу.

Большое влияние на формирование взглядов Л. А. Лунца оказала гибель его двоюродного брата-студента в Москве на баррикадах во время декабрьского вооруженного восстания 1905 г. Тринадцатилетним мальчиком Лазарь Лунц начал задумываться о социальных проблемах и впоследствии, уже гимназистом старших классов, пришел к выводу, что решить эти проблемы возможно только в высококультурной стране вне зависимости от ее социально-политического устройства. В отличие от многих своих современников, гимназист Л. А. Лунц принял твердое решение никогда не заниматься политикой и не вступать ни в какие политические партии. Окончив гимназию с золотой медалью, Л. А. Лунц, несмотря на уговоры отца посвятить себя одной из наиболее гуманных профессий – медицине, поступил на юридический факультет Московского университета и в 1916 г. окончил его, получив диплом с отличием.

Способности Л. А. Лунца к научной и педагогической деятельности были замечены: решением Совета факультета он был оставлен при университете для подготовки к профессорскому званию. Однако призыв в армию и направление на фронт с началом первой мировой войны в качестве вольноопределяющегося временно прервали занятия. Иногда в конце своего большого жизненного пути Лазарь Адольфович вспоминал о тех жарких спорах о судьбах России, которые он вел со своим гимназическим однокашником, молодым офицером, князем Трубецким, путешествуя с ним в одном купе «на театр военных действий», или о выступлениях А. Ф. Керенского перед солдатами и офицерами на фронте.

Обстановка разложения в тылу и на фронте, свидетелем которой стал Л. А. Лунц, укрепили его в мысли о необходимости перемен в России. Именно поэтому в 1917 г. Л. А. Лунц принимает Февральскую революцию, полагая, что новое правительство будет способно положить конец ужасной и бессмысленной бойне и ввести в стране демократические порядки. Октябрьский большевистский переворот ошеломил его, он никогда не думал, что это возможно в России, где в интеллигентских кругах и среди молодого офицерства сложилось отрицательное отношение к любой деспотии. Однако оставалась любимая работа в университете, оставалась любовь к Родине и надежда на то, что незаконный режим долго не продержится.

Не принимая в принципе большевистскую власть, Л. А. Лунц вместе с тем отдавал должное отдельным ее представителям – интеллигентам, отличавшимся высокой эрудицией и, как правило, страстной убежденностью. Лазарь Адольфович воспринимал их как глубоко верующих людей, с которыми бесполезно спорить и что-то доказывать, надо лишь понять, насколько они полезны для общества и что несут другим людям. Жизнь же сама все расставит по своим местам. Несмотря на имевшиеся возможности, Л. А. Лунц отвергает всякую мысль об эмиграции и остается в России.

В то время государство крайне нуждалось в специалистах в различных отраслях народного хозяйства, и Л. А. Лунца в 1918 г. приглашают на практическую работу в органы Наркомфина РСФСР, а затем Наркомфина СССР, где он трудился до 1941 г., принимая участие в подготовке многих финансовых актов Советского государства и выполняя ряд важных правительственных заданий. В 1929 – 1932 гг. он был командирован в США с поручением выступить в суде в защиту интересов Госбанка СССР по делу о советском золоте, вывезенном в США Госбанком СССР для произведения расчетов по импорту товаров в Советский Союз. На это золото, депонированное в двух нью-йоркских банках, были заявлены претензии банком Франции, утверждавшим, что у него был депозит в дореволюционном русском банке, национализированном законами РСФСР, и на этом основании требовавшим выдачи ему золота, вывезенного Госбанком СССР. В результате большой работы, проведенной Л. А. Лунцем в американском суде, Федеральный суд южного округа штата Нью-Йорк и Второй областной суд США (решения от 5 июня 1931 г. и 18 июля 1932 г.) согласились с доводами защиты о недоказанности тождества или иной связи ввезенного в США золота с «дореволюционным депозитом». Указав на недопустимость «подвергать критике акты суверена – Советского правительства» и на то, что советские декреты о национализации, несмотря на отсутствие дипломатического признания СССР со стороны США, имеют экстратерриториальное действие и потому обязательны для американского суда, упомянутые суды согласились с доводами представителя ответчика и в удовлетворении иска банку Франции отказали.

Высокие профессиональные способности «социально далекого» специалиста, его свободное владение несколькими иностранными языками не остались незамеченными, и Лазарь Адольфович получает лестное предложение занять должность заместителя наркомфина СССР с предварительным условием – вступить в ВКП(б). Л. А. Лунц находит в себе мужество отклонить предложение. Этого ему не могли простить всю его дальнейшую жизнь. Многие представления о награждении института и других ведомств, где трудился Л. А. Лунц, были либо отвергнуты, либо, что было чаще, просто не замечены. Только после написания и опубликования трехтомного «Курса международного частного права» – единственного в то время в СССР и в других социалистических странах труда, с уровнем которого сопоставимы лишь несколько курсов, считанные единицы аналогичных трудов, созданных в науке международного частного права за все время его существования, Лазарю Адольфовичу присвоили звание заслуженного деятеля науки РСФСР. Однако экспроприированную после октября 1917 г. квартиру так и не вернули, и Лазарь Адольфович почти всю свою жизнь прожил в коммуналке. Только в 1974 г. его ученики добились решения Совета Министров СССР о выделении Л. А. Лунцу и его семье отдельной квартиры.

Одновременно с практической деятельностью в довоенный период Л. А. Лунц занимался научной и преподавательской работой в ряде научно-исследовательских и учебных учреждений Москвы. Уже в начале 20-х гг. вышли его первые работы, посвященные различным вопросам финансового права. В 1941 г. он перешел из Наркомфина СССР на научную работу во Всесоюзный институт юридических наук (ВИЮН), но это не прервало его тесных связей с практикой: в течение многих лет он продолжал оставаться консультантом ряда государственных учреждений, занимающихся вопросами международного сотрудничества. Долгое время Л. А. Лунц был представителем СССР в Международной организации труда, где, используя свои недюжинные ораторские и адвокатские способности, неизменно с большим успехом отстаивал интересы своей Родины. Многие годы Л. А. Лунц работал арбитром во Внешнеторговой арбитражной комиссии (ВТАК) при Торгово-промышленной палате СССР (ныне – Международный коммерческий арбитражный суд при ТПП Российской Федерации). Глубокие знания, объективность, умение разобраться в сложнейших правовых вопросах, отличавшие Л. А. Лунца, способствовали тому, что Председателем ВТАК ему поручались имевшие принципиальный характер дела и он избирался сторонами арбитром для рассмотрения наиболее трудных споров.

Л. А. Лунц активно участвовал в работе Советской ассоциации международного права, членом которой он был с момента ее создания. Он неоднократно выступал на ежегодных заседаниях Ассоциации с глубокими и содержательными докладами, был членом ее исполкома и членом редколлегии Советского ежегодника международного права. С большим успехом Л. А. Лунц прочитал в 1965 г. курс лекций «Коллизионное право во внешней торговле: теория и практика социалистических стран» в Гаагской академии международного права. Свои глубокие знания в области гражданского, семейного, наследственного, финансового, международного частного права Л. А. Лунц стремился передать многочисленным ученикам, для которых он читал лекции в Московском государственном университете, Московском государственном институте международных отношений Всесоюзной академии внешней торговли и ряде других учебных заведений. Л. А. Лунц был требовательным и доброжелательным учителем. Многие бывшие его аспиранты, к которым он всегда относился с искренней любовью, отдавая им много сил, времени, энергии, таланта, стали ведущими учеными и практиками.

Л. А. Лунц – ученый с мировым именем. Он – автор более 100 научных работ. Его исследования пользуются признанием ученых всех стран, многие работы переведены на иностранные языки. Кроме большого количества статей, имеющих принципиальное значение и содержащих новые научные положения, им был написан ряд крупных монографических произведений, охватывающих обширный круг вопросов. Его работы: «Основные коллизионные вопросы советского семейного и наследственного права» (1941), «Денежное обязательство в гражданском и коллизионном праве капиталистических стран» (1948), «Учебник международного частного права» и в соавторстве «Гражданское и торговое право капиталистических стран» (1949), «Вопросы хозяйственного договора» (1954), «Общее учение об обязательстве» и «Страхование» (1960) до сих пор служат студентам, аспирантам, преподавателям и практикам. Л. А. Лунц был выдающимся специалистом по иностранному гражданскому, торговому и международному частному праву. Весьма плодотворной была его работа в качестве научного редактора и переводчика. Перевод Л. А. Лунцем «Свода английского гражданского права» (1940) и сейчас заслуженно считается одним из лучших юридических переводов. Научные комментарии Л. А. Лунца к «Международному частному праву» М. Вольфа (1948) и «Международному частному праву» Л. Раапе (1960) позволяют яснее понять многие сложнейшие юридико-технические построения этих крупных ученых.

Л. А. Лунц был не только талантливым ученым, но и прекрасным организатором советской науки международного частного права. В конце 50-х – начале 60-х гг. он выступил инициатором, научным редактором и участником создания ряда сборников работ советских ученых по различным проблемам международного частного права. Эти сборники содержат труды таких известных юристов, как М. М. Богуславский, Г. Е. Вилков, Д. М. Генкин, А. И. Горлов, И. К. Городецкая, В. П. Звеков, В. Н. Дурденевский, П. Н. Евсеев, Р. Ф. Каллистратова, М. И. Лазарев, В. В. Лаптев, А. Б. Левитин, А. Л. Маковский, Т. Б. Малуман, Н. И. Марышева, Н. В. Орлова, А. И. Пергамент, А. А.Рубанов, О. Н. Садиков. Издание сборников явилось важным событием в научной жизни и имело большое значение для развития советского международного частного права.

Вопросы международного частного права всегда привлекали особое внимание Л. А. Лунца. Большая часть трудов, созданных им, посвящена исследованиям в этой области. Вершиной творческой деятельности Л. А. Лунца явился «Курс международного частного права» в трех томах, завоевавший мировую известность и переведенный на ряд иностранных языков. Этот курс создавался в течение нескольких десятилетий. Первоначальным вариантом Курса был учебник международного частного права для юридических вузов, изданный в 1949 г. Структура этой книги легла в основу последующей работы над Курсом. Первый вариант общей части Курса вышел в свет в 1959 г., особенной части – в 1963 г., международного гражданского процесса – в 1966 г. Первое в истории российской правовой науки издание «Курса международного частного права» имело большой успех на Родине и за границей. По существу, в нем в концентрированном виде была выражена советская концепция международного частного права, в той или иной мере освещены практически все вопросы, возникающие в международной практике гражданско-правовых отношений с иностранным элементом. Многие идеи, высказанные в Курсе, были приняты за основу при разработке в начале 60-х гг. Основ гражданского законодательства и Основ гражданского судопроизводства Союза ССР и союзных республик, ГК и ГПК союзных республик, а также при внесении в них в 1977 г. изменений и дополнений по вопросам международного частного права и международного гражданского процесса, а также при разработке и принятии в 90-х гг. российского гражданского законодательства. Суды и арбитражи ряда стран в своих решениях неоднократно ссылались на Курс как на несомненный доктринальный источник.

Использование в Курсе сравнительно-правового материала позволило провести исследование многих проблем международного частного права с новых, неизвестных прежде, позиций и разработать новые подходы к решению этих проблем.

Требовательность ученого не позволила Л. А. Лунцу остановиться на достигнутом: он продолжал работу над усовершенствованием Курса. В 70-х гг. выходит новое измененное и дополненное издание Курса. Общая часть переиздается в 1970 и 1973 гг., особенная – в 1975 г., а международный гражданский процесс – в 1976 г. Ряд глав особенной части был написан крупными специалистами в соответствующих областях международного частного права – О. Н. Садиковым (железнодорожные, автомобильные и воздушные перевозки), А. Л. Маковским (морские перевозки), В. П. Звековым (обязательства из правонарушений), А. Б. Альтшулером (расчеты в рамках СЭВ). Н. И. Марышева дополнила отдельные главы этой части материалами законодательства, международных соглашений и юридической теории. Она же приняла участие в качестве соавтора Л. А. Лунца в переработке и обновлении третьего тома Курса (международный гражданский процесс).

В «Курсе международного частного права» нашли выражение многие научные идеи Л. А. Лунца. В нем затрагиваются важнейшие вопросы теории и практики современных международных гражданско-правовых отношений. Наибольший интерес в теоретическом отношении представляет собой общая часть Курса, где рассматриваются важнейшие проблемы международного частного права, многие из которых по сей день не имеют своего общепризнанного решения Л. А. Лунц тщательно анализирует историю возникновения проблемы, мнения, высказываемые по поводу ее решения в теории и практике различных стран, и предлагает свой детально обоснованный подход.

Л. А. Лунц отказывается от традиционного понимания международного частного права только как национального коллизионного права. Он считает, что в современном международном частном праве существуют два метода регулирования гражданско-правовых отношений с иностранным элементом: коллизионный (национальный и унифицированный путем международных соглашений) и материально-правовой (унифицированный). В связи с этим широко освещаются многочисленные международные конвенции. Л. А. Лунц формально придерживается наиболее распространенной в советской правовой доктрине теории трансформации (имплементации) норм международных договоров в нормы внутригосударственного права. Вместе с тем он указывает на многообразие форм такой трансформации. Исследуя эту проблему, Л. А. Лунц подчеркивает, что нормы международных соглашений, трансформированные в нормы внутригосударственного права, сохраняют определенную автономность по отношению к национальной системе права в целом и должны в процессе применения толковаться с учетом этого обстоятельства. Таким образом, по существу Л. А. Лунц выходит за рамки официозной доктрины «трансформации», представители которой, руководствуясь политическими задачами, яростно доказывали, что норма международного договора не применима внутри государства-участника, если она не трансформирована путем издания внутреннего закона, толкуемого исключительно с позиций lege fori.

Л. А. Лунц последовательно продолжает защищать точку зрения, что материально-правовые нормы национального права, регулирующие гражданско-правовые отношения с иностранным элементом, не могут быть отнесены к области международного частного права, поскольку по всякому правоотношению с иностранным элементом возникает коллизионный вопрос, и коллизионная норма, разрешающая этот вопрос, не может быть заменена внутренней материальной нормой. Материальные нормы такого рода не только не заменяют собой коллизионные нормы, а, наоборот, прямо предполагают наличие коллизионной нормы, отсылающей к этому закону и исключающей в конкретном случае применение аналогичных иностранных норм. Такой подход говорит о стройной, продуманной автором научной концепции, позволяющей четко отграничить международное частное право от права гражданского и права международного. Теория, разработанная Л. А. Лунцем, глубоко диалектична, а потому он подчеркивает, что границы, отделяющие международное частное право от международного публичного и гражданского права, условны. Некоторые исходные начала едины для международного частного и международного публичного права, поскольку речь идет о регулировании отношений, возникающих в международной жизни. Государство, решая вопросы, касающиеся гражданско-правовых отношений с иностранным элементом, в своих внутренних законах или международных соглашениях во всех случаях так или иначе определяет свое отношение к вопросам международного сотрудничества. Гражданско-правовой характер этих отношений и использование однотипных с гражданско-правовыми институтов для их регулирования свидетельствуют о тесной взаимосвязи международного частного права с гражданским правом.

Глубокий анализ содержания коллизионных норм и их действия позволил Л. А. Лунцу сделать выводы, имеющие большое теоретическое и практическое значение. Отмечая необходимость при международном экономическом и культурном обмене признания действия иностранных законов в области гражданско-правовых отношений, Л. А. Лунц подчеркивал, что это распространяется в равной мере как на отношения между странами, принадлежащими к одной социально-экономической системе, так и на отношения между странами с различным социальным строем. Поэтому национальные коллизионные нормы, будучи средством организации мирного делового сотрудничества, оперируют широкими, общими для всех социально-экономических формаций понятиями. Таким образом, понятия национальных коллизионных норм могут не совпадать с одноименными понятиями внутреннего гражданского права этой же страны.

Большое внимание Л. А. Лунц уделяет обстоятельной критике различных теорий международного частного права. Особенно серьезному критическому анализу подвергаются концепции американских юристов, характеризующиеся крайним прагматизмом (У. Кук, А. Эренцвейг, Б. Карри, Д. Каверс). Л. А. Лунц отмечает, что философской базой этих концепций стала научная философия демократического общества Джона Дьюи. В результате эти теории, будучи совершенно различными по своему содержанию, фактически приходят к одному и тому же: стремлению отбросить твердые коллизионные принципы, доказать правомерность применения к гражданским делам с иностранным элементом только собственного материального права, предоставить американскому суду широкую свободу в выборе применимого права.

Весьма глубоко в общей части Курса разработана проблема установления содержания иностранного закона, подлежащего применению. При исследовании этой проблемы Л. А. Лунц основывается на положении, согласно которому отсылка коллизионной нормы к иностранной системе права, к иностранной правовой норме требует применения этой нормы так, как она толкуется и применяется у себя на родине. Из этого вытекает, что, применяя иностранную правовую норму, национальный суд (или иной орган) должен руководствоваться не только иностранным законом, но и обычаем, а также судебной практикой этой страны. Л. А. Лунц подчеркивает принципиальное отличие установления содержания иностранного закона в российском суде от доказывания иностранного права в судах многих других государств, где иностранная правовая норма рассматривается лишь как фактическое обстоятельство по делу. В судах большинства развитых государств бремя доказывания иностранного закона лежит на той стороне, которая ссылается на него. В российском суде обязанность установления содержания иностранного закона, рассматриваемого в качестве нормы права, а не факта, лежит на суде независимо от инициативы сторон.

В особенной части Курса на основе теоретических положений общей части подробнейшим образом исследован широкий круг проблем международного частного права, имеющих большое практическое значение. Это вопросы правового положения иностранцев (физических и юридических лиц), права собственности, национализации внешнеторговых сделок, обязательств из правонарушений, авторского и изобретательского права, наследственного, семейного и трудового права. Особое внимание Л. А. Лунц уделил вопросам, касающимся внешней торговли и других форм международного экономического и научно-технического сотрудничества.

В «Международном гражданском процессе» рассмотрены проблемы, затрагивающие положение иностранцев в гражданском процессе, определение международной подсудности, судебные доказательства (в коллизионном аспекте), оказание правовой помощи, признание и исполнение иностранных судебных решений, международный торговый арбитраж. Весьма детально исследуются проблема международной подсудности и связанные с нею вопросы. Тщательным образом рассматриваются принципы установления международной подсудности в различных странах, выраженные в законе и судебной практике.

Большое внимание уделено такой центральной и сложной проблеме международного гражданского процесса, как судебные доказательства. В главе, посвященной этому вопросу, исследуется проблема пределов действия одного из основных принципов международного частного права: закона суда для разрешения процессуальных вопросов при определении порядка доказывания по делу, имеющему в своем составе иностранный элемент. Суды стран англо-американского «общего права» в принципе применяют только собственное право, невзирая на наличие в деле иностранного элемента. Вместе с тем при разрешении вопросов о бремени доказывания существует тенденция применения закона, которому подчинено существо отношения. По вопросам допустимости доказательств иностранное право не применяется. В континентальных европейских странах право, относящееся к доказыванию фактов при наличии в деле иностранного элемента, не единообразно, что обусловлено в известной мере неодинаковостью материально-правовых и процессуальных категорий. Нормы о распределении доказывания обычно относят к материально-правовым, в результате применяется статут сделки. Вопрос о допустимости доказательств, квалифицируемый в ФРГ как вопрос чисто процессуальный, решается в этой стране по закону суда. Во Франции, где его относят к вопросам формы сделки, доказывание существования сделки подчинено закону места ее совершения.

В отечественном гражданском процессе общее положение о судебных доказательствах, в соответствии с которым каждая сторона должна доказать те обстоятельства, на которые она ссылается как на основание своих требований и возражений, является принципом, подлежащим применению независимо от наличия в деле иностранного элемента. Строго процессуальный характер носят также некоторые другие нормы Основ гражданского судопроизводства, касающиеся доказательств: об активной роли суда в собирании доказательств, о средствах доказывания, об оценке доказательств. Так, суд оценивает доказательства по своему внутреннему убеждению, основанному на всестороннем, полном и объективном рассмотрении в судебном заседании всех обстоятельств дела в их совокупности, руководствуясь законом и правосознанием. Никакие доказательства не имеют для суда заранее установленной силы. Исходя из процессуального характера этих норм, следует, в частности, решать вопрос о доказательственной силе письменных документов, имеющий практическое значение вследствие существования в англо-американском доказательственном праве принципа иерархии средств доказывания. Согласно доктрине и практике большинства стран этот вопрос разрешается на общих основаниях закона суда. Однако французская доктрина подчиняет доказательственную силу документа закону места его совершения, основываясь на гипотезе принципиальной связи между формой сделки и процессуальным эффектом соответствующего документа. В отечественном гражданском судопроизводстве этот вопрос подчинен российскому праву: иностранные нормы о преимущественной силе письменного документа в отношении других средств доказывания в принципе применяться не могут.

Специальная глава посвящена рассмотрению отдельных теоретических и практических проблем международного торгового арбитража. В основу работы над этой главой был положен многолетний опыт Л. А. Лунца – арбитра Внешнеторговой арбитражной комиссии при ТПП СССР. Он рассматривает основные теории международного торгового арбитража (договорную, процессуальную и смешанную), исследует национальное законодательство, судебную и арбитражную практику различных стран, международные соглашения по вопросам арбитража, подробно описывает деятельность Внешнеторговой и Морской арбитражных комиссий при ТПП СССР, а также деятельность арбитражей других стран. Прогнозируя твердую тенденцию к дальнейшему развитию этого важного института международного сотрудничества, Л. А. Лунц подчеркивает, что большинство государств признало международный торговый арбитраж в качестве наилучшего (наиболее быстрого и справедливого) способа разрешения споров, связанных с коммерческими сделками, относящимися к торговле и обмену услугами, и с контрактами в области промышленного сотрудничества.

Работы Л. А. Лунца, вышедшие в последние годы его жизни, посвящены в основном общим теоретическим проблемам международного частного права и различным вопросам внешней торговли. В журнале «Советское государство и право» были опубликованы его статьи на весьма актуальные темы: о многонациональных предприятиях в аспекте международного частного права (1976) и об арбитраже по международным коммерческим спорам (1979). В первой из этих статей раскрываются новые стороны правовых условий деятельности многонациональных корпораций. Впервые в юридической литературе был сделан обзор современной практики в западных странах по вопросу определения национальности многонациональных предприятий. В ходе анализа Л. А. Лунц пришел к выводу, что здесь налицо прямое несоответствие между экономическим содержанием и юридической формой МНК – несоответствие, которое является существом этой корпорации и служит интересам головной компании. То обстоятельство, что дочерняя компания является юридическим лицом по месту своей оседлости включает ее в состав местного рынка, открывает ее акциям доступ к котировкам на этом рынке и может содействовать получению других преимуществ, которые предоставляются местным национальным организациям. Вместе с тем юридическая самостоятельность дочерней компании может быть использована головной компанией в целях снижения своего налогового обложения и для того, чтобы долговые обязательства по операциям дочерних компаний могли быть предметом претензий только к этим последним. Во второй из указанных статей Л. А. Лунц выдвинул ряд важных предложений о внесении определенных дополнений в Основы гражданского судопроизводства и в Правила производства дел во ВТАК, нашедших впоследствии свое закрепление в этих документах.

В 1972 г. вышла в свет монография Л. А. Лунца «Внешнеторговая купля-продажа», в которой на обширном практическом материале рассматриваются наиболее важные коллизионные вопросы внешнеторговых сделок. Вместе с тем автор затрагивает в указанном труде и ряд материально-правовых вопросов внешней торговли, имеющих непосредственную связь с поставленными проблемами.

В этой небольшой по объему, но чрезвычайно емкой по содержанию работе, написанной в виде очерков, освещены: проблема понятия внешнеторговой сделки, коллизионные доктрины о договорных обязательствах на Западе, обязательственный статут внешнеторговой сделки и личный статут ее субъектов. В своей книге Л. А. Лунц приходит к важным выводам и обобщениям. В частности, исследуя вопрос о наиболее целесообразной привязке отношений по внешнеторговой купле-продаже, он отмечает, что в настоящее время для международной купли-продажи товаров наибольшим признанием среди коллизионистов, стремящихся к отысканию твердых правовых критериев для выбора закона, пользуется привязка к закону места торгового обзаведения продавца, его «промысловой оседлости». Этот критерий принят в ряде стран для сделок по внешней торговле, он нашел свое выражение и в Гаагской конвенции 1955 г. о законе, применимом к международной купле-продаже движимых материальных вещей.

В советском законе в качестве обязательственного статута внешнеторговой сделки традиционно выступал закон места ее совершения – коллизионный критерий, подвергаемый критике на том основании, что договор коммерческого характера, совершаемый главным образом между «отсутствующими», не имеет места заключения в пространстве, что он – «чисто духовная связь между людьми – связь, для которой нет места нахождения как для вещей». Л. А. Лунц в связи с этим отмечает, что всякий договор возникает в силу юридических фактов – действий, выражающих волю сторон; эти факты совершаются в пространстве, и нет ничего искусственного в том, что месту их совершения придается определенное правовое значение. Более того, и в вещных правах речь идет не об отношении лица к вещи, а о такого же рода «духовной связи» по поводу вещи между лицами, как и в обязательственном праве; во всех случаях налицо правоотношения. Вопрос, таким образом, сводится лишь к тому, какие факты признаются необходимыми и достаточными для возникновения правоотношения.

Ряд статей Л. А. Лунца был опубликован в «Советском ежегоднике международного права»: «Унификация правил производства дел во внешнеторговых арбитражных судах при Торговых палатах стран – членов СЭВ» (1975), «Конвенция об исковой давности в международной купле-продаже товаров» (1976), «Квалификация в международном частном праве» (1979).

В последней из этих работ глубоко исследован сложнейший институт международного частного права, имеющий принципиальное значение в процессе практического применения международного частного права. Последовательно отстаивая позицию критического отношения к господствующей на Западе теории квалификации фактических обстоятельств по закону суда, Л. А. Лунц указывал, что толкование подлежащей применению иностранной правовой нормы на основе указанной теории приводит к применению совершенно чуждых этой норме квалификаций. Теория квалификации по закону суда имеет своих многочисленных противников и на Западе. Так, М. Вольф, резко возражая против нее, метко отметил, что ее сторонники не замечают подлинных произведений искусства и довольствуются карикатурами, принимая их за истинное отображение жизни. Предлагая свое решение этой сложной теоретической проблемы, М. Вольф предложил проводить квалификацию по закону, регулирующему существо правоотношения. Однако, как справедливо отмечает Л. А. Лунц, квалификация коллизионной нормы в соответствии с понятиями, содержащимися в том правопорядке, к которому она отсылает, невозможна, так как нельзя принять за основу толкования коллизионной нормы понятия правовой системы, которую на основании этой же коллизионной нормы еще предстоит установить.

Э. Рабель также выступает против квалификации по закону суда, предлагая определять юридические понятия, которыми оперирует коллизионная норма, независимо от внутригосударственного материального права на основе обобщения цивилистических понятий различных внутригосударственных систем, используя для этого сравнительно-правовой метод. Л. А. Лунц считает, что доктрина Э. Рабеля в наибольшей степени отвечает интересам международного экономического оборота, однако существуют известные трудности в ее применении на практике, обусловленные сложностью проведения широкого сравнительного анализа. Предлагая свое решение проблемы, Л. А. Лунц отмечает, что квалифицировать правовые понятия коллизионной нормы необходимо независимо от внутригосударственного материального права на основе коллидирующих правопорядков. При этом квалификация понятий коллизионной нормы должна касаться только ее объема, квалификация понятий привязки всегда должна осуществляться по закону суда. Только такой порядок обеспечивает определенность в выборе между коллидирующими правопорядками, не нарушая принципа равноправия правовых систем; стабильность коллизионной привязки не создает привилегии для выбора одного из коллидирующих законов по сравнению с другими.

Особый интерес вызывает статья Л. А. Лунца «Развитие советской доктрины по международному частному праву», опубликованная в журнале «Советское государство и право» в 1977 г. В этой статье ее автор подвел итоги развития основных начал советской доктрины международного частного права, показал их отражение в действующем законодательстве и практике, а также направление развития институтов международного частного права в условиях расширения мирового делового сотрудничества. Указывая на то, что международное частное право является самостоятельной отраслью правоведения и отраслью права, Л. А. Лунц подчеркивал, что вместе с тем в ряде случаев имеет место комплексное регулирование отношений, возникающих в международной жизни с применением категорий международного частного и публичного права. Как правило, это касается участия государств в международном сотрудничестве по крупномасштабному строительству промышленно-технических сооружений, когда межправительственные соглашения служат базой для контрактов хозяйственных организаций с предприятиями соответствующих стран по совместному производству работ.

Л. А. Лунц считает, что акты государства и его органов в области международного частного права, как и в сфере межгосударственных отношений, являются выражением его внешней политики, в чем и проявляется единство исходных начал международного частного и публичного права. Это единство выражается, в частности, в принципе равноправия различных систем собственности в международных отношениях; в ограничениях в признании действия иностранных законов; в порядке установления содержания иностранного закона; в решении проблемы «квалификации» при применении иностранного закона; в «автономии воли» в сфере внешнеторговых сделок; в порядке восполнения пробелов в законе; в унифицированном путем международных соглашений методе регулирования гражданско-правовых отношений с иностранным элементом.

Отмечая желательность международно-правовой унификации материальных норм, Л. А. Лунц пришел к выводу, что регулирование с помощью этих норм возможно и целесообразно далеко не по всем видам гражданско-правовых отношений. В области наследования, а равно и в области брачно-семейных отношений наличие ряда национальных традиций и особенностей делает такое регулирование неприемлемым. Здесь, однако, вполне возможно и целесообразно установление единообразных коллизионных норм.

Кроме того, в указанной статье освещен ряд вопросов международного гражданского процесса: определение подсудности по делам с иностранным элементом, восполнение пробелов в международном гражданском процессе, регулирование международного коммерческого арбитража.

Л. А. Лунц выдвинул и обосновал ряд базисных положений, на которых основано действующее российское международное частное право. Современное поколение юристов высоко ценит Лазаря Адольфовича и глубоко благодарно ему за вклад, внесенный в российскую науку. Научную и практическую ценность его творческого наследия невозможно переоценить. До последних дней своей жизни, несмотря на преклонный возраст, он продолжал научную деятельность. Обладая характером подлинного ученого, Л. А. Лунц не мыслил себя вне науки. Ему всегда был свойствен высокий творческий потенциал, умение видеть и принимать новое. С присущей ему скромностью Л. А. Лунц говорил о созданных им трудах лишь как о постановке ряда научных проблем.

В памяти тех, кто имел счастье лично знать Лазаря Адольфовича, навсегда останутся его прекрасные человеческие качества: чуткое отношение к людям, высокая принципиальность и требовательность, глубокий интерес ко всем сторонам жизни, широкая эрудиция, подлинная интеллигентность.

А. И. Минаков,
кандидат юридических наук, доцент

Оглавление

ДЕНЕЖНОЕ ОБЯЗАТЕЛЬСТВО В ГРАЖДАНСКОМ И КОЛЛИЗИОННОМ ПРАВЕ КАПИТАЛИСТИЧЕСКИХ СТРАН

ГЛАВА II
СОДЕРЖАНИЕ ДЕНЕЖНОГО ОБЯЗАТЕЛЬСТВА

ГЛАВА III
«ЗОЛОТАЯ ОГОВОРКА» И ДРУГИЕ ДОГОВОРНЫЕ УСЛОВИЯ, НАПРАВЛЕННЫЕ НА СТАБИЛИЗАЦИЮ «ЦЕННОСТНОГО СОДЕРЖАНИЯ» ДЕНЕЖНОГО ОБЯЗАТЕЛЬСТВА

ЛУНЦ Лазарь Адольфович

ДЕНЬГИ И ДЕНЕЖНЫЕ ОБЯЗАТЕЛЬСТВА В ГРАЖДАНСКОМ ПРАВЕ

Редактор *Мальчикова Т.В.*

Художник *А. G*

Компьютерная верстка *Родина С.В.*

ЛР № 065297 от 17.07.97

Подписано в печать 12.07.99. Формат 60×84[1]/16. Бумага офсетная.
Гарнитура Таймс. Печать офсетная. Печ. л. 22,5. Тираж 5000 экз.
Заказ № 680

Издательство «Статут»:
117415, г. Москва, пр. Вернадского, д. 37, корп. 2;
для корреспонденции: 117415, г. Москва, а/я 61;
тел./факс: 436-08-65, 436-09-32
E-mail: shin@glasnet.ru

АО „Астра семь"
121019, Москва, Филипповский пер., 13.

9 785835 400126